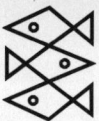

James Lord erweist sich hier als unterhaltsamer Erzähler – als Causeur –, der seine persönlichen Erinnerungen an sechs außergewöhnliche Frauen in einfühlsame Porträtskizzen gefaßt hat.

Er erzählt von *Alice B. Toklas*, die ihr Leben der Schriftstellerin *Gertrude Stein* gewidmet hat;

von der französischen Schauspielerin *Arletty*, bekanntgeworden vor allem durch den Film ›Kinder des Olymp‹, der man nach Kriegsende nicht verzieh, daß sie eine Liaison mit einem deutschen Offizier eingegangen war;

von *Marie-Laure de Noailles*, der Kunstsammlerin und Mäzenin;

von *Errieta Perdikidi* und ihrem mutigen Verhalten während des Bürgerkriegs in Griechenland;

und von seiner Mutter *Louise Bennett-Lord*.

James Lord, geboren 1922, lebt seit den fünfziger Jahren in Paris, wo er zahlreiche Vertreter der zeitgenössischen Kunst kennengelernt hat. Neben Erzählungen und Romanen hat er eine Biographie über Giacometti veröffentlicht. Im Fischer Taschenbuch Verlag liegt außerdem vor: ›Picasso und Dora Maar. Eine persönliche Erinnerung‹ (Bd. 13798).

James Lord
Außergewöhnliche Frauen
Sechs Porträts

Aus dem Amerikanischen übersetzt von
Irmengard Maria Gabler

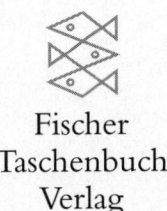

Fischer
Taschenbuch
Verlag

Ungekürzte Ausgabe
Veröffentlicht im Fischer Taschenbuch Verlag GmbH,
Frankfurt am Main, April 1999

Lizenzausgabe mit freundlicher Genehmigung
des Matthes & Seitz Verlags GmbH, München
Die amerikanische Originalausgabe erschien 1994
unter dem Titel ›Six exceptional women. Further memoirs‹
bei Farrar Straus Giroux, New York
© James Lord 1994
Für die deutsche Ausgabe:
© Matthes & Seitz Verlag GmbH, München 1995
Druck und Bindung: Clausen & Bosse, Leck
Printed in Germany
ISBN 3-596-13898-1

Inhalt

Zur Erinnerung an

LOUISE BENNETT LORD

Wo die Bilder waren
Gertrude Stein & Alice B. Toklas

Picasso hatte bereits etliche Besucher in seinem Atelier in der Rue
des Grands-Augustins, als ich ihn an jenem Morgen im März des Jahres 1945 dort aufsuchte. Aber schließlich fand er Zeit für mich. Ich
wünschte ihm einen guten Morgen. Er fragte: »Kennen Sie Gertrude
Stein?«

»Nein«, antwortete ich überrascht, obwohl ich eigentlich längst
hätte wissen müssen, daß man bei Picasso immer auf Überraschungen
gefaßt sein mußte.

»Nun, dann sollten Sie sie kennenlernen«, meinte er. »Schließlich
sind Sie beide Amerikaner, das wird bestimmt interessant. Ich will sie
sofort anrufen und ein Treffen vereinbaren. Sie wohnt hier ganz in der
Nähe.«

Weshalb Picasso an jenem Tag Miss Stein benutzen wollte, um sich
eines überflüssigen Besuchers zu entledigen, ist mir schleierhaft. Für
gewöhnlich war er weniger zimperlich. Jedenfalls war ihm, wie ich
später noch einsehen mußte, nicht unbedingt viel an der Zufriedenheit
und Freude neuer oder alter Freunde gelegen.

»Gertrude!«, rief er in den Hörer, und dieser nicht-lateinische Name
klang ganz eigenartig in Picassos trällerndem, spanisch gefärbtem
Französisch. Sie unterhielten sich kurz, und dann sagte er: »Ich habe
hier einen jungen amerikanischen Soldaten, der dich gerne kennenler-

nen würde. Ich werde ihn zu dir rüberschicken.« Pause. Picasso warf den Kopf zurück und machte eine unwirsche Armbewegung. »Nun, ist mir egal, ob du gerade ein Bad nehmen wolltest. Ich schicke ihn dir trotzdem.«

Er legte den Hörer auf und drehte sich wieder zu mir um, und als ich neben ihm auf die Türe zuging, im fahlen, staubigen Sonnenlicht, meinte er: »Sie werden schon sehen, Gertrude ist eine äußerst interessante Frau. Außerdem ist da noch Alice Toklas. Jeder sollte die beiden kennen. Es wird ungemein interessant werden.«

Als ich die gewundene Treppe hinunterstieg und auf die Straße hinaustrat, war ich mir nicht so sicher. Für mich mochte eine Empfehlung von Picasso wie ein kategorischer Imperativ wirken, Fräulein Stein jedoch schien anderer Ansicht. Und doch wußte ich, daß selbst Picasso, für den Scheu und Schüchternheit nicht existierten, sich durchaus nicht als zu furchterregend erwiesen hatte für einen Anschein von Freundschaft. Außerdem schien in jenem diamantenen Frühling in Paris kein Traum eines Zweiundzwanzigjährigen unvernünftig.

Läßt man die Seine hinter sich, so liegt die Rue Christine zur Rechten der Rue des Grands-Augustins, zwischen dieser und der Rue Dauphine. Sie ist eine kurze Straße, gesäumt zu beiden Seiten mit hohen, altehrwürdigen Gebäuden, von denen jedoch keines, beharrlicher Legenden zum Trotze, die mannhafte Königin Christine von Schweden beherbergt hatte. Das Haus Nummer fünf befindet sich in der Mitte des Blocks, auf der Südseite. Sein Innenhof wurde damals von einem billigen Schuppen verunziert. Im Treppenhaus mit seiner schmiedeeisernen Balustrade herrscht noch heute jene hohe, stimmungsvolle Ruhe. Immer, wenn ich dort auftauchte, waren die Stufen auf Hochglanz gebohnert, und der unvergeßliche, durchdringende Wachsgeruch erinnert mich noch heute an den Stolz und die Aufregung, die ich empfand, als ich zum ersten Mal schüchtern jene Treppe hinaufstieg. Ich setzte meinen Finger auf die Glocke und hörte ein fernes Läuten, dann wartete ich und besah dabei meine etwas linkische Erscheinung in der Politur der Eingangspforte. Da tat sie sich auf.

Spitze Hakennase, dunkle Haarfransen über dunklen, mich unverwandt anblickenden Augen, und die dunkle Andeutung eines Damenbarts, eine kleine, ziemlich gebeugte Gestalt, graue Kleidung – das war

Alice B. Toklas. Sie sagte: »Sie sind Picassos junger Mann, nicht wahr? Gut, kommen Sie herein.«

Die Eingangshalle war hoch und sonnig, und eine Menge von ungerahmten Bildern – unverkennbar Picassos – hingen an den weiß vertäfelten Wänden. Außerdem waren da einige schwere, dunkle, alte Möbel, und ich versuchte, diesen Reichtum zu bewundern, ohne mir meine allzu große Ehrfurcht anmerken zu lassen. Miss Toklas geleitete mich in den Salon, bat mich, Platz zu nehmen und sagte mir, Miss Stein nehme gerade ein Bad, werde uns aber in Bälde Gesellschaft leisten. Doch sie war bereits da. Denn, ob Gertrude Stein körperlich anwesend war oder nicht, lebendig war oder tot, würde sie diesen Raum bewohnen, solange er all die Gegenstände enthielt, die so lebhaft, geschichtlich und gebieterisch ihre Gegenwart bekundeten. Dies lag vor allem an den Bildern. Wo sie waren, war auch Gertrude.

Sie stammten vorwiegend von Picasso. Ein paar von Juan Gris und eines oder zwei von Sir Francis Rose und Marie Laurencin, unterstrichen in ihren dunklen Winkeln lediglich die Tatsache, daß die anderen von Picasso waren. Das berühmte Porträt von Miss Stein hing vor dem Spiegeleinsatz über dem Kamin. Gegenüber den beiden hohen Fenstern hing das bekannte, aus der Blauen Periode stammende Gemälde eines nackten Mädchens, das einen Korb mit roten Blumen trug. Über einer schweren Kommode zwischen den Fenstern hing ein kubistisches Gemälde. Gegenüber von Miss Steins Porträt starrte eine nackte Frau in gedecktem Rosa, die Hände gefaltet, gleichgültig vor sich hin. Zwischen diesen vier bedeutenden Bildern hingen über ein Dutzend andere, kleinere, allesamt heitere Stilleben, Figuren und Landschaften aus den frühen schwarzafrikanischen und kubistischen Perioden.

Ich saß auf einem Sofa mit üppiger Polsterung aus glänzendem braunen Roßhaar. Es war sehr bequem, und doch fühlte ich mich unbehaglich. Miss Toklas saß mir schweigend gegenüber, auf einem ebenfalls mit Roßhaar bezogenen Sessel. Wir warteten. Sie machte ein paar Bemerkungen zum Militärleben, fügte dann hinzu, »Miss Stein und ich sind große Verehrerinnen General Grants.«

»Oh. Zu welcher Truppe gehört er?« fragte ich.

»General Ulysses S. Grant", versetzte sie streng.

»Oh natürlich«, sagte ich, doch da es mir inzwischen grotesk erschien, mir, einem Soldaten, daß irgend jemand, noch dazu ein Schriftsteller, einen Offizier bewundern könne, lebend oder tot, geschweige denn einen General, ließ ich es dabei bewenden.

»General Grant ist einer der bedeutendsten Männer der amerikanischen Geschichte«, bemerkte Miss Toklas. »Wir schätzen ihn sogar mehr als Lincoln.«

»Oh«, sagte ich.

Bald schleppte sich ein großer, zottiger, weißer aber nicht sehr sauberer Französischer Pudel ins Zimmer – Basket. Dann kam Miss Stein. Ihr Gang war schwer und resolut, und ihre Person gebot Achtung. Vom ersten Moment an erinnerte mich ihre Gestalt, vorzugsweise in unförmige Tweedkostüme gehüllt, an einen Leinensack, den man mit Zement ausfüllte und steif werden ließ. Sie war nur wenig größer als Miss Toklas, doch dabei so stramm und stämmig, daß sie sehr beeindruckend wirkte. Ihr kühnes Haupt mit den kurz geschnittenen, grauen Borsten und ihre Gesichtszüge mit den tiefen Furchen waren gelassen und gebieterisch. Als ich mich erhob, fürchtete ich, Miss Toklas könne ihrer Freundin verraten, wie sehr ich im General Grant-Wertschätzungstest versagt hatte.

Doch sie sagte lediglich: »Schätzchen, dies ist Picassos junger Mann.«

Als wir uns die Hände schüttelten und uns begrüßten, verkündete Miss Stein: »Ich muß ein paar Besorgungen machen und meinen Hund eine halbe Stunde spazieren führen, mehr Zeit bleibt mir heute nicht. Wenn Sie wollen, dürfen Sie mich begleiten.«

Da dies ganz offensichtlich keine Einladung, sondern ein Ultimatum war, erklärte ich mich sofort einverstanden. Miss Stein nahm eine Leine, befestigte sie an Baskets Halsband und ging zur Türe. Ich folgte ihr.

Im Treppenhaus forderte sie mich sachlich auf: "Nun erzählen Sie mir alles über sich.« Ihre Stimme besaß einen ausdrucksvollen Klang, die Stimme einer Persönlichkeit.

»Nun, da gibt es eigentlich nicht viel zu erzählen«, antwortete ich schüchtern.

Miss Stein hielt inne, ihre Hand lag auf dem facettierten, gläsernen Endpfosten der Treppe. »Hören Sie, falls Sie die Absicht haben, mir weiterhin Antworten dieser Art zu geben, dann werden wir uns bestimmt niemals etwas zu sagen haben, und Sie können sich ebensogut gleich verabschieden.«

Erschrocken und doch fest entschlossen, mich dieser Identitätskrise wenn möglich gewachsen zu zeigen, sagte ich: »Also gut, ich werde Ihnen von mir erzählen.«

Miss Stein zuckte die Achseln, nickte jedoch und ging mit ihrem Hund durch den Hof. Ich ging neben ihr und erzählte: »Ich bin zweiundzwanzig Jahre alt, wurde in Englewood, New Jersey, geboren, und ging dort zur Schule, bis ich ungefähr acht Jahre alt war.«

»Wie interessant«, meinte Miss Stein. »Das ist ein bemerkenswerter Zufall, denn ich kenne bereits einen jungen Mann aus Englewood, New Jersey; er macht sehr hübsche Photos, und sein Vater war Pastor in Englewood.« Als wir nach rechts in die Rue Christine einbogen, sprach sie noch eine Weile von dem jungen Mann, einem gewissen George Platt Lynes, und wechselte dann auf ein anderes Thema über, das sie wiederum zum nächsten führte, und so weiter und so weiter.

Von da an wurde ich niemals mehr aufgefordert, von mir selbst, oder überhaupt zu sprechen. Das Reden übernahm für gewöhnlich Miss Stein. An jenem ersten Tag, während wir zur Rue de Buci hinaufgingen und den Boulevard St.-Germain überquerten, dabei dies und jenes besorgten und in die Tasche legten, die ich trug, sprach Miss Stein unentwegt und ziemlich planlos über alles, was ihr so in den Sinn kam. Ich erinnere mich nicht mehr genau an jedes Detail, da ich nichts aufschrieb, nur noch an die eigenartige Vitalität ihres Wortschwalls. Sie erzählte mir über Paris und Frankreich und den Krieg und vor allem über sich, ihre Eindrücke, Gefühle und Gedanken. Sie sprach gut. Sie war Gertrude Stein und damit etwas Besonderes, doch zugleich bekundete sie an all ihrem Reden ein so offensichtliches und eifriges Interesse, daß es schier unmöglich schien, sich dem zu entziehen. Eine Quelle ihres Charmes war meiner Ansicht nach ihre naive, fast kindliche Vertieftheit in die eigene Person. Die Welt war für sie einfach so, wie sie sie sah, und diese tröstliche Überzeugung gab sie an andere weiter. Sie hatte etwas Schulmeisterliches an sich, wirkte wie eine etwas hausbackene, selbstherrliche Lehrerin. Und wie die meisten Lehrerinnen war das Fach, dem ihr größtes Interesse galt, und das sie demzufolge auch am besten lehrte, sie selbst. Für dankbare Schüler konnte sie echte Zuneigung empfinden, allerdings nur, solange sie sich durch ihre Vertraulichkeit nicht als Gleichgestellte betrachteten, und der einzig legitimen Lernquelle ihre ungeteilte Aufmerksamkeit zollten.

Meine Aufmerksamkeit an jenem ersten Tag erschien Miss Stein wohl angemessen, denn als wir schließlich in die Rue Christine zurückkehrten, erhielt ich die Erlaubnis, sooft zu ihr zu kommen, als meine soldatischen Pflichten es mir gestatteten.

Welche Schlüsse ich aus diesem Erlebnis naiverweise auch gezogen haben mochte – wahrscheinlich hielt ich mich für besonders passend oder gar bedeutend –, so berichtete ich jedenfalls Picasso, mein Treffen mit Miss Stein sei erfolgreich verlaufen und mir ein Vergnügen gewesen. Er schien nicht im mindesten interessiert. Das kam mir zwar etwas merkwürdig vor, doch wäre es mir nie im Traum eingefallen, Picasso diesbezüglich Fragen zu stellen.

Viele, sehr viele amerikanische Soldaten machten Miss Stein und Miss Toklas in jenem Frühjahr und Sommer ihre Aufwartung, und ich war einer von ihnen. Man hatte die beiden Frauen in einem Militärflugzeug durch ganz Deutschland eskortiert, und Gertrude hielt etliche Reden an die Truppen. Sie hatte auch in Paris gesprochen bei mehreren Treffen, die das Rote Kreuz für Soldaten organisiert hatte. Die GIs mochten ihre kühlen, didaktischen, aber doch mütterlichen Reden. Man ermutigte uns, Miss Stein als unser aller berühmte, aber leutselige Mutter anzunehmen. Mit ihren noch frischen Eindrükken, die nach Ausdruck und Verständnis schrien, hielten Hunderte ehrgeiziger Schreiberlinge und Intellektuelle aus den Reihen der GIs Ausschau nach einem Menschen mit anerkanntem Verdienst und gewichtigem Einfluß, um den sie persönliche Sehnsüchte kristallisieren konnten, und der ihnen stellvertretend seine Fertigkeiten bot. Gertrude Stein war bereit, willig und fähig. Sie hatte ihr Talent bereits vor einer früheren Generation unter Beweis gestellt, und dies mit beträchtlichem Erfolg. Überdies war sie der einzig verfügbare Mensch für diese Rolle, eine Situation, die hervorragend ihrer Vorstellung von natürlicher Selektion entsprach. Die GIs waren es natürlich zufrieden, da ihre bevorzugten Günstlinge sich der Vorstellung hingeben durften, sie bekämen Gertrudes Aufmerksamkeit aufgrund ihrer allwissenden Urteilsfähigkeit, und nicht etwa als zufälliges Nebenprodukt eines Weltkrieges. Die Anwesenheit all der Soldaten – wie all der Picassos – in Miss Steins Wohnzimmer schien jedem. Betroffenen ein vergnüglicher und selbstverständlicher Beweis kultureller Unvermeidbarkeit.

Wenn ich mich recht erinnere, sprach Miss Stein so gut wie nie von den Bildern. Sie waren einfach da, bildeten eine kostbare Szenerie für Gertrudes Monologe, bezeugten mit bewundernswerter Ernsthaftigkeit ihre vergangene Weitsicht, und ließen selbstverständlich auch nicht zu, daß man ihre gegenwärtigen Äußerungen in den Wind schlug. Über die Bilder brauchte man nicht zu reden. Außerdem hatte sie nicht Gertrude gemalt.

Herausragende Kunstsammlungen beherrschen fast immer die Persönlichkeiten ihrer Besitzer. Auch wenn das Kaufmotiv rein und edel genug war, um die Spuren von Darstellsucht, Eitelkeit oder Gier tilgen zu können, sind nur wenige Sammler fähig, allein mit ihrer eigenen intellektuellen und spirituellen Überlegenheit, als Ebenbürtige neben den überwältigenden Präsenzen an ihren Wänden zu leben. Miss Stein gehörte zu diesen wenigen. Ihrer Ansicht nach war der Besitz dieser Picassos kein Zufall. Die inneren Glocken der Vorsehung, die die Ankunft eines Genies einläuteten, hatten schließlich ebenso klar für Gertrude geläutet wie für Pablo, und so wenig Zweifel sie über die Urheberschaft der Bilder hegte, so gewiß war sie sich ihres eigenen lebhaften Beitrags zur endgültigen, weltweiten Anerkennung von Größe und Ruhm des Malers.

Um zu solch einem friedlichen Modus vivendi mit Meisterwerken zu gelangen, verfügte Miss Stein auch, so seltsam es klingen mag, über eine gewisse grundlegende Gleichgültigkeit gegenüber den bildenden Künsten. Obgleich sie literarische Porträts und Genrebilder verfaßt hatte, obwohl sie groteskerweise Cézannes Sinneswahrnehmung in Worte übertragen wollte, hatte sie niemals auch nur ein Bild gemalt. Und in der willkürlichen Welt ihres ästhetischen Urteils entschied ausschließlich ihre persönliche, subjektive Erfahrung über den Charakter ihrer objektiven Überzeugungen. Trotz ihres unfehlbaren, geschmacklichen Weitblicks als junge Frau war sie wohl stets mehr am Maler interessiert gewesen, als an seiner Malerei, besonders wenn der Maler gewillt war, ihre künstlerische Überlegenheit zu akzeptieren. Als sie älter wurde, verleitete diese Neigung sie immer mehr dazu, die Arbeiten von Männern zu loben, deren künstlerisches Talent sich in der Bewunderung ihrer Person erschöpfte, und leider schien ihr dieser Beweis zu genügen.

Miss Steins Persönlichkeit beherrschte ihre Sammlung. Und ebenso beherrschte ihr Porträt sämtliche Bilder in seiner Nähe. Jenes eine Bild schien für immer und ewig in einem einzigen Kunstwerk nicht nur den Künstler und sein Modell zu vereinen in ihrer gemeinsamen Suche nach Unsterblichkeit, sondern vertraulich und unabhängig zugleich zwei Genies und ihre beiden unterschiedlichen, unvereinbaren Persönlichkeiten. Seine Anwesenheit in jenem Raum war beharrlich und unvergeßlich, weil es auf seine Weise Gertrude zu sein schien, während sie auf ihre Weise das Bild zu sein schien. Man konnte ihr Porträt nicht ignorieren, weil man sie nicht ignorieren konnte. Es war da, mit überwältigender und unbezähmbarer Unmittelbarkeit. Über dem Kamin hing es höher als alle anderen Bilder, als wolle es jenen damit kundtun, welch untergeordnete Rolle sie als Kunstwerke spielten. Und auch uns schien es sagen zu wollen, daß wir nur Menschen waren und dereinst sterben mußten, während es selbst, als großes Kunstwerk, Bestand haben und uns alle überleben würde, göttlich in seiner überlegenen, selbstbeherrschten, steten Anwesenheit. Nicht durch Zufall war Miss Steins Porträt in den Jahren ihrer Abwesenheit von Paris, während der deutschen Besatzungszeit der einzige Picasso, der ihr in ihrem ländlichen Versteck Gesellschaft leistete, um sie an die vielen Bilder zu erinnern, die sie hatte zurücklassen müssen. Wo immer es war, fand man auch sie. »Für mich«, so schrieb sie, »ist es ich, und es ist die einzige Reproduktion meiner selbst, die immer ich sein wird für mich.« Sie pflegte, wenn sie sprach, oft davor zu stehen, als wolle sie durch dies Nebeneinanderstellen demonstrieren, daß sich am Ende Ideal und Wirklichkeit gefunden hatten. Picassos Porträt von ihr war ein lebhafter, greifbarer Beweis ihrer eigenen Genialität und ein Sinnbild ihrer eigenen Unsterblichkeit.

Gertrude redete, die Soldaten lauschten ihren Worten, und alle waren es zufrieden. Ich machte mir oft Gedanken über Miss Toklas. Sie saß still dabei, beteiligte sich selten am Gespräch, reichte lediglich die köstlichen Kuchen herum, die sie selbst gebacken hatte, oder pflichtete automatisch, wenn man sie um eine Meinung bat, einer Äußerung Miss Steins bei. Gelegentlich aber machte sie eine giftige, belanglose Bemerkung, und dies ärgerte Gertrude Stein ganz offensichtlich, und zuweilen auch ihre Gäste. Meistens jedoch schien Miss Toklas eher Randfigur, vernachlässigt und ignoriert. Natürlich hatten die GIs keine Ehefrauen, mit denen sie hätte plaudern können, so wie sie früher mit den Gattinnen der berühmten Männer geplaudert hatte, die mit Gertrude konversierten. Allerdings war auch keiner der GIs eine Berühmtheit. Und doch war die augenfällige Ungleichheit des gesellschaftlichen Status der beiden Frauen störend. Wie auch immer die private Beziehung der beiden geartet sein mochte, in der Öffentlichkeit war Alice jedenfalls stets die Unterlegene, und jeder, der in die Rue Christine kam, schien dies akzeptieren zu müssen. Diese Gezwungenheit ließ mich manchmal unbehaglich fühlen, zumal ich spürte, daß auch Alice gelegentlich darunter litt. Doch Gertrudes überschwengliche und herrische Natur ließ keine andere Wahl. Ja, je öfter ich in die Rue Christine kam, desto mehr wurde mir Miss Steins maßlose Egozentrik bewußt, die sich aus dem gesamten Universum zu nähren schien und sich mit unermüdlicher Selbstverliebtheit äußerte.

Worüber sie sprach, habe ich nicht aufgeschrieben, doch ihre Themen dürften wohl nicht sehr bedeutend gewesen sein und würden unsere Meinung und unser Verständnis von Gertrude in keiner Weise ändern. Alles, was sie von sich gab, bezog sich zweifellos auf ihre Person, und genau diese bleibt in unser aller Gedächtnis. Sie redete und redete und redete mit ihrer schönen, endlosen Stimme, und ihr Gerede glich ihren Schriften. Es floß dahin, ohne sich um Konventionen von Wortwahl und Syntax zu scheren, und doch ergab der Großteil dessen, was sie sagte – anders als die meisten ihrer Schriften – tatsächlich einen Sinn. Miss Stein ließ sich nicht an der Nase herumführen, und sie mühte sich, dies auch allen zu beweisen. Wie alle talentierten Vortragskünstler legte sie viel Wert auf ihr Auditorium. Sie bevormundete und ermahnte uns, doch sie amüsierte uns auch. Wenngleich stets sie es war, die im Rampenlicht stand, sollten ihre Zuschauer den Eindruck gewinnen, als sei deren Rolle, wenngleich passiv, nicht minder wichtig als ihre eigene. Dafür war sie bereit, große Mühen auf sich zu nehmen, wenn sie auch nie so weit ging, ihre jungen Gäste als Individuen anzuerkennen. Sie wies jedoch selten jemanden ab, der bei ihr vorsprach. Und einigen, die ihre Gründe darlegten, weshalb sie erneut eingeladen zu werden wünschten, erbot sie sich gar, ihre Manuskripte zu lesen und zu kritisieren, eine Aufgabe, die sie dann mit akribischer Sorgfalt zu erfüllen pflegte. Nur eines gab sie allen zu verstehen: Sie war auf keinen Fall gewillt, ihre Hauptrolle mit jemandem zu teilen. Schließlich gab es ja die Nebenrollen. Ich entsinne mich noch recht gut der schroffen Antworten, die sie jedem zuteil werden ließ, der die Frechheit besaß, ihr ins Wort zu fallen, oder gar die Unverschämtheit, ihr zu widersprechen. Den Sünder mit strafendem Blick fixierend, pflegte sie lediglich ihre Äußerung zu wiederholen, allerdings mit leicht erhobener Stimme. Wenn der Übeltäter durchaus hartnäckig auf seiner Meinung beharren wollte, wiederholte sie ihre Worte ein zweites Mal, etwas lauter noch, und ein drittes Mal wenn nötig, noch lauter. Niemand war darauf erpicht, sich in ein Wortgefecht mit einer älteren Dame einzulassen. Man erwartete von uns jungen Männern ein vernehmliches ja, und sonst nichts.

Miss Stein interessierte sich für die GIs, weil diese sich für sie interessierten. Das lag in ihrer Natur. Doch ebenso natürlich glaubte sie, wenn sie sie überhaupt wahrnahm, sie so zu sehen, wie sie wirklich waren. Doch da irrte sie sich. Sie vermochte sie nicht zu begreifen, weil sie ihnen kein echtes Interesse entgegenbrachte. Und dennoch schrieb sie ein Buch über sie: *Brewsie and Willie*. Es war ihr letztes Buch und eines ihrer schlechtesten, weil es zum ersten Mal nicht von ihr selbst, sondern von anderen Menschen handeln möchte. Es gelang ihr nicht einmal, die Sorgen oder die Empfindungen näher bezeichneter GIs auszudrücken, mit denen sie Umgang pflegte.

Einige von uns haben damals wohl mit der Vorstellung geliebäugelt, einer Verlorenen Generation anzugehören. Miss Stein teilte deren Meinung nicht. Ich fragte sie einmal, was sie mit ihrer berühmten Bemerkung habe sagen wollen, und als sie es mir erklärt hatte, bat ich sie, mir ihre Erklärung aufzuschreiben. Sie kam meinem Wunsch nach.

»Ich habe lediglich die Worte eines Franzosen wiederholt, daß Menschen zwischen siebzehn und zwanzig Jahren zu zivilisierten Wesen werden, und haben sie kein Zivilleben, so versäumen sie die Gelegenheit, zivilisiert zu werden. Damit sind sie eine verlorene Generation. Das trifft jedoch aus anderen Gründen dieses Mal nicht zu.«

Sie legte keinen Wert darauf, jene anderen Gründe näher zu erläutern, und ich besaß nicht genügend Courage, sie danach zu fragen. Doch dies ist ohne Belang, denn ihre Antwort wäre doch nur eine abstrakte Darlegung ihrer eigenen Gedanken gewesen, nicht ein begründetes Urteil, zu dem sie nach eingehender Betrachtung der besagten Generation gelangt war.

Immerhin konnte sie gelegentlich auch einfühlsam und großzügig sein. Sie fragte mich, ob sie Auszüge aus meinen Schreibversuchen lesen solle. Das Stück bezog sich auf ein Kriegsereignis, das vor ein paar Monaten in den französischen Zeitungen beschrieben worden war. Als ich das nächste Mal in die Rue Christine ging, nahm Miss Stein mich beiseite, um mir ihre Meinung darüber mitzuteilen. Sie hatte das Stück offensichtlich sorgfältig gelesen. Obwohl sie es wohl kaum unterhaltsam gefunden haben konnte, schwerfällig und konventionell wie es war, betrachtete sie es doch als ihre Pflicht, mich sowohl ihren guten Rat als auch ihre Kritik wissen zu lassen, und sie tat beides mit einer nicht im mindesten herablassenden, überlegten Ernsthaftigkeit. Zuletzt sagte sie: »Ihr Stil liest sich gut, vielleicht wird Ihr Wunsch, einmal Schriftsteller zu werden, in Erfüllung gehen. Deshalb möchte ich Ihnen einen Rat geben: Wer ein echter Schriftsteller werden möchte, muß sich genügend Zeit nehmen, und Sie sollten Ihre Empfindungen besser beobachten. Ein echter Schriftsteller muß sich seiner Empfindungen sehr sicher sein, bevor er sie zu Papier bringen kann. Ich möchte Ihnen also raten, Ihre Gefühle exakt zu beobachten.«

Dies war ein ausgezeichneter Rat, und ich suchte ihn zu befolgen. Miss Stein war wohlwollend und gütig gewesen. Ich dankte ihr. Vielleicht dachte sie tatsächlich, ich könne eines Tages ein echter Schriftsteller werden, doch eines weiß ich gewiß: Sie nahm keinen Augenblick an, ich könne einmal kühn genug sein, schwarz auf weiß darüber nachzudenken, ob sie wohl fähig war, ihre eigenen Grundsätze auch umzusetzen.

Unser letztes Beisammensein ist mir durch einen bedauernswerten Umstand in besonders teurer Erinnerung geblieben. Nicht nur aufgrund des Vorfalls, sondern weil ich Gertrude Stein damals tatsächlich zum allerletzten Mal sah, und ich deshalb keine Gelegenheit mehr hatte, die Erinnerung an jenen Nachmittag von meinem rüden, törichten Benehmen reinzuwaschen.

Picasso hatte mich nicht nur mit Miss Stein und Miss Toklas bekanntgemacht, sondern auch mit einigen anderen Leuten, darunter mit einem ungemein vielversprechenden russisch-französischen Maler namens Chapoval. Er sollte sich später mit nur zweiunddreißig Jahren das Leben nehmen, doch das ist eine andere Geschichte. Chapoval kannte Gertrude nicht, hatte allerdings von ihrer Sammlung gehört und wollte sie sehen. Ich konnte mir nicht erklären, weshalb Picasso nicht selbst so ein Treffen arrangiert hatte, und versicherte Chapoval zuversichtlich, nichts sei leichter als dies, ich würde ihn einfach einmal mit in die Rue Christine nehmen. Daß ich dies auch tat, mag man meiner unreifen Lässigkeit anlasten, doch beweist es auch die ungemein freien, ungezwungenen Umgangsformen, die Miss Stein in ihrem Hause zuließ. Es war tatsächlich wie in den alten Zeiten in der Rue de Fleurus 27, wo man sogar jene, die an einem Samstag abend vor der Türe standen, ohne sich als Freunde eines Freundes auszuweisen, für gewöhnlich zu empfangen pflegte.

Deshalb kam ich eines Tages mit Chapoval und drückte zuversichtlich die vertraute Klingel. Es war einer jener regenbogenfarbenen Spätsommertage, an denen sich alle jungen Leute in Paris fühlen, als hielten sie die Welt in Händen, einfach weil sie das Wunder gewirkt haben, am Leben zu sein.

Ganz gegen ihre übliche Gepflogenheit öffnete Miss Stein persönlich die Tür. Dennoch begrüßte sie mich äußerst liebenswürdig. Ich stellte ihr Chapoval vor und meinte, unser Besuch käme hoffentlich nicht allzu ungelegen, wir hätten keineswegs die Absicht, sie zu belästigen, seien lediglich gekommen, ihre Bilder zu betrachten.

Die Ungeheuerlichkeit meines Faux-pas wurde sofort klar. Stirnrunzelnd sagte sie: »Das hier ist kein Museum. Ihr könnt nicht einfach hier ankommen, um zu glotzen, wenn euch danach ist. Außerdem paßt es mir gerade nicht.«

»Aber Chapoval ist ein Freund von Picasso«, brach es absurderweise aus mir heraus.

»Dann soll er gehen und Picasso fragen, ob er ein paar Picassos sehen darf«, versetzte Gertrude. »Picasso hat viel mehr Picassos als ich. Fragt ihn, ob er sie euch zeigt, dann werdet ihr vielleicht auch erkennen, was für ein Mann Picasso ist, falls ihr es noch nicht wißt, und etwas über Picasso erfahren. Aber ihr könnt nicht einfach hier angetanzt kommen.«

Verlegen und gedemütigt trat ich zurück auf den Treppenabsatz, in ungeschicktem, errötetem Schweigen.

»Nun gut«, meinte Gertrude nach einer Weile, »ich habe gleich ein paar Besorgungen zu machen, und ihr beiden könnt mich begleiten, wenn ihr wollt. Ihr wartet hier, dann gehen wir hinunter, und ihr könnt mich begleiten.«

Sie schloß die Tür. Wir standen linkisch und zappelig da, warteten aber. Miss Stein kam bald zurück, mit Basket an der Leine, und wir stiegen die Treppe hinunter. Auf der Straße bogen wir nach rechts, und dann wieder nach rechts, bis wir auf dem engen Fußweg der Rue des Grands-Augustins waren. Der Hund lief vorneweg, gefolgt von seinem Frauchen, dann kam ich, ein wenig schräg hinter ihr, und ein paar Schritte hinter uns Chapoval. Ich kann mich nicht mehr erinnern, worüber wir sprachen. Es steht nicht in meinem Notizbuch. Zweifellos redete Gertrude. Als wir in die Rue St.-André-des-Arts kamen und nach links abbogen im zitronengelben Sonnenschein, sagte sie etwas über die vielen GIs, die man bereits in die Heimat entlassen hatte, weil der Krieg nun endlich vorüber war. Ihre Besuche hätten sie bereits ein wenig ermüdet, aber trotzdem täte es ihr leid, sie gehen zu sehen. Und für die Männer sei es auch traurig, fügte sie hinzu, traurig, daß sie nach Hause fahren und ihre Uniformen ausziehen müßten, um dem Krieg und der Armee für immer Lebewohl zu sagen, denn sie würden niemals wieder so glücklich sein in ihrem Leben.

Natürlich gab es in jener Zeit kaum einen amerikanischen Soldaten, der seine Uniform nicht so schnell wie möglich ablegen wollte. Wir hatten alle die Nase gestrichen voll von Krieg und Armee. Wir sehnten uns danach, in unseren heimatlichen Wohnzimmern zu sitzen und Apfelkuchen zu essen. Ich widersprach Miss Stein.

Sofort hielt sie inne auf dem sonnigen Fußweg und blickte mich an. Gereizt wiederholte sie, was sie bereits gesagt hatte, und setzte hinzu, im Augenblick sei es unerheblich, was ich dächte, oder was die übrigen GIs dächten, weil wir unser Leben lang mit nostalgischer Freude auf unsere Kriegserfahrungen zurückblicken würden, zumal wir im Krieg ungebunden gewesen seien unter anderen Männern, und weil Männer das Kämpfen liebten.

Das Sterben aber nicht und das Leiden, dachte ich. Ich hatte selbst nicht gekämpft, aber ich hatte es gesehen. Ich hatte Tote gesehen, Sterbende. Ich hatte Gefangenenlager gesehen, Niedertracht, Elend und Verzweiflung, die in Schmutz und Schlamm brüteten. Ich hatte zuviel gesehen, und alles war noch viel zu frisch und zu überwältigend, als daß ich hätte verstehen, geschweige denn akzeptieren können, worin Miss Stein in gewisser Hinsicht recht hatte. Ich sagte noch einmal, daß ich ihre Ansicht nicht teilen könne.

Sie betrachtete mich mißbilligend, hart wie Zement in ihrem Tweedkostüm, und sagte: »Nun, es ist nicht wichtig, ob Sie meine

Meinung teilen oder nicht. Was allein zählt, ist, daß ich recht habe, und Sie werden das beizeiten herausfinden, nur das zählt, aber Sie sind zu jung, zu jung und unerfahren, um es jetzt schon zu begreifen.«

Ich stand nur da. Dann sagte ich: »Aber Sie haben nicht recht. Sie haben unrecht. Außerdem sind Sie eine törichte alte Frau und verstehen rein gar nichts.«

Dann wandte ich mich ab. Ohne ihre Antwort abzuwarten, machte ich kehrt und ließ sie auf der Straße stehen mit ihrem weißen Hund an der Leine. Ohne mich auch nur einmal umzublicken, ging ich geradewegs in die Rue des Grands-Augustins. Ich bog um die Ecke und sah Gertrude Stein niemals wieder.

Ich bebte. Vor Wut, vor Staunen ob meiner Kühnheit, in das sich sogar damals schon ein wenig Bedauern mischte, wie mir scheint. Chapoval war mir gefolgt, doch nachdem ich ihm den Vorfall kurz erläutert hatte, trennten wir uns auf der Straße.

Was ich im Augenblick vor allem empfand, war Entrüstung darüber, wie eine alte Frau sich einbilden konnte, die wahre Natur meiner jüngsten Erfahrungen besser zu verstehen als ich, und mir dies auch noch von oben herab mitteilte. Als ich durch die Rue des Grands-Augustins ging und mich der Nr. 7 näherte, beschloß ich, Picasso von dem Vorfall zu erzählen. Da es Nachmittag war, und er eigentlich keine Besucher empfing, mußte ich ziemlich beharrlich klingeln auf dem halbdunklen Treppenabsatz. Endlich hörte ich Picasso selbst durch die schwere Eichentüre hindurch leise fragen, wer ihn zu sehen wünsche.

»Ich bin's, Lord«, antwortete ich.

Er öffnete die Türe einen Spalt, bat mich aber nicht hinein. Es war nicht zu übersehen, daß mein unvorhergesehener Besuch ihn nicht gerade erfreute, und er fragte gereizt, was ich denn wolle.

»Ich komme von Gertrude Stein«, erklärte ich. »Wir hatten einen Streit. Ich wollte Ihnen davon erzählen.«

Sofort tat die Türe sich weit auf. Er sagte: »Na, dann kommen Sie herein.« Wir gingen durch den engen Korridor, dann nach links an der Küche vorbei in den hohen, rechteckigen Raum, wo Besucher normalerweise auf ihn warten mußten. Er setzte sich auf den Rand eines Tisches und sagte begierig: »Lassen Sie hören.«

Als ich ihm den Vorfall in aller Ausführlichkeit schilderte, wurde

Picasso wütend und aufgeregt, und murmelte immer wieder »Die Schlampe!« und »Das Schwein!«

Als ich geendet hatte, sprang er vom Tisch und sagte: »Da sehen Sie, was das für eine ist. Sie haben ganz schön lange gebraucht, um das zu erkennen, das muß ich schon sagen. Gleich am ersten Tag, als ich Sie zu ihr schickte, dachte ich, Sie würden schon nach einer halben Stunde zurückkommen und mir sagen, was sie doch für eine Schlampe ist. Das Schwein! Und Faschistin durch und durch! Sie hatte stets eine Schwäche für Franco. Stellen Sie sich das vor! Für Pétain auch! Können Sie sich das vorstellen? Eine Amerikanerin. Noch dazu eine Jüdin. Und sie ist fett wie ein Schwein. Sie schickte mir einmal ein Foto, auf dem man sie vor einem Auto stehen sah, und das Auto war nicht mehr zu sehen. Gertrude, das Schwein, füllte das ganze Photo aus.«

Ich war äußerst verblüfft über seinen Ausbruch und konnte nicht begreifen, warum er mich, da er so über Gertrude dachte, überhaupt zu ihr geschickt hatte. Doch damals kannte ich ihn noch nicht sehr gut.

Picasso redete noch immer. »Und was sie alles über mich und meine Malerei erzählt. Wer sie hört, muß ja glauben, sie habe mich Stück für Stück zusammengebastelt. Aber wenn Sie sehen wollen, was sie wirklich von der Malerei versteht, brauchen Sie sich nur den Mist anzusehen, der ihr heute gefällt. Das gleiche sagt sie über Hemingway. Dabei waren die beiden wie für einander geschaffen. Mich hat der noch nie beeindruckt, noch nie. Er konnte kein rechtes Verständnis für den Stierkampf aufbringen, so wie dies auch nur einem Spanier gelingt. Er war ein Scharlatan. Ich wußte das von Anfang an, aber Gertrude wußte es nicht. Er kam mich nach der Befreiung besuchen und gab mir das Tuchabzeichen eines SS-Offiziers, auf dem ›SS‹ eingestickt war, und er erzählte mir, er habe den Mann eigenhändig getötet. Das war gelogen. Er mag wohl ein paar wilde Tiere zur Strecke gebracht haben, doch einen Menschen hat er nie getötet. Wenn er das getan hätte, dann hätte er keine Souvenirs verteilen müssen. Er war ein Scharlatan, und deshalb hat Gertrude ihn gemocht. Wir übrigen gaben alle Fitzgerald den Vorzug. Er war das eigentliche Talent, wie wir alle fanden. Was die Toklas angeht, die kleine Hexe, wissen Sie, warum sie eine Ponyfrisur trägt?« Picasso lachte laut. »Sie hatte eine Horn«, sagte er. »Mitten in der Stirn. Wie bei einem Nashorn so groß. Die beiden ergaben das perfekte Paar, Gertrude und Alice, das Nilpferd und das Nashorn. Doch dann ließ Alice sich das Horn wegschneiden, und ihr Pony soll wohl das Loch verdecken.« Eine Zeitlang lachte er weiter, dann sagte er: »Jetzt weißt du also, wie Gertrude ist, die Schlampe.«

Plötzlich wandte er sich ab. Er schien jegliches Interesse am Thema Gertrude und Alice verloren zu haben. Es war offensichtlich, daß ich gehen sollte, und ich hatte das eigenartige Gefühl, als ob alles, was ich ihm soeben erzählt und was er zu mir gesagt hatte, auch ich selbst, mit einem Mal nicht mehr existierten. Er erklärte mir, er habe zu tun, ich müsse also gehen.

Ich machte mich auf den Heimweg, schlenderte über den Hof des Louvre und entlang der Avenue de l'Opéra, überrascht, verblüfft und ziemlich eingeschüchtert, und trug, was vorgefallen war, in mein Schuljungennotizbuch mit seinem grünen Wachstucheinband ein.

Es stimmt, Gertrude Stein war ziemlich reaktionär in ihren politischen Ansichten, sofern sie sich überhaupt um politische Belange kümmerte, was selten genug der Fall war, da sie im Wesentlichen keine andere Autorität als ihr eigenes Genie anerkannte, und daher fand, die arbeitende Menge könne kaum etwas Besseres tun, als ihrem Beispiel zu folgen. Darin unterschied sie sich natürlich nicht im mindesten von den meisten anderen Künstlern, vor allem nicht von den bedeutenden, und Picasso war auf seine Weise ein weit krasseres Beispiel für derlei Neigungen, als es Gertrude jemals sein würde. Wie dem auch sei, ich war erstaunt über den Gedanken, sie könne Reden für Marschall Pétain geschrieben haben. Der Gedanke, solch ein stumpfer, größenwahnsinniger Leuteschinder könne in Zeiten einer nationalen Katastrophe seine Landsleute in Miss Steins gedrexeltem, weitschweifigem Stil angesprochen haben, schien mir geradezu grotesk. Ich erfuhr später, daß Gertrude in der Tat aus Gründen, die ich nicht kenne, die ihr jedoch zu genügen schienen, einfach ein paar von Pétains Reden ins Englische übertragen hatte.

Der zweite Akt von Picassos Schimpftirade an jenem Nachmittag folgte fast zehn Jahre später und war typisch für ihn. Eines schönen Frühlingsabends in der Provence waren er und ich zufällig Gäste im selben Haus. Sein Benehmen bei diesem Anlaß war exemplarisch für die perverse Boshaftigkeit, an die sich alle, die ihn kannten, zu gewöhnen hatten. Während des Abendessens wurde er mir gegenüber grob und ausfallend. Später saß ich im Salon auf einem Stuhl rechts neben dem Kamin. Picasso ließ sich auf einem Sofa neben mir nieder, auf dem mir zugewandten Ende. Ich war verletzt und wütend und blickte nicht in seine Richtung, tat so, als sei ich mir seiner Anwesenheit nicht bewußt, wahrhaft keine leichte Täuschung. Inzwischen war man auf Gertrude und Alice zu sprechen gekommen. Unser Gastgeber äußerte eine niedrige, verächtliche Meinung über Gertrudes Werk und Person. Ich widersprach, indem ich einige ihrer Eigenschaften und Schriften nannte, die ich für bewundernswert hielt.

Picasso streichelte vertraulich, ja sogar liebevoll meinen Arm. »Du hast ganz recht, mein kleiner Lord«, sagte er. »Gertrude war ein außergewöhnlicher Mensch. Wenn sie ein Zimmer betrat, war es mit einem Mal voll, selbst wenn es leer war. Und sie verstand etwas von Malerei. Sie kaufte meine Bilder, als noch kein Mensch welche haben wollte. Sie war eine Freundin. Und eine Schriftstellerin erster Güte. Denk nur, was sie tat. Schon lange vor Joyce. Du hast ganz recht«, wiederholte er und streichelte mich noch einmal. »Du bist intelligent, Lord. Gertrude hatte seltene Qualitäten. Und Alice auch. Alice und Gertrude waren irgendwie ein und dieselbe Person, nur unterschiedliche Teile davon. Arme Alice. Es dürfte nicht gerade angenehm sein für sie jetzt. Ich nehme an, sie steckt in finanziellen Schwierigkeiten. Ein Jammer. Sie mußte ein paar meiner alten Zeichnungen verkaufen. Einige waren nicht signiert, weshalb man sie mir vorlegte, damit ich sie signiere, und ich signierte sie. Ich tat es gern für Alice.«

Und dann sollten noch einmal zwei Jahre vergehen, ehe ich die Geschichte mit den Heizkörpern erfuhr. Es war eine Sache, die damals längst vergessen war, doch im Rückblick scheint sie ein gewisses Licht auf die Dinge zu werfen. Catherine Dudley erzählte mir davon, eine Amerikanerin aus Chicago, die seit den Zwanzigerjahren in Paris gelebt hatte. Sie war einmal Pascins Geliebte gewesen und kannte beinahe jedermann aus der Pariser Künstlerszene, auch Gertrude, Alice und Picasso. Sie war es auch, die mit einer Freundin wesentlich dazu beitrug, die Wohnung in der Rue Christine zu finden. Und als die Zeit der Besatzung vorüber war und man sie aus dem Internierungslager entließ, in dem sie, im Gegensatz zu Gertrude und Alice die Kriegsjahre verbracht hatte, gab Catherine Anweisungen für die Vorbereitung der Wohnung ihrer Freundinnen. Die Bilder waren allesamt unbeschädigt, aber eine große Menge unerläßlicher Haushaltsutensilien fehlte. Die meisten waren gestohlen, ein paar lediglich geborgt.

Während der gesamten Besatzungszeit war das Heizen ein dringliches Problem in ganz Paris. Heizöl war fast überhaupt nicht zu bekommen, und der Vorrat an Gas war zu knapp, um damit außer Kochen noch etwas anderes zu machen. Strom jedoch wurde zwar rationiert, blieb aber verfügbar. Ein elektrischer Heizkörper wurde folglich ein Besitz von unschätzbarem Wert, und sogar Picasso war es unmöglich, genügend solcher Geräte aufzutreiben, um sein riesiges Atelier zu beheizen. In seinem surrealistischen Stück *Desire Trapped by the Tail*, geschrieben im Januar des Jahres 1941, hatte er treffend das Überhandnehmen der Frostbeulen evoziert und den Mangel an zentraler Beheizung. Genie scheint die Unbequemlichkeiten und Probleme des täglichen Lebens eher zu verschlimmern, als zu erleichtern. Picasso erinnerte sich glücklicherweise daran, daß Gertrudes nahegelegene, leerstehende Wohnung nicht nur mehr als zwei Dutzend seiner Bilder enthielt, sondern zudem mehrere einwandfrei funktionierende elektrische Heizkörper. Er setzte sich mit seiner alten Freundin in ihrem ländlichen Versteck in Verbindung und fragte, ob sie es nicht in die Wege leiten könne, daß er sich die Geräte borgen dürfe. Sie war einverstanden.

Es war Mitte Dezember des Jahres 1944, als Gertrude und Alice beschlossen, nach Paris zurückzukehren. Nach einer frostigen und beschwerlichen Reise kamen sie endlich an und hatten neben Butter und Eier von unbezahlbarem Wert Picassos Porträt von Gertrude bei sich. Sie waren erleichtert, endlich daheim zu sein und all ihre Schätze sicher verwahrt zu finden. Picasso kam tags darauf, sie zu besuchen. Das Wiedersehen war freudig und gefühlvoll. Doch der Winter 44–45 erwies sich als ungewöhnlich kalt und lang. Die zwei alten Damen in ihren hohen Räumen wurden vom Klima schon bald an ihre fehlenden Heizkörper erinnert. Sie baten Picasso, sie zurückzubringen. Er versprach es. Sie warteten. Die Heizkörper tauchten nicht auf. Sie wiederholten ihre Bitte. Picasso entschuldigte sich und versprach erneut, die Heizkörper zurückzubringen. Die erschienen noch immer nicht. Und wieder, diesmal zweifellos sehr forsch, verlangte Gertrude, man möge ihr ihr Eigentum unverzüglich zurückgeben. Und wieder versprach Picasso, ihrer Bitte nachzukommen. Doch er war aufgebracht über die Beharrlichkeit seiner alten Freundin. »Sie will, daß ich erfriere«, jam-

merte er vor seiner neuen Errungenschaft, der jungen Françoise Gilot.
Jedoch gebrauchte er die Heizkörper nicht sehr oft, zumal der Strom
im befreiten Paris ausgesprochen teuer war, und Picasso trotz seines
ungeheuren Reichtums gerne sparte. Als die Heizkörper endlich in die
Rue Christine gebracht wurden, war es bereits Frühling.

II

Als Gertrude Stein im Jahre 1946 verstarb, war ich gerade in den
Vereinigten Staaten. Ich erinnere mich noch genau an das strahlende
Marineblau jenes Julitages auf Cape Cod, als ein zufälliger Bekannter
mir berichtete, daß sie verstorben war. Gewiß war mir ihr Tod kein
schmerzlicher Verlust, ich war nicht einmal besonders traurig, doch
fand ich es bedauernswert, daß mir so die Gelegenheit genommen war,
meinen Fehler, eine wahre Künstlerin eine törichte alte Frau gescholten
zu haben, wiedergutzumachen.

Ich war nicht besonders gut befreundet mit Alice Toklas und hatte
sogar mehrmals in mein Notizbuch geschrieben, wie sehr mich ihre
Gegenwart irritierte. Ich hatte Miss Toklas eigentlich vom ersten
Moment an als unfreundlich empfunden. Dieser scheinbare Mangel
an Wärme war womöglich nur ein Nebenprodukt von Gertrudes ver-
schlingendem Egotismus. Zu guten Freunden mag Alice durchaus
umgänglich und gefühlvoll gewesen sein. Ich hatte keine Ahnung. Wie
dem auch sei, ein paar Wochen nach Miss Steins Tod schrieb ich Miss
Toklas einen Brief, in dem ich ihr auf konventionelle Weise mein Bei-
leid aussprach.

Sie schrieb zurück. Ihr Brief, verfaßt am 10. September, war kurz
und förmlich, in jener gewissenhaften Spinnenschrift, die so schlecht
zu ihrem ruhigen, zurückhaltenden Wesen zu passen schien. Sie dankte
mir dafür, an sie gedacht und ihr geschrieben zu haben. Dann kam ein
kurzer Satz, der sofort, mit unübersehbarer Intensität, auf jener halben
Seite billigen Papiers ins Auge stach: »Ich werde nun alleine hier
leben.« Diese Äußerung war rührend und unvergeßlich, doch ich
ahnte damals noch nicht, ebensowenig wie sie selbst, mit welch grausa-
mer Exaktheit ihre Absicht in Erfüllung gehen würde. Miss Toklas
schloß ihren Brief mit der Bitte, ich möge sie doch besuchen kommen,

sobald ich wieder in Frankreich sei, und ich nahm mir fest vor, dies auch zu tun.

Ich verbrachte erst wieder im Frühjahr 1947 einige Zeit in Paris. Ich rief in der Rue Christine an. DANton 65-06. Ich weiß die Nummer noch heute. Miss Toklas war am Apparat. Sie bat mich, sie in ein paar Tagen am Nachmittag zu besuchen.

Alles war unverändert. Die tiefe Stille im Treppenhaus, die an das 18. Jahrhundert erinnerte, der Geruch von Bohnerwachs, die auf Hochglanz polierten Türknäufe, alles unverändert. Ein Mädchen öffnete und führte mich durch die Halle, deren Wänder voller Picassos hingen. Alles unverändert. Miss Toklas kam durch die Tür des Salons, um mich zu begrüßen, formell lächelnd, ein wenig gebeugter vielleicht als damals, aber doch dieselbe. Wir betraten gemeinsam den Salon, und er war unverändert.

Außer daß Picassos Porträt von Gertrude fehlte. Und dies bedeutete, daß der Raum unwiderruflich und tragisch verändert war. Und nichts konnte jemals wieder werden, wie es war, nicht einmal für einen kurzen, illusorischen Augenblick. Gertrude war fort. Und nicht nur Gertrude selbst, sondern auch ihr ideales, unwandelbares Abbild und Symbol war fort, die eine Reproduktion ihrer selbst, die stets Gertrude gewesen war für Gertrude und somit auch für Alice. Nun waren sie sowohl geistig als auch körperlich voneinander geschieden. Gertrude war zu den Unsterblichen gegangen und hatte den allumfassenden Beweis ihrer Unsterblichkeit mit sich genommen. Er war für immer verloren für Heim und Leben, die sie achtunddreißig Jahre lang mit Alice geteilt hatte, und wo er alle anderen Gegenstände beherrscht hatte. Gertrude hatte vor ihrem Ableben dafür Sorge getragen, daß man ihr Porträt unverzüglich nach ihrem Tode an einem Ort unterbringe, wo die hehre Anwesenheit anderer Meisterwerke die Idee von Unsterblichkeit bekräftigen und für alle Zeit ihren Ruhm verströmen sollten um dieses Sinnbild ihres Genies. Heute hängt es im Metropolitan Museum of Art in New York, einer Stadt, in der Miss Stein selbst nie zu Hause war, doch dort, im größten Museum ihres Heimatlandes, genießt es die standesgerechte Gegenwart der Bilder von Pharaonen, von unterschiedlichsten Gottheiten und allerlei anderen Unsterblichen, und jedes Jahr stehen Millionen von Menschen davor, die niemals etwas von Alice B. Toklas gehört haben.

»Ich werde nun allein hier wohnen«, hatte sie geschrieben. Allein, in der Tat. In jener Wohnung, in der sie so lange zusammen gelebt hatten, war Alice nun allein. Die Räume waren voller Erinnerungen an Gertrude, gewiß, doch die eine Gegenwärtigkeit, die immer mehr als alles andere Gertrude gewesen war, außer der echten Gertrude natürlich, fehlte. Und niemand anderes als Gertrude selbst hatte beschlossen, daß dies so sein sollte. Wenn Alice im Salon stand und auf den Platz über dem Kamin schaute, wo das Bild einst hing, sah sie nicht mehr das Porträt ihrer langjährigen Freundin und Begleiterin; sie sah ein anderes Bild von Picasso, welches sie dort aufgehängt hatte, hoffend, es möge für den unwiederbringlichen Verlust entschädigen, doch das einzige Ergebnis war, wie sie sagte, daß ihr der Raum leerer erschien als je zuvor. »Sie haben das Picasso-Porträt vor zehn Tagen für das Metropolitan abgeholt«, schrieb sie einer Freundin. »Es war wie ein zweiter Abschied und hat mich sehr mitgenommen.«

Miss Stein hatte vier Tage vor ihrem Tod ihr Testament gemacht. Es besteht keinerlei Anlaß zur Vermutung, sie habe geahnt, wie bald sie sterben würde. Andererseits mußte sie die Möglichkeit erwogen haben, als sie, eine Zweiundsiebzigjährige, krank im amerikanischen Hospital lag und letzte Verfügungen traf, was mit ihrem Besitz, dessen Bedeutung ihr stets so lebhaft vor Augen war, zu geschehen hatte. Endlich befand sie sich in einer Lage, wo sie endgültig abwägen mußte, wie wichtig ihrem Leben die Menschen waren, die zurückbleiben würden. Sie verglich, so gut sie es vermochte, deren Gefühle, um dann dementsprechend ihre Beziehung zu den Besitztümern zu entscheiden. Sie konnte ihre eigene Existenz und Bedeutung nicht mehr länger als Bestandteile einer unbegrenzten Erfahrung und unverminderten Bewußtheit auffassen. Zum ersten Mal in ihrem nur noch wenige Tage währenden Leben, konnte das Leben selbst nur noch in Gestalt der Menschen und Dinge wahrgenommen werden, die sie überleben würden. Doch haben Dinge, anders als Menschen, ein willkürliches, widerspenstiges Eigenleben, das weder den Wünschen, noch den Empfindungen ihrer Besitzer unterworfen ist, deren Empfindungen und Wünsche sie aber dennoch häufig verkörpern und folglich auch kontrollieren.

Alice war wie immer bei der Hand. Gertrude mochte den Inhalt des Testaments mit ihr besprochen haben. Doch Alice hätte sich ihm wohl niemals widersetzt. Nicht damals. Nicht da sie wußte, daß ihre Freundin Gertrude im Sterben lag, auch wenn diese selbst es nicht wußte. Nicht nach lebenslanger Anpassung und Fügsamkeit. Das Eigentum war wie das Testament Gertrudes Angelegenheit. Und das Wort »letzter Wille« gewinnt in diesem Zusammenhang sofort eine weitreichende, unabänderliche Konnotation.

Gertrude vermachte ihr Picasso-Porträt dem Metropolitan Museum of Art. Die Yale University erhielt ihre sämtlichen privaten Schriftstücke und Manuskripte, mit der Anweisung, für die Veröffentlichung all ihrer noch unveröffentlichten Schriften Sorge zu tragen – und das waren nicht wenige. Alice hinterließ sie alles übrige. Das Testament enthielt jedoch eine entscheidende Klausel. Alice konnte nicht nach Gutdünken über Geld, Wertpapiere, persönlichen Besitz, und vor allem nicht über die Bilder verfügen. Sie sollte lediglich den Schatz verwalten, bewachen, durfte Miss Steins Besitz bis zu ihrem eigenen Tod genießen, wonach das gesamte Erbe an Gertrudes Neffen Allan oder dessen Hinterbliebene fallen würde, für die keinerlei Einschränkungen galten.

Der praktische Zweck, der dieser Bedingung zugrundelag, war vermutlich das Vermeiden von doppelten Erbschaftssteuern. Und doch mußte Gertrude Stein mehr als die meisten Menschen gewußt haben, daß der Tod keinerlei nachträgliche Einfälle zuläßt, und das Leben voller Unwägbarkeiten ist. Sie mußte gewußt haben, daß Geld nicht selten das Schlechteste im Menschen weckt, und daß keine Beziehung zwischen Menschen sicher ist vor Entfremdung. Doch vielleicht war sie unfähig zu der Vorstellung, die Zukunft nach ihrem Tode könne anders sein als zu ihren Lebzeiten.

Da sie Gertrude Stein war, hatte sie wohl nie daran gedacht, daß Alice es wagen würde, sie um zwanzig Jahre zu überleben. Nach jahrzehntelanger, ehrerbietiger Treue hatte sie wohl einfach angenommen, ihre Freundin würde sie nicht lange allein lassen und es zufrieden sein, in aller Ewigkeit in einer Ecke mit Xanthippe zu plaudern, während sie selbst mit Sokrates konversierte.

Wie dem auch sei, eines steht fest: Es mangelte ihr definitiv an Vorstellungskraft. Solange sie lebte, war es Gertrudes Wunsch, daß die Werke ihrer lebendigen Phantasie über das Grab hinaus Bestand haben sollten. Doch sie war unfähig, sich zu vergegenwärtigen, welche Bedürfnisse diejenigen haben würden, die noch nicht im Grabe lagen. In ihrem gesamten schriftstellerischen Werk hatte sie entschieden Theorie über Gefühl gestellt. Vielleicht herrschte auch in ihrem Leben diese Vorliebe, zumindest äußerte sie in einem fort ihre Sorge über das schwer zu erklärende Wesen ihrer eigenen Identität. Beschaffenheit und Schicksal von Alices Identität hatten sie wohl nicht in gleichem Maße beunruhigt. Sie war kein sonderlich strenger und ernster Richter ihrer eigenen Empfindungen.

Da sie in ihrer Kunst Unsterblichkeit zu erringen strebte, übertrug sie dies Streben merkwürdigerweise auf ihr persönliches Leben. Ob bewußt oder unbewußt, es gelang Gertrude tatsächlich, daß Alice auch nach ihrem Tod jene untergebene Haltung bewahrte, an die sie so lange gewöhnt war, die zu Gertrudes Lebzeiten noch sinnvoll gewesen sein mochte, mit ihrem Tod aber Sinn und Zweck verlor und schließlich Alices Verlust nur noch spürbarer werden ließ. Vielleicht liebte Gertrude ihren Neffen. Oder sie wurde von irgendeiner atavistischen Eingebung an ihre Verantwortung für das eigene Blut erinnert. Es tut nichts zur Sache. Weder Blutsbande, noch familiäre Verpflichtungen können sich mit jenen Banden vergleichen, die zwei Menschen aneinander binden, wenn sie achtunddreißig Jahre lang in ununterbrochener Zuneigung und Vertrautheit miteinander verbracht haben. Gewiß, wären Gertrude und Alice Mann und Frau gewesen, so wäre das Problem und seine schmerzlichen Nachwehen in aller Wahrscheinlichkeit nie entstanden. Doch genau das waren sie nicht gewesen, und keine noch so entschiedene Zuneigung konnte offenbar die Ambiguität der Natur aufheben.

Es war in Gertrudes Testament natürlich ausdrücklich vermerkt, daß die Vollstrecker des Nachlasses berechtigt waren, Zahlungen an Alice zu tätigen, und zu diesem Zweck nötigenfalls auch Gemälde veräußern durften, »insofern es ihr Unterhalt erfordern würde«. Doch die Vollstrecker waren, neben einem Anwalt aus Baltimore, Alice selbst und Allan Stein, also die beiden Personen, deren unmittelbare und endgültige Interessen am Nachlaß eines Tages in Konflikt geraten würden, wie man vernünftigerweise hätte erahnen können.

Und so kam es, daß Alice B. Toklas, nachdem sie so viele Mahlzeiten gekocht, so viele Manuskripte getippt, für Bequemlichkeit und Annehmlichkeiten gesorgt hatte, nachdem sie so viele Tage und Nächte

Gertrude mit Rat und Tat zur Seite gestanden hatte, sich nicht als Besitzerin, sondern lediglich als Hüterin all der Schätze wiederfand, die sie mit ihrer vertrauten, greifbaren Gegenwart in ihrer Trauer und Einsamkeit der eigenen Beständigkeit hätten versichern, und ihr die harte Trennung hätten erleichtern können. Die Dinge gehörten ihr nicht wirklich, gehörten ihr noch weniger als zu Lebzeiten Gertrudes. Dies zu akzeptieren und das gesamte Lebenskonzept neu zu gestalten, wäre wohl für jedermann schwierig gewesen. Für Alice erwies es sich als unmöglich. Sie blieb die, die sie immer gewesen war, die sie durch ihr Leben mit und für Gertrude geworden war, und ihre Beziehung zu Gertrudes einstigem Besitz blieb die gleiche wie zu Gertrudes Lebzeiten. Doch Gertrude war nicht mehr da, um Entscheidungen zu treffen und Verbote auszusprechen, und sie hatte diese Autorität nicht auf Alice übertragen. Dabei hätte gerade dieses Erbe Alices Lebensabend weniger traurig, weniger trostlos, weniger erbärmlich gestalten können, als er es nun war. Denn sie konnte sich nicht mehr ändern. Ihre Verwirrtheit, wie es einige ihrer ältesten Freunde nannten, bestand lediglich in der Tatsache, daß sie jenem Selbst und jenem Leben treu blieb, die Gertrude Stein so teuer gewesen waren.

Solche Überlegungen mögen inzwischen unwichtig und unerheblich scheinen. Doch das sind sie nicht, weil Gertrude es nicht ist. Sie hat erreicht, wonach sie strebte. Von all den Schritten auf dem endlos langen Pfad hin zur Unsterblichkeit ist der erste der trügerischste und anstrengendste. Gertrude nahm ihn mühelos. Noch zwei Generationen nach ihrem Tode blieb sie in lebhafter Erinnerung, und Alice mit ihr. Was immer die beiden betrifft, ist von Bedeutung, denn nur selten war das Werk eines Schriftstellers inniger mit seinem Charakter und seiner Persönlichkeit verbunden. Ihr Thema war das Thema selbst, dessen raison d'être eben seine raison d'être, und ihr eigenes Sein war raison d'être und Thema ihres Seins. Alices wesentlicher Beitrag zu dieser Kette von Notwendigkeiten war ihr gesamtes Leben. Sie war für Gertrude das kunstvolle, lebendige Glied zwischen Leben und Kunst, welches allein den Künstler mit dem Leben versöhnt. Dies ist ein unerläßlicher Beitrag, und auch seine raison d'être ist schlicht seine Notwendigkeit. Alice bereicherte die Literatur, indem sie Gertrudes Leben bereicherte.

Einige Menschen vertraten die Ansicht, darunter auch Hemingway, daß sich unterhalb von Alices äußerlicher Ergebenheit ein gnadenloser

Wille verbarg, den sie schlau einzusetzen wußte. Mag sein. Mir fällt allerdings schwer, dies zu glauben. Es verträgt sich nicht im mindesten mit Alices Gebaren in der Öffentlichkeit und wird sowohl von Gertrudes Werk als auch von ihrem Testament widerlegt. Weder vor Miss Steins Tod, noch in den Jahren danach, in denen ich Miss Toklas häufig besuchte, fand ich jemals einen Hinweis darauf, daß sie sich privat in den Vordergrund hätte spielen wollen. Kann es bloßer alphabetischer Zufall gewesen sein, daß Miss Steins Name über demjenigen von Miss Toklas auf ihrer gemeinsamen Visitenkarte stand? Alice sagte später selbst einmal zu einem von Gertrudes Biographen: »Ich bin ein Opfer, kein Täter.« Gewiß, sie mag zuweilen widersprochen haben oder fordernd gewesen sein. Das sind die meisten Menschen. Doch das Leben der beiden Frauen muß im wesentlichen das gewesen sein, was es schien. Und so bleibt auch sein Wunder, seine Reinheit und sein Pathos.

Ich kam also, wie ich bereits sagte, ein knappes Jahr nach Gertrudes Tod zum ersten Mal wieder in die Rue Christine. Ich saß auf dem mit Roßhaar bezogenen Sofa wie bei meinem ersten Besuch vor zwei Jahren, der unendlich weit zurückzuliegen schien, und Miss Toklas saß mir wie damals gegenüber auf dem kleinen Lehnsessel. Rechts neben ihr stand ein Beistelltischchen mit einem Aschenbecher und einer Teetasse darauf, zu ihrer Linken war ein hohes Fenster, durch welches die Abendsonne fiel und ihre klaren, semitischen Gesichtszüge betonte. Ich versuchte, unter ihrem Pony das Loch zu erspähen, von dem Picasso gesprochen hatte, doch weder damals, noch später habe ich jemals auch nur eine Spur davon entdecken können.

Wir tranken Tee, und ich wußte nichts zu sagen. Das war das erste Mal seit unserer ersten Begegnung, daß ich mit Miss Toklas allein war. Ich erinnerte mich daran, nicht gewußt zu haben, welchen General Grant sie und Gertrude bewunderten, und ich fragte mich, ob auch sie sich daran erinnerte. Weil ich nichts zu sagen wußte, sah ich mich ein wenig um, und es schien mir das Naheliegendste, über die Bilder zu sprechen.

Oberhalb von Miss Toklas, rechts neben dem Kamin, hing ein kleines Aquarell von Picasso mit einem einzigen Apfel. Ich bewunderte es, und Alice erzählte mir, Picasso habe es eigens für Gertrude gemalt, um sie über den Verlust eines kleinen Apfelstillebens von Cézanne hinwegzutrösten, das Leo Stein unbedingt haben wollte, als er vor dem Ersten Weltkrieg die gemeinsame Sammlung mit seiner Schwester teilte. Ich fragte, wie man die Sammlung denn aufgeteilt habe. Es sei ganz einfach gewesen, erklärte mir Alice. »Gertrude war in einem Zimmer, Leo in einem anderen. Sie sprachen damals nicht miteinander. Ich ging mit den Gemälden von einem zum anderen, bis beide ihre Wahl getroffen hatten.« Und es sei wirklich gerecht gewesen, fügte sie hinzu, da die Cézanne-Äpfel das einzige Bild gewesen seien, von dem keiner sich habe trennen wollen. Doch Gertrude habe am Ende nachgegeben, weil Leo vollkommen unerbittlich gewesen sei, und als Gertrude nicht mehr gewußt habe, was sie tun solle, habe er ihr sagen lassen, sie solle es als Gottes Wille akzeptieren.

Als wir über die Bilder sprachen und eines nach dem anderen betrachteten, schien es mir nur natürlich, das Porträt zu erwähnen. Wie Alice es aufnehmen würde, kam mir in dem Moment nicht in den Sinn, und dann war es bereits zu spät. Ich sagte: »Das Zimmer scheint nicht mehr dasselbe ohne das Porträt.«

»Nein.« Sie wandte sich um und blickte auf die Stelle über dem Kamin, so als müsse sie sich seine unabänderliche Abwesenheit noch einmal vor Augen führen. Dann sagte sie: »Ich wollte es solange als nur irgend möglich bei mir behalten. Ich bat sie, es mir noch ein wenig zu lassen. Doch schließlich wollten sie es unbedingt haben, und jetzt haben sie es. Ich erhielt erst vor ein paar Tagen einen Brief, in dem sie mir mitteilten, das Porträt hänge nun in der Eingangshalle des Museums. Gertrude wäre hocherfreut. Das wollte sie ja immer. Aber es ist nicht dasselbe. Sie haben ganz recht. Ohne das Porträt ist es hier nicht mehr dasselbe. Aber es ist ohnehin nichts mehr, wie es war.«

Ich war verlegen. Doch Miss Toklas schien ganz gefaßt. Wir wechselten das Thema, sprachen über einige der anderen GIs, die 1945 in die Rue Christine zu kommen pflegten, was aus ihnen geworden war, was aus mir geworden war, über dies und jenes. Wir saßen in dem hohen, heiteren Raum mit seinen Meisterwerken und Erinnerungen, tranken Tee, rauchten, und bald bemerkte ich zu meiner großen Überraschung und Freude, daß wir ein Gespräch führten. Das war mir in jener Wohnung noch nie passiert. Es war herrlich.

Miss Toklas redete gerne. Sie konnte es auch gut, ohne Hemmungen und sehr weitschweifig. Doch sie konnte auch zuhören, und ihr eigenes

Vergnügen an der Äußerung schien davon abzuhängen, inwieweit ihr Zuhörer bereit war, sich ebenso gerne zu äußern. Kurzum, sie liebte die Konversation. Sie fand auch Vergnügen am Geschichtenerzählen, gab sehr detaillierte, malerische Anekdoten zum Besten, wobei sie Menschen und Orte ungemein lebhaft zu beschreiben wußte. Ihre Stimme war kehlig, ein wenig heiser, tiefer als die von Gertrude, manchmal melodiös, manchmal rauchig, doch immer ausdrucksvoll, sogar noch an ihrem Lebensende, als Klangfülle und Kraft sie allmählich verließen. Sie pflegte ihre Rede mit kleinen Gesten ihrer Zigarette und Kopfnicken zu begleiten. Sie lachte gerne, oft über ihre eigenen Bemerkungen, deren treffenden und häufig respektlosen Humor sie aufrichtig genoß. Es war ein Vergnügen, mit Fräulein Toklas zu sprechen, und sie selbst schien dies mit aufrichtiger Genugtuung zu akzeptieren, als wäre es noch nie anders gewesen.

Viele Menschen besuchten Alice in der Rue Christine in den ersten Jahren nach Gertrudes Tod. Einige von ihnen waren alte Freunde, manche nur Bekannte. Einige wollten trotz Abwesenheit des Stars die Bühne sehen, auf der sie gewirkt hatte, brannten darauf, der alten Dame Mädchen für alles und alter ego kennenzulernen, und vielleicht, indem sie sich mit der Örtlichkeit und der Überlebenden aus glorreicher Vergangenheit identifizierten, ihre eigene Persönlichkeit zu steigern. Miss Toklas hieß sie alle herzlich willkommen, und auch ihre Persönlichkeit mochte mit den Jahren gewachsen sein. Doch ohne Gertrude waren ihre Tage und Monate eigentlich leer. Auf dieser elementaren Tatsache gründete alles übrige, und Alice sagte dies auch. Und dennoch gab es Briefe zu schreiben, Bücher zu lesen und Mahlzeiten zu kochen. Es gab Leute zu treffen. Viele Leute, und alle kamen, sie zu besuchen, ihre Gesellschaft zu genießen, mit ihr zu sprechen. Sie wußte nur allzu gut, daß einige in ihr nur die Alice B. Toklas sahen, die mit Gertrude Stein gelebt hatte, doch das war sie ja auch Zeit ihres Lebens gewesen, so konnte es sie nicht überrascht haben, immer wieder auf diese Nebenrolle beschränkt zu werden. Sie genoß es, Gäste zu empfangen. Mit ihnen konnte sie im Gespräch die gefeierte Vergangenheit noch einmal erleben und die unvorhergesehene Gegenwart wertschätzen, in der man sie plötzlich zum Wortführer erkoren hatte. Nach und nach schien es, als sei Alice ohne Gertrude nicht weniger Alice, sondern mehr.

In jenen Jahren, die ich größtenteils in Paris zubrachte, sah ich Miss Toklas regelmäßig. Am späten Nachmittag, dann immer öfter am Abend, pflegte ich in die Rue Christine zu gehen, um mit ihr zu speisen, zu trinken und zu plaudern. Alice saß für gewöhnlich in ihrem kleinen Lehnsessel zwischen Fenster und Kamin, hatte ein Päckchen Pall Mall neben sich liegen, aus dem sie mit offenkundigem Genuß häufig eine Zigarette nahm und sie sich anzündete. Ich saß nicht mehr auf dem Sofa, sondern näher bei ihr auf einem Stuhl, weil ihr Gehör mit zunehmendem Alter immer schwächer wurde. In dem eleganten Zimmer war das Licht des Nachts nicht hell. Bilder, Objekte und Möbel versanken in einem edlen, aber unbestimmten Hintergrund. Neben Alices Stuhl stand eine Stehlampe und konzentrierte die gesamte Bedeutung des Augenblicks auf sie und auf das, was sie sagte.

Unglücklicherweise habe ich von den vielen Unterhaltungen, die ich mit Miss Toklas führte, nur wenige im Gedächtnis, zumal ich damals nicht viel aufschrieb. Doch an Alice selbst erinnere ich mich gut. Sie sorgte dafür, daß man sie nicht vergaß, weil sie es auf ehrliche und schlichte Weise verstand, sich stets treu zu sein. Dies vor allem kam mir in all den Jahren immer deutlicher zu Bewußtsein, und noch heute denke ich mit Rührung und Respekt an sie.

Das Leben der meisten Menschen wird von unerbittlichen, unkontrollierbaren Zufällen gelenkt. Für Alice schien dies nicht zu gelten. Je mehr sie aus der Vergangenheit und von ihrem Leben mit Gertrude Stein erzählte, desto mehr kam ich zu der Überzeugung, daß ihr Leben so verlaufen war, weil sie weise und selbstbeherrscht genug war, im voraus zu erahnen, was die Zukunft ihr bringen würde. Und deshalb hatte sie aus freien Stücken jenes Leben gewählt, das sie mit Gertrude fast vierzig Jahre lang geführt hatte. Nur solch eine vorausschauende, kraftvolle Entschlossenheit, gepaart natürlich mit emotionaler Festigkeit, kann einem Leben jenen Schwung verleihen, der es vor den Unwägbarkeiten des Zufalls schützt und ihm innere Erfüllung bringt. Alice muß sich von Anfang an für die Nebenrolle entschieden haben, die darin bestand, Gertrude, und damit vor allem ihrem mächtigen Schreibzwang zu dienen, also einem unabhängig von ihrer beider Leben existierenden Wesen, welches sich schließlich in die weltberühmte Schriftstellerin Gertrude Stein entwickelte. Dadurch machte Alice sich unabkömmlich und diente so auch dem eigenen Wohl. Für einen Künstler ist nichts unabkömmlich, außer es *ist* unabkömmlich. Alice war es für Gertrude, und darin lag ihre besondere Gabe. Nur wer Alice B. Toklas kannte, kann ahnen, wie unersetzlich sie wirklich für die *Autobiographie von Alice B. Toklas* war. Und Alices Hauptsorge nach Gertrudes Tod galt der Aufrechterhaltung des lebendigen Bandes mit dem kreativen Leben ihrer Freundin, indem sie für die Publikation all der unveröffentlichten Schriften Sorge trug, die sie hinterlassen hatte. Hauptsächlich deshalb benötigte sie Geld, und deshalb vor allem wurde ihre finanzielle Lage bedrohlich, am Ende gar tragisch.

Alice ging ebenso gerne aus, wie sie in ihrer Wohnung Gäste empfing. Vor allem liebte sie gute Lokale, in denen ihre Genußfreudigkeit zu ihrem Recht gelangte. Ihre öffentlichen Auftritte am Ende der 40er und zu Beginn der 50er Jahre blieben nicht unbemerkt, zumal sie mit ihrer Aufmachung den Zweck zu verfolgen schien, die Einzigartigkeit ihrer Erscheinung zu betonen, wenn nicht gar zu übertreiben. Ich erinnere mich, wie ich eines schönen Morgens, in der Rue Jacob, vor mir auf dem Gehweg einen überdimensional großen Hut erblickte mit flacher Krempe, den ein paar prächtige schwarze Straußenfedern schmückten. Er saß präzise auf dem Kopf einer kleinen Person im schwarzen Mantel, der fast bis zum Boden reichte, und durch seine extravagante, überdimensionale Üppigkeit schien es, als trüge der Hut seine Trägerin wie ein Propeller durch die Straßen. Ich war neugierig und schritt schneller aus, weil ich sehen wollte, wer die Dame war, und natürlich war es Alice. Ein anderes Mal traf ich sie bei einem Konzert. Sie trug Sandalen aus durchbrochenem Leder über ihre Strümpfe, ein langes schwarzes Hemd, einen langen schwarzen Spitzenschal über ihrer ärmellosen weißen Weste, und einen Hut wie ein Blumengebinde, mit Blättern aus Goldlamé und roten Zelluloidbeeren. All dies hatte sie kombiniert mit einer riesengroßen weißen Handtasche und einem schwarzen Stock. Die Leute starrten sie an. Die, die sie nicht kannten, fragten, wer sie sei, und wenn man es ihnen sagte, meinten sie nur: »Ach so.« Denn der Name Alice B. Toklas war jedem ein Begriff. Eine Zeitlang war sie damals eine gefeierte Persönlichkeit. Man suchte sie um ihrer selbst willen auf, und sie genoß diesen Zustand sichtlich, der jedem Freude bereitete, dem ihre Freundschaft am Herzen lag.

Doch die Jahre vergingen. Die Besucher wurden spärlicher. Alice wurde älter, und ihre finanziellen Mittel schmolzen dahin, während die

Publikation der unveröffentlichten Schriften weiterhin Bargeld erforderlich machte. Um Geld zu verdienen, hatte sie ihr berühmtes Kochbuch geschrieben, in dem das Rezept für deftige Anspielungen und respektlose Scherze ebenso gekonnt präsentiert wird, wie das Rezept für Bœuf Bourguignon oder Karamelbonbons mit Haschisch. Obwohl sie die Sammlung ihrer Freundin nur ungern antastete, zwangen sie ihre knappen Geldmittel am Ende doch dazu, ein Bild zu veräußern. So holte sie zuvor pflichtgemäß die erforderliche juristische Erlaubnis ein. Es war kein bedeutendes Werk. Allan Stein war nur fünf Jahre nach seiner Tante verstorben, nachdem er in seinem Leben nichts weiter zustandegebracht hatte, wie Alice bitter bemerkte, als von Picasso und Matisse gemalt worden zu sein. Seine drei Kinder waren nun die Erben der künstlerischen und finanziellen Reichtümer, die an den Wänden der Rue Christine hingen. Die materielle Erhaltung und finanzielle Schätzung dieser Goldader wurde die stete Sorge der drei und vor allem die ihrer Mutter, der Witwe Allan Steins. Sie nahm sie derart gefangen, daß sie keinerlei Erbarmen walten ließen, und sich, wie sich bald herausstellte, nicht im mindesten um »Unterstützung und Unterhalt« der betagten Dame kümmerten, die zeit ihres Lebens der ursprünglichen Sammlerin als Freundin treu zur Seite gestanden hatte. Außerdem waren sie niemals bereit, auch nur ein Quäntchen zum posthumen Ruhm ihrer künftigen Wohltäterin beizutragen, und für die Publikation ihrer unveröffentlichten Werke zu sorgen.

Alice zahlte die Gleichgültigkeit der künftigen Erben ihrer Gefährtin mit gleicher Münze zurück. Sie wußte ganz genau, zumal sie ja dabei war, daß Gertrude schon immer Bilder verkauft hatte, wenn sie zusätzliches Bargeld benötigte, und sie hatte gewiß niemandes Erlaubnis eingeholt. Alice tat es ihr am Ende fröhlich gleich. Als sie wieder einmal knapp bei Kasse und dennoch hart entschlossen war, die Publikation der posthumen Schriften voranzutreiben, verkaufte sie kurzerhand etwa zwanzig Zeichnungen von Picasso, ohne sich einen Deut um juristische Spitzfindigkeiten zu scheren. Die Bedingungen in Gertrudes Testament hätten sie eigentlich umsichtiger werden lassen müssen, doch sie ließ sich nicht beirren. Schließlich wollte sie das Geld für Gertrude ausgeben.

Ich habe bereits darauf hingewiesen, daß Alice extravagant war, nicht nur in ihrer Vorliebe für teure Speisen und Lokale, sondern auch in ihrer unbekümmerten Art, Kunstwerke zu veräußern und dabei einen viel zu niedrigen Preis zu akzeptieren. Gertrude hatte ein Bild noch niemals zu Spekulationszwecken gekauft. Sie hatte sogar einmal behauptet, daß der, den solche Motive leiteten, niemals eine erstklassige Kunstsammlung haben könnte. Als die Zeit ihren ästhetischen Scharfsinn bestätigte, fand sie dies wohl ganz natürlich, und doch mußte die enorme Wertsteigerung ihrer Sammlung sie in Erstaunen versetzt und durchaus gefreut haben. Sie erhielt dadurch die Möglichkeit, ein sorgenloses Leben zu führen und nach Belieben ihre Arbeiten zu veröffentlichen. Verkaufte sie ein Bild, verglich sie im Geiste stets den Preis, den sie bezahlt hatte, mit der Summe, die man ihr bot. Sie versuchte nicht, allzu unerbittlich zu verhandeln, und das wäre ihr wohl auch schwerlich gelungen, da sie für gewöhnlich mit Kahnweiler Geschäfte machte, weithin bekannt als Pfennigfuchser. Alice tat es ihr gleich. Als Geschäftsfrau war sie zweifellos naiv, wenn nicht gar unbekümmert. Nachdem sie ihr Leben zwischen all den Bildern verbracht hatte, waren sie ihr wohl so vertraut geworden, daß sie sie für selbstverständlich hielt, was natürlich keineswegs bedeuten soll, daß sie sie nicht liebte. Es wäre jedenfalls absurd, sie für eine schlaue und gerissene Feilscherin zu halten. Außerdem sind Kunsthändler nicht gerade für hohe ethische Ansprüche in ihren Berufspraktiken bekannt. Die Händler, denen Alice die Zeichnungen verkaufte, erzielten riesige Gewinne, und verschlimmerten damit ihren Kummer noch um eine Dimension, zumal sie bald ihre Wohnung würde aufgeben müssen.

1954 wurden die Wohnungen des Gebäudes Nr. 5 in der Rue Christine vom Eigentümer zum Verkauf ausgeschrieben, wobei die einzelnen Mieter das Vorkaufsrecht erhielten. Alice war gewiß nicht viel an einem Umzug gelegen, doch ebenso gewiß besaß sie nicht das nötige Geld, um die Wohnung zu erwerben. Natürlich waren da die Bilder, aber die Stein-Erben hatten klipp und klar zum Ausdruck gebracht, daß sie keinerlei Verkäufe gestatten würden. Alice war 76 Jahre alt. Sie verließ sich zweifellos darauf, ihr betagtes Alter möge sie davor bewahren, ihre Wohnung räumen zu müssen, obgleich sie ihr nicht gehörte. Damals war es, nach französischem Mietrecht, einem Hauseigentümer erst nach einem langwierigen, mühsamen und unvorhersehbaren Gerichtsverfahren gestattet, seine Mieter zum Verlassen der Wohnung zu nötigen, und ältere Mieter erhielten dabei besondere Vorrechte. Jedenfalls konnte Alice sich das Appartement in der Rue Christine nicht leisten, und so fand es einen anderen Käufer.

Sie wurde immer älter, ihre Besucher wurden immer spärlicher, und sie ging immer seltener aus. Wenn ich sie anrief, um mich mit ihr zu verabreden, drängte Alice mich nun zuweilen, noch am selben Abend zu ihr zu kommen. Es wurde immer offensichtlicher, daß es ihr an Beschäftigung und Unterhaltung fehlte. Doch ein Trost blieb ihr in ihrer Einsamkeit. Sie war zum katholischen Glauben übergetreten, und obwohl sie mit mir nie über religiöse Dinge sprach, nehme ich an, daß die Vorstellung eines Lebens nach dem Tode ihr sehr angenehm gewesen war, zumal sie die Aussicht nährte, eines Tages Gertrude wiederzusehen. Alice fand Beistand und einfühlsames Verständnis bei Dora Maar, die Gottes Anwesenheit über Picassos Abwesenheit hinwegtröstete. Die beiden Frauen trafen sich häufig. Sie waren sich ähnlich. Beide waren von Genies geliebt worden, und die Zeit hatte ihnen ihre Genies fortgenommen. Picasso hatte Gertrudes Porträt gemalt. Dora malte das von Alice. Es ist zart und feminin, wie es sein sollte, doch auch durchdringend und ausdrucksstark, so wie beide Frauen es gewollt hatten. Für beide müssen die Erfahrungen der Vergangenheit nahezu unerträglich gegenwärtig gewesen sein, als die eine Modell saß und die andere sie malte. Und man kann sich unschwer vorstellen, wie Dora ihr Modell darin bestärkte, daß der Glaube sie für die Irrungen von Schicksal und Natur schließlich entschädigen würde.

Inzwischen hatte sich Alices Gesundheitszustand verschlechtert. Ich erinnere mich nicht mehr an die genaue zeitliche Abfolge all ihrer Krankheiten und Unfälle. Doch einmal erlitt sie einen gefährlichen Gelbsuchtsanfall, dann wurden ihr Augenlicht und ihr Gehör zunehmend schwächer, außerdem verkrüppelte Arthritis ihre Gliedmaßen. Obwohl sie in ihrer Wohnung bereits mit Hilfe eines Stockes umhergehen konnte, stürzte sie mehrmals, wobei sie sich einmal die Hüfte brach, ein andermal, glaube ich, das Becken, dann ihr Handgelenk. Nach und nach verließen sie ihre körperlichen Kräfte. Doch Alice war unverwüstlich. Ihr Scharfsinn und ihre geistige Vitalität verließen sie niemals.

Man hat Alice vorgeworfen, gehässig und boshaft zu sein. Manchmal war sie das tatsächlich. Diese Eigenschaften hatte sie mit Gertrude gemein, die aus Selbstschutz und parteiischen Zwecken Alices Fähigkeit, schroff und scharfzüngig zu sein, gut einzusetzen wußte. Bei Gelegenheit konnte diese nämlich sarkastisch und hart über andere Menschen urteilen, doch im allgemeinen traf ihr Urteil zu, und sie machte sich nicht über die Schwächen von anderen lustig. Überdies erwähnte sie in ihren Memoiren keines der strengen Urteile, die sie im Gespräch zuweilen geäußert hatte. Vor allem ließ sie beispielsweise Hemingway gegenüber Milde walten, den sie privat verachtete. Doch er war natürlich viel zu kleinlich und nachtragend, um ihr den Gefallen, den sie ihm erwiesen hatte, zurückzuzahlen, als er schließlich das schale Festmahl seiner eigenen Memoiren bereitete. Jungen Leuten gegenüber, mich eingeschlossen, die ihr ihre Bücher und Manuskripte schickten, war sie unermüdlich freundlich und zuvorkommend, äußerte sich ermutigend und lobend, was häufig eher für ihre tolerante Großmut, als für ihr kritisches Urteilsvermögen sprach.

1960 genas Alice von einer ihrer Verletzungen oder Krankheiten und ging deshalb für längere Zeit nach Rom, wo sie in einer Pension lebte, die von kanadischen Nonnen geführt wurde. Sie genoß das milde Klima, amüsierte sich und blieb wohl länger fort, als sie ursprünglich geplant hatte. Während ihrer Abwesenheit sah der Eigentümer von Alices Wohnung eine günstige Gelegenheit, die Zwangsräumung ihres Appartements zu veranlassen, indem er behauptete, es sei verlassen, und er könne demzufolge Anspruch auf Eigennutzung erheben. Die Maßnahme einer Zwangsräumung erforderte jedoch ein langes Verfahren mit unsicherem Ausgang, weshalb Alice keinen ausgesprochenen Grund zur Besorgnis zu haben schien.

Unmittelbare Gefahr drohte von einer anderen Seite. Die Stein-Erben hatten ebenfalls eine günstige Gelegenheit gewittert, um Alice, wenn auch nicht um ihre Wohnung, so doch um deren Inhalt zu bringen. Ihnen war daran gelegen, stets zu wissen, wo die Bilder waren, nicht wo Alice war. Sie hatten von dem unbefugten Verkauf der Zeichnungen erfahren, noch dazu unter ihrem Höchstwert, und waren außer sich bei dem Gedanken an das verlorene Geld. Außerdem fürchteten sie, es könnten noch größere Anteile des Schatzes durch alte, sorglose Finger rinnen und machten sich also daran, Mittel und Wege zu finden, wie dem Einhalt zu gebieten war. Die Gemälde waren in Alices Abwesenheit nicht nur unbewacht, sondern auch unversichert, und je mehr ihr Wert stieg, desto größer wurde auch die Sorge der Erben. Alice war nicht in der Lage, kostspielige Versicherungsprämien zu bezahlen. Außerdem hatte Gertrude dies auch nie getan. In Anbetracht des unerschwinglichen Preises hatte sie die Befürchtung geäußert, sie würde sich, um die Bilder zu versichern, nach und nach von allen trennen müssen, um die hohe Prämie bezahlen zu können. Sie zog es vor, sich an den Bildern zu erfreuen und auf das Schicksal zu vertrauen. Doch ihre Erben waren an Bargeld interessiert, nicht an Bildern. Sie wollten sich an der Sammlung erfreuen, indem sie sie verkauften, und sie waren weder geneigt, Alice, noch dem Schicksal zu vertrauen. Ihre lange Abwesenheit gab ihnen die Gelegenheit, auf die sie so lange gewartet hatten. Mit der Begründung, wertvoller Besitz sei unbeaufsichtigt in einer leeren Wohnung gelassen worden, erreichten sie eine einstweilige Verfügung. Sie drangen in Gertrudes und Alices Heim ein und nahmen jedes einzelne Bild von den Wänden, und Alice sah keines von ihnen jemals wieder.

Weit fort in Italien konnte sie gar nichts tun. Doch selbst wenn sie in Paris gewesen wäre, so hätte sie sich wohl schlicht in das Unvermeidliche gefügt. Während ihres gesamten Lebens mit Gertrude hatte sie sich deren Entscheidungen ergeben, und was nun geschehen war, war, wenn auch nur indirekt, auf Gertrudes Veranlassung hin geschehen. Alice blieb sich auf einzigartige, vollkommene Weise treu. Weder Picasso noch Dollars hätten daran etwas ändern können. Und schließlich wollte sie doch nur in Frieden leben und weiterhin für die Publikation von Gertrudes unveröffentlichten Schriften Sorge tragen. Vielleicht war das Torheit. Doch um sie zu befriedigen, hätte ein einziger, mittelgroßer Picasso mehr als genügt. Er hätte für zahlreiche Veröffentlichungen und zudem für das gesamte leibliche Wohl gesorgt, für all das gute Essen und die ärztliche Versorgung, die eine Dame von dreiundachtzig Jahren für den Rest ihres Lebens benötigen würde. Doch Gertrudes Erben waren wenig geneigt, Großzügigkeit walten zu lassen, beziehungsweise den Wünschen ihrer Verwandten und Wohltäterin zu entsprechen.

Zweifellos hatte Gertrude nicht ahnen können, daß es jemals so weit kommen würde. Ihre Reaktion, wäre sie dabei gewesen, läßt sich unschwer vorstellen. Doch sie war nicht mehr da und konnte nicht aus ihrem Grab steigen oder aus dem Bild im Metropolitan Museum, um ihr Tun rückgängig zu machen. Niemand kann Gertrude für das schmutzige Gebaren ihrer Verwandten verantwortlich machen. Doch daß sie ihre Erben waren, lag nun einmal einzig und allein in ihrer Verantwortung.

Als Alice 1961 aus Italien heimkehrte, waren die Bilder also fort. Nach einem halben Jahrhundert Vertrautheit, nach all den intimen Assoziationen, die der Bedeutung eines Kunstwerks die Bedeutung eines ganzen Lebens verleihen, waren sie nun fort. Erst hatte Alice Gertrude selbst verloren, dann Gertrudes Porträt, und nun Gertrudes Bilder, von all den ihr verbliebenen Dingen diejenigen, die ihr am lebhaftesten den Eindruck vermittelten, als sei Gertrude noch am Leben. Doch Alices Rolle hatte sie schon immer zur Fügsamkeit gezwungen, und sie fügte sich auch jetzt, doch wann immer ihr Blick auf die kahlen Wände fiel, sah sie deren Leere eindringlicher, als sie es je erwartet hätte. Die Wohnung war seit mehr als fünfzehn Jahren nicht mehr gestrichen worden, so daß jede Stelle, an der ein Bild gehangen hatte, durch einen hellen Fleck gekennzeichnet war, der den genauen Umriß eines jeden Bildes wiedergab. Wie trübe trostlose Gespenster waren diese Formen weit beharrlichere und unerbittlichere Präsenzen als die Gemälde selbst, weil sie einen nicht einmal für einen Moment vergessen ließen, daß das, was einst war, der Vergangenheit angehörte. Doch Alice fügte sich. Sie konnte es sich nicht leisten, die Räume neu streichen zu lassen, und sie machte keine Anstalten, wenigstens ihre eigenen Bilder aufzuhängen, um damit die Unverhohlenheit ihres Verlustes zu verdecken. Die Wände blieben wie sie waren. Alice lebte von Angesicht zu Angesicht mit Abwesenheit und Leere.

Die Sammlung von Gertrude Stein war inzwischen im Tresorraum der Chase Manhattan Bank in Paris verstaut worden, wo sie, sicher vor den exzentrischen Zugriffen alter Frauen und den bewundernden Blikken von Kennern, friedlich an Wert gewinnen konnte, bis Alice starb. Solange sie noch am Leben war, konnten die Stein-Erben nicht frei über ihren Schatz verfügen. Und sie lebte lange. Sie wurden ungeduldig ob ihrer Ausdauer. Wie sich jedoch herausstellen sollte, erwies sie ihnen damit einen Gefallen – natürlich, ohne es zu wollen –, denn der Wert der Sammlung stieg um das Zehnfache während der Zeitspanne zwischen Gertrudes Tod und dem Tag, als Alice ihr endlich auf den Friedhof Père Lachaise nachfolgte. Und als die Bilder endlich ihrer käuflichen Gruft entstiegen, hatten die schlauen und gerissenen Verhandlungen, durch die sie schließlich für sechseinhalb Millionen an die Meistbietenden gingen, keinerlei Ähnlichkeit mit der spontanen, schlichten Verkaufsstrategie der beiden verstorbenen Damen. Doch die Zeit rächte sie beide. Hätten die habsüchtigen Steins ihre zwei Dutzend Picassos und sieben Juan Gris einzeln verkauft, die schönsten zuletzt, anstatt sie alle zugleich zu veräußern, wären sie reicher geworden, als in ihren gierigsten Träumen. Aber Gier kennt keine Geduld.

Für den Moment jedenfalls hing Alice verstockt am Leben, und die Erben mußten sich wohl oder übel damit abfinden und das Beste daraus machen. Dies war jedoch bei weitem nicht das Beste für Alice. Ohne die Bilder war sie mittellos, abgesehen von den allzu bescheidenen Anteilen, die ihr »Unterhalt und Unterstützung« bieten sollten. Die Erben hatten einer minimalen monatlichen Zahlung zugestimmt, und ihr Pariser Anwalt wurde beauftragt, mit Alice in Verbindung zu treten. Er wurde noch dafür berühmt, sich um den Nachlaß, und die Witwen, von Künstlern zu kümmern, und er versuchte, eine Art Vereinbarung zu treffen, um das Problem zu lösen, ungeachtet der lästigen Beharrlichkeit einer alten Frau, am Leben bleiben zu wollen. Doch Alice wollte nichts haben. Sein Gebaren ihr gegenüber war von anmaßender Pedanterie, die die kompromißlose Sorge um das Wohl seiner Klienten milderte.

Damals wurden Besuche bei Alice schmerzlich und traurig. Das Gehen bereitete ihr äußerste Mühe, weshalb sie nur sehr langsam vorankam, und sich dabei zitternd auf ihren Stock oder einen hilfsbereiten Arm stützen mußte, falls man ihr einen bot. Sie hörte nicht mehr gut genug, um telefonieren zu können. Sie konnte nur noch mit Mühe einen Stift führen. Ihre Stimme verlor an Klang und ihre Augen an Sehkraft. Der trostlose Eindruck, den Alices eigenes Siechtum auf ihre Besucher machte, wurde noch verstärkt durch den vernachlässigten, unordentlichen und zunehmend desolaten Zustand der Wohnung. Die Wände trugen jene bleichen Silhouetten der beschlagnahmten Bilder. Die Roßhaarbezüge, die die Frauen noch vor dem ersten Weltkrieg in London gekauft hatten, zeigten traurige Alterserscheinungen. Die Teppiche waren an vielen Stellen verschlissen, und ich fragte mich, ob sie nicht Schuld trugen an Alices gebrochenen Knochen.

Doch sie saß in ihrem Lehnsessel und plauderte mit ihren Freunden, solange sie konnte. Gebeugt, den Kopf zwischen den Schultern, die

Brille auf der gebogenen Nase, redete sie weiter mit brechender Stimme, während ihre Zigarette alles um sie herum einäscherte; sie lachte, erzählte Geschichten, und war noch immer die alte mit resoluter, scharfsinniger Zähigkeit.

»Es ist traurig«, sagte ich eines Abends zu ihr, obwohl ich eigentlich nicht daran hätte zweifeln dürfen, daß sie es anders empfand, »es ist traurig, all die leeren Stellen zu sehen, wo einst die Bilder hingen.«

»Ach, für mich nicht, mein Lieber«, sagte Alice. »Ich kann sie zwar nicht sehen, aber ich habe sie alle im Gedächtnis. Ich erinnere mich an jedes einzelne von ihnen, auch wo es hing. Ich brauche sie nicht mehr zu sehen.«

Und doch konnte sie mich sehen. Und doch konnte sie Blumen, Möbel und Wolken sehen. Aber es stimmt, das Gedächtnis half ihr wirklich. Es half ihr zum Beispiel dabei, sich daran zu erinnern, daß sie die Bilder geliebt hatte, und daß sie geweint hatte, als Gertrude Picassos *Mädchen mit Fächer* verkauft hatte. Das Gedächtnis mußte Alice in jenen Tagen über sehr vieles hinwegtrösten, da es zum Schluß so ziemlich alles war, was ihr noch blieb. Es verhalf ihr auf jeden Fall zu der tröstlichen Erkenntnis, daß Alice B. Toklas allein die Erinnerung an Gertrude lebendig erhalten und den letzten Willen der Schriftstellerin am besten erfüllt hatte: Sie hatte immerhin dafür Sorge getragen, daß acht Bände ihres Werkes posthum veröffentlicht wurden. Zu Lebzeiten Gertrudes wie auch nach ihrem Tode hatte Alice ihr gedient, indem sie sich großzügig selbst verleugnete. Wenn sie sich in ihrer Armut und Trauer hinreißen ließ, die Erben ihrer Freundin zu verurteilen, so kam nie auch nur ein Wort des Vorwurfes gegen Gertrude selbst über ihre Lippen.

Mehr als einmal fragte ich Miss Toklas, warum sie nicht ihre Memoiren schreiben wolle, zumal die Geschichten, die sie über Menschen und vergangene Zeiten zu erzählen wußte, stets interessant, amüsant und lebendig gewesen waren. Sie pflegte mir darauf zu antworten: »Gertrude Stein hat bereits alles gesagt, was ich sagen könnte.« Als sie schließlich wieder dringend Geld brauchte, schrieb sie schließlich doch noch *What is Remembered*. Man braucht das Buch nur mit den geistreichen und lebhaften Erinnerungen zu vergleichen, die in *The Alice B. Toklas Cookbook* enthalten sind, um zu erkennen, daß sie zu lange gewartet hatte, was sehr schade ist. Deshalb, aber wirklich nur deshalb, wird man es womöglich bedauerlich finden, daß sie nicht schon früher in Geldnöten war.

Die Stein-Erben und ihr Anwalt erwiesen sich nun, da es darum ging, Alice den versprochenen Unterhalt zu zahlen, als weit weniger geschäftstüchtig, als damals, da sie sich von ihr das künftige Erbe geholt hatten. Die Aussicht auf ein paar Millionen machte es ihnen leicht, die Bedürfnisse einer einsamen, kranken alten Frau zu vergessen. Die Bilder waren zwar allesamt in Sicherheit, doch als man sie fortschaffte, hatte man zwei kleinere Gegenstände übersehen. Der eine war eine kleine schwarz-weiße Picasso-Skulptur aus Metall, die auf dem Kaminsims unterhalb von Gertrudes Porträt stand. Die andere, ebenfalls von Picasso, war eine Konstruktion aus gefaltetem, bemaltem Papier in einem kleinen Kästchen, das unterhalb des kubistischen Gemäldes auf der Kommode zwischen den Fenstern gestanden hatte. Alice verkaufte die Skulptur in Schwarz-Weiß mit Hilfe eines freundlichen Händlers, der – zumindest in diesem Falle – eine angemessene und bitter nötige Summe für sie aushandelte. Der Anwalt der Erben fand es heraus und äußerte Einwände, Ansprüche und Warnungen. Er bestand darauf, der Verkauf müsse rückgängig gemacht und die Skulptur zu ihren ehemaligen Gefährten in den Tresorraum der Bank gelegt werden. Der Käufer jedoch trug zufällig den Namen Rothschild, und so setzten die Erben einmal nicht ihren Willen durch.

Die monatlichen Zuwendungen kamen zögerlich und unregelmäßig, vor allem aber war die Alice zugedachte Summe vollkommen unangemessen. Da sie es unerhört fanden, daß Alice einfach ihrem kranken und einsamen Schicksal überlassen werden sollte, einigten sich ein paar ihrer alten Freunde darauf, ihr eine »angemessene Unterstützung« zu sichern, die Gertrudes Verwandtschaft ihr verweigerte. Sie steuerten vor allem Geld bei, wenngleich sie wußten, sie würde es ihnen niemals zurückzahlen können. Einige von denen, die in Paris lebten, machten auch Besorgungen für sie, erteilten Anordnungen an die Dienerschaft und riefen den Arzt, wenn es nötig war. Sie taten, was in ihren Kräften stand, um das Leben für Alice sowohl angenehm und erträglich zu machen, aber gelegentlich beklagten sie sich über sie. Sie konnte schwierig sein und anspruchsvoll. Alles mußte sein, wie sie es sich wünschte, einfach aus dem Grunde, weil sie es so wünschte, und war etwas anders, so war sie verstimmt. Und Verstimmtheit konnte Alice sehr eloquent zum Ausdruck bringen.

Es gab nun lange Phasen, in denen sie das Bett hüten mußte. Nur sehr wenige Menschen besuchten sie. Sie war wohl manchmal ungeduldig und gereizt. Untätigkeit und Langeweile müssen sie sehr mitgenommen haben, weil ihr Geist klar blieb, gänzlich unbeeinträchtigt von ihrer schlechten Gesundheit. Sie zeigte sich für jede Aufmerksamkeit, die sie von jenseits der Grenzen ihrer Alltagswelt erreichte, zutiefst dankbar. Solche Aufmerksamkeiten wurden nach und nach immer weniger. Alice konnte weder telefonieren, noch Briefe schreiben. Letzteres übernahm gelegentlich ein hilfreicher Freund namens Joseph Barry. Eine spanische Bedienstete übermittelte hin und wieder telefonische Botschaften. Alice führte nach und nach ein Leben, das völlig abgeschnitten war von demjenigen außerhalb des Ortes und der Bedingungen ihres eigenen Daseins. Und die Welt, die sich noch immer an Gertrude Stein erinnerte, vergaß Alice B. Toklas. Während weniger Jahre nach Gertrudes Tod hatte sie eine Zeit der Erfüllung und Wertschätzung erlebt. Diese war nun vorüber. Alt und hinfällig erlebte Alice in ihrer schäbigen, leeren Wohnung eine Einsamkeit, die mit jedem Tag tiefer und endgültiger wurde.

Dann traf sie im Jahre 1964 das letzte Unheil, die letzte Prüfung. Man zwang sie, die Rue Christine zu räumen. Die Eigentümer hatten endlich das Verfahren gegen sie gewonnen und schreckten nicht davor zurück, der fünfundachtzigjährigen Kranken, die mehr als ein Vierteljahrhundert kein anderes Zuhause gekannt hatte, die Miete zu kündigen.

Alice wußte nicht, wohin sie gehen sollte. Wohnungen waren schwer zu finden, teuer überdies, und sie war unfähig, nach einer zu suchen. Ihre Freunde fanden schließlich mit beträchtlichen Schwierigkeiten ein kleines Appartement in einem häßlichen Neubau in der Rue de la Convention. Die Umgebung dort war trostlos und am anderen Ende von Paris, weit fort von dem hübschen, malerischen Sechsten Arrondissement, in dem Alice mit Gertrude gelebt hatte. Durch einen seltsamen Zufall war diese neue Wohnung in derselben Straße und in einem ähnlichen Neubau, wie der, in dem Picassos langjähriger Gefährte und Sekretär, Jaime Sabartés, ein Appartement besaß, ebenso klein und unpersönlich wie das von Alice, und in dem auch er schließlich alleine starb.

Obwohl sie sich, so gut es ging, in die neue Situation einzufügen suchte, haßte Alice die Rue de la Convention. Nicht etwa, weil die Umgebung so häßlich war – sie ging ja nie nach draußen –, auch nicht, weil das Appartement klein und unansehnlich war – sie unternahm nie wirklich den Versuch, darin zu leben –, sondern einfach deshalb, weil Gertrude nicht da war. Die Rue Christine mochte fadenscheinig und schmuddelig geworden sein, aber dort hatte Gertrude gelebt, und dort lebte sie in Alices Erinnerung noch immer. Die Wände dort waren kahl und entstellt durch Habgier und Verlust, doch aus ihnen atmete noch immer Gertrude. In der Rue de la Convention war Gertrude abwesend, geradezu überwältigend abwesend, sie war tot, überwältigend tot. So wurde nie auch nur versucht, das Appartement in einen Ort zu verwandeln, in dem jemand eines Tages ein erwartungsvolles, genußreiches Leben führen konnte. Die Möbel standen plump unter der zu niedrigen Zimmerdecke, unbenutzt und unbeholfen, so als hätten die Möbelpacker sie gleichgültig am erstbesten Ort abgestellt. Die bleichen Mauern waren unverziert. Auf den Böden waren keine Läufer, vor den Fenstern keine Vorhänge. Alice lebte in ihrer Wohnung mit verzweifeltem Bedauern. Sie verbrachte fast ihre gesamte Zeit im Bett. Wenn sie nicht unentwegt dem Schicksal oder ihren Freunden dafür dankte, in der Rue de la Convention Unterkunft gefunden zu haben, so ist dies – leider – nicht weiter verwunderlich.

Vor Alices letztem Umzug hatte auch ich meine Wohnung verlassen, war vorübergehend in die USA übergesiedelt. Doch während eines Urlaubs in Paris im Jahre 1965 gelang es mir, nach mehreren Telefongesprächen mit Alices Mädchen, die Rue de la Convention zu besuchen.

Ich kam dort am späten Nachmittag an. Das Mädchen empfing mich mit der geübten Beflissenheit Bediensteter, die es gewohnt sind, Anordnungen zu erteilen, nicht sie zu befolgen. Sie gebot mir, ein paar Minuten zu warten, bis sie Miss Toklas auf meinen Besuch vorbereitet hätte.

Dann führte sie mich in Alices Schlafzimmer. Die Hälfte des Raumes nahm ein altmodisches Messingbett ein. Alice lag darin, ganz klein und hinfällig, und ihre dünnen, dünnen Hände lagen ausgestreckt auf dem weißen Laken und hielten einen schwarzen Rosenkranz. Das Mädchen sagte: »Hier ist Ihr Besucher.« Sie sprach mit herzhafter Herablassung, so als richte sie sich an einen Menschen mit minderen Rechten und zweifelhaftem Auffassungsvermögen. Zu mir fügte sie hinzu: »Sie dürfen nicht zu lange bleiben. Es würde Miss Toklas zu sehr anstrengen.« Ich begrüßte Alice. Sie dankte mir für mein Kommen. Ich setzte mich auf einen Stuhl neben ihrem Bett. Das Mädchen blieb im Zimmer, stand am Fußende des Bettes und beobachtete uns, und ich fragte mich, ob sie während meines gesamten Besuches zugegen sein mußte. Doch nach einer Weile ging sie hinaus und schloß geräuschvoll die Tür.

Kaum war sie fort, als Alice sich ein wenig in den Kissen aufrichtete, die Augen auf die geschlossene Türe geheftet, und ausstieß: »Ich hasse sie!«

»Wie geht es Ihnen?« fragte ich.

»Es ginge mir gut, wenn diese schreckliche Person nicht wäre«, sagte Alice. »Wenn es sie nicht gäbe, wäre ich längst gesund. Ich wäre kräftig und guter Dinge, so wie ich es mag. Sie weiß, wie ich es hasse, wenn sie die Türe zuschlägt, und deshalb macht sie es immer wieder. Sie macht mir das Leben sauer, wo sie nur kann, und ich bin ihr ausgeliefert.«

»Nun ja«, sagte ich. Aber die Belange der Kranken lassen aus Gesunden Fremde werden. Ich fühlte mich nicht ganz wohl in meiner Haut. Ich erzählte Alice von einer Reise nach Rußland, die ich vor kurzem unternommen hatte. Sie fragte mich, ob ich dort einen großen Picasso aus der Blauen Periode gesehen hätte, der ein Mädchen auf einem Ball balancierend zeigte. Ich bejahte. Das Gemälde, sagte sie mir, habe vor langer Zeit einmal Gertrude Stein gehört, die es kurz vor dem Ersten Weltkrieg verkauft hätte, wonach die Bolschewiken die Sammlung des reichen Kaufmanns, der es von ihr erstanden habe, konfisziert hätten. Sie sagte: »Ich erinnere mich ganz genau. Ich erinnere mich an alle Bilder. Ich pflegte sie alle abzustauben. Keines der Dienstmädchen durfte sie anrühren. Wenn ich an die Rue de Fleurus und die Rue Christine denke, erinnere ich mich immer daran, wo die Bilder waren.«

Wir sprachen von anderen Dingen. Alice stellte mir Fragen über mich selbst, über mein Leben in Amerika. Sie meinte, es sei klug von mir, dorthin zurückzukehren. Sie selbst war froh, Amerika verlassen zu haben, bevor es das mächtigste Land der Welt geworden war, da sie es für schwierig hielt, im Ausland zu leben und dort seine Erfüllung zu finden in dem Bewußtsein, das mächtigste Land zurückgelassen zu haben. Ich bin mir da natürlich nicht so sicher. Ich fragte sie, ob Miss Stein ihre Ansicht geteilt hätte, und Alice sagte: »Gertrude hat niemals die Heimat verlassen, so wie ich. Sie war mit Hilfe ihrer Sprache überall zu Hause, aber ich war nur durch sie zu Hause.«

Ich sagte etwas, aber eigentlich gab es da nichts zu sagen. Und dann kam auch schon bald das Dienstmädchen zurück. Ich war nicht länger als zwanzig Minuten im Zimmer gewesen. Das Mädchen sagte: »Miss Toklas muß sich jetzt ausruhen.« Sie sprach mit der Autorität von denen, die diktatorische Gewalt über Dinge ausüben, die zufällig Menschen sind.

Ich erhob mich, drückte die Hände, die den Rosenkranz hielten, und sagte auf Wiedersehen. Alice lächelte und nickte. Ich verließ das Zimmer, gefolgt von dem Dienstmädchen, das die Türe hinter sich geräuschvoll schloß. Im Flur sagte sie: »Man muß vorsichtig sein mit ihr. Sie ist so schwach. Da weiß man nie.« Ich sagte, das verstünde ich, obwohl dies nicht stimmte, und trat hinaus in den düsteren November der Rue de la Convention.

Das war das letzte Mal, daß ich Alice B. Toklas gesehen habe.

Aber sie verbrachte noch mehr als ein Jahr in jenem trostlosen Appartement. Im März 1967 starb sie schließlich, nur ein paar Wochen vor ihrem 90. Geburtstag. Sie hinterließ nur wenige Habseligkeiten, von denen keine einzige zänkisches Interesse bei denen entfachte, die sie überlebten. Sie hinterließ auch ein Testament. Eine seiner Verfügungen ist interessant. Nachdem sie den besonderen Wunsch geäußert hatte, sie wolle im selben Grab wie Gertrude Stein begraben werden, auf dem Friedhof Père Lachaise, fügte sie noch hinzu, ihr Name solle auf der Rückseite des Grabsteins stehen. Auf der Vorderseite würde daher Gertrudes Name für immer alleine stehen. Im Leben wie im Tode sollte kein Irrtum bestehen über die Hierarchie der Bedeutsamkeiten.

So wurde zu guter Letzt Alice in das Grab gelegt, in dem ihre geliebte Freundin seit mehr als zwanzig Jahren auf sie gewartet hatte. Und dort liegen sie nun beide, auf ewig vereint, unvergessen, da jede von ihnen auf ihre eigene, unbezähmbare, schöpferische Weise den menschlichen Durst nach Kunst und des Künstlers Sehnsucht nach Unsterblichkeit zu stillen strebten.

Mademoiselle Atmosphère
Arletty

April in Paris. 1947. Mein erster Aufenthalt in der Stadt seit Kriegsende, als freier Mensch. Zartes Grün in den Tuilerien. Blühende Kasta-
nienbäume entlang der Boulevards. Die Zukunft würde nur Schönes
bringen, soviel war sicher. Ich wohnte im Hôtel de France et Choiseul
und fand in einem Trödlerladen einen frühen Druck von einer Radierung Rembrandts. Mittags speiste ich mit Picasso und Françoise Gilot
in der Brasserie Lipp. Alice B. Toklas lud mich zum Nachmittagstee ein
und betrauerte den Verlust von Gertrude Stein. Gelegentlich traf ich
mich mit ein paar Kameraden aus der Armee, die nach ihrer Entlassung
in Frankreich geblieben waren. Dann pflegten wir im Café de Flore uns
der guten alten Zeiten zu erinnern, die wir auf Kosten der Armee genossen hatten. Einer der Kameraden machte mich mit einem französischen
Ballettänzer bekannt, Roland Petit, der sich damals einiger Beliebtheit
erfreute. Er sagte, ich gliche einem Preisboxer, gerade ich, der ich noch
niemals meine Fäuste gebraucht hatte. »*Mon petit boxeur*« pflegte er
mich zu nennen. Unsere Affäre währte nicht lange, doch eines Tages
im September desselben Jahres lud er mich zum Lunch ein und betonte,
ich müsse ihm mein Leben lang dankbar sein, weil er mich einer bril-
lanten Schauspielerin vorzustellen gedächte. Und das bin ich auch. Sie
lebte damals in einem der prächtigsten Hotels in Paris, dem Plaza-
Athénée. Man mußte lediglich die Avenue Montaigne überqueren, um

von der weit weniger glanzvollen Bleibe Rolands dorthin zu gelangen. Wir schlenderten unter grünen Bäumen, und als wir das Plaza-Athénée erreichten, war sie bereits im Foyer und erwartete uns, Arletty, ganz in weiß.

Ich wußte natürlich, wer sie war, zumal ich sie bereits auf der Leinwand gesehen hatte, wenn auch erst in einem Film damals: *Kinder des Olymp,* meiner Ansicht nach der beste Film, der je in Frankreich gedreht wurde, und den ich vor 1947 bestimmt schon zweimal gesehen hatte. Arletty, noch keine fünfzig, war damals bereits Legende. Keine andere französische Schauspielerin, weder zu ihrer Zeit, noch später, umgab eine vergleichbare Aura unergründlichen Charmes, gestärkt von einer gesunden Prise proletarischer Selbstsicherheit und humoriger Ironie. Einige nannten sie »die französische Garbo«, doch sie war eine weit schillerndere Persönlichkeit als die scheue Schwedin, selbst wenn sie zugegebenermaßen nicht ganz deren berückende Schönheit erreichte. Doch auch sie war wunderschön, und da sie ihre Legende lebte bis zum letzten Atemzug, war sie ganz gewiß auch berückend.

Lachend sagte sie zu Roland, als wir uns die Hände schüttelten, sein *petit boxeur* sehe gar nicht so kampfeslustig aus. Ihr Lachen war ein silberhelles Kichern, klang mädchenhaft, wie Kinderlachen, und bot einen angenehmen Kontrast zu ihrer Sprechstimme, die den tiefen, samtigen Lauten einer virtuos gespielten Viola glich. Und doch war sie so spontan, so natürlich, war stets sie selbst, ob auf der Leinwand oder im wirklichen Leben, daß man sie niemals für ein Geschöpf des schönen Scheins gehalten hätte. Sie war die ungekünstelte Verkörperung ihrer selbst, und jeder, der sie kannte, wußte nur schwer zwischen der Schauspielerin, die eine Rolle spielte, und der Frau, die ein Leben lebte, zu unterscheiden. Je näher ich sie kennenlernte, desto mehr wurde mir bewußt, daß das Geheimnis ihres Talents schlicht in ihrem selbstverständlichen Wesen lag.

Es war mild an unserem ersten Tag. Wir schlenderten die Allee entlang im blaßblauen Sonnenschein und speisten auf der Terrasse einer Brasserie zu Mittag. Von dort blickten wir auf die Place de l'Alma, die damals noch immer Bourdelles häßliches Bronzedenkmal zu Ehren des polnischen Patrioten und Dichters Adam Mickiewicz verunzierte. Roland und Arletty hatten viel zu besprechen, zumal ihnen ein gutes Dutzend gemeinsamer Freunde offensichtlich ausreichend Stoff zu bissigem Klatsch bot. Man vergaß jedoch auch mich nicht gänzlich. Arletty schätzte bei Fremden das Element des Neuen, stellte für ihr Leben gern indiskret anmutende Fragen, und hatte keinerlei Hemmungen, auf ähnliche Erkundigungen ganz aufrichtig zu antworten. Ich fühlte mich geschmeichelt, das Interesse einer so berühmten Schauspielerin wecken zu können. Damals wußte ich nur wenig von ihren Schwierigkeiten, kannte zwar zweifelhafte Gerüchte, schenkte ihnen jedoch kaum Beachtung. Ich konnte mich nur vage entsinnen, daß man dabei um Schuld und Sühne im Zusammenhang mit dem Krieg gesprochen hatte. Und diese Thematik verfolgte mich bereits seit mehreren Jahren und beschäftigt mich noch heute.

Nach dem Lunch schlenderten wir wieder die Allee entlang. Roland mußte uns verlassen, da er bei Proben benötigt wurde. Arletty stand im glitzernden Eingang ihres Palasthotels und sagte, wenn ich nichts Besseres zu tun hätte ... Kaffee, das müsse ich verstehen, sei fast unmöglich zu bekommen, ganz zu schweigen von Zigaretten. Ich trank damals keinen Kaffee und war nur mit den wenigen Lastern behaftet, die man mich in der Armee gelehrt hatte. Aber ein wenig Geplauder auf ihrem Zimmer könne doch auch ganz hübsch sein. Die Hotelangestellten seien allesamt ihre Freunde. Das war nicht gerade die Art von Angebot, an die ich gewöhnt war, zumindest nicht, was Frauen betraf, und meine Schüchternheit amüsierte sie sichtlich. Sie lachte ihr kindliches Silberlachen und nahm meinen Arm. Die Unbekümmertheit ihrer vertraulichen Berührung, eine rein kameradschaftliche Geste, war einfach unwiderstehlich.

Wir begaben uns hinauf in ihr großzügiges, aber schmuckloses und düsteres Zimmer in der vierten Etage, durch dessen Fenster man in einen Innenhof blickte. Ein seidener Hauch von Luxus umwehte uns erst, als sie das Licht anknipste. Sie hatte erst ein Jahr hier zugebracht und würde noch vier weitere bleiben. An der Wand hing ein interessanter, wenn auch nicht gerade außergewöhnlicher Dufy aus der Periode der Fauves, außerdem eine Sepiazeichnung der unumgänglichen *barouche* von Constantin Guys und eine Skizze von der im Grase liegenden Colette, gezeichnet von Dunoyer de Segonzac. Ich blieb den ganzen Nachmittag.

Was ist Charme? Etwa das Vermögen, durch Persönlichkeit und Intellekt zu gefallen, ein instinktives Gespür für die Überzeugungskraft der Sympathie, oder aber eine unerklärlich magische Ausstrahlung? Arletty besaß von alledem etwas. Und blieb dabei so schlicht. Ich weiß nicht, worüber wir sprachen. Ich schrieb unsere Unterhaltungen nur selten nieder. Eines jedoch wußte ich, als ich an jenem Nachmittag aus dem Plaza kam: Ich hatte eine Freundin gefunden. Sie sagte mir, ich solle sie anrufen und sie wieder einmal besuchen, doch das wäre gar nicht nötig gewesen. Ich war so töricht damals. Denn nie hätte ich gedacht, daß eine Frau wie sie, berühmt, schön und charmant, auch einsam sein könnte, und ebensowenig hätte ich den Grund dafür erraten. Ich suchte sie in der Tat schon bald ein zweites Mal auf. Wir gingen am Fluß entlang spazieren, überquerten den Pont Mirabeau und schlenderten am Linken Seineufer zurück. Wer hätte damals gedacht, daß sie 45 Jahre später hier ganz in der Nähe ihr Leben unter erbärmlichen Umständen beenden würde? Sie kannte Kafka, damals in Frankreich noch nahezu unbekannt, und da sie Interesse bekundete, schenkte ich ihr eine Ausgabe von *Der Prozeß,* was sie später in ihrer Autobiographie erwähnte. Wie hätte ich ahnen sollen, daß ausgerechnet dieses Werk von Kafka die tiefste persönliche Bedeutung für sie hatte. Ich sollte noch lernen, daß sie aus härterem Holz geschnitzt war, als der verworrene und dem Untergang geweihte Joseph K. Mein Aufenthalt in Paris in jenem September währte nur zehn Tage, denn ich lebte damals 350 Meilen westlich von der Hauptstadt, in Quimper, einer unverdorbenen, bezaubernden, langweiligen Kleinstadt an der Spitze der bretonischen Halbinsel, wo ich bei dem leitenden Arzt des dortigen Heims für geistig Behinderte wohnte. So nahm ich also Abschied von Arletty, Roland und meinen anderen Pariser Spielkameraden und bestieg den Zug im Bahnhof Montparnasse. Der Arzt und seine Familie waren beeindruckt, als ich ihnen erzählte, ich pflegte Umgang mit der berühmten Schauspielerin, deren Bekanntschaft ihnen weit bemerkenswerter erschien als die Picassos oder Alice B. Toklas', auch wenn der Doktor selbst ein begnadeter Maler mittelprächtiger Bilder war. Quimper lag zwar im kulturellen und politischen Abseits, doch einige seiner Bürger ergaben sich der Illusion, eine intellektuelle Elite zu bilden, und mein Freund, der Doktor, war zuversichtlich mit von der Partie. Diese Wenigen gaben sich die größte Mühe, mit den Geschehnissen in Paris Schritt zu halten. Im bretonischen Brackwasser, wo jahrein, jahraus sich keinerlei Sensationen ereigneten, vermochte ein

Hauch von Skandal die Gemüter weit mehr zu erhitzen, als die Berichte von langatmigen Debatten in der Nationalversammlung. So war es nur natürlich, daß oberflächliche Mutmaßungen über Arlettys Probleme sämtliche Bürger von Quimper bewegten, zumal sie alle nur zu gut wußten, daß ihre eigenen Namen wohl nie in den Zeitungen erscheinen würden, höchstens in kleingedruckten Anzeigen von Geburt und Tod. Aus diesem Grund nahm ich automatisch an, die Quimpersche Version von der Geschichte der Schauspielerin müsse mit jenem Gift verseucht sein, mit dem der provinzielle Neid allzu gerne aktuelles Hörensagen aus der Hauptstadt bespritzt.

Es hieß, Arletty sei ein Mädchen aus der Gosse gewesen und habe nur über jene krummen Pfade auf die Bühne gefunden, die der Opportunismus Leute ihrer Sorte wählen läßt. Ihr Talent stünde zwar außer Frage, könne jedoch – wie sollte es auch? – den Herausforderungen, die Frankreichs große Dramatiker, wie Racine, Musset, Hugo etc., an die Thespisjünger stellten, bei weitem nicht genügen. Kurzum, sie sei ein begabtes Showgirl und habe zufällig das unverschämte Glück gehabt, denkwürdige Rollen in ein paar Filmen erstrangiger Regisseure erhascht zu haben. Außerdem habe das Mitwirken namhafter Schauspielerkollegen ihren eigenen Beitrag aufgewertet. Oh, sie sei gut gewesen, einzigartig, wenn nicht gar hinreißend, darüber bestehe gar kein Zweifel, und habe deshalb zurecht all den Ruhm, den Reichtum und die Bewunderung genossen. Doch dann sei sie, wie viele andere, die über ihre Verhältnisse lebten, von aberwitziger Zügellosigkeit gepackt worden und habe wohl geglaubt, ihre außergewöhnliche Begabung gestatte es ihr, sich einfach über die von solcher Berühmtheit geforderte Disziplin hinwegzusetzen.

Dann kam der Krieg. Frankreich kapitulierte. Seine Eroberer brachten Schmach und Schande über das wehrlose Land. Die Staatsführung paktierte mit Hitler. Juden wurden von der französischen Polizei verhaftet, ihre Zukunft in deutsche Hand gelegt. Anrainer von Grundstücken, die die Gestapo beschlagnahmt hatte, klagten darüber, daß nächtliche Schreie ihnen den Schlaf raubten. Geiseln wurden genommen und, wenn sie Pech hatten, hingerichtet. Vor dem Szenarium solch barbarischer Zustände fand die berühmte Schauspielerin, mittlerweile eine allseits beliebte Kultfigur gallischer Beherztheit, nichts Besseres zu tun, als die Geliebte eines deutschen Offiziers zu werden. Nun hatten viele Französinnen Liebhaber in den Reihen der feindlichen Armee, und viele wurden deshalb nach Kriegsende von gesetzlosen Meuten grausam gefoltert, doch waren dies fast durchweg namenlose Unbekannte. Arletty war zu populär, als daß man sie auf übliche Art hätte demütigen können. Normalerweise rasierte man solchen Frauen die Köpfe, schmierte ihnen mit Teer ein Hakenkreuz auf den kahlen Schädel, um sie anschließend in diesem groteskem Zustand durch die Straßen zu zerren zur Belustigung eines grölenden, geifernden Pöbels. Das Gefängnis wäre genau das richtige für so eine, sagten die Leute, und frohlockten bei dem Gedanken an eine strenge Strafe für den moralischen Verrat, dessen sie sie für schuldig befanden. Und sie sollten ihren Willen bekommen.

Dies war in Bruchstücken die in Quimper kursierende Version von Arlettys Problemen. Der Krieg war erst seit zwei Jahren vorbei. Ich entsann mich noch allzugut des rachedürstenden Zornes, der ganz Frankreich befiel, sobald sicher war, daß es nichts mehr zu befürchten gab von seiten der Nazis. Selbsternannte Horden organisierten Massenhinrichtungen, erbarmungslose Prügeleien, schamlose Raubzüge, und ihre Mitglieder waren erst dann dem Widerstand beigetreten, als es so gut wie keine Feinde mehr im Land gab. Da ich dem geheimen Nachrichtendienst angehörte, war ich in einer Position, in der ich weit mehr über solche Greuel erfuhr, als mir lieb gewesen wäre. So hielt ich es für angebracht, den Geschichten über meine Freundin nur mäßige Aufmerksamkeit zu schenken.

Der Doktor gehörte nicht zu denen, die sie verurteilten. Innerhalb der Mauern seiner Anstalt hatte er weder mit dem Krieg, noch mit den Deutschen zu schaffen gehabt, und Kämpfe hatten in Quimper keine stattgefunden. Einer seiner Freunde jedoch, Dr. Destouches, gefeierter Romanautor und praktischer Arzt, bekannt unter dem Pseudonym Céline, war nicht minder berühmt für seine Deutschenfreundlichkeit und seinen Judenhaß, wie für seine literarischen Erfolge. Nachdem er mit den sich zurückziehenden deutschen Truppen aus Frankreich geflüchtet war, hatte er sich nach Dänemark durchgeschlagen, wo er nun im Gefängnis saß. Gelegentlich erreichten Briefe von ihm die Irrenanstalt, in einwandfreiem Stil. Doch die darin zum Ausdruck gebrachten Äußerungen fanatischen Antisemitismus' und paranoiden Hasses auf eine demokratische Staatsverfassung waren schlichtweg vulgär. Meinen

Gastgeber schienen Botschaften dieser Art zu amüsieren, und zumal ihr Inhalt ihn so gar nicht entrüstete, nahm ich an, er fühle sich geschmeichelt. Dabei wußte inzwischen doch alle Welt, welch entsetzliche Greueltaten Menschen begangen hatten, die Célines Denkweise teilten.

Mitte November kehrte ich nach Paris zurück, diesmal jedoch nur auf der Durchreise in die Vereinigten Staaten, und mein Doktor begleitete mich zusammen mit seiner Konkubine, wie er sie gerne zu nennen pflegte. Seine rechtmäßige Gattin war drei Jahre zuvor aus einem Fenster im dritten Stock gesprungen, wobei sie geschrien hatte, sie wolle in den Himmel fliegen. Gelandet war sie jedoch in Schweden, ihrer Heimat, wohin sie auch ihren gemeinsamen Sohn mitgenommen hatte, einen virtuosen Oboenspieler, wenn ich mich recht entsinne. Wir amüsierten uns prächtig in Paris. Ich hielt es nicht für angebracht, die beiden Picasso vorzustellen, dachte jedoch, sie würden sich freuen, Arlettys Bekanntschaft zu machen. Also speisten wir vier zusammen zu Mittag, ein durchschlagender Erfolg, lachten viel, und im Laufe unseres beiläufigen Geplauders erwies Arletty sich ebenfalls als Bekannte von Louis-Ferdinand Céline. Im Chaos all ihrer Schwierigkeiten hatten sie einander jedoch aus den Augen verloren, und nun wußte sie nicht, wie sie wieder Kontakt zu ihm aufnehmen sollte. Nichts einfacher als dies, meinte der Doktor, er könne ihr jederzeit die Adresse des Flüchtlings beschaffen. Er versprach, sie ihr zu senden, sobald er nach Hause zurückgekehrt sei, und er hielt sein Versprechen.

Ich reiste nach Amerika, wurde meinen Blinddarm los und machte mich daran, einen endlos langen Roman zu schreiben, für den ich keinen Verleger finden sollte, und der größtenteils in einem deutschen Konzentrationslager spielte. Gelegentlich erhielt ich Post von Arletty, die mir schrieb, sie habe gute Neuigkeiten von Ferdinand, der bislang eine Auslieferung nach Frankreich habe verhindern können. Inzwischen hatten sich die Wogen ein wenig geglättet, und so mußte Céline wohl kaum mehr um sein Leben bangen. In Kopenhagen hatte er jedoch mit Sicherheit weniger zu befürchten, als in Paris. Auch meine Freunde in Quimper sandten mir Briefe und beschworen mich, doch sobald wie möglich zu ihnen zurückzukehren. Dennoch hielt es mich achtzehn Monate in Amerika. Dies geschah vor allem wegen meines Romans, auf den ich große Hoffnungen setzte. Als ich jedoch die Aussichtslosigkeit meiner Bemühungen erkannte, begab ich mich Mitte

März des Jahres 1949 auf die *Queen Mary* und gelangte bereits fünf Tage später wieder nach Paris.

Arletty war die Erste, die ich besuchte. Sie wohnte noch immer im Plaza, und zu meiner großen Freude fand ich sie unverändert, ihr Lachen mädchenhaft wie immer, unser Gespräch fließend, ihr unnachahmlicher Akzent eine zauberhafte Legierung aus prosaischen und erhabenen Klängen. Während meiner Abwesenheit hatte sie ein klitzekleines Automobil erstanden, so winzig, daß es fast wie ein Spielzeug anmutete, und nur zwei Personen Platz bot. Wir fuhren hinaus aufs Land und speisten in billigen Lokalen, wo man, sobald man sie erkannte, viel Aufhebens um Arletty machte. Während dieser Stunden allein mit ihr begann ich nach und nach die Konturen ihrer Lebensgeschichte zu erfassen.

Die Kindheit des zukünftigen Leinwandstars schien recht glücklich verlaufen zu sein, wenngleich sie in bescheidenen, fast armseligen Verhältnissen aufgewachsen war. Eigentlich hieß sie Léonie Bathiat, geboren am 15. Mai 1898. Achtzehn Jahre später, nach spärlicher Schulbildung und etlichen uninteressanten Jobs mußte sie erleben, wie man ihren Vater, den ein Wagen überfahren hatte, auf einer Bahre nach Hause trug. Er ergriff die Hand seiner Tochter und sagte: »Es hat mich erwischt, meine Kleine.« Noch vor Sonnenaufgang starb er. Dies Erlebnis stählte sie. Kurze Zeit später lud ein reicher Industriebesitzer sie zu sich in seine Vorstadtvilla ein. Sie hatte auf jene beiläufige Weise seine Bekanntschaft gemacht, die so häufig auch in eine beiläufige Beziehung mündet. Ihre Mutter sagte: »Wenn du gehst, dann für immer.« Und so kam es auch. Doch ihr Aufenthalt in der Vorstadtvilla währte nicht lange. Sie wohnte in kleinen Hotels in der Nähe des Madeleine, einer Gegend, die noch heute für die Mühelosigkeit bekannt ist, mit der auf den Gehwegen Damen und Herren flüchtige Begleitung finden. Sie arbeitete kurz als Fotomodell und schmückte sich mit dem Pseudonym Arlette, weil die gleichnamige Heldin einer Geschichte von Maupassant es ihr angetan hatte. Eines Tages schlenderte sie die Straße entlang, als ein fremder Mann sie ansprach. Er stellte sich als Kunstliebhaber vor und fragte sie, ob sie sich ihm nicht als Modell zur Verfügung stellen wollte. Der Vorschlag mißfiel ihr. Und wie es mit dem Theater stünde? Auch die Bühne schien sie nicht zu reizen. Dennoch zog der Möchtegernwohltäter ein paar seiner Visitenkarten aus der Tasche und kritzelte die Namen zweier Theaterproduzenten darauf, die eventuell Interesse hätten an solch einer attraktiven jungen Frau. Sein Name: Paul Guillaune. Er war nicht nur ein Liebhaber von Kunst, sondern einer der scharfsinnigsten, erfolgreichsten und wohlhabendsten Händler seiner Zeit, und zudem ein anspruchsvoller Bewunderer schöner Frauen. Eine Empfehlung von ihm war ein wertvoller Trumpf. Arlette wußte das nicht, hatte auch keinerlei Ambitionen zur Schauspielerin. Eines schönen Nachmittags schlenderte sie zufällig an einem der Theater vorüber, die Guillaune ihr empfohlen hatte. Und da seine Visitenkarten noch immer in ihrer Handtasche lagen, ließ eine plötzliche Laune sie eintreten und nach dem Direktor fragen. Der musterte sie, war amüsiert und schlug vor, sie möge etwas singen. Da der Krieg erst neun Monate zuvor zu Ende gegangen war, wählte sie das Lied »It's a Long Way to Tipperary.« Er engagierte sie vom Fleck weg, mit erst 21 Jahren. Dem Theaterdirektor sagte der Name Arlette nicht zu, und so ersetzte er das e am Ende durch ein y. Damit bewies er ein zweites Mal seinen Scharfblick, denn der Name Arletty erwies sich schon bald als Kassenmagnet. Für ihre Freunde aber behielt sie stets den Namen bei, den sie selbst für sich gewählt hatte, und signierte all ihre Briefe weiterhin mit *Arlette*.

Sie wurde nicht über Nacht zum Star, und bisweilen mußten Arlette und ihre Freunde, auf der Suche nach ein wenig Zubrot, auf Örtlichkeiten und Hilfsmittel des Lebens vor Paul Guillaune zurückgreifen. Doch allmählich begann sie das Theater zu lieben, und um den Zuschauern zu gefallen, brauchte sie nur sie selbst zu sein. Die meisten Schauspieler und Schauspielerinnen lernen, sich in unterschiedliche Rollen einzufügen und sich publikumsträchtige Strategien anzueignen. Arlette jedoch bedurfte keiner Ausbildung, und gerade in diesem absoluten Mangel an theatralischer Ziererei lag ihre Bühnenkunst. Trotz der beträchtlichen Vielfalt an Rollen, vorwiegend in Filmen, wurde Arletty vor allem um ihrer selbst willen geliebt, dann erst wegen der Persönlichkeiten, die sie mimte. Mit dreißig Jahren war sie berühmt, ein Star, und sowohl Aristokraten als auch Plutokraten suchten ihre Gesellschaft. Der Aga Khan schenkte ihr Diamanten, ohne dafür Untertänigkeit zu erwarten. So genoß sie mit ihm eine glückliche Liebesaffäre. Ihre Jugend im Arbeitermilieu lag hinter ihr, war aber nicht vergessen. Eitelkeit, Stolz und Arroganz lagen nicht in ihrem

Wesen, und nur ein Defätist hätte ihr damals prophezeit, daß sie genau in der Lebensmitte das Glück für immer verlassen würde.

Ich hatte mir ein Motorrad gekauft und es mit nach Quimper genommen. Es gab mir eine bislang noch nie gekannte Freiheit; ich konnte hinausfahren ins Grüne, in die damals noch vollkommen intakte Natur, durch verarmte, seit Jahrhunderten unveränderte Bauerndörfer. Ich besuchte die Küstenstädtchen Concarneau und Douarnenez, Pont-Aven und Le Pouldu, wo Gauguin und seine Anhänger mehrere Jahre verbracht hatten, und wo in einer von ihnen häufig frequentierten Taverne noch immer ihre Skizzen hingen. Eines Tages Mitte April, als die Kamelienbüsche in den Gärten rote und weiße Blüten trugen und der Himmel von milchiger Bläue war, erreichte mich zu meiner großen Freude ein Anruf von Arlette. Sie war auf Belle-Ile-en-Mer, einer Insel vor der Südküste der Bretagne, gegenüber der Quiberon-Halbinsel, etwa siebzig Meilen von Quimper entfernt. Ich wußte, daß sie dort ein Häuschen besaß. Ein Bewunderer hatte es ihr vor kurzem geschenkt, jener, der ihr oft die Rechnungen im Plaza bezahlte, ein wohlhabender Papierfabrikant namens Michel Bolloré. Da das Haus noch nicht bewohnbar war, war sie in einer Pension abgestiegen, und sie bat mich, ihr dort für ein paar Tage Gesellschaft zu leisten. Ich war erleichtert, die Anstalt eine Weile verlassen zu können, besonders da ich in vierzehn Tagen für sechs Wochen nach Italien reisen wollte.

Die siebzig Meilen auf meinem kleinen Motorrad waren lang und holprig. Von Quiberon aus brauchte ein Schiff nur fünfundvierzig Minuten für die rauhe Meerenge zwischen Le Palais, dem Hauptort der Insel. Arlette stand auf dem Anlegesteg, lächelnd und winkend, und ihr weißer Regenmantel umflatterte sie im Wind wie die Flügel eines aufgeregten Schwans.

Mein Gefährt fand sie grotesk, meinte, ich solle mir stattdessen ein Cabriolet amerikanischen Fabrikats kaufen. Ein paar Jahre später erstand ich tatsächlich ein solches Gefährt, woran ihr besonders der weiße Lack gefiel. Ihr eigenes kleines Vehikel war schwarz und glich einem großen, schwerfälligen Käfer. Es fuhr nicht einmal so schnell wie mein elendes Motorrad, und die einsame, 300 Meilen lange Reise von Paris mußte sie sehr ermüdet haben. Ihre Pension befand sich in einem kleinen Fischereihafen namens Sauzon, eine kurze Strecke weiter die Küste entlang. Belle-Ile ist, bzw. war, wild und malerisch, und bot mit seinen hohen, steilabfallenden Felsen bunten Gesteins Ansichten, die oft gemalt worden waren von Claude Monet und anderen Impressionisten. Im Landesinneren erstreckte sich eine weite Ebene, deren sanfte Wellen hie und da von Ansammlungen weißer Häuschen gesprenkelt waren; gelegentlich ragte der Turm einer verlassenen Mühle empor, und alles badete im milden, tiefblauen Glanz eines endlos weiten Himmels. Als ich die Insel durchstreifte, war mir immer mehr zumute, als umfange mich ein Zauber aus König Arthurs Zeit. Die Mythologie dieser Landschaft hat in der Tat viel gemein mit der des nahegelegenen England, und im Mittelalter brachten berühmte bretonische Minnesänger die Kunde von König Arthur und seinen Rittern nach ganz Europa. Dieser Umstand mehrte noch den heiteren Charme von Belle-Ile inmitten der silbrigen See.

Sauzon ist ein weißes Dörfchen, das sich zu beiden Seiten einer steil bergan strebenden Straße an den Hügel schmiegt. In seinem bescheidenen Hafen lagen damals etwa ein halbes Dutzend ziemlich verwahrloste Fischerboote vor Anker. Seine schlichte Ruhe war die einzige Attraktion, die es den spärlichen Besuchern zu bieten hatte. 1949 gab es dort noch keine Fremden, und sogar die wenigen französischen Familien suchten den Ort, samt Kindern und Schwiegermüttern, nur in den Monaten Juli und August heim. Die Pension Le Mouroux war das einzige Haus, welches Betten zu vergeben hatte, obschon ein überzähliger Besucher, sollte es die Lage erfordern, eventuell auch bei einer gastfreundlichen Familie Unterkunft finden konnte.

Arlette hatte, wie sich unschwer erraten läßt, das schönste Zimmer in der ganzen Pension, mit herrlichem Panoramablick. Mein Zimmer befand sich gleich gegenüber der Treppe. Es war geräumig, wenn auch bescheiden und ohne Aussicht. Sie konnte es kaum erwarten, mir ihr Haus zu zeigen. Es war auf der anderen Seite der Insel in einem kleinen Dorf mit Namen Donant, kaum größer als ein Weiler, und das letzte Haus auf dem Platz, bevor die Straße dem Meer zustrebte, wo sie schließlich auf einem Streifen Sandstrand endete, der weit unten zwischen Felsen eingeschlossen war. Das Haus war klein, unansehnlich und in sehr mäßigem Zustand, sein Inneres vor allem äußerst reparatur- und restaurierungsbedürftig, und so war ich nicht gerade sonderlich begeistert. Selbst nachdem es gründlich aufpoliert worden war, und ein paar kostbare alte Möbel darin standen, konnte ich mich nicht so recht dafür erwärmen. Es war eine einsame Bleibe in seiner sturmgepeitschten Abgeschiedenheit, eine wahre Eremitenklause. Und das war letztendlich auch Arlettes Schicksal, herbeigeführt von mißlichen Umständen. Dennoch versuchte ich, soviel Enthusiasmus zu zeigen für das Häuschen wie nur möglich, pflichtete ihr bei, als sie meinte, aus den düsteren, modrigen Räumen sei sehr wohl etwas Hübsches zu machen, da ich sah, wie außerordentlich glücklich sie war, das Haus zu besitzen. Nur langsam dämmerte es mir, daß ihr Glück wohl damit zu erklären war, daß dies kleine Häuschen und das noch kleinere Auto mit den wenigen Habseligkeiten im Plaza alles war, was sie ihr eigen nennen konnte. Sie besaß zwar etwas Geld, wenn ich auch nie herausfand, wieviel es war, doch reichte es gewiß nicht aus, sie vor einer finanziellen Unterstützung von seiten reicher Leute wie Bolloré und René de Chambrun zu bewahren, dem Gatten von Josée Laval, Schwiegersohn also des Premierministers während des Krieges.

Arlette zeigte mir alles, was die Insel Schönes und Wunderbares zu bieten hatte, denn ihre Freunde sollten sich in die Landschaft um ihre Klause herum ebenso verlieben, wie sie. So fuhren wir durch perlig schimmernde Nachmittage quer über die ganze Insel, hielten des öfteren an, um eine Aussicht zu bewundern, welche bereits Monet gemalt hatte, oder einen versteckten Strand hinter monolithischen Felsbrokken. Sie war nicht die einzige Schauspielerin, die es auf die Insel mit dem hübschen Namen gezogen hatte. Sarah Bernhardt hatte ein großes Haus dort gebaut, an einer steilen Felswand über dem Meer. Es stand nicht mehr, aber ein steinerner Sitz, in den Felsen gehauen, erinnerte daran, daß die temperamentvolle Tragödin einst mit Vorliebe dort saß, um auf die tosende Brandung hinunterzuschauen. Arlette mochte den Platz auch und ging oft dorthin. Als wir einmal zu ihrem kleinen Wagen zurückgingen, sagte sie: »Ich fuhr einmal einen Packard, doch den haben sie mir natürlich weggenommen, wie so vieles andere.« Ich schwieg, weil sie zum ersten Mal in meiner Gegenwart von ihren Sorgen sprach. Ich hätte zwar gern Näheres erfahren, wollte aber keine aufdringlichen Fragen stellen, hoffend, sie würde mir aus freien Stücken ihre Version der Geschehnisse erzählen. Und das tat sie dann auch. Nach und nach, aus gelegentlichen Andeutungen über einen Vorfall hier, eine Anekdote da, durch beiläufige Erinnerungen, erfuhr ich alles, was meines Erachtens von Arlettes Kriegsliaison und ihren dramatischen Folgen von Interesse sein kann. Natürlich erfuhr ich nicht den chronologischen Ablauf der Geschichte, aber um des Zusammenhangs willen erachte ich es für sinnvoll, die Geschichte so wiederzugeben, samt meinen eigenen Beobachtungen, als habe man sie mir in der Weise mitgeteilt, wie ich sie nun, ein halbes Jahrhundert später, erzählen möchte.

Dezember 1940. Frankreich war sechs Monate zuvor gefallen. Die Truppen Hitlers hielten den Norden des Landes besetzt. Deutsche Soldaten stolzierten durch Paris, saßen in Cafés und Restaurants, frequentierten die Opéra und Folies-Bergère. Es war die Ära der »Höflichkeit«, als die Franzosen noch glauben wollten, daß ihre Feinde immerhin sehr wohlerzogen waren, galant zu Damen, freundlich zu Kindern, und daß die militärische Katastrophe keine unmittelbaren Auswirkungen auf die Integrität des nationalen Lebens haben müßte. Diese unrealistische und wahrhaft tadelnswerte Illusion brachte viele Menschen dazu, die Umstände zu billigen, obschon sie sie ebenso hätten verurteilen können, und blind die Vorboten schlechter Zeiten zu ignorieren. Vor diesem düsteren Hintergrund gab es wenige Schauspielerinnen, die beruflich und gesellschaftlich herausragender waren als Mademoiselle Arletty. Nicht nur ihre Kollegen feierten und hofierten sie, sondern auch Herzoginnen, Finanzleute und bedeutende Politiker. Der bemerkenswerteste davon war Pierre Laval. Da sie eine vertraute Freundin von Lavals Schwiegersohn und Tochter war, pflegte Arlette auch mit dem Vater engen und häufigen Umgang. Schon vor dem Krieg hatte Laval, ein brillanter Redner und eine einnehmende Persönlichkeit, für eine französisch-deutsche Zusammenarbeit plädiert. Nach der Niederlage befürwortete er die Kollaboration, errang sich bald diktatorische Gewalt, führte eine faschistische Miliz ein und hielt ein Schreckensregime über sein gebrochenes Heimatland. Laval war definitiv nicht der Mann, den ein prinzipientreuer Patriot unter den gegebenen Umständen zum Freund hätte haben wollen. Doch Arlette setzte Freundschaft über Patriotismus, fühlte sich dabei sogar im Recht, zumal sie sich mit solch fröhlicher Überzeugung als Personifizierung der »France Profonde« fühlte, der Seele Frankreichs. Ihre Familie kam wie die Lavals ursprünglich aus der Auvergne, einer rauhen Gebirgsgegend, deren Bewohner für ihre sture Selbstgenügsamkeit bekannt sind, und von denen es heißt, sie fühlten sich mehr mit ihrer Provinz verbunden als mit der Nation, deren ärmsten Landstrich sie ihr eigen nennen. Während der Besatzungszeit war Arlette auch mit Céline befreundet und hielt ihn für den größten Schriftsteller der Moderne. Vom ersten Augenblick empfanden sie tiefe Sympathie füreinander, die bis zum Tod des Literaten anhielt. Auch mit ihm teilte sie die Identifikation mit der »France Profonde«, weil sie aus ähnlichen Verhältnissen stammten, dem Arbeitermilieu von Courbevoie, einem Pariser Vorort. So wäre die Behauptung nicht ganz falsch, daß Arlette, während man die Seele Frankreichs bedrohte, ein paar Freunde hatte, die bekannterweise mit den Unruhestiftern sympathisierten. Für jemanden, der wie sie so sehr im Mittelpunkt stand, war dies Verhalten unschicklich, ja, geradezu gewissenlos. Doch Arlette war blind gegenüber den Regeln der Schicklichkeit, die nicht ihrer Persönlichkeit entsprangen. Sie wußte das noch nicht. Und dann kam der kritische Moment, der über die Freundschaft hinausging.

Eines Abends stellte Josée de Chambrun ihr bei einem Konzert einen deutschen Offizier vor, der neben ihnen saß. Hans Soering war der Sohn eines Diplomaten. Er war in Konstantinopel geboren, und da er in Grenoble studiert hatte, sprach er fließend französisch. Mehrere Male begegneten sie einander zufällig. Er erwies ihr diesen und jenen kleinen Gefallen. Er war jünger als sie, sah gut aus, wenn auch nicht außergewöhnlich gut, war von zuvorkommendem Wesen und weltmännischen Manieren. Arlette kannte wohl viele wie ihn, doch er kaum eine wie sie. Und doch verliebten sie sich ineinander. Wie jedermann weiß, ist in der Liebe eher der Zufall am Werk als eine bewußte Wahl. Für den Offizier mußte diese Begegnung das große Los gewesen sein. Für die Schauspielerin war es die Rolle, die ihr den Weg ins Unglück wies. Sie spielte sie mit dem aufrichtigen Schwung, der ihr zum Ruhm verholfen hatte, und eben jener Ruhm sollte den traurigen Ausgang des Dramas begründen. Hätte sie in großen klassischen Tragödien gespielt, so hätte sie zumindest einen kleinen Vorgeschmack auf ihr kommendes Schicksal genossen, doch leider war ihr Repertoire bis dato lediglich aus dem Bereich der leichten, flüchtigen Muse gewesen. Die Herausforderung einer fortdauernden, düsteren Aufführung hatte den rechten Moment abgewartet.

Damals wäre es schwierig gewesen, eine Frau zu finden, die für die Franzosen das Urbild allen Franzosentums besser verkörpert hätte als Arletty. Im Jahre 1938 war sie in einem Film mit dem Titel *Hôtel du Nord* zu bewundern gewesen. Sie hatte darin nicht die Hauptrolle gespielt, war aber dank eines einzigen Wortes der bleibende Star geblieben: *atmosphère*. In einer der bedeutendsten Szenen überquert sie mit ihrem Partner Louis Jouvet eine Brücke über den Kanal St.-Martin im Pariser Norden. Er will angeln gehen und dies lieber alleine, weil sie, wie er sagt, nichts zur Atmosphäre beitrage, die seiner Stimmung angemessen wäre. Woraufhin Arletty ihn wütend, im unverwechselbaren Akzent der Pariser Vororte, anherrscht: »Atmosphère! Atmosphère! Est-ce que j'ai une gueule d'atmosphère?« (»Ist meine Fresse etwa aus Atmosphäre?«) Seit jener Nacht ist dieses eine Wort – atmosphère – unauflöslich mit Arletty verbunden. Und aufgrund seines semantischen Zaubers erhielt ihre Legende dadurch eine symbolische Dimension. Im ganzen Lande riefen die Menschen in Cafés und Châteaux einander zu: »Atmosphère! Atmosphère!«, wobei sie sich vor Lachen schier ausschütten wollten, obschon einigen der metaphorische Sinn ihrer Heiterkeit gewiß entgangen war. Daß Arlette es verstand, ihre Umgebung auf einzigartige Weise zu prägen, nicht nur im *Hôtel du Nord,* sondern auch im Leben, war eine Tatsache, die beinahe jeder Franzose zu schätzen wußte, und das Wort, welches ihre Berühmtheit begründete, paßte ideal zu deren Ursprung und Wesen. Auch dessen war sie sich damals wohl noch nicht bewußt. Wäre sie schlau, berechnend und nach innen gewandt gewesen, wäre ihr womöglich viel Kummer erspart geblieben. Doch dann wäre sie nicht die Arlette gewesen, die ihre Freunde kannten, liebten und bewunderten.

Eine Frau, die die Geliebte eines deutschen Offiziers war, zu einer Zeit, da die deutsche Armee Frankreich besetzt hielt, brachte sich in eine, gelinde gesagt, heikle Lage. Wäre Arlette Privatperson gewesen, und hätte sie die Angelegenheit geheim gehalten, ohnehin ein schwieriges Unterfangen bei derartigen Liaisons, wäre die Folge wohl lediglich ein etwas angekratztes Gewissen aller Beteiligten gewesen. Arlette jedoch war keine Privatperson, und weder sie, noch ihr Geliebter, hielten es für nötig, ihrer beider Liebe zu verheimlichen. Sie zeigten sich gemeinsam in der Öffentlichkeit, als läge kein Stigma der Schande auf ihrer so augenfällig zur Schau gestellten Zuneigung. Um die ohnehin heikle Lage noch zu verschärfen, war Soering ein Offizier hohen Ranges, ein Oberst der Luftwaffe, betraut mit wichtigen Aufgaben und in Kontakt mit den höchsten Machthabern im Reich; er kannte Hermann Göring, Chef der Luftwaffe und Mitglied der Nationalsozialisten von

Anbeginn der Partei, Gründer der Gestapo, einige Jahre lang deren Leiter, ein skrupelloses Schwein, das Verbrechen gegen die Menschlichkeit begangen hatte, die jedes Tribunal überforderten. Doch weder der Offizier, noch die Schauspielerin schienen auch nur einen Gedanken an ein mögliches Nachspiel ihres Betragens verschwendet zu haben. Arlette erschien heiter zu einem Empfang, bei dem auch Göring und seine Spießgesellen in großem Pomp aufmarschiert kamen. Ihr Geliebter liebäugelte mit dem Gedanken an eine Heirat und war gezwungen, beim Reichsmarschall die Erlaubnis dafür einzuholen. Der leitete das Gesuch unmittelbar an den Führer weiter. »Seien Sie vorsichtig«, soll Hitler geantwortet haben, »sie steht in allzu guter Verbindung mit Laval.« Kurzum, Arlette trug weder die Verantwortung für den Krieg, noch für die Verfolgung der Juden, aber sie stand, noch dazu vor aller Augen, in allzu gutem Einvernehmen mit dem Feind, was sie zur Kollaborateurin gegen ihre leidgeprüften Landsleute, und so zu einer Gefahr für die Moral werden ließ. Deshalb bezichtigte man sie des Hochverrats an der Seele Frankreichs, der »France Profonde«, eine Anschuldigung, die von vielen geteilt wurde.

Die Chance ihres Lebens bot sich Arletty, während der Krieg noch in vollem Gange war, so als sei das Glück der Erkenntnis fähig gewesen, daß dies seine letzte Gelegenheit sein würde. Man wählte sie für die Rolle der Garance, der Heldin in dem Film *Kinder des Olymp*. Garance ist ein leichtfertiges, wenn nicht gar leichtes Mädchen, und seine vertrackten Liebesaffären bilden das Thema des Films. Er handelt von dem Scheitern des Mädchens, eine dauerhafte Beziehung zu dem Schauspieler herzustellen, der sie liebt – denn die ungemein theatralische Handlung des Films dramatisiert das Theaterleben –, und dessen Liebe sie erwidert. Um einen drohenden Konflikt mit der Polizei zu vermeiden, geht sie eine Liaison mit einem Aristokraten ein. Am Ende, nach dem Mord an ihrem arroganten Wohltäter und einer kurzen Vereinigung mit ihrem wahren, inzwischen verheirateten Geliebten, trägt eine Kutsche sie einem Schicksal entgegen, welches nur traurig sein kann. Über dies beeindruckende Bild von Arlettes wahrhaft herzzerreißender Schönheit fällt der Vorhang von Film, Theater und Repräsentation.

Als die Dreharbeiten zu den *Kindern des Olymp* abgeschlossen waren, fiel der Vorhang allmählich auch über ein weit dramatischeres Schauspiel, denn es wurde immer deutlicher, daß der von den Nazis entfachte Krieg mit ihrer Niederlage enden würde. Jenen, die in eroberten Gebieten mit ihnen sympathisiert hatten, wurde es allmählich etwas mulmig zumute, denn die baldigen Sieger hatten gedroht, jeden Verstoß zu ahnden. Deshalb fürchtete man, ein wilder Rachefeldzug könnte den legalen Strafvollzug erliegen lassen. Arlette erfuhr, daß ein Gericht in Algerien sie in Abwesenheit zum Tode verurteilt hatte. Doch sie ließ sich durchaus nicht einschüchtern. Welche harte Prüfung die Umstände auch immer bestimmen mochten, sie fühlte sich auf jeden Fall dem Drehbuch gewachsen. Auch alleine, wenn nötig. Ihr deutscher Offizier war nicht mehr da, um ihr moralisch und materiell den Rücken zu stär-ken, denn man hatte ihn nach Italien abberufen, und seine Gegenwart hätte die Lage seiner Geliebten doch nur erschwert. Die Katastrophe näherte sich in Windeseile. An der normannischen Küste war die Inva-sion der Alliierten blutig aber erfolgreich gewesen. Laval, Pétain und der klägliche Rest ihrer Mischlingsregierung flüchteten nach Süd-deutschland. Céline und eine Schar weiterer Sympathisanten begleite-ten sie, einige von ihnen tauchten unterwegs unter. Arlette bewohnte damals ein Appartement am Quai de Conti, in der Nähe des Instituts gegenüber dem Louvre, am jenseitigen Ufer der Seine. Eines Nachts, als die Befreiung von Paris nur noch wenige Tage ausstand, versam-melte sich ein Trupp bewaffneter Männer vor ihrem Haus, schrie obszöne Beschimpfungen und feuerte aus Maschinengewehren durch die Fenster. Arlette war zufällig zu Hause. Sie und ihr Mädchen lagen auf dem Fußboden, während Kugeln die Vorhänge durchbohrten, und Spiegel und Leuchter zertrümmerten.

Obwohl sie wahrlich alles andere war als schüchtern oder schwarz-seherisch, setzte sie sich auch nicht gerne unnötiger Gefahr aus. Sie ver-ließ also den Quai de Conti und tauchte bei Freunden in abgelegenen Orten unter, so vermied sie während der Befreiung von Paris und noch einige Zeit danach unangenehme Zwischenfälle. Doch schließlich mußte sie der Tatsache ins Auge sehen, wohl schon bald verhaftet und vor einen *épurateur* geschleppt zu werden. Das Wort bedeutet in etwa ›Säuberer‹ und bezeichnet die Funktion inoffizieller Beamter, die zu entscheiden hatten, welche Bestrafung am besten die ostentative Ver-fehlung all jener sühnte, deren Schuld ihnen für erwiesen galt. Arletty wurde irgendwann im Spätherbst des Jahres 1944 verhaftet und mit Männern und Frauen unterschiedlichster Geschichte in Vollzugsanstalten eingesperrt. Sämtliche Insassen waren ungesund, rochen nach unzureichender Hygiene, und schliefen auf Strohmatratzen, verpestet von Wanzen und Schaben. Diese in etwa zwei Monate währende Zeit im Gefängnis war die unerfreulichste Phase ihrer Säuberung. Als sie »verhört« werden sollte, veranlaßte ihr *épurateur,* daß man sie für unbestimmte Zeit unter Hausarrest stellen sollte, und zwar an einem Ort, der mindestens fünfzig Kilometer von Paris entfernt lag. Außerdem war ihr jede Arbeit untersagt, wodurch ihr gänzlich die Möglichkeit genommen war, sich ihren Lebensunterhalt zu verdienen.

Zuweilen gibt es in mißlichen Lagen goldene Glücksmomente, die die Ungerechtigkeiten des Schicksals ein wenig ausgleichen. Während des Krieges hatte Arlette zufällig die Bekanntschaft von Jacques und Lelette Bellanger gemacht. Sie waren reich, im Ruhestand und bewohnten das Château La Houssaye am Rande eines Dörfchens, nur fünfzig Kilometer östlich von Paris. Als ihnen das willkürliche Urteil des *épurateur* zu Ohren kam, nahmen sie mit ihm Verbindung auf und boten an, die verurteilte Schauspielerin könne doch in ihrem Schlößchen unter Beobachtung stehen. Sie hatte in ein kleines, abgelegenes Hotel ziehen wollen und zögerte, fremden Menschen zur Last zu fallen. Der *épurateur* entschied die Angelegenheit mit einer dummen Frage. Sei Monsieur Bellanger denn Mitglied der Résistance gewesen, wollte er wissen? Arlette fühlte die Herausforderung und bejahte. »Dann werden Sie dort wohnen«, bestimmte der *épurateur,* »das geschieht Ihnen ganz recht!«

Das Château de La Houssaye ist bei weitem nicht Frankreichs prächtigstes Schloß, aber dennoch ein hübscher, imposanter Bau aus lohfarbenem Mauerwerk und rötlichem Stein im klaren Stil Ludwigs des XIII, umgeben von einem Burggraben und inmitten weitläufiger Parkanlagen. An diesen freundlichen Ort, der nicht im mindesten an ein Gefängnis erinnerte, schaffte also Arletty im Dezember 1944 die wenigen ihr noch verbliebenen Habseligkeiten, um dort ihre Haft zu verbüßen. Der Termin ihrer Ankunft war äußerst zwiespältig, zumal die Deutschen gerade zum wilden Gegenschlag in den Ardennen ausholten, und einen Moment lang wollte es scheinen, als könnten sie damit die sich viel zu lang ausdehnende Front der Alliierten durchbrechen, und ganz Frankreich wurde von banger Furcht befallen. Doch der Seitenhieb wurde innerhalb eines Monats abgewehrt, wenn auch auf

Kosten von 75 000 Todesopfern. Danach stand fest, daß die endgültige Niederlage und Demütigung Deutschlands nur noch eine Frage der Zeit sein konnte. Welche Gefühle diese Aussicht in den Bewohnern von La Houssaye geweckt haben mochte, läßt sich nur vermuten. Die »Gefangene« hatte noch niemals, und sollte dies auch in Zukunft nicht tun, den Möglichkeiten, Verwicklungen und Folgen politischer Entscheidungen große Bedeutung oder Tragweite beigemessen. Sie konzentrierte Denken und Fühlen auf persönliche Beziehungen, auf die Chancen ihres Berufs und die äußerst private Rettung der eigenen Würde. Welch sträflicher Leichtsinn, könnte man ihr entgegenhalten, in nächster Nähe von politischer Kausalität gleichgültig deren Auswirkungen auf Menschenleben beobachtet, oder, schlimmer noch, nichts von alledem gewußt zu haben. Für diesen Leichtsinn wurde sie bestraft, und dieses eine Mal darf man zurecht behaupten, daß die Strafe dem Vergehen angemessen war. Sie sollte die entscheidende Prüfung ihrer vielgerühmten »Atmosphère« sein.

Arlettes Gastgeber, Lel und Bel, wie sie sie schließlich nannte, waren entschieden konservativ, doch in ihrem entlegenen Château hatten sie nichts zu schaffen gehabt mit den Deutschen oder dem Krieg. Lediglich die damit verbundenen Widrigkeiten galt es für sie zu erdulden, so das Beschaffen von Speisen, Brennstoff, Kleidung, oder solch grundlegenden Dingen wie Toilettenpapier. Man mag sich fragen, weshalb sie ihr prächtiges Haus als Gefängnis zur Verfügung stellten für eine Frau, die sie doch nur flüchtig kannten, und die nach Verrufenheit und Schande roch. Was sie zu dieser gastfreundlichen Tat bewog, war, wie ich meine, der Glamour von Arlettys Ruhm und außergewöhnlicher Person, mochte der Glanz auch ein wenig gelitten haben, und eine ziemlich romantische Neigung, einer schönen, in Not geratenen Dame zu Hilfe zu eilen. Lels Beweggründe mochten persönlicherer, intimerer Natur gewesen sein. Arlette hatte keinen Hehl daraus gemacht, auch lesbische Beziehungen zu pflegen. Bel, ein Träumer, hatte die Kriegsjahre auf einem hohen Gerüst liegend verbracht, von wo aus er die Deckenmalereien aus dem 17. Jahrhundert seines Châteaus restaurierte. Sie waren herrlich.

Der Winter 44-45 war ausgesprochen streng. Die weiten, hohen, fensterreichen Räume von La Houssaye waren über alle Maßen kalt. Der Graben fror zu. Aus dem nahegelegenen Dorf und den umliegenden Bauernhöfen kam nur das Nötigste an Nahrungsmitteln. Die widrigen Umstände erschwerten die unerfreuliche Lage des Inhaftiertseins. Lel und Bel konnten nach Paris fahren. Arlette nicht. Jede Woche, bei jeder Witterung, mußte sie vier Meilen zur nächsten Polizeistation gehen, um zu zeigen, daß sie noch immer unter Hausarrest war. Die Leute im Dorf, von denen die meisten noch nie in Paris gewesen waren, und die kein Kino kannten, wußten nicht, wer sie war. Und in ihrem Pflichtausweis stand ihr wirklicher Name, Léonie Bathiat. Sie war stolz auf diesen Namen, weil sie stolz war auf ihre Herkunft aus der Arbeiterschicht. Dies half ihr, selbstbewußt durch alle Widrigkeiten hindurch den Glauben an eine unbezähmbare Integrität zu retten.

Doch schließlich wurde es Frühling. Bäume und Büsche im Park funkelten in frischem Grün, während an einsamen Mauern die Veilchen blühten. Zugscharen mannigfaltigen Vogellebens durchquerten die Bläue. Und dann war eines Tages der Krieg in Europa zu Ende. Mit dem Frieden, könnte man meinen, würde eine Zeit der Milde, des Mitleids, der Begnadigung kommen. Dem war nicht so. Der Sieg, so scheint es, ist triumphierender, wenn man die Besiegten, zumindest für eine Weile, für die erlittene Demütigung bezahlen läßt. So verurteilte man Arlette zu einem weiteren vollen Jahr Hausarrest, obwohl man ihr zu Anfang angedeutet hatte, ihre Haft würde nicht länger dauern als zwei Wochen. Und nach Ablauf dieser Frist würde man sie ein zweites Mal verhören, damit entschieden werden könne, wann, wenn überhaupt, sie ihre berufliche Tätigkeit wieder aufnehmen dürfe.

»Es war die schönste Zeit meines Lebens«, erzählte sie mir. »Ich erhielt dadurch die Gelegenheit und die Kraft, mich selbst zu finden.«

Jenseits des Wassergrabens stand in einem verlassenen Winkel ein Turm, die Ruine einer Festung aus dem Mittelalter. Hier verbrachte Arlette in Einsamkeit die meiste Zeit ihrer Haft. Die Bibliothek in La Houssaye war sehr gut ausgestattet mit Büchern. Sie las sehr viel, vor allem Proust und Pascal, keine unpassenden literarischen Freunde, wenn man ihre Grundeinstellung zur Lage des Menschen betrachtet. Besonders Pascals *Pensées* las sie immer wieder, um dann über das Gelesene nachzusinnen, es abzuwägen. Es scheint logisch, daß sie Interesse fand an den Schriften des großen Gelehrten und Philosophen, und sie ihr Trost spendeten, zumal sie nicht ohne Grund zu der Überzeugung gelangt war, daß die Vernunft die Probleme des Menschen nicht zu lösen, seine Hoffnungen nicht zu erfüllen vermochte, daß es zum Verständnis der Welt und des Menschen dagegen einer zutiefst mystischen Haltung bedurfte. Dies machte sie nicht etwa zu einer Fatalistin, aber sie wurde fähig, ein existentielles Prinzip zu akzeptieren, wonach jeder Mensch verpflichtet war, in seiner elementaren Einsamkeit zur Milderung der Einsamkeit von anderen beizutragen. Kurzum, sie erkannte, daß sie ihrer eigenen Leichtfertigkeit und mangelnden Vorstellungskraft gegenüber blind gewesen war. Es war eine Offenbarung für sie. Ihre »atmosphère« wurde zum wesentlichen Nährboden für eine geistige Weiterentwicklung. Wer dies als schieres Glück bezeichnet, unterschätzt die Kraft des Determinismus in unser aller Leben. Jedenfalls war Arlette nach achtzehn Monaten Hausarrests in Begleitung von Pascal ein anderer Mensch. Als Frau, Schauspielerin und Verkörperung von Träumen. Sie wußte noch nicht, wie weit diese Wundlung sie führen würde, damit sie begriff, wie aufrichtig sie war.

Das zweite »Verhör« fand sechs Monate nach ihrer Entlassung aus dem Hausarrest statt, war nur noch eine Ermahnung, und danach war Arlette theoretisch frei, wieder ihrem Beruf nachzugehen. Doch das Klima hatte sich ebenso verändert, wie sie selbst. Der triumphale Erfolg von *Kinder des Olymp* zog nicht die Angebote nach sich, die sie gewiß erhalten hätte, wären da nicht jene Schwierigkeiten gewesen. Es gab zwar ein paar schüchterne Vorschläge, die jedoch ohne positive Ergebnisse blieben. So wartete sie geduldig in ihrem Zimmer im Plaza-Athénée, und damals lernte ich sie kennen.

II

Ein Brief von Arlette erreichte mich Mitte Juli in Quimper. Sie schrieb mir, sie werde demnächst in die Bretagne reisen und sich bei mir melden. Schon eine gute Woche später erhielt ich einen Anruf aus Belle-Ile. Arlette fragte mich, ob ich nicht gleich am folgenden Tag zu ihr kommen könne, zum Lunch. Weil ich mich damals gerade mit dem Ende einer Kurzgeschichte abmühte, das einzig annehmbare Stück Fiktion, das ich je geschrieben habe, »The Boy Who Wrote NO«, zögerte ich, bevor ich ihr zusagte. Sie aber blieb beharrlich. »Ich brauche deine Hilfe«, sagte sie, »und es ist dringend.« Sie sagte mir nicht, wobei, oder wie ich ihr helfen sollte, doch ich konnte ihre Bitte unmöglich abschlagen. Ich konnte mir nicht vorstellen, wie ich Arlette in einer Situation, die sie als dringend bezeichnete, hätte beistehen können. Ich versicherte ihr, sie könne auf mich zählen, und damit wurde ich Zeuge eines Geschehens, das aus einem ihrer Vorkriegsfilme hätte sein können, das überdies eines der letzten sein mochte, in dem die Arletty von einst eine Rolle spielte, die für einen früheren Charakter zugeschnitten schien.

Ich erreichte Quiberon auf meinem Motorrad gerade noch zur rechten Zeit, um die Mittagsfähre nehmen zu können. Arlette erwartete mich am Anlegesteg. Sie sagte: »Wir müssen uns beeilen, damit wir rechtzeitig nach Suzon zum Lunch kommen. Dort werde ich dir alles weitere erzählen, nur so viel: Achte auf die dicke Frau. Wenn sie uns anstarrt, ignoriere sie einfach.« Damit stieg sie in ihren Miniaturwagen, und ich fuhr hinter ihr her.

Die Pension La Mouroux wurde von drei Schwestern geführt, zwei davon Damen eines gewissen Alters, konservativ gekleidet und von unscheinbarem Äußeren, eine Beschreibung, die für die jüngste von den Dreien ganz und gar nicht zutraf: Sie war klein und stämmig, hatte kurzgeschorenes Haar, wirkte sehr androgyn, und trug stets die gleiche Kleidung, eine blaue Jacke und Hosen nach der Art der ortsansässigen Fischer, mit denen sie häufig hinausfuhr. Sie hieß Marie, und wegen ihrer ungewöhnlichen Erscheinung nannten die Leute sie die Hosenmarie. Sie und Arlette waren dicke Freundinnen geworden, zum Teil deshalb, weil viele Renovierungsarbeiten an dem Häuschen in Donant gekonnt von Hosenmarie überwacht worden waren, die dabei nicht selten selbst mit Hand angelegt hatte.

Ausländische Touristen waren im Sommer des Jahres 1949 noch erfreulich selten, doch die Franzosen hatten sich mittlerweile vom Elend des Krieges so gut erholt, daß sie Ferien machen konnten. Folglich war die Pension La Mouroux vollgepackt mit Touristen vom Festland, zumeist Familien mit Kindern, deren Spielzeugboote und Eimer und Schaufeln und Gummischwäne auf Korridoren und Treppen verstreut lagen. Sie überfluteten den Speisesaal mit lautem Getöse. Arlette und ich saßen an einem Ecktisch mit Blick in den Garten. Mühelos erspähte ich die dicke Frau. Sie saß allein an einem Tisch in der uns gegenüberliegenden Ecke und war, wie unschwer zu erkennen war, etwas beleibt, wenn auch noch nicht direkt fett. Sie war eine Frau mit dunklem Teint, einem schwarzen, ölig glatten Haarknoten, heftig geschminkten Augen, hochroten Lippen und Nägeln, und in ihrer schwarzen Kleidung bot sie einen Anblick, der so gar nicht in jenen Speisesaal passen wollte, in dem es nur so wimmelte von halbnackten Kindern, Eltern in sportlicher Kleidung und Schwiegermüttern in hellen Röcken mit aufgedruckten Möwen und Segelbooten.

»Sieh nicht hin«, sagte Arlette. »Das will sie doch gerade.«

»Wer ist sie?« fragte ich. »Und was, um alles in der Welt, hat sie hier verloren?«

»Sie ist eine Prinzessin«, meinte Arlette. »Osmanin, denke ich. Oder Armenierin? Das verwechsle ich immer. Oder vielleicht ist es auch dasselbe. Ich erzähle dir, was geschehen ist.«

Diese Prinzessin, erklärte sie mir, deren wirklichen Namen ich niemals erfuhr, wohne ebenfalls im Plaza und habe sich sehr, fast zu sehr, um die einsame, arbeitslose Schauspielerin bemüht. Vielleicht, so räumte Arlette ein, sei sie unvorsichtigerweise der freundlichen, muslimischen Edeldame etwas zu sehr entgegengekommen. Sie hätten mehrmals zusammen gespeist und in der gemieteten Limousine der Prinzessin einige Fahrten ins Grüne unternommen. Dann habe die Osmanin Arlette dazu ermutigt, einige Geschenke anzunehmen, Schmuckstücke von verhältnismäßig geringem Wert, deren bedeutendstes ein kleiner Wecker aus Gold, Lapis Lazuli und Rosenquarz gewesen sei, den ich bereits auf Arlettes Nachtkästchen hatte stehen sehen. Sie habe sich jedoch davor gehütet, diesen Anschein von Freundschaft zu vertiefen, habe die Prinzessin nie ihren Freunden vorgestellt und sie auch nie nach La Houssaye eingeladen. Doch als der Tag ihrer Reise nach Belle-Ile näherrückte, bat die Prinzessin Arlette inständig, sie möge sie doch mitnehmen auf ein paar Tage unschuldigen Strandurlaubs. Und Arlette, die dachte, niemand auf der Insel außer Hosenmarie werde diese exotische Beziehung miterleben, war einverstanden. So hatten die beiden Damen sich in dem kleinen schwarzen Wägelchen auf die Reise gemacht, das kaum genügend Raum bot für sie und das Gepäck. In der Wärme des strahlenden Julimorgens hatte die durch das vollgepackte Wageninnere auferlegte physische Nähe die Prinzessin fast unweigerlich zu Gesten und Wortergüssen inspiriert, die Arlette zwar kaum überraschen konnten, die sie aber doch als sehr lästig empfand. Wenn die Prinzessin darauf gehofft haben sollte, die lange Fahrt möge ihr genügend Gelegenheit bieten, ihren unbändigen Gefühlen freien Lauf zu lassen, so hatte sie gewiß das Temperament ihrer Fahrerin unterschätzt. Als sie Chartres erreichten, nur fünfzig Meilen westlich von Paris gelegen, fuhr Arlette geradewegs zur Bahnstation und befahl ihrer Begleiterin, sie möge mitsamt ihrem Gepäck aussteigen. Die Prinzessin gab sich wehleidig und schuldbewußt, versprach, artig zu sein und bettelte, die Reise fortsetzen zu dürfen. Doch Arlette blieb hart, bemerkte, daß die Prinzessin, da häufig Züge nach Paris fuhren, mit ein wenig Glück noch rechtzeitig zum verspäteten Lunch im Plaza sein konnte, und fuhr weg.

Erleichtert, ihre gar zu aufdringliche Mitfahrerin los zu sein, fuhr Arlette zufrieden weiter nach Le Mans, vorüber an Pappeln und Weizenfeldern. Doch sie hatte nicht mit der unerbittlichen Hartnäckigkeit des Orients gerechnet. Nicht weit nach Chartres wurde sie von einem großen Taxi eingeholt, worin die Prinzessin saß und sie durch die Scheibe mittels flehentlicher Gesten zum Anhalten bewegen wollte. Ärgerlich, aber von Natur aus gutmütig, hielt Arlette den Wagen an, woraufhin die Prinzessin aus dem Taxi kletterte, vor Arlettes Auto auf die Knie fiel – kein einfaches Unterfangen für die gewichtige Edeldame –, und Arlette anflehte, die Reise mit ihr wieder aufnehmen zu dürfen. Sie versprach, sich schicklich zu benehmen und gelobte, auf der Straße knien zu wollen, bis ihre Bitte erfüllt werde. Es muß ein sehenswertes Schauspiel gewesen sein, das nicht nur der Taxifahrer mit ungläubigem Staunen beäugte, sondern auch vorüberfahrende Passanten, die sich zum Bremsen genötigt sahen. Wenig begeistert von dem Gedanken, sich lächerlich zu machen, ließ Arlette sich erweichen, lud die reuevolle Prinzessin samt Koffer wieder zu sich ins Auto und setzte die Reise nach Quiberon fort. Was das Benehmen der Prinzessin anbelangte, so hielt sie Wort, und die beiden Damen kamen gerade noch rechtzeitig, um das letzte Schiff nach Belle-Ile zu erhaschen. In der Pension Le Mouroux erregte ihre Ankunft einiges Aufsehen, da bis dato noch keine Prinzessin, nicht einmal eine orientalische, die schlichte Bleibe beehrt hatte. Natürlich hatte man ihnen die besten Zimmer reserviert, die beiden im obersten Stockwerk, fast nebeneinander liegend, nur durch den schmalen Korridor voneinander getrennt. Arlette durchschaute den taktischen Fehlgriff sofort, doch es war bereits zu spät, um etwas zu ändern, weil die Pension überfüllt war.

Während des Diners plauderten Prinzessin und Schauspielerin angeregt miteinander, so daß ihr Gebaren kein neugieriges Interesse bei den übrigen Gästen erregte. Der kritische Moment kam, wie Arlette befürchtet hatte, erst nach dem Diner, als sich beide auf ihre Zimmer zurückziehen wollten. Und in der Tat erfolgte auf dem Treppenabsatz eine kurze Rangelei. Da aber Arlette geschmeidiger und flinker war als ihre beleibte Freundin, vermochte sie, in ihr Zimmer zu entwischen und die Türe zu verschließen. Diesem Schachzug folgte, wie abzusehen war, von seiten der Orientalin weinerlicher Protest und beharrliches Rütteln an der Türklinke. Als dies jedoch keine Wirkung zeitigte, begab sich auch die Prinzessin auf ihr Zimmer. Nun war das oberste Stockwerk der ehemalige Speicher, und obwohl die Räume darin großzügig waren, war man bei der Materialauswahl strengen Sparmaßnahmen unterworfen gewesen, so daß die Trennwand zwischen den Zimmern ausgesprochen dünn war. Indem sie also ihre Hände zum Trichter formte und gegen die Wand preßte, konnte die Prinzessin sich im Nebenzimmer sehr wohl Gehör verschaffen. Sie bettelte und klagte beharrlich, sie habe doch nichts Böses im Sinn, wolle lediglich ihre glühende Verehrung zum Ausdruck bringen, und gelobte, der Angebeteten keine Unannehmlichkeiten zu bereiten. Arlette wäre am liebsten taub gewesen und bereute die Milde zutiefst, die sie gegen die auf dem Asphalt kniende dicke Dame hatte walten lassen. Schweigen schien ihr die einzig mögliche Strategie, und so wartete sie geduldig, daß die Prinzessin das Gejammer leid werde, aber das Flehen und Fluchen hinter der Wand setzte sich fast eine Stunde lang fort, immer dringlicher werdend, bis es eine nahezu skandalöse Lautstärke erreicht hatte in der friedvollen Pension, und dann endlich in einem ostentativen Schluchzen erstarb.

In der Annahme, die Prinzessin werde sich erst spät aus den Federn bequemen, war Arlette tags darauf bereits früh auf den Beinen, um sich auf die Möglichkeit einer Belagerung vorzubereiten. Hosenmarie war natürlich Hauptverbündete und oberste Strategin. Unglücklicherweise war es ihr nicht möglich, die Prinzessin in ein anderes Zimmer zu verlegen, da alle Betten belegt waren, aber sie konnte sie an einen entlegenen Tisch im Speisesaal setzen. Und nachts würde sie persönlich auf einer Matratze vor Arlettes Tür Stellung beziehen. Tagsüber konnten die Schauspielerin und Hosenmarie sich nach Donant oder Port-

Goulphar davonstehlen und darauf hoffen, die Prinzessin werde sich während ihrer Abwesenheit zur Abreise entschließen. Und dann verfiel Arlette auf den Gedanken, mich als zusätzliches Verteidigungs- und natürlich Täuschungselement in das Tohuwabohu einzuführen.

Ich war in jenem Sommer 27 Jahre alt, und wohl auch nicht der häßlichste junge Bursche, der je auf einem Motorrad angefahren kam. Arlette war 51, doch das änderte nichts an unserer sinnlichen Gleichgestelltheit, zumal wir ja wußten, wie wir zueinander standen, und die Prinzessin es nicht wußte. Ich begriff sofort, daß ich sozusagen als Bollwerk fungieren sollte in diesem Gefecht der Gefühle, und die Aussicht darauf amüsierte mich. Da die Pension belegt war, hatte man mir im Nachbarhaus, das einem freundlichen älteren Ehepaar gehörte, ein hübsches Zimmer zurechtgemacht. Arlette und ich verbrachten den ersten Nachmittag in ihrem Haus in Donant, das ich nicht anheimelnder und fröhlicher fand als zuvor, fuhren dann um die Insel und kamen gerade noch rechtzeitig zum Abendessen nach Sauzon zurück. Bei Tisch plauderten und lachten wir viel. Wenige Menschen konnten unterhaltsamer sein als Arlette. Ihre überschäumende Vitalität und ihr wunderschönes Lachen waren an sich bereits geistreich und amüsant. Die Prinzessin an ihrem Tisch in der entlegenen Ecke des Speisesaales blickte finster drein, belästigte uns jedoch nicht. Das, so mutmaßte Arlette, käme wohl später, wenn sie und ich alleine in ihrem Schlafzimmer wären, denn wir gedachten, den restlichen Abend dort zu verbringen, mit Hosenmarie als Wachposten vor der Tür. Es kam mir damals nicht in den Sinn, daß ich vielleicht allzu willig in jener Provokation kollaborierte, die womöglich Spott trieb mit aufrichtigen Gefühlen und echter Verzweiflung.

In Arlettes Zimmer tranken wir eine Flasche Sauterne, süß und kalt, und sie erzählte mir, wie tief sie während ihrer Haft von Pascals *Pensées* beeinflußt worden war. Sie hatte ein paar davon auswendig gelernt, für eine Schauspielerin kein allzu schwieriges Unterfangen, und rezitierte eine der berühmtesten: »Welch eine Chimäre ist der Mensch! Welch eine Neuheit! Welch ein Ungeheuer, welch ein Chaos, welch ein Widerspruch, welch ein Wunder! Richter über alle Dinge, schwacher Erdenwurm, Fundgrube von Wahrheit, Pfuhl der Ungewißheit und des Irrtums, Ruhm und Schande des Universums!« Ich war beeindruckt, und dachte, sie hätte doch die Phèdre spielen sollen. Als wir an unseren Gläsern nippten, kamen wir irgendwie auf Kafka zu sprechen. *Der Prozeß* war ihr noch immer klar im Gedächtnis, und sie bemerkte lebhaft, daß er dem Leben nur allzu nahe kam, da sie selbst ohne wirkliches Gerichtsverfahren verurteilt und bestraft worden war. Ich fragte sie, ob sie andere Werke von dem melancholischen Schriftsteller gelesen habe. Seltsamerweise war dem nicht so, und so begann ich, ihr die schreckliche Geschichte von der »Verwandlung« zu erzählen, meines Erachtens Kafkas Meisterwerk, die von einem Mann handelt, der eines Morgens erwacht, um festzustellen, daß er in eine monströse Küchenschabe verwandelt ist. Aus irgendeinem mir unersichtlichen Grund, fand Arlette diese tragische Fabel unwiderstehlich komisch. Sie lachte und lachte, besonders über den verfaulenden Apfel, der im Chitinpanzer des unglückseligen Gregor Samsa steckte.

Und eben diese Ausgelassenheit sollte den Zorn der Prinzessin entfachen. Sie konnte unmöglich verstanden haben, was ich sagte, weil ich in Zimmerlautstärke gesprochen hatte, und sie wäre zweifellos erstaunt gewesen, hätte sie erfahren, was ihre unerreichbare Freundin so amüsierte. Jedenfalls mußte sie wohl angenommen haben, daß wir uns einem Vergnügen hingaben, an dem sie nicht teilhaben durfte, und das genügte, sie zu erzürnen. Sie fing an, gegen die Wand zu trommeln und durch die Trennwand zu rufen. »Ich weiß, was ihr da tut«, quiekte sie. »Es ist ekelhaft, schmutzig, morbide. Ich hasse dich. Ich war eine Närrin, zu glauben, du seist meine Freundin. Du bist eine falsche Viper, eine Verräterin. Sie hatten ganz recht, dich ins Gefängnis zu stecken, nur schade, daß sie dich nicht darin behalten haben. Ich verfluche den Tag, an dem ich dich traf. Und dich verfluche ich auch, samt deinem amerikanischen Gigolo. Ihr seid alle beide ekelhaft und gemein, und ich verachte euch.« Und dabei trommelte sie unentwegt gegen die Wand und verursachte ein Getöse, das mit Sicherheit in der ganzen friedvollen Pension zu hören war, und wahrscheinlich noch darüber hinaus. Hosenmarie, die im Korridor Wache hielt, ließ sich von der Prinzessin nicht einschüchtern. Sie klopfte kräftig gegen ihre Türe und ließ sie wissen, daß die Unruhestifterin die Pension zu verlassen und sich anderweitig ein Quartier für die Nacht zu suchen habe, falls sie nicht unverzüglich mit dem ungebührlichen Lärm aufhöre. Diese Drohung zeigte sofortige Wirkung. Jenseits der Trennwand gab es noch ein unterdrücktes Gemurre und wahrscheinlich tränenreiches Schniefen, dann war es still.

»Die Frau könnte gefährlich sein«, sagte Arlette.

Ich hatte aufgehört, Kafkas düsteres Gleichnis zu rezitieren, und die Flasche Sauterne war nahezu leer. Nachdem ich Arlette eine gute Nacht gewünscht hatte, ging ich leise an Hosenmarie auf ihrer Matratze vorüber und begab mich erleichtert auf mein Zimmer im Nachbarhaus.

Eine der älteren Le Mouroux-Schwestern erzählte mir am nächsten Morgen beim Frühstück, daß Arlette und Hosenmarie bereits nach Donant gefahren seien, um Arbeiten am Haus zu überwachen, doch rechtzeitig zum Lunch zurückkehren wollten. Während ich Tee trank und ein Croissant verspeiste, erschien die Prinzessin. Sie kam geradewegs an meinen Tisch und fragte: »Wie hoch ist Ihr Preis?«

Erschrocken erwiderte ich: »Wofür?«

»Damit Sie die Insel unverzüglich verlassen«, sprach sie in gebieterischem Ton, »und meiner Freundin Arlette nicht noch einmal zu nahe kommen.«

»Mademoiselle Arletty ist auch meine Freundin«, versetzte ich, »eine sehr gute Freundin. Ihr Vorschlag ist beleidigend, weiter habe ich Ihnen nichts zu sagen.«

»Ich bin reich«, verkündete die Prinzessin, »sehr reich. Ich sehe, Sie reisen auf einem Motorrad. Sie hätten doch gewiß viel lieber ein Automobil.«

»Nicht von Ihnen«, antwortete ich hochmütig. »Und ich glaube nicht, daß Mademoiselle Arletty sehr erfreut sein würde, wenn sie erführe, daß Sie in diesem Ton mit mir sprechen.«

»Arletty ist eine böse Frau», rief die Prinzessin. »Es war mein Ernst, als ich sagte, sie wäre im Gefängnis besser aufgehoben. Und vielleicht sollten Sie ihr dort Gesellschaft leisten. Es ist doch offensichtlich, daß Sie ein billiges Stück Dreck sind.«

»Ach, halt die Schnauze, du fette alte Schachtel«, explodierte ich und verlor sowohl Geduld, als auch Manieren.

Daraufhin zog die Prinzessin sich zu meiner Erleichterung zurück.

Arlette und Hosenmarie kamen gerade rechtzeitig zum Lunch. Ich war ärgerlich und gedemütigt, weil ich den gesamten Vormittag über dem unverschämten Vorschlag der Prinzessin gebrütet hatte, und so war mein Handeln nicht gerade weise. Ich hätte den Zusammenstoß für mich behalten sollen. Doch das tat ich nicht. Während des Essens erzählte ich Arlette, was vorgefallen und gesprochen worden war. Sie war außer sich. »Das werde ich nicht durchgehen lassen«, sagte sie. »Sie wird alles zurücknehmen. Hier und jetzt. Vor allen Leuten.« Daraufhin sprang sie auf, warf dabei ihren Stuhl um, und eilte durch den Raum hin zum Tisch der Prinzessin. Doch die Prinzessin mußte uns beobachtet haben, und ahnend, daß Arlette sich ihr feindlich näherte, verließ sie mit einer bei einer so behäbigen Person überraschend anmutenden Behendigkeit ihren Tisch und zog sich in den vorderen Bereich des Speisesaals zurück. Dort stand ein großer runder Tisch, an dem ein jüngeres Elternpaar, drei kleine Kinder und eine Großmutter saßen. Und diesen Tisch umkreisten nun die beiden Frauen, die eine rachedürstend, die andere ängstlich, während aller Augen auf sie gerichtet waren, niemand auch nur einen Bissen aß und atemlose Stille sich im Saal verbreitete. Es war ein absonderliches, groteskes und doch beunruhigendes Schauspiel, wie die beiden Frauen den Tisch umkreisten, erst in die eine, dann in die andere Richtung, Arlette als Jägerin, die Prinzessin als Gejagte, und von allen Zuschauern wußte ich als einziger, was den unverhohlenen Zorn der einen und die Furcht der anderen verursacht hatte. Arlette brauchte nicht länger als ein oder zwei Minuten, um die Prinzessin zu fangen, und mir schien, als habe die Erhaschte nichts sehnlicher gewünscht, als erhascht zu werden, obwohl sie wohl nicht mit der grausamen Demütigung, die nun folgte, gerechnet haben mochte. Arlette ergriff ihre Gefangene unsanft an den fleischigen Unterarmen, bugsierte sie zu unserem Tisch herüber, an dem ich noch immer saß, und befahl ihr dann: "Auf die Knie mit dir!" Als die Prinzessin nur zögernd und mit offenkundigem Widerwillen gehorchte, zwang Arlette sie zu Boden, indem sie ihr die Fingernägel ins Fleisch bohrte und sie vorwärts stieß, dann wiederholte sie noch einmal laut den Befehl: »Auf die Knie mit dir!«, so daß die unglückliche Edeldame etwas unsanft auf den Holzboden stürzte und vor Schmerz keuchte. Die Zuschauer, die gewiß noch niemals im wirklichen Leben solch eine Szene erlebt hatten – nicht einmal im Traum –, keuchten ebenfalls.

»Jetzt bitte um Verzeihung«, gebot Arlette. »Bitte um Verzeihung, oder ich reiße dir die Perücke vom Kopf.«

»Ich bitte Sie um Verzeihung«, murmelte die Prinzessin wehleidig,

wobei sie den Kopf unterwürfig gesenkt hielt und nicht zu mir auf-
schaute.

Darauf nahm Arlette ihren Platz bei Tisch wieder ein und sagte:
»Jetzt geh' mir aus den Augen!« Worauf die unglückliche Prinzessin
sich aufrappelte und entfloh.

»Das war aber eine strenge Lehre«, bemerkte ich.

»Oh«, sagte Arlette und lächelte wie Mona Lisa, »es wäre noch viel
schlimmer gewesen, wenn ich nicht so wütend gewesen wäre.«

Die übrigen Gäste nahmen ihr unterbrochenes Mahl wieder auf und
beäugten uns hin und wieder mit unverhohlener Neugierde.

Wir sahen die Prinzessin an jenem Tag nicht mehr. Sie hatte jedoch
die Insel nicht verlassen, denn am Abend hörten wir Geräusche aus
ihrem Zimmer, so als verrücke sie Möbelstücke. Aber sie störte uns
nicht. Arlette war über ihren Sieg sehr zufrieden und vermutete keinen
weiteren Ärger mehr. Unglücklicherweise unterschätzte sie ihre Geg-
nerin gehörig.

Als ich am nächsten Morgen in der Pension zum Frühstück erschien,
bemerkte ich sofort, daß im Obergeschoß ein beträchtlicher Aufruhr
im Gange war, und bald kam auch schon eine der älteren Schwestern in
den Saal gelaufen und sagte: »Es hat Ärger gegeben. Die Polizei ist
hier. Die Prinzessin hat behauptet, Mademoiselle habe ihren Schmuck
gestohlen. Sie gehen besser hinauf, weil sie sagt, Sie seien der Komplize
von Mademoiselle. Es ist natürlich lächerlich. Aber so unangenehm, so
unangenehm.«

Auf der Treppe war ein Menschenauflauf. Zwei Polizisten in Uniform, ein Inspektor in Zivil, Hosenmarie, die anderen Le Mouroux-
Schwestern, Arlette, die Prinzessin. Arlette erklärte dem Inspektor
gerade, daß der angeblich gestohlene Schmuck ein Geschenk von ihrer
Anklägerin sei, daß man sie auf gemeinste Weise zu verunglimpfen
versuche. Die Prinzessin gab hochmütig zurück, man könne die Stücke
ohne weiteres finden, indem man das Zimmer der Schauspielerin oder
vielleicht auch das ihres Gigolo und Komplizen durchsuche, wobei sie
mit dem Finger auf mich wies. Der Inspektor kam ein paar Stufen herunter und fragte nach meinen Papieren. Ich hatte keine bei mir, zumal
Amerikaner nicht daran gewöhnt waren, stets ihren Ausweis mit sich
herumzutragen. Und ich pflegte meinen Paß stets nur dann mitzufüh-
ren, wenn ich außer Landes zu reisen beabsichtigte. Arlette sagte, ich

sei ein amerikanischer Schriftsteller von tadelloser Reputation, der den Sommer in Quimper verbringe, und sie verbürge sich für mich. »Würde das die schuldige Partei nicht immer behaupten?« rief die Prinzessin. Dem Inspektor mißfiel das Fehlen meiner Papiere. Doch scheinbar mißfiel ihm die gesamte Angelegenheit, die er wohl von Anfang an absurd gefunden hatte. Zweifellos hatte er bereits von der grotesken Szene im Speisesaal gehört. Aus irgendeinem Grund kam er zu dem Entschluß, es würde die Lage gehörig entkrampfen, wenn er mich daraus entfernte. So riet er mir, in Zukunft meine Papiere immer mit mir zu führen, sagte, ich könne gehen und solle am besten Belle-Ile unverzüglich verlassen.

»Aber Sie können ihn doch nicht einfach so laufen lassen«, rief die Prinzessin. »Er könnte doch schuldig sein. Ich bin sicher, er ist schuldig.«

»Madame«, entgegnete der Inspektor, »wenn Sie wollen, daß diese Untersuchung fortgesetzt wird, dann prägen Sie sich bitte gut ein, daß ich sie leite und niemandes Rat benötige. Außerdem, erlauben Sie mir die Bemerkung, Sie haben formell Anzeige gegen Mademoiselle Arletty erstattet. Sollte sich Ihre Anschuldigung als grundlos erweisen, so könnte Ihre eigene Lage, zumal Sie als Ausländerin hier in Frankreich leben, ernsthaft Schaden leiden. Habe ich mich klar ausgedrückt?«

Die Prinzessin nickte finsteren Blickes. Ich küßte Arlette zum Abschied hastig auf beide Wangen, sagte auf Wiedersehen zu den Le Mouroux-Schwestern und fuhr davon, froh, wieder unterwegs zu sein, auf meinem Motorrad durch die warme Morgenluft zu fahren und dem lächerlichen Geschehen zu entkommen. Daß Arlette mich zu irgendeinem zwielichtigen Zweck mit der Prinzessin benutzt hatte, war mir vollkommen klar, doch anstatt es ihr krumm zu nehmen, betrachtete ich es als Freundschafts- und Vertrauensbeweis, und in der Tat waren wir danach noch enger befreundet. Ohne meine Teilnahme in diesem seltsamen Verwirrspiel hätte ich Arlette, denke ich, niemals so gut kennengelernt. Als ich an jenem Tag Belle-Ile verließ, machte ich mir um das Geschehen in Sauzon keine Gedanken, vertraute darauf, daß sich das Ganze ohnehin zur Zufriedenheit aller Beteiligten regeln würde.

Ich hörte zumindest nichts von Arlette.

Drei Wochen später war ich alleine in der Anstalt, bis auf die Insassen und die Mutter der Geliebten des Doktors, da er und der Rest der

Familie den Monat August in einem Betonbungalow in einem nahegelegenen Badeort verbrachten. Da ich nicht allzu erpicht war auf
Einsamkeit, lud ich einen jungen Engländer namens Andrew Gordon
nach Quimper ein, den ich im Juni in Paris kennengelernt hatte. Nicht
einmal während des Doktors Abwesenheit, geschweige denn in der
geschäftigen Gegenwart der Mutter seiner Freundin, hätte ich einen
Geliebten in meiner Wohnung untergebracht. Und da es in Quimper
wenig zu unternehmen gab, hielt ich es für eine gute Idee, nach Belle-
Ile zu fahren. Andrew war sofort Feuer und Flamme. Ich telefonierte
mit den Le Mouroux-Schwestern. Die Pension war voll belegt, doch
für einen Freund Mademoiselle Arlettys, die schon lange abgereist war,
würde sich ohne weiteres ein hübsches Zimmer in Sauzon finden
lassen. Am 15. August, dem Fest von Mariä Himmelfahrt, einem der
größten Feiertage im katholischen Europa, machten wir uns zu zweit
auf meinem Motorrad auf den Weg. Unser Zimmer war in einem Haus
jenseits des kleinen Hafens, so daß wir hin und her gerudert werden
mußten. Das Wasser phosphoreszierte, und tropfte nachts von den
Rudern wie lange Diamantschnüre.

Ich erkundigte mich bei einer der älteren Le Mouroux-Schwestern
über Arlette und die Prinzessin. Was war nach meiner Abreise im Fall
des vermeintlich gestohlenen Schmuckes geschehen? »Oh, sie haben
sich natürlich wieder vertragen«, antwortete Mademoiselle Le Mouroux. »Der Inspektor blieb noch und speiste mit Mademoiselle Arletty
zu Mittag. Und später fuhr sie dann mit der Prinzessin nach Auray, um
sich in den Antikläden umzusehen, und die Prinzessin kaufte das halbe
Mobiliar auf für das Haus in Donant.«

Das klinge gänzlich unglaublich, meinte ich überrascht, nach allem
was geschehen sei.

»Oh, Monsieur«, seufzte die altjüngferliche Schwester, »die Leute
vom Theater sind eben nicht wie Sie und ich.«

Anfang September verabschiedete ich mich endgültig von der Anstalt und ging nach Paris. Arlette und ich lachten über die Szene mit
den Polizisten in Sauzon, und sie erzählte mir, sie habe es einfach nicht
übers Herz gebracht, weiterhin böse zu sein auf die arme Prinzessin,
unterließ es jedoch, die Antikläden in Auray oder die Möbel für das
Häuschen zu erwähnen. Sie lud mich ein, mit ihr ein paar Wochenenden in La Houssaye zu verbringen, zeigte mir den Turm, wo sie so

viele Monate mit der Lektüre Pascals verbracht hatte, und die Polizeistation, zu der sie jede Woche gehen mußte, um Bericht zu erstatten. Wir gingen zusammen hinein. Die Beamten waren noch immer dieselben. Sie sagte: »Es ist schön, bei Ihnen vorbeizuschauen, wenn man es nicht unbedingt muß.« Sie lachten und nannten sie bei ihrem echten Namen, Bathiat. Hier spürte ich zum ersten Mal, daß ihr viel daran gelegen war, die Wertschätzung, ja, die Zuneigung von »La France Profonde« zurückzuerobern, indem sie einfach ihre »atmosphère« spielen ließ, und daß ihr dies, größter Widrigkeiten zum Trotz, auch gelingen würde.

Die Bellangers schienen gutherzige, gastfreundliche Menschen, die die lebhafte Gesellschaft Arlettes und ihrer Freunde genossen. Niemals sprach man in La Houssaye, wie ich bemerkte, über Politik. In dem prächtigen Château, umgeben von seinem Wassergraben, wähnte man sich fast in einem Perraultschen Märchen.

In jenem Herbst und Winter betrat Arlette endlich wieder die Bühne. Jedoch in einer Rolle, die man für die schöne, gelassene Heldin aus den *Kindern des Olymp* nicht für passend gehalten hätte. Und doch wählte sie sie selbst: die Rolle von Blanche DuBois, pathetisch, schwach, besiegt von den Umständen und endlich geistig umnachtet, in Tennessee Williams Melodram *Endstation Sehnsucht*. Früher oder später hätte sich mit Sicherheit eine ihrer früheren Persönlichkeit eher angemessene Rolle für sie gefunden, aber Arlette wollte Blanche spielen. Ich fragte mich, was sie an einem Charakter so anziehend fand, der sich so ganz und gar von dem ihrigen unterschied? Vielleicht glaubte sie, das Stück würde ihrer schlummernden Karriere den Schwung verleihen, den sie so bitter nötig hatte. Vielleicht hegte sie auch insgeheim die Hoffnung, ihre Darstellung einer Frau, die aufgrund ihres schwachen Fleisches schließlich zugrundegeht, werde in Paris als Akt der Reue aufgefaßt. Ich weiß es nicht. Wie dem auch sei, die Rolle von Blanche brachte ihr Talent zwar nicht besonders gut zur Geltung, doch die Kritiken waren günstig, und das Stück ein Erfolg. Ich sah es oft, weil ich den letzten Vorhang abzuwarten pflegte, um Arlette anschließend in irgendein Bistro zum Abendessen zu begleiten, was häufig bis spät in die Nacht hinein dauerte.

An einem Dienstag in jenem Winter, dem einzigen Tag, an dem man *Endstation Sehnsucht* nicht aufführte, bat Arlette mich, mit ihr in eine

Vorführung von *Hôtel du Nord* zu gehen, die in einem Kino im Vorort Malakoff gezeigt wurde. Ich kannte weder den Film, noch jene berühmte »Atmosphère«-Szene, und so freute ich mich über die Gelegenheit, sie endlich zu sehen. Arlette erklärte mir, Malakoff sei ein fanatisch kommunistischer Bezirk. »Ein guter Ort, um meine Ausstrahlung zu erproben«, sagte sie. Das Theater war trostlos, in einer Seitenstraße gelegen. Wir setzten uns in eine Loge hinter den Zuschauerreihen. Der Film ist nicht Carnés Meisterwerk, zumal die süßliche Liebesgeschichte im Mittelpunkt banal, unplausibel und schlecht gespielt ist. Die ganze Kraft und Vitalität der Produktion geht von der Nebengeschichte aus, in der Arletty ein lebhaftes Mädchen von der Straße spielt und Louis Jouvet ihren eigenwilligen Zuhälter. Die »Atmosphère«-Szene ist in der Tat von unvergeßlichem Schwung und glänzendem Humor, einer der erhebenden Momente der Filmkunst, und sie wurde mit lautem, beifälligem Lachen belohnt. Als der Film vorüber war, gingen die Lichter im Kino an, und der Vorsitzende des Filmklubs in unserer Loge erhob sich, bat um Aufmerksamkeit und verkündete, Mademoiselle Arlette habe die Abendvorführung mit ihrer Gegenwart beehrt. Man klatschte ihr Beifall, doch einige laute Pfiffe waren gleichfalls zu hören, in Frankreich ein Ausdruck von Verachtung und Mißbilligung. Arlette lächelte und winkte. Nun übertönte der Beifall die Pfiffe. Der Vorsitzende, ein schmächtiger, kahlköpfiger Mann in mittleren Jahren – gewiß alt genug, um sich an den Krieg erinnern zu können – wahrscheinlich hatte er sogar daran teilgenommen – entschuldigte sich für die Unfreundlichkeit. Arlette sagte: »Ich habe Schlimmeres erwartet. Ich bin Ihnen sehr dankbar, daß Sie mir die Möglichkeit gegeben haben, die Wirkung meiner ›Atmosphère‹ zu erproben.« Wir lachten und gingen hinaus in die Eingangshalle. Mehrere Menschen baten sie um ein Autogramm, und sie gab es ihnen in anmutigen Schnörkeln, wobei sie sich nach den Namen der Betreffenden erkundigte.

Im Auto auf dem Rückweg nach Paris sagte sie: »Wäre Madame Raymonde* heute abend hier gewesen, sie hätte um einiges lauter gepfiffen als diese Kommunisten. Ich finde, der Abend war eine Wucht. Jetzt kann ich es vielleicht wieder ins große Team schaffen. Carné, Prévert, Gabin, Jouvet.«

* Ihr Name im *Hôtel du Nord*.

Doch sie hat es nie geschafft. Außerdem sollten Prévert, Carné und Jouvet schon bald sterben. Nur Jean Gabin schritt unbeirrbar von einem Erfolg zum nächsten. Arlette erhielt immer unbedeutendere Rollen in immer unbedeutenderen Filmen, und daß sie sie annahm, legte unweigerlich die Annahme nahe, daß sie in finanzieller Verlegenheit war.

Eines Tages, im Frühling 1950, lud Arlette mich zum Lunch nach La Houssaye ein. Es sei ein ganz besonderer Anlaß, sagte sie, da jemand kommen würde, der mich gewiß interessiere. Sie verriet mir nicht, wer es war, und da ich Überraschungen liebe, fragte ich nicht. Es waren zehn Menschen da, sechs Frauen und vier Männer. Der Nachmittag war wunderschön, von Hummeln und Singvögeln wimmelnd, und wir speisten im Freien, auf dem Steg über dem Graben. Ich erriet nicht, wer von den vier Frauen und zwei Männern, die ich nicht kannte, von besonderem Interesse für mich sein sollte. So fragte ich Arlette nach dem Lunch, während wir Kaffee tranken. »Der mit der dunklen Brille«, sagte sie. Ich hatte ihn bereits bemerkt, ihm jedoch wenig Aufmerksamkeit geschenkt: ein Mann mittleren Alters und mittlerer Größe, mit schütterem braunen Haar, der während des gesamten Mahls seine dunkle Brille nicht abgelegt hatte.

»Ja, und?« fragte ich.

»Mein deutscher Offizier«, sagte sie, und erklärte mir, er sei eigens nach Frankreich gekommen, um sie zu sehen, obwohl er keine Aufenthaltsgenehmigung besaß. »Denkt noch immer an Heirat«, fügte sie hinzu. »Aber ich nicht. Er wird bald Botschafter werden. Kannst du dir ›Mademoiselle Atmosphère‹ als ›Madame l'Ambassadrice‹ vorstellen? Ich nicht.«

Ich meinte auch, solch eine Verwandlung sei wohl nicht ganz passend.

»Gefällt er dir?« fragte Arlette.

»Ich habe noch nicht mit ihm gesprochen«, entgegnete ich. »Da kann ich noch kein Urteil abgeben.«

»Er hat mir einen großen Gefallen erwiesen«, sagte sie, »denn dank ihm hatte ich die Möglichkeit, endlich über mich nachzudenken. Manch einer behauptet, die Sache habe mein Leben ruiniert. Mit Sicherheit hat sie meine Karriere und meinen Ruf zerstört, doch andererseits habe ich es diesem Mann zu verdanken, daß ich mein wahres

Selbst entdeckt habe. Wenn ich ihn mir heute allerdings so ansehe, kann ich nicht mehr ganz begreifen, wer mich da zu dieser Entdeckung führte. Die Entdeckung war ein Wunder, der Mann nur eine Affäre. Ich dachte, es würde dich interessieren, ihn zu sehen.«

»Oh ja«, sagte ich. »Doch das liegt nicht an ihm.«

Arlette zuckte die Schultern, und wir verließen die Brüstung, vor der wir alleine geplaudert hatten. Im Sommer darauf – am 31. Juli 1951, um genau zu sein – starb Lel Bellanger. Es war ein tragischer Verlust für Arlette, für Jacques noch weit erschütternder. Und es war das Ende einer Ära für Arlette. Im Dezember verließ sie endlich das Plaza-Athénée und zog in die Rue Raynouard 31, in eine Wohnung mit hübscher Aussicht auf die Stadt. Das Gebäude war gutbürgerlich, bequem aber unpersönlich, ihre Zimmer geräumig, aber recht kahl, wenig einladend und streng, dachte ich. Sie selbst empfand das nicht anders, denn in ihren Memoiren schrieb sie: »Ich sollte siebzehn Jahre lang dort leben, einsam und unglücklich.«

Und in der Tat war dies der Anfang einer langen Periode von Einsamkeit und Unglück, die sich als endgültige Bestätigung von Arlettes »Atmosphère« erweisen würde, eine harte Prüfung für jenes Selbst, das sie in sich gefunden hatte, und die grausame Verherrlichung ihres Willens, damit er über alle Probleme triumphiere. Um soviel zu beweisen, zu prüfen, zu ertragen, ist Zeit erforderlich. In Arlettes Fall zweiundvierzig Jahre.

III

Natürlich hatte sie Freunde. Man hatte sie nicht vergessen. Eine Persönlichkeit wie die ihre, ein so unnachgiebiger, aufrichtiger und offener Charakter hält den Dynamo der Erinnerung in Schwung. Freunde taten ihr möglichstes, um ihr zu helfen. Doch viel konnten sie nicht für sie tun. Die kleinen Rollen in zweitrangigen Filmen und die Nebenrollen in gelegentlichen Stücken unterstrichen nur die Tatsache, daß eine fünfjährige Unterbrechung der Karriere selbst solch einer großen Begabung irreparablen Schaden zufügen kann. Gewiß, Arletty blieb ein Name, der die Menschen bezauberte. Sie war eine Berühmtheit, ihr Erscheinen auf Bällen und Empfängen begehrt, man lud sie ein zum Karneval nach Rio und zum April-in-Paris-Ball in New York, wo sie

Königin Juliana und Greta Garbo kennenlernte. Sie besuchte Berlin und die von Gauguin gemalten Inseln im Pazifik. Man bat sie, im Filmfestival in Cannes in der Jury zu sitzen. Dennoch wurde es immer offensichtlicher, daß die Schauspielerin, die einst ganz Frankreich bewegt, amüsiert und fasziniert hatte, dazu keine Gelegenheit mehr bekommen würde. Diese Erkenntnis, von der sie nicht ein einziges Mal sprach, muß wie das schrittweise Versagen einer lebenswichtigen Körperfunktion die Einsamkeit der kahlen Wohnung in der Rue Raynouard noch verschärft haben.

Sie hatte noch nicht lange dort gelebt, als sie ein unglücklicher Schicksalsschlag traf. Und er traf ausgerechnet jenen Teil der physischen Beschaffenheit eines Menschen, der am unmittelbarsten dessen Persönlichkeit und Geist zum Ausdruck bringt, das Auge. Schon seit geraumer Zeit hatte Arlette unter einer Sehschwäche im linken Auge gelitten. Nachdem sie dies typischerweise länger zu übersehen versucht hatte, als ihr zuträglich war, konsultierte sie schließlich einen Spezialisten, dessen Untersuchung ergab, daß eine unverzügliche Operation die besten Chancen bieten würde, wenigstens teilweise die Sehkraft dieses Auges wiederherzustellen. Ich erfuhr nie genau, was ihr eigentlich fehlte, da ich sie nicht mit indiskreten Fragen behelligen wollte. Die Operation blieb erfolglos, und das linke Auge erblindete nahezu vollständig. Das andere war zwar so gut wie eh und je, aber fortan mußte Arlette kontinuierlich auf beide Augen achten und morgens und abends in jedes Auge eine bestimmte Sorte Tropfen hineinträufeln – links Tropfen, die die noch verbleibende Sehkraft erhalten, rechts Tropfen, die einer Verschlechterung vorbeugen sollten. Obgleich sie nun auf einem Auge fast blind war, hatte ihr Blick noch immer denselben strahlenden Ausdruck, war betörend wie eh und je, und so konnte sie weiterhin, ein kleiner Trost, Nebenrollen in Theater und Kino übernehmen. Wenn sie sich im Freien aufhielt, vor allem im Sonnenlicht, trug sie stets eine dunkle Brille. Und während der Sommermonate auf Belle-Ile trug sie einen Hut mit breiter Krempe, die ihren Augen zusätzlich Schatten spendete. Das Häuschen am Ozean in Donant war nach und nach ihr eigentliches Zuhause geworden, wo sie zufrieden war mit ihren Büchern, ihrem Radio und gelegentlichen Besuchern. Und als habe das Schicksal ihr nicht schon übel genug mitgespielt, brach dort ein erneutes Unglück über sie herein.

Eines Nachts im Juli 1962 kam sie müde von einer formellen Abendgesellschaft zurück und beging einen folgenschweren Fehler. Sie träufelte in ihr linkes Auge die Tropfen für das rechte, in ihr rechtes Auge die Tropfen für das linke. Die drastischen Folgen waren alsbald zu spüren. Doch Arlette unternahm nichts, um dem Wirken widriger Umstände zu trotzen. Stattdessen wartete sie stoisch die Folgen des Schadens ab, den sie sich selbst zugefügt hatte. Nur durch Zufall entdeckte ein befreundeter Arzt, der sie zwei Tage danach besuchte, was geschehen war, und ließ sie unverzüglich per Flugzeug in eine Klinik in Nantes transportieren. Inzwischen war es jedoch zu spät, den Schaden zu beheben, den die falschen Tropfen angerichtet hatten. Man konnte nur noch eine vollkommene Erblindung verhindern. Sie behielt also ihr Augenlicht, wenn es auch schwach war, konnte sogar noch lesen, jedoch stets nur kurz und gelegentlich. Zwei Monate nach dem Unfall war sie dank eines hilfsbereiten Teams fähig, bei einem mittelmäßigen Film mit dem Titel *Le Voyage à Biarritz* mitzuwirken. Es war ihr letzter.

1962 siedelte ich vorübergehend nach Amerika über. Doch jedes Jahr, für gewöhnlich im Sommer, stattete ich Frankreich einen längeren Besuch ab, und wenn ich Arlette nicht sah, hörte ich zumindest von ihr. Sie hatte den Versuch gewagt, in einem Stück von Brendan Behan mitzuwirken, *The Hostage,* hatte es dann aber aufgeben müssen. Eine weitere Operation, bei einem berühmten Spezialisten in Lyon, erbrachte vielversprechende Ergebnisse. Mit der Hilfe von Kontaktlinsen war ihr Augenlicht wieder so gut geworden, daß sie ein Comeback auf der Bühne in Erwägung zog. Das Stück *Les Monstres Sacrés* von Cocteau war ein Erfolg, aber die Belastung war zu groß für die Schauspielerin. Am 11. November 1966, dem Jahrestag der Waffenruhe von 1918, erwachte sie in vollkommener Dunkelheit, blind. Eine Notoperation wurde am folgenden Tag vorgenommen. Sie scheiterte. Die Aussichten waren grausam. Man konnte nichts mehr für sie tun. Sie würde für den Rest ihres Lebens mehr oder weniger, das heißt, eher mehr, als weniger blind sein. »In meiner Lage«, sagte sie, »gibt es nur zwei Lösungen: Kämpfen oder Zyanid.« Mit ihrem Temperament hatte sie keine Wahl. Sie kämpfte. Sie war immerhin Schauspielerin gewesen, Königin des schönen Scheins, und den würde sie nun für sich arbeiten lassen.

Damals gab es ein Kabarett in der Nähe der Opéra mit Namen Le Grand Eugène. Arlette hatte gehört, die Show dort sei ungemein originell und amüsant. »Ich möchte sie gerne sehen«, sagte sie. »Du wirst mich begleiten, nicht wahr, mein Lord?« Also gingen wir zusammen mit einem Freund dorthin. Wenn man sie behutsam führte und vor etwaigen Hindernissen rechtzeitig warnte, schritt sie mit großer Anmut dahin, hoch erhobenen Hauptes, niemals preisgebend, daß sie nicht sehen konnte, wohin der nächste Schritt sie führte. Während der Vorstellung, von welcher sie natürlich die Musik und den Gesang hören konnte, wollte sie unablässig wissen, was auf der Bühne vor sich ging. Wenn ich es ihr dann sagte, pflegte sie ein ums andre Mal zu rufen: »Oh, das ist gut! Die haben wirklich Stil, nicht wahr?« So, als wäre sie imstande, alles zu sehen wie wir, und man hätte beinahe glauben können, daß sie das auch konnte. Sie lachte mit uns und klatschte nicht minder begeistert Beifall wie die übrigen Leute im Saal. Ihre Vorstellung war eigentlich weit überzeugender als die auf der Bühne. Als wir gehen wollten, kamen ein paar Leute aus dem Publikum zu ihr, die sie erkannt hatten. Jedem von ihnen bot sie die Hand und sagte: »Wie schön, Sie zu sehen.« Wenn sie die Leute erkannte, fragte sie sie, was es im Theater Neues gebe, wie es gemeinsamen Freunden gehe, usw. Als wir wieder in der Rue Raynouard angelangt waren, bat sie uns, sie alleine zu ihrer Wohnung hinaufgehen zu lassen. »Ab hier«, meinte sie, »kann ich meinen Weg auch ohne Augen sehen. Ich bin schon eine wahre Expertin darin, wie man die Nacht zum Tage macht.«

Die Kunst, ihre materielle Situation aufzuhellen, beherrschte sie dafür umso schlechter. Obwohl nicht gerade bettelarm, war sie doch alles andere als reich, und die kahle, wenn auch geräumige Wohnung in der Rue Raynouard kostete sie mehr, als sie ausgeben wollte. Schließlich konnte sie die Aussicht über die Seine auf die Kuppeln der Invalides und des Panthéon ohnehin nicht mehr sehen. Im Winter 1969 organisierten ihr Freunde ein kleines Zwei-Zimmer-Appartement in der Rue Rémusat 14, in einem großen, häßlichen Gebäude des sozialen Wohnungsbaus. Es war ganz und gar nicht zu vergleichen mit dem aufwendigen Luxus im Plaza-Athénée, oder gar mit der eindrucksvollen Erhabenheit des Château de La Houssaye. Doch für Arlette war dies nicht mehr von Belang. Ihre Welt beschränkte sich ja längst auf das, was sie hören und berühren konnte. Geschmack und Geruch waren zwar ebenfalls Schlüssel zum Fortbestehen der verhüllten Welt, doch Speisen und Düfte standen ganz unten auf der Liste ihrer Vorlieben. Die kleinen Räume ihrer Wohnung waren ärmlich möbliert. Im Wohnzimmer standen eine Couch, worauf sie für gewöhnlich saß, Telefon und Radio griffbereit daneben, ein paar Stühle, ein Tisch und eine Menge Bücher, Schachteln, Blumenvasen und Flaschen. Sie hatte Gefallen gefunden an Champagner. Eine Flasche Veuve Clicquot oder Dom Pérignon war stets ein willkommenes Geschenk, doch ich bemerkte kein einziges Mal, daß Arlette ein Gläschen über den Durst getrunken hätte.

Viele Menschen besuchten sie, zu viele, vor allem zu Anfang, um sie alle in dem kleinen Zimmer unterzubringen. »Seit ich blind geworden bin, habe ich nicht mehr so viele Leute gesehen«, pflegte Arlette dann zu bemerken. Sie war stets charmant, fröhlich und lebhaft. Sie empfing höflich all die Journalisten, die sich ihres ausgezeichneten Gedächtnisses bedienen wollten, denn nun, bald achtzigjährig, war sie eine der letzten Zeuginnen einer verlorenen Ära geworden. Von den zahlreichen anderen Besuchern waren einige alte Freunde, einige nur flüchtige Bekannte, und einige gänzlich Fremde, die sie per Telefon um die Ehre eines Treffens ersucht hatten. Sie gab stets ihre Nummer im Telefonbuch bekannt und nahm mit unermüdlicher guter Laune die Anrufe von Freunden und Fremden entgegen, von denen viele ebenfalls blind waren, und denen sie gerne ein wenig Mut zusprach. Von ihren Besuchern pflegte sie zu sagen: »Ihre Augen sind meine Fenster hinaus in die Welt.« Doch leider Gottes waren nicht alle so zuvorkommend und taktvoll wie sie. Viele ihrer Habseligkeiten, einige darunter sogar wertvoll, verschwanden: Bücher, Schmuckstücke, Nippessachen, jeder einzelne der vielen Briefe von Céline. »Du mußt zugeben, daß die Diebe Geschmack besitzen«, meinte sie und fügte hinzu: »Doch ich mochte die Uhr meines Vaters, das einzige Andenken an meine Familie.«

Nachdem sie in die Rue Rémusat gezogen war, kamen untertags immer Leute zu Arlette, die ihr bei der Hausarbeit, oder bei der Körperpflege zur Hand gingen, wenn Arlette in ihrer Dunkelheit nicht dazu imstande war. Ich habe nie erfahren, wer sie waren, wie sie zu Arlette kamen, oder wer sie bezahlte, wenn sie überhaupt bezahlt wurden. Doch da waren sie, stets aufmerksam und hilfreich, aber taktvoll und zurückhaltend. Arlette blieb bis zum bitteren Ende Mittelpunkt ihrer kläglich reduzierten Bühne. Und trotz der Journalisten, trotz der Besucher, trotz der Diebe, trotz der Helfer, war es eine ungemein einsame Bühne, und im Laufe der Jahre wurde sie immer einsamer. Doch sie beklagte sich nie. Sie sagte:»Das Schwinden des Augenlichts ist eine edle Erkrankung, die Erkrankung von Ödipus. Ich habe ein tragisches Schicksal. Es ist gewiß nicht das Schicksal von Garance, aber es ist immerhin ein Schicksal.« Ödipus hatte sich allerdings sein Leiden absichtlich auferlegt, um seine Schuld zu sühnen, wobei man in Arlettes Fall wohl kaum von Sühne sprechen konnte. Man hatte ihr Verbrechen zur Last gelegt, und sie hatte die Folgen ohne Murren akzeptiert, doch sie fühlte keine Schuld. Sie war nicht vermessen.

Obwohl die Rue Rémusat weit entfernt war von meinem Elfenbeinturm am linken Seineufer, besuchte ich Arlette regelmäßig, normalerweise zum Lunch, den wir immer in einem nahegelegenen Lokal mit Namen Hameau d'Auteuil einnahmen. Man kannte sie dort gut, und die Belegschaft verwöhnte sie. Sie erhielt ihre Portionen bereits in kleine Bissen zerteilt, und ich bewunderte die feine und sorgsame Art, mit der sie die Speisen zum Mund führte. Wer nicht wußte, daß sie blind war, hätte sie überaus eingehend mustern müssen, um sich ihrer Blindheit zu vergewissern. Einmal wagte sie sich sogar bis zu meiner Wohnung, wohin ich einige andere Schauspieler und Schauspielerinnen zum Lunch mit ihr gebeten hatte. Einer von ihnen weinte vor Rührung. Arlette war eine Legende geworden, obwohl sie sich gerne lustig machte über diese Tatsache.

Der Stadtrat des Pariser Vororts Courbevoie, wo sie zur Welt gekommen war, beschloß, eine Straße nach ihr zu benennen. Sie habe dem zugestimmt, sagte sie, weil es ihren Eltern gefallen hätte. Es gab eine feierliche Zeremonie. Sie durchschnitt ein rot-weiß-blaues Band und kehrte zurück in die Rue Rémusat. Das Häuschen in Belle-Ile hatte sie schon vor langer Zeit aufgeben müssen.

Sie lebte nicht in beständiger Furcht vor ihrem Schicksal. »Wenn man dauernd in Gedanken die Gedichte von Baudelaire und Verlaine hört«, sagte sie, »dann hat man keine Angst vor dem Morgen.«

Auch vor der Einsamkeit hatte sie keine Angst, denn je älter sie wurde, desto unwiderruflicher wurde ihr Alleinsein. »Es ist mir ein unabkömmlicher Begleiter«, sagte sie. »Ich liebe es. Es ist mir nicht nur ein Bedürfnis, sondern eine Quelle der Kraft, der Meditation.«

Sie sang. Ganz allein inmitten der Dunkelheit sang sie die alten Lieder, die sie vor dreißig, vierzig, fünfzig Jahren gelernt hatte. »Singen ist meine Therapie«, meinte sie. Sie erinnerte sich an alle Lieder, samt Melodie und Text, und sie halfen ihr, das Selbst, das sie aufgebaut hatte, zu erhalten. Vielleicht arbeitete sie nun härter als je zuvor daran, Arletty zu sein, und zweifellos war es ihr nun wichtiger denn je, sich die berühmte, einzigartige »atmosphère« erhalten zu können. Und es gelang ihr auch. Sie diktierte einen Band mit ihren Memoiren, amüsant und bissig. Der Schwung ihrer Konversation, die Musik ihres Lachens, das Strahlen ihrer Persönlichkeit blieben unverändert. Oder beinahe unverändert. Manchmal erahnte man, wie schwer es ihr wurde, so zu sein, wie sie immer gewesen war, doch dann schien sie einem nur umso rührender und edler.

Sie saß oft lauschend vor dem Radio. »Es ist praktisch«, sagte sie. »Man muß lediglich den Knopf drücken, wenn es schlecht wird.« Und als wäre es sich ihrer Anhänglichkeit bewußt, lud das Radio sie ein, eine Reihe von Interviews aufzunehmen, in denen sie über ihre Karriere, ihr Leben, ihre Erinnerungen sprach. Das war ein bemerkenswerter Erfolg. Sie sprach offen, geistvoll, manchmal unerbittlich offen, aber niemals zynisch. Sie hegte keinen Groll, fühlte kein Selbstmitleid. »Ich bin unvollkommen«, sagte sie. »Ich kenne keinen Haß.«

Die Jahre vergingen, und Arlette wurde neunzig. In der Presse feierte man ihren Geburtstag, und das Fernsehen brachte ihre berühmten Filme, mittlerweile Kinoklassiker. Von ihren einstigen Problemen war keine Rede mehr. »La France Profonde« hatte vergeben und vergessen, drückte sie wieder leidenschaftlich an ihre ruhmreiche gallische Brust. Sie war gerührt, machte sich jedoch keine Illusionen. Sie sagte: »Die Puppe, die sich aufbläst und denkt ›Alle bewundern mich, ich bin unsterblich‹ ist dumm. Jede, die glaubt, daß die Leute noch in dreihundert Jahren dafür bezahlen, sie lachen zu hören, ist eine Träumerin.« Arlette träumte nicht. Sie wußte, was kommen würde. Es machte ihr keine Angst, und sie hoffte nur, es möge nicht allzu viele Schmerzen bereiten. »Wenn die Leute mich fragen, was man nach meinem Tod über mich sagen soll«, erklärte sie, »dann sage ich ihnen ›Das Weib war goldrichtig.‹«

Die Wohnung in der Rue Rémusat war mittlerweile schäbig und voller Staub. Auch Arlette war längst nicht mehr so tadellos gepflegt und gekleidet, wie in vergangenen Tagen. Doch sie konnte die Veränderung nicht sehen, und vielleicht war das der einzige Segen ihrer Blindheit. Und gelegentlich gab es Tage, wo es ihr einfach nicht mehr gelang, Arletty zu sein. Doch diejenigen, die sich erinnerten, die in ihr noch immer Garance oder Madame Raymonde sehen konnten, die noch immer ihr berühmtes »Atmosphère« hörten – uns konnte diese Erinnerung vollauf für all die Verwüstungen der Zeit entschädigen. Nun stand immer häufiger eine halbleere Flasche Champagner auf dem Boden neben der kleinen Couch, auf der sie zu sitzen pflegte. Sie nötigte ihre Besucher, ein Gläschen mit ihr zu trinken. Einer der jungen Männer oder Frauen, die stets bei ihr waren, sie zu bedienen, pflegte dann ein Glas zu bringen, und nur allzu oft sah das Glas aus, als wäre es ein oder zwei Wochen nicht mehr gespült worden. Doch egal. Der Champagner gehörte zu Arlette, fast bis zum Schluß. Dann kamen Augenblicke von Verwirrung. Sie pflegte zu wiederholen, was sie erst vor wenigen Minuten gesagt hatte. Sie ermüdete schnell. Und doch bestand sie darauf, ihrem Wahlspruch treu zu bleiben: Immer lächeln!

Ich sah Arlette zuletzt an einem Sonntag Nachmittag im März des Jahres 1991. Ich hatte mich telefonisch angekündigt, um sicherzugehen, daß mein Besuch ihr nicht ungelegen käme. Die Frau, die meinen Anruf entgegennahm, sagte mir, Arlette freue sich immer, mich zu sehen, doch ich würde sie im Bett liegend vorfinden, da sie sich drei Wochen zuvor das Handgelenk gebrochen hätte. Auf dem Weg in die Rue Rémusat hielt ich vor einem Blumenladen und kaufte einen Strauß roter Rosen, da ich dachte, wenn sie sie schon nicht sehen konnte, so sollte sie zumindest ihren Duft genießen. Während der Florist den Strauß band, lauschte ich dem Radio, das im Laden spielte, und dank eines jener Wunder, die man kaum als Zufälle betrachten kann, kam Arlettys Stimme aus dem Lautsprecher. Es war eine Wiederholung eines ihrer Interviews. Ich erwähnte diesen unerhörten Zufall vor dem Floristen, erzählte ihm, daß seine Rosen für die Frau bestimmt waren, deren Stimme er gerade hörte, und er sagte: »Sie ist schon wer.« Ich hatte auch eine Flasche Dom Pérignon dabei. Zwei junge Männer und eine Frau ließen mich in die Wohnung Arlettes. Ich hatte einen der jungen Männer und die Frau bereits gesehen, doch noch immer hatte ich keine Ahnung, wer sie waren, oder welcher Vereinbarung zufolge sie anwesend waren.

Arlette lag in ihrem kleinen Schlafzimmer auf einem schmalen Krankenhausbett, eines mit großen Gummirädern und verchromten Gitterstäben, die nachts die Patienten vor dem Herausfallen bewahren sollten. Ihr linkes Handgelenk war eng umwickelt mit einem grauen Verband. Ich küßte ihre rechte Hand, die wegen der Leberflecke ganz braun war. Ihr Haar war ganz weiß, ein wenig in Unordnung, ihre Zähne fleckig, das Gesicht aufgedunsen und faltig, und dennoch sah sie nicht aus wie eine uralte Frau. Sie trug ein weißes Nachthemd mit einem rosaroten Wollpullover darüber, keines der beiden Kleidungsstücke allzu sauber. Nichts in der ganzen Wohnung war eigentlich sauber oder ordentlich. Die Farbe an den Wänden war verblichen oder schmutzig, die Vorhänge desgleichen. Man hatte das Gefühl, alles sei in solch kläglichem Zustand, weil sie es nicht sehen konnte. Über ihrem Bett hing eine Tuschezeichnung von Colette, die sie im Grase liegend zeigte. Daneben war eine kleine Radierung mit einer Widmung von Braque und der Dufy eines Schiffsdecks. An sie alle erinnerte ich mich aus Besuchen in früheren Wohnungen. Ihre Stimme war ein wenig schwach, und das herrlich trällernde Lachen war eindeutig gezwungen. Und doch war es ein Zeichen ihres unbeugsamen Willens, sich treu zu bleiben. Ich erzählte ihr von dem bemerkenswerten Zufall, ihre Stimme soeben aus dem Radio im Blumenladen vernommen zu haben, und was der Besitzer gesagt hatte. Sie meinte: »Jeder ist wer. Das Problem ist nur, herauszufinden, wer.«

Wir führten kein echtes Gespräch. Es gab Phasen, in denen wir beide so lange schwiegen, daß ich zu befürchten begann, sie könne womöglich vergessen haben, daß ich noch im Zimmer war. Wir sprachen über Belle-Ile, Roland Petit, Lel Bellanger und andere Menschen, die wir einmal gekannt hatten. Ich erwähnte Colette, wegen der Skizze über Arlettes Bett, und sie sagte: »Ein Naturereignis, diese Frau. Was macht sie jetzt?« Ich antwortete nicht, weil ich nicht so tun wollte, als lebe Colette noch, zumal sie doch bereits vor fast vierzig Jahren gestorben war. Wir sprachen über das Wetter. Ich erzählte Arlette, daß ich am Mittwoch nach New York reisen wollte. Nur ein oder zwei Minuten später fragte sie mich, wann ich nach London zu reisen gedachte. Das Strahlen ihrer Augen war inzwischen fast erloschen. Ihr linker Augapfel blieb im linken Winkel der Augenhöhle, der rechte in der Mitte, doch beide waren sie verschleiert. Sie vermochte Kopf und Glieder nur mit Mühe zu regen. Meine Frage, ob sie die ganze Zeit ans Bett gefesselt sei, verneinte sie sofort, ängstlich darauf bedacht, wie mir schien, zu betonen, daß sie nicht vollkommen bettlägerig war. Ich blieb nur eine knappe halbe Stunde. Bevor ich sie verließ, küßte ich sie auf die Wange und sagte auf Wiedersehen.

»Au revoir, James, au revoir«, rief sie, wobei ihre Stimme noch einmal jenen melodischen Klang bekam. »Du kommst bald wieder, nicht wahr? Du kommst doch bald wieder.«

»Ja«, sagte ich, obwohl ich wußte, daß ich Arlette höchstwahrscheinlich nie mehr wiedersehen würde. Und so war es auch. Doch ein letztes Mal hatte ich die unvergleichliche Stimme von »Mademoiselle Atmosphère« gehört.

Sie lebte noch sechzehn lange Monate in ihrer Dunkelheit zusammen mit ihrem Radio, dem Telefon und den unvergeßlichen Liedern, die sie um drei Uhr Morgens zu singen pflegte, bis sie schließlich – friedlich, wie man mir sagte – am 23. Juli 1992 im Alter von 94 Jahren entschlief. Ihr Tod verursachte einen Aufruhr. »La France Profonde« erkannte, daß sie eine kostbare, unersetzliche Verkörperung ihrer Seele verloren hatte. Die Presse betonte diesen Umstand verschwenderisch in gefühlvollen, wohlgesetzten Worten. Hätte man die Stadtväter entscheiden lassen, so wäre Arlette mit Sicherheit im Friedhof von Père Lachaise begraben worden, wo viele der Berühmtheiten Frankreichs ruhen. Doch sie hatte ausdrücklich darauf bestanden, man möge ihre leiblichen Überreste nach Courbevoie überführen, dem Arbeitervorort, wo ihre Familie begraben lag, und ihr Wunsch wurde respektiert. Der Leichenwagen, der sie dorthin brachte, machte einen Umweg und fuhr vorbei am Hôtel du Nord, dem Ort ihrer berühmtesten Szene, ihrer gelungensten Darbietung. Und eine große Menge aufrichtig trauernder Menschen stand vor dem unscheinbaren Hotel, um ihr die letzte Ehre zu erweisen. Die Gegenwart der Menschen an diesem Ort, wie auch die ihrige war fast ein wenig komisch, weil alle Szenen, die scheinbar im Hotel spielten, in Wirklichkeit vor Kulissen im weit entfernten Studio in Billancourt gedreht worden waren. So ist die Wirklichkeit jenes Films was sie sein sollte, nämlich künstlich geschaffen. Aber das Weibsbild, das darin spielte, machte ihn berühmt und opferte den Ruhm ihrem Schicksal: Sie war in der Tat goldrichtig, und das ist sie noch immer.

La Mère Ubu
Marie-Laure de Noailles

I

»Ich will nicht sterben«, kreischte sie. »Ich will nicht sterben. Ich will nicht sterben.«

Doch Grabesstille hatte sich bereits über das schloßartige Gebäude gebreitet, in dem sie das Licht der Welt erblickt hatte, und ihr heiserer, wütender Protest, es für immer zu verlassen, klang wie ein letzter Tribut, den sie seinem sagenhaften Innenleben zollte, wie das schöpferische Echo herrlicher Melodien von Kunst und Musik. Im Salon unterhalb des Zimmers mit dem Sterbebett hing das Porträt, das Picasso von ihr gemalt hatte, Bilder von Degas, Géricault, Braque, in der angrenzenden Galerie sah man Werke von Watteau, Chirico, Delacroix, im großzügigen Treppenaufgang von Klee, Van Dyck und Goya, in den großen Gemächern des Obergeschosses von Rubens, Rembrandt und Simone Martini neben zahlreichen Porträts, die namhafte Künstler des 20. Jahrhunderts von ihr geschaffen hatten, ganz zu schweigen von den vielen, vielen Bildern, die sie selbst gemalt hatte. Auch der Schatz an bildhauerischen Objekten war einzigartig, zum Beispiel eine Skulptur aus vergoldeter Bronze von Bernini. Herrlich waren auch die seltenen Teppiche, die wunderbaren Möbel, die zahllosen, kostbar gebundenen Bücher, und die unbezahlbaren Manuskripte von gefeierten Dichtern, Romanciers und herausragenden Literaten und Literatinnen. Darunter war kein Geringerer als der berüchtigte Marquis de Sade, nebst skandalumwitterten Nachfahrin, ihr selbst. Wen wollte es da noch wundern, daß sie ihr bevorstehendes Treffen mit dem Tod leidenschaftlich zu verhindern suchte? Sie hatte ja auch Kostbareres zu verlieren, als all die Schätze in ihrem Besitz, Kostbareres als ihren beeindrukkenden Namen, Marie-Laure de Noailles, geborene Bischoffsheim, Vicomtesse aufgrund eines ehelichen Mißgriffs. Dennoch hauchte Marie-Laure an jenem frostigen Pariser Morgen des 29. Januar 1970 um elf Uhr, im Alter von nur siebenundsechzig Jahren ihr Leben aus, nachdem sie am Abend zuvor einen Schlaganfall erlitten hatte. Und ihre älteste Tochter, zwei Ärzte, ihre persönliche Bedienstete und ihr letzter Liebhaber standen etwas befremdet an ihrem Bett und suchten nach einer vernünftigen Erklärung für ihre Widerborstigkeit.

Unsterblichkeit ist ein Zustand, den man nur schwerlich erlangt, auch wenn die Sehnsucht danach mehr oder minder leidenschaftlich in jedem Menschen steckt, und sie von einigen daher für würdelos befunden wird. Allerdings sind Frauen und Männer, deren Ruf über ihren Tod hinausgeht, im allgemeinen nicht sehr besorgt um ihre Würde. Aber viele von ihnen sehnten sich ihr Leben lang nach Liebe. Dies weiß man sogar von Shakespeare, von dem man doch so wenig weiß. Marie-Laures Großmutter, einer Grande Dame, deren Bestreben nicht viel höher reichte, als auf den Gipfel gesellschaftlicher *Bienséance,* wurde jener übermenschliche Zustand zuteil, ohne daß sie sich besonders darum bemüht hatte, und wahrscheinlich, ohne daß sie begriffen hatte, woraus er bestand, oder wie er funktionierte. Sie erhielt eine Menge Briefe und hatte umsichtigerweise stets einen Papierkorb neben sich, während sie sie las. Ihre Enkelin hatte niemals vergessen, wie tief die alte Dame zuweilen seufzte, wenn sie ein nur zur Hälfte gelesenes Schreiben wegwarf und dabei murmelte: »Schon wieder ein Brief von diesem Langweiler Marcel.« Jener verläßliche Übermittler von Überdruß war Proust. Der Literat wußte natürlich, daß die meisten Menschen nicht genug Charakterstärke besitzen, um Geschöpfe der Imagination zu werden, und daher hätten seine Briefe an die Gräfin de Chevigné wenig Nutzen gezogen aus den amüsanten Tricks, die sie zum Vorbild der Herzogin de Guermantes für sein Meisterwerk werden ließen. Und mit Sicherheit wußte er besser als jeder andere, wie das Wiederfinden der Vergangenheit eine unbegrenzte Zukunft schaffen kann. Jean Cocteau behauptete gerne, Proust habe ihn angefleht, bei der Gräfin ein gutes Wort für ihn einzulegen, zumal der schmucke Dichter sich anmaßte, ein guter Freund von ihr zu sein, und sie zu überreden, sie möge doch seine Bücher lesen. »Wozu der Aufwand?« wollte Cocteau geantwortet haben. »Fabre hat doch auch nicht erwartet, daß die Insekten seine Bücher lesen würden.« Der berühmte Entomologe hatte jedoch für Menschen, nicht für Insekten geschrieben und wie Proust, und natürlich auch Cocteau, darauf gezählt, daß sein feiner Stil das Überleben seiner Erkenntnisse garantieren möge.

Madame de Chevigné mochte den emsigen Schriftsteller ermüdend gefunden haben. Vielleicht nahm sie auch an, sein forschender Blick könne ihren persönlichen Verdruß in öffentliche Peinlichkeit verwandeln. Obwohl von unschätzbar edler Abstammung, war die Gräfin, eine geborene Laure de Sade, nicht wohlhabend, und dieser Umstand erzeugte Vorurteile in einer Welt, in der das Vermögen der Hauptunterschied war zwischen Prestige und Prominenz. Hinauszugehen und für sein Geld zu arbeiten, schien für kein Familienmitglied der Chevignés eine ernstlich in Betracht zu ziehende Möglichkeit. Damals wie heute bestimmte jedoch ein wohlklingender Name den Preis auf dem Heiratsmarkt. Maurice Bischoffsheim war der Sproß einer unermeßlich reichen jüdischen Bankiersfamilie, die wie das Haus Rothschild in die Struktur der europäischen Aristokratie eingefügt worden war, als sie noch unanfechtbare Bande an das Los verfolgter Ahnen knüpfte. Der Verkauf von Marie-Thérèse de Chevigné, Tochter der Gräfin, an den jungen Bischoffsheim, war gewiß erst nach beinahe unerträglich langatmigen Verhandlungen vonstatten gegangen, zumal man hatte vortäuschen müssen, in erster Linie das eheliche Glück der Brautleute im Auge zu haben. Die Fähigkeit jedoch, beträchtliches Ungemach zu ertragen, um den Schein zu wahren, scheint dem Amüsement der Guten Gesellschaft innezuwohnen. Wie dem auch sei, der demütigende Zustand einer Geldehe zog sich nicht über Gebühr in die Länge, da der reiche Gatte die Schwindsucht hatte. Madame Bischoffsheim hatte kaum Zeit, sich den nötigen Überblick über ihren prachtvollen Haushalt zu verschaffen und einigen Empfängen königlicher Gäste beizuwohnen, da wurde sie bereits schwanger und gebar ein Mädchen, dem man den Namen Marie-Laure gab. Unmittelbar nach der Geburt erkrankte der Vater des Säuglings und verschied trotz kostspieligster medizinischer Pflege im Alter von nur 28 Jahren. Sein gesamter Besitz, und dieser war so groß, daß niemand jemals genau zu berechnen vermochte, wie groß er eigentlich war, da er auf dem Grundsatz der Vervielfältigung basierte, kam seinem Kind zu. Die Mutter war lediglich dazu bestimmt, das Vermögen bis zur Volljährigkeit ihrer Tochter zu hüten.

Die achtzehn Monate alte Erbin war von zarter Gesundheit. Die Angst, sie könne nicht nur ein Vermögen geerbt haben, sondern dazu ein verhängnisvolles Leiden, schwebte drohend über ihren frühen Jahren. Kindermädchen und Gouvernanten behüteten das kleine Mädchen mit strenger Fürsorge vor der gefürchteten französischen Zugluft, und so kam es, daß sie jegliches Wagnis vermied. Da man das Klima in Paris als ungesund erachtete, verlebte sie einen Großteil ihrer Jugend im südfranzösischen Grasse, fernab von den risikoreichen Küstenstädten. Dort ging nichts Aufregenderes vor sich, als die Herstellung von Parfüm. Ihre Erziehung verlief in ungemein schicklichen Bahnen, sogar für die strengen Maßstäbe jener gebührlichen, scheinheiligen Zeit. Als Marie-Laure acht Jahre alt war, heiratete ihre Mutter ein zweites Mal, diesmal einen Mann ihrer Wahl, einen bekannten Bühnenautor namens Francis Croisset, charmant und weltgewandt, und von seiner Stieftochter innig geliebt. Ihre Gesundheit stabilisierte sich, als sie heranwuchs, und als sie das Backfischalter erreichte, begann sich ein gewisser launischer Eigensinn bei ihr bemerkbar zu machen. Einer ihrer sehnlichsten Wünsche war es, Nijinsky tanzen zu sehen, doch Madame de Croisset verbot es mit der Begründung, solches zieme sich nicht. Man ermutigte sie stattdessen, ihre Aufmerksamkeit den Büchern zu widmen, und so wurde sie außergewöhnlich elesen. Überdies entwickelte sie bereits früh eine ausgeprägte Vorliebe für die bildenden Künste, zumal sie inmitten von Meisterwerken der Malerei und Bildhauerei aufwuchs. Diese Vertrautheit weckte in ihr den Wunsch, eigene Kunstwerke zu sammeln. Ein gewaltiges Vermögen, ein origineller Charakter, ein lebhafter Verstand, die Achtung vor kulturellen Werten, der Abstand von den Sorgen der arbeitenden Welt und die entschiedene Ablehnung jeglicher Konventionen, standen zu ihrer Verfügung. Es mangelte ihr lediglich an Schönheit, ein Mangel, der einer Dame natürlicherweise schwer zu schaffen machen mußte, die wie sie so großen Wert auf Ästhetik legte. Sie war nicht etwa häßlich, lediglich unscheinbar. Um diese ungünstige Tatsache zu vertuschen, kannten Friseure, Schneider, Juweliere und einfallsreiche Künstler des materiellen Luxus allerlei Mittelchen, doch die Tatsache blieb offenkundig und nahm mit ihrer hämischen Bedeutsamkeit Einfluß auf die Entwicklung der Dinge.

Marie-Laure zu verheiraten, gut zu verheiraten und wenn möglich glücklich, war natürlich Madame Croissets erste Sorge. Da sie selbst an Maurice Bischoffsheim verkauft worden war, hielt sie zweifellos Ausschau nach einer Partie, bei der das Finanzielle nicht die Hauptrolle spielte. Die Angelegenheit wurde ein wenig erschwert durch den Umstand, daß die junge Dame ihr Herz an Jean Cocteau verloren hatte. Der pflegte jedoch bei Knaben seine dichterische Inspiration zu nähren, was jammerschade war, da die beiden einander auf eindrucksvolle Weise ähnelten und deshalb womöglich ein besseres Paar abgegeben hätten, als jenes, das stattdessen zustandekam. Doch solch eine Vorstellung schien damals wohl allen Beteiligten skandalös. Dabei gediehen sowohl Marie-Laure, als auch Jean Cocteau am besten auf skandalträchtigem Boden. Ein Freier patrizischer Abstammung, wohlgestalt, wohlerzogen und gutbetucht, betrat schon bald die Szene. Sein Name, wohlklingend und von historischer und höfischer Gewichtigkeit, war Vicomte Charles de Noailles. Der Mann schien wie maßgefertigt, um Sehnsüchte, Wünsche und Bestrebungen aller Beteiligten zu befriedigen, und jede so augenscheinliche Vollkommenheit trügt, birgt natürlicherweise vielfältige Möglichkeiten einer unglücklichen Wendung.

In den Flitterwochen reiste das junge Paar nach Kuba, wo Marie-Laure einen kleinen Vorgeschmack dessen bot, was da noch kommen würde, indem sie sich hartnäckig weigerte, in Havana das Schiff zu verlassen, weil sie ihre Lektüre von Freuds *Allgemeiner Einführung in die Psychoanalyse* nicht unterbrechen wollte. Der Vicomte bereicherte die junge Ehe mit einem kulturellen Beitrag: Er beauftragte Picasso, ein Porträt von seiner Gattin zu zeichnen, ein Abbild, welches zwar groß, aber nicht gerade sinnbildlich war für des Künstlers geniale Hand. Da Marie-Laure vermeiden wollte, Mutter und Stiefvater allzu unsanft aus der prachtvollen Villa zu verscheuchen, die ja nun ihr gehörte, nahm sie zuerst mit einem bescheideneren Quartier in der Rue de la Baume vorlieb. Während ihres gesamten Ehelebens, ganz gleich in welchem ihrer Häuser, teilten die beiden Gatten niemals ein gemeinsames Schlafzimmer. Dieser Abstand mochte aristokratischer Empfindsamkeit durchaus als Bagatelle erschienen sein. Für die junge Vicomtesse jedoch war die Situation beunruhigend, zumal sie schon bald erfahren sollte, daß ihres Gatten Besuche in ihrem Schlafgemach zwecks ehelichen Glücks weit weniger häufig waren, als sie es sich erhofft hatte. Auch waren ihr keinerlei Mittel gegeben, dies zu ändern, da die Etikette Initiativen intimer Art ausschließlich der Domäne des Mannes zuwies. Die Vermutung scheint jedoch naheliegend, daß jene einsamen, enttäuschenden Nächte in der jungen Frau allmählich den Entschluß nährten – unbewußt zwar, nur als Hauch einer Andeutung –, sie werde sich eines Tages ihre eigenen Privilegien und Freiheiten und Befriedigungen verschaffen, über die niemand außer ihr bestimmen durfte.

Nichtsdestotrotz erblickten schon bald zwei Kinder das Licht der Welt, Mädchen, Laure und Nathalie, und die Charlesens, wie alle sie in jenen luxuriösen, optimistischen Jahren zu nennen pflegten, bezogen die herrliche Villa an der Place des Etats-Unis. Dort empfingen sie in verschwenderischer Pracht echte Aristokraten und Abkömmlinge des Geldadels, ein ihnen angemessenes Milieu, aufgrund seines Stammbaums und ihres Vermögens. Dann beschlossen sie, ihr Status verlange einen zweiten Wohnsitz. Also erstanden sie einen Hügel im Süden Frankreichs, auf dessen Spitze die Ruine einer alten Sarazener-Festung thronte, über einem damals in Mode gekommen Ort namens Hyères. Ihr Nachbar hinter dem Hügel war der amerikanische Romanschriftsteller Edith Wharton, dessen Popularität und Respektabilität niemand hätte überbieten können. Innerhalb der verfallenen Burgmauern entstand in kubistischem Stil eine gewaltige Verrücktheit aus Stahlbeton von einem damals sehr modischen Architekten mit Namen Mallet-Stevens. Und man taufte das Ganze St.-Bernard. Es enthielt ungefähr vierzig Schlafräume, dazu Salons, Speisezimmer, Bibliothek, Swimming-pool, Squash-Platz, Gymnastikraum, Friseursalon und große Küchen; es strotzte von Kunstwerken zeitgenössischer Künstler und stand in seiner protzigen Mächtigkeit inmitten von hängenden Gärten, die Skulpturen von Giacometti, Laurens, Lipchitz, Zadkine, usw. zierten. Kurzum, es war eine Bühne, auf deren höchstem Turm in den heraldischen Farben das Banner derer von Noailles flatterte.

Nachdem sie diese Extravaganz geschaffen hatten, schienen die Charlesens das gesetzte Gesellschaftsleben im Pariser Vorort St.-Germain, jene zahme Menagerie, von Proust zum Mikrokosmos gemacht, als gar zu zahm empfunden zu haben. Aufregende Dinge gingen vor

in Paris, und das junge Paar besaß alles, was nötig war, um an den Auf-
regungen teilzunehmen, nur sorgte es sich nicht im geringsten um
deren Auswirkungen. Dies war die Blütezeit von Surrealismus, Pseudo-
anarchie und Freudenhausrebellion. Die Surrealisten nahmen sich sehr
ernst; sie wollten die Bedingungen des irdischen Daseins umgestalten, indem sie des Menschen Unterbewußtes befreiten und dessen
Ausdruck in Halluzinationen und Träumen. Sie verachteten Logik,
Religion, Moral und vor allem die bürgerliche Gesellschaftsordnung,
strebten stattdessen danach, ein universales Utopia zu schaffen, und
glaubten, eine ungestüme Prise Skandal, Nihilismus und, falls nötig,
Gewalt, würde dessen Kommen beschleunigen. Dies alles war ungemein amüsant und absoluter Unsinn, zumal die Surrealisten keinerlei
politisches Konzept besaßen und somit nicht einmal für einen Augenblick die etablierte Ordnung zu gefährden vermocht hätten. Man
konnte also ganz getrost und mit minimalem Risiko der eigenen
Bedeutsamkeit huldigen. Das war genau das Richtige für die Charlesens, die sich mit den Köpfen der surrealistischen Front anfreundeten.
Daß sie schlichtweg all das verkörperten, was der Surrealismus verachtete, kümmerte sie keinen Deut. Die jungen Anarchisten waren mittellos, wogegen die Charlesens, die mit goldenen Messern und Gabeln
von goldenen Tellern speisen konnten, wann immer ihnen der Sinn
danach stand, leutselig die Verunglimpfung der eigenen Lebensweise
zu unterstützen bereit waren. Sie finanzierten surrealistische Veröffentlichungen, erstanden Gemälde und Skulpturen von Mitgliedern der
Bewegung und empfingen sie in ihren prachtvollen Domizilen.

In den Zwanzigern und Dreißigern war die Photographie, wenngleich nicht mehr neu, der letzte Schrei, ebenso das Kino. Sollte sie
jedoch eine Form des künstlerischen Ausdrucks werden, dann galt es,
risikofreudige Gönner zu finden. Bereits im Jahre 1928 hatten Salvador
Dali und Luis Buñuel einen Film produziert mit dem Titel *Un chien
andalou,* ein recht schockierendes Werk, das zwar die Surrealisten begeistert, bei der Öffentlichkeit jedoch nur leidlich Anklang gefunden
hatte. Erpicht darauf, einen weiteren Versuch zu starten, wollten sie
nun ein wahres Massaker begehen. Doch dazu benötigten sie eine Million Francs, kein kümmerlicher Betrag zum Beginn der großen Welt-
wirtschaftskrise. Charles de Noailles schien das Geld nur so aus dem
Ärmel zu schütteln, und seine Umgangsformen waren dabei stets so

tadellos, daß man den Eindruck gewann, er sei der Schuldner, nicht der Spender. Gewiß ahnte er nicht, daß er die seismische Umwälzung seiner gesamten Existenz unterschrieb.

Buñuel und Dali machten sich ans Werk und hatten im Nu einen wahren Horrorfilm mit Namen *L'Age d'or* produziert. In der Villa an der Place des Etats-Unis befand sich ein prachtvoller Ballsaal, dessen Goldornamente und Spiegel allesamt, Stück für Stück, einem Palazzo in Palermo entnommen waren, und dessen Decke Malereien Solimenas zierten. Die Charlesens hatten eine enorme Geldsumme investiert und den Raum zum Filmtheater umfunktioniert, ohne seine Gestaltung erheblich zu verändern. So zeigte man also inmitten üppigen Rokoko-Prunks zum ersten Mal *L'age d'or* vor einer Gruppe aristokratischer Gäste. Der Film war, besonders im Hinblick auf die damaligen Konventionen, blasphemisch, unanständig und skandalös, wollte beleidigen und tat es auch. Es gab keinerlei kohärente Geschichte, nur eine Abfolge von bizarren Bildern, deren Höhepunkt eine Anspielung auf Marie-Laures berüchtigten Ahnherrn war, den von den Surrealisten abgöttisch geliebten Marquis de Sade. Die Hauptfiguren seines schockierendsten Werkes, *Die 120 Tage von Sodom* traten auf, doch nicht etwa, wie sie im Buch beschrieben waren, sondern als Jesus Christus und seine Jünger. Vielleicht betrachteten die Charlesens dies Machwerk als Jux, während ihre Freunde ihnen aus Höflichkeit nicht zu sagen wagten, daß es die Gemüter unweigerlich erhitzen mußte. So fand im Dezember 1930 eine öffentliche Vorführung des Films statt. Man hatte den Skandal gesucht, nun war er da. Die erste Vorführung verursachte einen kleineren Aufstand, faschistische Randalierer warfen Stinkbomben, schlitzten die Sitze auf, bespritzten die Leinwand mit purpurfarbener Tente, zerschnitten surrealistische Bilder, die im Theater hingen, und verletzten eine Anzahl Zuschauer. So wurde *L'Age d'or* sofort zum Streitthema zwischen der liberal gesinnten und der konservativen Presse, wobei letztere einen raschen Sieg davontrug. Der Film wurde bereits eine Woche nach der ersten Vorführung verboten, alle verfügbaren Kopien von der Polizei beschlagnahmt. Kurzum, die Regisseure des Films hatten erreicht, was sie wollten: Sie hatten die Bourgeoisie auf die Palme gebracht. Die Produzenten dagegen hatten wohl kaum mit dem Aufruhr gerechnet, den ihre Menschenfreundlichkeit ihnen einbrachte. Man gab Charles taktvoll zu verstehen, er möge fürderhin vom Jockey

Club fernbleiben, von jenem Heiligtum exklusiver *bienséance,* ein Affront, den ein Adliger seines Standes nicht auf die leichte Schulter nehmen konnte. Es war sogar die Rede von Exkommunikation, keine Bagatelle in der sogenannten feinen Gesellschaft, doch stand dies nicht ernsthaft zur Debatte. Das Fazit all des Tohuwabohus war, daß die Charlesens nicht mehr länger willkommen waren in den gesetzten *hôtels particuliers* der Foubourg St.-Germain. Sie waren besudelt von der Krankheit Skandal, die man zurecht für ansteckend erachtete, und waren sie fortan auch nicht gerade Geächtete in Kreisen des Hochadels, so betrachtete man sie zumindest mit Vorbehalt und einer gewissen Herablassung. Dies mag ihr Glück gewesen sein, denn es gestattete ihnen – ja, es zwang sie förmlich dazu –, ihr Leben auf innere Schätze zu gründen, anstatt auf diejenigen zu bauen, die das Schicksal ihnen in solcher Fülle in die Wiege gelegt hatte. Dies stellte natürlich eine beträchtliche Herausforderung dar und barg wohl auch ein gewisses Risiko. Marie-Laure war nicht im mindesten eingeschüchtert, ihr Gatte jedoch war weit weniger kühn. Die interessante Geschichte ist demnach die ihrige, wenngleich man fairerweise einräumen sollte, daß er allen Grund zur Vorsicht hatte.

Inzwischen ging das luxuriöse Leben weiter, und es gibt auch wahrlich nichts Besseres als Luxus, um einem Menschen das Ungemach vergessen zu lassen, das seine löblichen Absichten nach sich gezogen haben. Und wahrscheinlich waren sowohl Vergnügen, als auch Vergessen leichter auf dem Hügel über Hyères zu bekommen, weil er weit entfernt lag von Peinlichkeit und Demütigung. Die Gäste waren nicht mehr dieselben, die einst Bridge und Charaden gespielt hatten. Nun waren es Künstler, Schriftsteller, Musiker und Bohemiens, deren einziges Talent darin bestand, unterhaltsam zu sein. Deren Spiele waren zweifellos lustiger. Sogar ein so zurückhaltender Mensch wie André Gide amüsierte sich prächtig und vermerkte in seinem Tagebuch einige Einzelheiten von einem Aufenthalt auf St.-Bernard, wohin ihn sein junger Freund Marc Allegret begleitet hatte:

Gymnastische Übungen, Schwimmen in einem riesigen Bassin, neue Spiele, deren Namen ich nicht kenne, mit einem Federball, Bällen, Luftballons aller Art – eines vor allem, wir spielten es zu viert (der überaus sympathische Turnlehrer, Noailles, Marc und ich) mit einem mittelgroßen Ball, den unsere beiden

Teams, ein jedes auf einer Seite eines straff gespannten Netzes, davor bewahren mußten, den Boden zu berühren. Wir spielten alle nahezu nackt, und danach sprangen wir schwitzend in das wohltemperierte Wasser des Bassins. Das Spiel gefiel mir besser, als ich je für möglich gehalten hätte, ich war vergnügt wie ein Kind, oder wie ein Gott, vor allem deshalb, weil ich mich dabei nicht linkisch fühlte.

Es klingt in der Tat sehr vergnüglich, und man möge es mir nachsehen, daß ich in dem kindlichen, oder göttlichen Vergnügen des vierundsechzigjährigen Romanautors, auch er eine Skandalfigur wegen seiner mutigen Verteidigung homosexueller Neigungen, ein Echo der Zerstreuungen erkenne, die Petronius beschrieb. Soviel Vergnügen, vor allem vor dem Hintergrund prachtvoller Abgeschiedenheit, verführt zu angenehm ungezwungenen und freien Umgangsformen. Dies geschah auf St.-Bernard, sowohl damals, wie auch später.

Eines Nachmittags betrat Marie-Laure das Schlafzimmer ihres Gatten und fand ihn im Bett mit dem »überaus sympathischen Turnlehrer«. Es war keine große Phantasie vonnöten, um erraten zu können, was hier vor sich ging. Natürlich gab es keine Szene. Marie-Laure verließ den Raum. Sie und ihr Gatte sprachen nicht einmal über das Ereignis, dessen unfreiwillige Zeugin sie geworden war. Man sorgte dafür, daß der Turnlehrer anderswo Arbeit fand. Es schien, als sei nichts vorgefallen. Doch der Schein trügte. Marie-Laure sprach zwar nicht mit dem Vicomte darüber, dafür jedoch mit anderen Leuten. Als sie mir das Ganze dreißig Jahre später schilderte, war noch immer der nachträgliche Schock zu spüren, denn sie begriff mit einem Male, als sie die beiden überraschte, daß sie ihr Leben fortan selbst in die Hand nehmen mußte, daß sie die Kraft aufbringen mußte, den Mut und die Phantasie, selbst die Führungsrolle zu übernehmen im Drama einer denkwürdigen Existenz. Homosexuelle Neigungen als solche schockierten sie nicht, sie waren in ihrem Milieu an der Tagesordnung, doch die Erkenntnis, daß sie der Grund gewesen waren, warum sie so viele ihrer Nächte in Einsamkeit hatte verbringen müssen, war geradezu traumatisch. Und die Macht dieses Traumas mußte ihr Verlangen noch genährt haben, eine Persönlichkeit *à part entière* zu werden, wie die Franzosen es nennen, bereit, die Risiken ihrer Launen und Schwächen selbst zu tragen.

So gab es das soziale Gefüge der Charlesens fortan nicht mehr, sondern Vicomte und Vicomtesse de Noailles, Charles und Marie-Laure,
zwei getrennte Individuen, die nun zumeist getrennt voneinander
lebten, oft unter dem gleichen Dach, die einander aber dennoch sehr
verbunden waren. Ich habe keine Ahnung, was der Vicomte bei dem
ungelegenen Erscheinen seiner Gattin in seinem Schlafgemach gedacht
oder gefühlt haben mag, ich nehme auch an, er hat dies Thema, wenn
überhaupt, nicht sehr offen behandelt. Weltgewandt, überaus höflich,
ein charmanter Gesprächspartner, schien er uns allen das Ideal eines
Adligen aus dem achtzehnten Jahrhundert zu verkörpern, fein empfin-
dend, aber unnahbar, und die Vorstellung, er könne sich in aller
Öffentlichkeit über seine Gefühle äußern, schien schier undenkbar. Vielleicht war er erleichtert, daß Marie-Laure selbst herausgefunden hatte,
was seine Zurückhaltung ihm verbot, ihr zu sagen. Außerdem konnte
er so einige ihrer ausgefalleneren Eskapaden leichter hinnehmen, wenn
nicht gar genießen. Was ihn selbst anbelangte, so hielt er sich mehr und
mehr im Hintergrund. Sein Interesse an der Avant-garde schwand. Er
kehrte in sein eigentliches Milieu zurück, wurde passionierter Gärtner,
geradezu eine Autorität auf dem Gebiet der Gartenkunst, und legte
einen außergewöhnlichen Garten auf seinem Anwesen im Süden Frankreichs an, in angenehmer Entfernung von Hyères. Er umgab sich dort
mit der Gesellschaft einiger außergewöhnlich hübscher Fahrer, Haus-
diener und Sekretäre. Außerdem widmete vor allem er sich der Erziehung und Bildung seiner Töchter, da ihre Mutter damit beschäftigt
war, sich eine unabhängige, auffällige Persönlichkeit zu schaffen. Da er
sich Söhne gewünscht hatte, ließ er seine Mädchen von ausgewählten
Privatlehrern unterrichten, wie dies sonst bei Knaben üblich war. Ihr
Vater mochte wohl gedacht haben, daß eine gute Portion männliche
Unabhängigkeit und Gewitztheit ihnen dereinst zustatten kommen
würde. Er hatte recht, aber es half nicht viel. Er mußte außerdem glänzende Partien für sie erhofft haben. Auch dieser Wunsch ging nicht in
Erfüllung. Gegen Ende seines Lebens freundete der Vicomte sich mit
Königin Elizabeth an, Englands Königin Mutter, und unternahm mit
ihr kleinere Fahrten zu ungewöhnlichen Gärten, und die Vermutung
scheint mir nicht anmaßend, diese königlichen Zwischenspiele seien
die vergnüglichsten seines ganzen Lebens gewesen.

Marie-Laure kam inzwischen zu dem Entschluß, es sei nun an der

Zeit, sich schadlos zu halten für ernsthafte Rückstände im sexuellen Bereich. Ihre Intelligenz, ihr Einfallsreichtum, ihre Bildung, ihr Humor, ihre Großzügigkeit und Gastfreundschaft waren alles herausragende Komponenten jener außergewöhnlichen Gestalt Marie-Laure, doch auch das sexuelle Verlangen war ein wesentlicher Antrieb für die Theateraufführung, in der sie die führende, lebensnahe Rolle spielte. Es war eine absichtliche, sorgsame Schöpfung, was sie interessant macht und rechtfertigt und von der Ablehnung durch das Mittelmäßige bewahrt, und ihr Ergebnis führt zu einer Art aristotelischer Katharsis, da Marie-Laure in der Tat die Charakterstärke besaß, ein Geschöpf der Imagination zu werden. Ihre Verrücktheiten, ihre Absurdität und Trivialität, ihre Gier und Boshaftigkeit – zusammen mit vielen angenehmen, positiven Eigenschaften – machten den Reichtum ihres Lebens aus, und gerade dafür liebten und bewunderten wir sie.

Kann es reiner Zufall sein, daß ihr erster und ihr letzter Geliebter, nebst einer beträchtlichen Anzahl zwischen den beiden, ganz zu schweigen von vielen ihrer Freunde, homosexuell waren? Bemerkenswerterweise finden reiche Damen, die das mittlere Alter überschritten haben, sehr häufig an Homosexuellen ihre verläßlichsten Freunde. Heterosexuelle Männer haben zu wenig Zeit, um sie mit älteren Frauen zu verbringen – oder sollte ich lieber sagen, zu vergeuden? –, ganz gleich, wie reich sie sind, sofern nicht irgendwie die Möglichkeit besteht, ihres Geldes habhaft zu werden, während homosexuelle Männer ohne Hintergedanken die Erlesenheit kostspieliger Geselligkeit und Eleganz genießen. Der erste Geliebte der Vicomtesse soll also ein Engländer namens Edward James gewesen sein, Sohn steinreicher Eltern, exzentrischer Kunstsammler, erpicht vor allem auf Werke Dalis (der damals noch kein käuflicher Scharlatan geworden war). Ihre Affäre war zweifellos von kurzer Dauer und wahrscheinlich unbefriedigend. Edward war prätentiös und unberechenbar, neigte zur Selbstdarstellung und zu ostentativen Gebärden. In späteren Jahren zog er sich in die Wildnis Mexikos zurück, baute sich dort einen Palast und starb kurz darauf.

Daß Marie-Laure tiefe und aufrichtige Gefühle für ihren Ehemann hegte, und für viele Männer neben ihm, ist unbestritten, doch wahrscheinlich war sie nur ein einziges Mal wirklich und leidenschaftlich verliebt. Und auch in dieser Angelegenheit hatte sie kein Glück. Im Laufe ihrer langen Reihe von Liebesaffären schien das Glück sie stets zu fliehen. Es verließ sie so regelmäßig, daß man fragen möchte, weshalb. Vielleicht liegt die Antwort darauf in ihrer Lebensgeschichte. Womöglich können wir darin sogar eine provokative und gültige Aussage über das Prinzip von Liebe als einer Lebensnotwendigkeit für uns alle entdecken. Marie-Laure hätte das gefallen.

Igor Markevitch trat in ihr Leben mit der Gelassenheit eines geborenen Genies. Denn eben dies glaubte er zu sein, und kein Geringerer als Sergei Diaghilev ermutigte seinen anmaßenden Glauben. Der anspruchsvolle Impresario besaß einen untrüglichen Geschmack, was hübsche Knaben und schöpferisches Talent anbelangte, und obwohl Markevitch von Kindheit an eine außergewöhnliche musische Begabung gezeigt hatte, begleitete der sechzehnjährige Bursche den siechen Landsmann, der nur noch ein Jahr zu leben hatte, zuerst als Geliebter auf seinen Reisen durch Europa. Diese schillernde, wenn nicht gar skandalöse Liaison öffnete dem jungen Burschen nicht nur die Pforten zu den erlesenen musikalischen Zirkeln von Nadia Boulanger und Alfred Cortot, wo er bereitwillig die Annahme teilte, daß von ihm noch Großes zu erwarten sei, sondern auch zu den Salons reicher, eleganter Kunstmäzene, wo sein selbstsicherer Charme die Leute ermutigte, seiner hohen Meinung von sich selbst beizupflichten. Natürlich wurde er auch Charles und Marie-Laure de Noailles vorgestellt. Da er schlauer war, als sein Alter hätte erwarten lassen, zu schlau womöglich, als ihm zuträglich war, sah er sofort, daß der Vicomte ein ungewöhnlich freizügiger und wenig besitzergreifender Gatte war, während die Vicomtesse sich nichts sehnlicher wünschte, als in Besitz genommen zu werden. Wie genau die Affäre begann zwischen dem Möchtegernwunderknaben und der einsamen Edeldame, ist unklar und nicht von Belang. Sie begann eben. Es muß irgendwann Anfang 1933 gewesen sein, Markevitch damals einundzwanzig, Marie-Laure zehn Jahre älter. Des jungen Komponisten Mutter besaß ein bescheidenes Heim in der Schweiz. Marie-Laure mietete in der Nähe ein Haus für den Sohn und sich selbst, brachte zwei Automobile mit, zwei Fahrer, ein Zimmermädchen, und Dutzende von Kisten und Koffern. Wie bereits Diaghilev, war auch Igor stets in finanziellen Nöten, obwohl es für ihn keinerlei Anlaß gab, ein solch üppiges Leben zu führen. Doch wie der verschwenderische Impresario fand auch er stets großzügige Gönner, wenn er sie am dringendsten brauchte. Um die ehrgeizigen Werke zu ersinnen und zu komponieren, mit denen er sein Genie zu beweisen trachtete, benötigte er viel Muße. Man erzählte sich hinter vorgehaltener Hand, er habe vor der Affäre mit Marie-Laure einen berühmten Pariser Architekten in den vollkommenen Ruin gestürzt. Wie dem auch sei, die Vicomtesse besaß mehr Geld, als sie zählen konnte, und war gerne bereit, es auf diese Weise loszuwerden. Sie und Igor schienen ein idyllisches Leben geführt zu haben. Während Markevitch komponierte, schrieb sie an ihren Gatten und an ihre Töchter, las unzählige Bücher und führte gewissenhaft ihr Tagebuch. (Dessen Schicksal ihre Nachkommen aus Schicklichkeitsgründen nicht preisgeben). Damals mag es gewesen sein, daß sie sich zu eigenem schöpferischem Wirken entschloß, zuerst im Bereich der Literatur. Vielleicht überzeugte der junge Musiker sie davon, daß sie Talent und Temperament einer Künstlerin besaß.

Es mochte auch ein atavistischer Instinkt gewesen sein, der die junge Frau dazu bewog, sich mit echtem, schöpferischem Temperament ausgestattet zu wähnen. Ihre Großmutter war eine geborene Laure de Sade gewesen, und ihr eigener Vorname wies auf eine fast mythische Figur aus dem vierzehnten Jahrhundert, nämlich auf jene berühmte Laura, die Petrarca zu seiner erhabensten Liebeslyrik inspiriert hatte. Der Dichter hatte ihren Familiennamen niemals preisgegeben, so daß man so gut wie nichts weiß von ihrem Leben, außer, daß sie ungefähr in Petrarcas Alter und von edler Herkunft gewesen war. Das ist alles. Doch die provenzalische Tradition hielt über Jahrhunderte den Glauben aufrecht, daß sie Hugues de Sade ehelichte, von außerordentlicher Belesenheit war, selber Gedichte schrieb, sieben Kinder zur Welt brachte, und 1348 der Pest zum Opfer fiel. Die zeitgenössische Forschung tendiert dazu, jegliche Verbindung zwischen Petrarcas Laura und Marie-Laures Urahnen als unbegründet zu verwerfen, doch scheint es sinnlos, heute noch über die Richtigkeit einer Legende zu spekulieren, die über sechshundert Jahre bis zum heutigen Tag der Ahnenkult einer namhaften, illustren Familie war. Ließen die Charlesens ihr erstes Kind nicht Laure taufen? Für jede Generation schien die Gegenwärtigkeit von Petrarcas Laura in ihrer Vergangenheit wie ein heller Stern über der Zukunft der Sade-Dynastie zu leuchten, um deren Abkömmlingen Genialität und intellektuelle Bedeutsamkeit zu prophezeien. Marie-Laure pflegte stets ein Lorbeerblatt unter ihren Namenszug zu setzen, wenn sie einen Brief oder ein Bild signierte, und bisweilen sollte dies Symbol allein genügen, sie zu identifizieren. Die Tatsache, daß sie in ihrer Ahnenreihe auf das Vorbild solch einer inspirierenden Frau zurückblicken durfte, mußte unweigerlich ihre Vorstellung von der Rolle beeinflussen, die sie auf der unsterblichen Bühne der Kunst zu spielen gedachte.

Markevitch behauptet in seinen Memoiren, seine Affäre mit Marie-Laure hätte keinen Skandal verursacht. Das ist Unsinn. Es war natürlich im höchsten Grade skandalös, daß ein Mitglied der Pariser Aristokratie, mit einem altehrwürdigen französischen Namen, Mutter zweier kleiner Töchter, die beide eines Tages respektable, ja, glänzende Partien machen sollten, auf und davonlief mit einem jungen, mittellosen Musiker, der sein Genie erst noch unter Beweis stellen mußte, um alsdann offen mit ihm zu leben und Unsummen von Geld zu vergeuden. Und dies alles, nachdem kaum Gras gewachsen war über den Aufruhr des *Age d'or*. Marie-Laure war fortan gebrandmarkt als jemand, der nicht um die Einhaltung von jenen Anstandsregeln – nunmehr eine vergessene Verirrung – bemüht war, die damals die Etikette aristokratischer Umgangsformen ausmachten, und seien sie noch so heuchlerisch und falsch. Dies machte sie frei. Fortan würde einzig und allein sie die Verantwortung für das Wachsen ihrer Persönlichkeit tragen. Sollte dieser Gedanke sie ängstigen, so fand sie ihn gewiß auch begeisternd, da nur wenige Frauen so fest entschlossen waren wie sie, die führende Rolle im Schauspiel des eigenen Lebens selbst zu übernehmen.

Die Affäre mit Markevitch währte einige überaus ekstatische Jahre. Dann traten Probleme auf. Marie-Laure wurde schwanger. Wollte sie das Kind behalten, mußte des Gesetzes und der Gesellschaft wegen Charles die Vaterschaft zuerkannt werden, eine inakzeptable Möglichkeit. So entschloß sie sich traurig zu einer Abtreibung. Dann hieß es, Igor habe einen Scheck erhalten von der Vicomtesse und ihn schlau um ein oder zwei Nullen erweitert. Jedenfalls kam Marie-Laures Familie zu der Überzeugung, daß bereits viel zuviel Geld vergeudet worden war, und traf zum Teil deshalb gewisse rechtliche Verfügungen, die ihr fortan den freien Zugang zu ihrem Vermögen verwehren sollten. Was Igor anbelangte, so erfüllte sich sein schöpferischer Anspruch nicht ganz so zwingend, wie er angenommen hatte, und so suchte er, seinen Ruf zu retten, indem er Dirigent wurde. Das innige Verhältnis mit Marie-Laure war geschwunden. Und dann heiratete er die Tochter von Diaghilevs sagenhaftestem Schützling Nijinsky, flüchtete sich also gleichsam wieder unter die Fittiche seines ursprünglichen Mentors. Nachdem Markevitch in Marie-Laures Leben eine so große Rolle gespielt hatte, spielte er danach so gut wie keine mehr. Auch in der Welt der Musik galt er nicht viel, abgesehen von zahlreichen Aufnahmen und Gastspielen als Dirigent relativ unbekannter Orchester. Nachdem er als Sechzehnjähriger einen Augenblick vermeintlicher Größe erfahren hatte, waren seine großen Erwartungen allesamt ins Ungewisse verschoben.

Nach ihm folgten andere Liebhaber, doch keiner sollte ihr jemals soviel bedeuten wie Igor. Sie besuchte auch Bälle, Cocktailparties, Luncheons, Dinners, Landpartien. Es war die Zeit der literarischen Cafés, ein Phänomen, das die alternden Stammgäste von Prousts Mikrokosmos verabscheuten. Und so kam Paris in den Genuß von Elsa Maxwell, Cole und Linda Porter, den Murphys, Fitzgeralds und Miss Hoity Wiborg, von südamerikanischen Millionären wie Arturo Lopez, den Anchorenas und Patinos, und alle waren sie fest entschlossen, sich zu amüsieren, und scherten sich nicht viel um Umgangsformen. In diesem Milieu raufte man sich um Marie-Laure, betete sie an und bewunderte sie, und betrachtete ihre Skandale als lächerliche Kavaliersdelikte. Sie wurde die Königin der Cafés. Die Neuankömmlinge machte sie bekannt mit Dali, Max Ernst, Giacometti, Picasso, Francis Poulenc, Eluard, Aragon und anderen. Sie veröffentlichte einen Band Erzählungen mit dem Titel *Zehn Jahre auf Erden,* und ihr mag es tatsächlich so vorgekommen sein, als hätte ihre eigentliche Existenz auf Erden erst vor einem Jahrzehnt begonnen. Wenn dem so war, dann wären ihre eigenwilligen Launen ganz natürlich gewesen, desgleichen ihre hartnäckige Entschlossenheit, zu tun, was immer sie wollte, denn dies sind die natürlichen Impulse eines Kindes.

Inzwischen wuchs an drei von Frankreichs Grenzen, insbesondere an der nördlichen, die Gefahr eines Übergriffs mit jedem Tag. Im Rückblick will es uns scheinen, als hätte es eines ausgesprochen einfältigen Gemütes bedurft, um nicht bereits lange vor München zu erkennen, was Hitler im Schilde führte, und besonders Juden hätten auf der Hut sein müssen. Einem Verrückten wäre es natürlich nicht gelungen, das ganze Ausmaß des Schreckens zu erahnen, doch offenbar war Vorsicht angesagt. Charles de Noailles war über alle Maßen vorsichtig. Seine Gattin war die Tochter eines Juden, wenngleich dieser nur zur Hälfte jüdischer Abstammung war, seine Mutter eine Brahmanin aus Boston, mit Namen Paine. Marie-Laure war daher nur zu einem Viertel Jüdin und zudem mit einem Arier verheiratet, was sie theoretisch vor jeglicher Verfolgung im Sinne der infamen Nürnberger Gesetze bewahrte. Dennoch ließ der Vicomte vorsichtshalber eine ausführliche und offizielle Ahnentafel erstellen, nur für den Fall der Fälle. Seine Vorsicht zahlte sich unter derart ironischen Umständen aus, daß sie ihn, einen Franzosen, dessen Ahnen für Ludwig XIV und mit Lafayette in der Amerikanischen Revolution gekämpft hatten, bitter demütigen mußten.

Dann kam der Krieg und war zu Beginn an der Westfront so ruhig, daß man ihn als »drôle« bezeichnete. Was sich jedoch in Polen abspielte, war tödlicher Ernst, die Generalprobe für Belgien und Frankreich, und nur ein unverbesserlicher Deutschenfreund oder ein verruchtes Mitglied der Antisemitischen Bewegung konnte ohne Groll die Nazi-Soldaten die Champs-Elysées auf und abstolzieren sehen, während Hakenkreuzfahnen Paris überfluteten. Doch die Besatzung war ein Fait accompli, wogegen kein Franzose viel tun konnte, da die Résistance erst dann wirksam in Erscheinung trat, als feindliche Übergriffe für sicher galten. Inzwischen nahm das Leben seinen gewohnten Lauf, und bereitete denen, die sich jede Annehmlichkeit leisten konnten, nicht viel Ungemach. Dennoch gab es Einschränkungen, Ausgehverbote, Nahrungsmittelkürzungen, Unannehmlichkeiten, wodurch ein jeder nur noch mehr geneigt war, das Leben zu genießen, so gut es ging. Und so hatte es fast den Anschein, als verberge man das Antlitz der nationalen Katastrophe hinter einer trotzigen Maske. Die Kleider der Frauen, besonders ihre Hüte, nahmen extravagante Formen an. Schlau begann man allerorts, Einschränkungen zu umgehen, Theater und Kinos blühten, die schlaueren Juden tauchten unter, und man feierte, zumindest in Paris, so viele Parties wie niemals zuvor. Auf Parties suchte man zu vergessen, und ging dieses Bestreben bisweilen zu weit, so sollte man bedenken, daß man dies Vergessen so nötig hatte wie noch nie. Die aristokratische Welt kennt keine Grenzen, ebensowenig wie die der Künstler, und so tut sie Verbote, die für das Volk gelten, mit einem Achselzucken ab. So war es, sobald der anfängliche Schock überwunden war, nichts Außergewöhnliches, deutsche Offiziere bei elegantesten Empfängen anzutreffen. Außerdem trugen viele dieser Männer Namen, die den französischen Adelshäusern um nichts nachstanden; ja, einige waren sogar damit verwandt, und viele waren Künstler und Schriftsteller. Nicht einmal ein so berühmter Antifaschist und »Entarteter« wie Pablo Picasso wies deutsche Bewunderer von der Tür seines Ateliers, oder mied verächtlich die Häuser, in denen sie verkehrten. Marie-Laures Villa gehörte dazu, die große Wohnung der Anchorenas in der Avenue Foch ebenfalls, und als praktische Überlegung muß hinzugefügt werden, daß diese eleganten Räumlichkeiten Speisen zu bieten hatten, die es sonst nirgends gab. Die Anchorenas hielten eine Kuh auf dem Dachboden ihres Hauses, um stets genügend Butter und Sahne zur Verfügung zu haben, und sie pflegten zu sagen, die drei Männer, denen sie am meisten Bewunderung zollten, seien in beliebiger Reihenfolge Hitler, der Herzog von Windsor und Picasso.

Und dennoch ... man sollte eines nie vergessen: Während diese deutschen Offiziere sich um ihre Belange kümmerten, und sich in einigen Fällen ehrenhaft bemühten, dies so harmlos wie nur irgend möglich zu tun, während diese also modische Parties besuchten, im Maxim's zu Abend speisten und scharenweise zu den Folies-Bergère strömten, überwachten ihre Kollegen anderswo den Aufbau unaussprechlicher Einrichtungen an entlegenen, versteckten Orten, deren Namen die Geschichte für immer mit Grauen erfüllen werden: Dachau, Buchenwald, Bergen-Belsen, Ravensbrück, Treblinka, Auschwitz, und noch viele mehr. Der besiegten Bürgerschaft blieb all dies verborgen. Die Offiziere jedoch wußten sowenig, oder soviel darüber, wie ihre Pflicht von ihnen verlangte, aber sie wußten es, und es überrascht keineswegs, daß sie sich hüteten, ihr Wissen im Gespräch offenzulegen. Was den Mann auf der Straße anbelangte, so konnte auch ihm auf lange Sicht die Verfolgung der Juden, die Hinrichtung von Geiseln und das infame Vorgehen der Gestapo nicht verborgen bleiben.

Vor diesem Hintergrund war es unvermeidlich – mochte es einem nun gefallen oder nicht –, daß die Beziehungen der französischen Bevölkerung zum Feind letztendlich beurteilt werden mußten. Und fiel das Urteil für das Rechtsempfinden vieler zuweilen zu streng aus, oder zu milde, so war dies einfach ein weiterer willkürlicher Akt in den ungleichen Chancen des Krieges. Marie-Laure hätte man wohl zuallerletzt ein Vergehen zugetraut, das man einer Französin mit jüdischen Vorfahren hätte zum Vorwurf machen können. Und doch war sie schuldig, und ihr Vergehen war unglücklicherweise das einfachste, verlockendste und verräterischste von allen, nämlich fleischlicher Natur. Viele, die die Uniform des Feindes trugen, waren wohlgestalte junge Männer, und es ist allgemein bekannt, daß Soldaten besonders empfänglich sind für die Wollust. So nahm Marie-Laure sich einen deutschen Liebhaber. Es hieß, und sie selbst erwähnte es als mildernden Umstand, daß er eigenlich ein Österreicher war, doch ein jeder wußte, daß manch ein Österreicher die Deutschen noch weit übertraf in seiner Begeisterung für das Dritte Reich. Die Identität des jungen Offiziers scheint vergessen, wahrscheinlich mit Erleichterung, doch es besteht kein Zweifel über seine Existenz, oder über seine Affäre mit der ungestümen Vicomtesse. Offensichtlich kam es ihr nie in den Sinn, daß die Enthüllung *dieses* Skandals – denn als solchen beurteilten das Ganze sogar Leute außerhalb der Faubourg – sie in ernsthafte Schwierigkeiten bringen konnte. Man kann daraus nur die Schlußfolgerung ziehen, daß ihr Benehmen von der Überzeugung geleitet war, daß keine Regel für sie zu gelten brauche, außer ihrem eigenen festen Entschluß, das zu tun, was immer ihr gefiel. Sie schien auch keinerlei Versuch unternommen zu haben, die Affäre zu vertuschen. Es wäre ohnehin vergebens gewesen, da das Pärchen, zusammen mit dem Komponisten Georges Auric, in einen Autounfall verwickelt wurde, der schwer genug war, um an die Öffentlichkeit zu gelangen. Niemand litt größeren Schaden, aber Marie-Laures Nase wurde so verletzt, daß sie fortan durch den Mund atmen mußte, ihr Lachen ein überaus komisches Schniefen wurde, und sie sehr laut schnarchte im Schlaf.

Zahlreiche Französinnen – und Franzosen – erlebten Vergnügen, Zuneigung, ja, sogar Liebe mit Angehörigen der feindlichen Kräfte, die ihr Land besetzt hielten. Die Bevölkerung verurteilte solche Affären für gewöhnlich aufs schärfste. Sie betrafen nämlich nicht nur emotionale und gesellschaftliche Fragen, sondern auch ethische Betrachtungen. Und sogar in Zeiten des Krieges, wenn die Härten des Konflikts wie ein Wirbelwind jedes ethische Prinzip hinwegzufegen scheinen, überleben gewisse Maßstäbe von Rechtschaffenheit. Sie mögen wenig, wenn überhaupt, Beachtung finden, aber sie überleben, und früher oder später werden sie mehr oder minder, da ja alles relativ ist, die Oberhand gewinnen. Diskretion lag nicht in Marie-Laures Natur, im Gegenteil. Aber sie war weder allzu kühn, noch unbesonnen, besaß eine gute Portion gesunden Menschenverstand, und vermied wahrscheinlich deshalb, ihre Affäre mit einem deutschen Offizier öffentlich zur Schau zu stellen. Vielleicht konnte sie auch der Vicomte zur Vorsicht bewegen. Jedenfalls unterzog man sie keiner unangenehmen offiziellen Strafe. Diejenigen jedoch, deren Gefühle oder Grundsätze es ihnen geboten, sie zumindest einer sträflichen Gleichgültigkeit gegenüber Umständen von bitterstem Ernst für schuldig zu befinden, fällten ein moralisches Urteil. Daß Marie-Laure sich über derlei ethische Vorwürfe Gedanken machte, scheint unwahrscheinlich, da es ihr nicht gegeben war, über Angelegenheiten nachzusinnen, die ihr unangenehm waren, oder ihrem Ruf hätten schaden können. Dennoch gab es diese Vorwürfe, und jeder, der Marie-Laures Leben betrachtet, muß sich über die moralische Beschuldigung im klaren sein, die sie proklamieren. Natürlich sprach sie niemand darauf an. Ihr Status, ihr Vermögen und ihre Gelassenheit machten sie immun gegen unangenehme Schmähungen, und die deutsche Affäre scheint nicht viel länger als ein Jahr gedauert zu haben, vielleicht achtzehn Monate.

Welche Ironie des Schicksals, daß irgendwann in dieser Zeit, spät nachts, Abgesandte der Gestapo – hinterhältig wie immer wählten sie den verletzlichsten Zeitpunkt für ihr Unterfangen – an die Pforte von Nummer 11, Place des Etats-Unis pochten, um die Jüdin Bischoffsheim zu verhaften. Der Vicomte war außer Hause, die Bediensteten jedoch aufs genaueste informiert, wie sie sich im Notfall zu verhalten hatten. Sie riefen die älteste Tochter, Laure, damals ungefähr achtzehn Jahre alt, die die ausführlichen Abstammungspapiere zur Inspektion vorlegte. Die Gestapo-Männer waren zweifellos enttäuscht, wenn auch ein wenig eingeschüchtert von der prächtigen Umgebung, und es blieb ihnen keine andere Wahl, als abzuziehen, während Marie-Laure unbehelligt weiterschlief.

Kurz danach nahm sie sich einen anderen Liebhaber, einen hochmütigen, temperamentvollen, wenn auch zweitklassigen Cellisten, namens Maurice Gendron. Dann war eines Tages der Krieg vorüber, und die Noailles stellten fest, daß er ihnen kein größeres Ungemach bereitet hatte, als sie altern zu lassen, während Grauen und Zerstörung in der halben Welt gewütet hatten. So waren sie also ins mittlere Alter gekommen, umgeben von all ihren Gobelins und Bronzestatuen und goldenen Tabaksdöschen.

Im Juni 1950, in einem billigen Hotelzimmer auf der Ile de la Cité, stand ich Modell für eine Zeichnung. Der Künstler, obwohl in Berlin geboren, war ein Engländer meines Alters mit Namen Lucian Freud, Enkel des weltberühmten Psychoanalytikers. Wir hatten einander im vorigen Herbst kennengelernt. Für Lucian Modell zu stehen, war recht mühsam, weil er auf vollkommener Reglosigkeit beharrte und dabei sehr langsam zeichnete. Doch diese Mühsal nahm ich gerne in Kauf, weil ich – damals wie heute – Lucians Arbeiten bewunderte, und seine amüsante, gebildete Gesellschaft sehr genoß. Die Zeichnung, die er anfertigte, war auch für seine Maßstäbe hervorragend, gut getroffen überdies, und wenngleich sie in seinen Augen unvollendet und von bescheidenem Ausmaß war, nahm sie dennoch mehrere Sitzungen in Anspruch. Einmal erzählte er mir, er wolle mit einer Freundin namens Marie-Laure de Noailles zu Abend speisen, und schlug vor, ich solle ihnen doch Gesellschaft leisten, sofern ich nicht anderweitig beschäftigt sei. Das war ich nicht, aber ich hätte ohnedies jede vorher getroffene Verabredung zugunsten Lucians Angebot abgesagt. Denn obwohl ich 1950 noch relativ neu war in der Stadt, war mir Marie-Laures Name bereits ein Begriff. Genau genommen hatte ich ihn im Jahre 1945 vernommen, als ich, damals noch Soldat, sechs Monate in der französischen Hauptstadt verbrachte. Ich wußte daher, daß sie ungeheuer reich und mindestens ebenso exzentrisch war, Schirmherrin von Kunst und Literatur, und daß sie viele Meisterwerke der Malerei und Bildhauerei ihr eigen nannte. Und so sagte ich zu Lucian, es sei mir ein Vergnügen, mit ihm und seiner Freundin zu speisen.

Marie-Laure und Lucian hatten vor kurzem eine Reise nach Wien unternommen, da man eine Gedenktafel am Gebäude der Berggasse 19 anbringen wollte, zu Ehren Sigmund Freuds, der dort jahrzehntelang seine folgenschweren Forschungen über die menschliche Psyche vorgenommen hatte. Eines Abends, in einem Wiener Kaffeehaus, hatten sie ein Erlebnis, das typisch war für Marie-Laures witzige und geistreiche Reaktion auf Unvorhergesehenes. Sie kamen ins Gespräch mit einem sympathischen Gast, der sich als Herr Sacher-Masoch vorstellte, woraufhin Marie-Laure ihn auch prompt fragte, ob er etwa ein Nachfahre des berühmten Leopold von Sacher-Masoch sei, dessen Name im allgemeinen Sprachgebrauch gewisse sexuelle Vorlieben zu benennen pflegte. Kaum hatte er dies bejaht, rief sie aus: »*Ich bin Sade, Sie sind Masoch, er ist Freud!*« Es war schon ein vielsagender Zufall, der drei direkte Nachkommen jener Männer an einem Tisch zusammenführte, deren theoretischer Bezug zueinander die sexuelle Abnormität war, ein Zufall, so recht nach dem Geschmack von Marie-Laure und Lucian, die darin einen Wink des Schicksals zu erkennen glaubten, zumal sie beide sexuellen Extravaganzen durchaus nicht abhold waren.

Wir bestiegen ein Taxi. Ich war nicht besonders gut gekleidet, Lucian allerdings auch nicht. Das Licht unter den Kastanien auf der weiten Fläche der Place des Etats-Unis war bereits ein bleiches Smaragdgrün, gewaltige graue Häuser standen wie versteinerte Mastodons zu beiden Seiten. Die Nummer 11 war ein gewaltiges Bauwerk im Stil des ausgehenden 19. Jahrhunderts, schmucklos, aber dennoch beeindruckend. Lucian läutete, und sofort öffnete sich das Portal. Wir traten unter eine runde Toreinfahrt. Zur Rechten gelangte man durch eine Flügeltüre mit Glaseinsatz in eine weite, hohe Eingangshalle. Ein schwarzgekleideter Butler grüßte uns mit unbewegter Miene. Ich gewahrte eine marmorne Treppenflucht mit korinthischen Säulen und Kristallüstern, Statuen, Gemälden und Gobelins, doch es gelang mir nicht, alle Einzelheiten aufzunehmen, denn wir gingen weiter in eine Galerie, deren Wände bis unter die Decke mit Gemälden behangen waren. Ich war stumm vor Ehrfurcht. Gerechterweise muß ich hinzufügen, daß es noch niemandem gelungen war, nicht einmal Leuten, die in Palästen zu verkehren pflegten, jenes Gebäude ein erstes Mal zu betreten, ohne dabei in schwärmerisches Staunen zu geraten. Am jenseitigen Ende der Galerie, wo Glastüren in einen Garten hinausführten, öffnete der Butler eine Türe zu seiner Rechten, trat beiseite, und ließ uns einen achteckigen Salon betreten. Dort erwartete uns Marie-Laure, gehüllt in geblümte Seide, kam lächelnd auf uns zu und reichte uns sehr liebenswürdig und ungezwungen die Hand, als sollten wir uns bei ihr wie zu Hause fühlen. Dies schien ihr wirklich ein aufrichtiges Bedürfnis. Doch wollte es einem nicht auf Anhieb gelingen, sich vor diesem prunkvollen Szenario heimisch zu fühlen, in dem *sie* sich heimisch fühlte, und wenngleich es sardonisch wäre, zu behaupten, die Besitzerin all der Pracht habe absichtlich so viele Schätze zusammengetragen, um ihr gesellschaftliches Ansehen zu steigern und minder finanzkräftige Besucher einzuschüchtern, so konnte man sich doch des Eindrucks nicht gänzlich erwehren, daß der Raum bewußt als Hintergrund arrangiert worden war, vor dem die Eigentümerin ihr Dasein und ihre Persönlichkeit am theatralischsten zur Geltung bringen konnte. Kurzum, wir befanden uns auf ihrer Bühne. Die Wirkung war unbeschreiblich. Dennoch werde ich einen bescheidenen Versuch wagen, sie zu beschreiben. Drei der Bilder waren von Goya, zwei davon wohl mit seine besten, lebensgroße Porträts seines Sohnes und seiner Schwiegertochter. Ein Bild war von Rubens, eines von Braque, und um diese herum hingen verstreut zahlreiche Zeichnungen von Picasso, Prud'hon und Balthus, darunter auch das große Porträt, welches Picasso von Marie-Laure gezeichnet hatte. Auf Beistelltischchen aus Marmor und vergoldeter Bronze standen etwa zwanzig goldene, edelsteinbestückte Pillendöschen, Etuis und *Cartes de bal* aus dem achtzehnten Jahrhundert. Tanagra-Figürchen, Renaissance-Statuen und byzantinische Elfenbeinarbeiten standen auf dem Kaminsims und den Bücherregalen. Die Möbel waren überwältigend, der Lüster aus Bergkristall. Der Butler kehrte schon bald zurück, unaufgefordert, und trug ein silbernes Tablett mit einer geöffneten Flasche Champagner und drei Kelchgläsern aus Bleikristall, welches er vor dem Kamin auf der großen Jadeplatte eines niedrigen Tischchens abstellte. Großzügige Sträuße weißer Lilien waren in silbernen Vasen arrangiert, und was mir mit am meisten im Gedächtnis geblieben ist von diesem ersten Abend, ist der schwere Blumenduft im blaßgrünen Licht, das von Innenhof und Garten hereinsickerte.

Kaum hatten wir Platz genommen und einige Male am Champagner genippt, als das Telefon klingelte. Die Vicomtesse hob den Hörer ab, lauschte ein paar Minuten, sprach ein paar Worte und legte wieder auf. »Das war Roro«, sagte sie. »Er ist bei Cecil und möchte mit uns zu Abend speisen, also habe ich zugesagt.«

Er freue sich auf Cecil, meinte Lucian, da er sich mit ihm über eine Art Porträt geeinigt habe, das ihm schwer von der Hand ginge und der Klärung bedurfte. Ich hatte keine Ahnung, wer die Leute waren.

Roro mußte aus unmittelbarer Nähe angerufen und außerdem fest mit Marie-Laures Gutmütigkeit gerechnet haben, da man ihn kaum fünfzehn Minuten später in den Salon führte. In der Zwischenzeit hatte die Vicomtesse sich in den Nebenraum begeben und kam alsbald mit langen weißen Handschuhen und einer kleinen roten Handtasche zurück. Roro – sein richtiger Name war Robert Veyron-Lacroix – war dunkelhaarig, von südländischem Äußeren. Er küßte Marie-Laure auf beide Wangen. Cecil Everley war hochgewachsen, geschmeidig, blond und mußte in seiner Jugend, die bereits verblüht war, einmal sehr gut ausgesehen haben. Er schüttelte Marie-Laure lediglich die Hand. »Aber ich nahm an, du kämest mit Cecil Beaton«, sagte sie zu Roro. »Wirklich schlau, mir das nicht zu sagen.«

Roro lachte und rief: »Sei nicht albern!«

Worauf Marie-Laure bedächtig ihre weißen Handschuhe abstreifte und sie zusammen mit dem Täschchen auf einen mit rotem Samt bezogenen Hocker warf. »Ich habe mit einem Mal ganz fürchterliche Kopfschmerzen«, sagte sie. »Ich kann unmöglich ausgehen. Ihr müßt mich leider entschuldigen.« Und während sie sich entfernte, fügte sie noch hinzu: »Ich wünsche euch einen angenehmen Abend.«

Da konnte man nichts machen, also akzeptierten wir ihre Absage und verabschiedeten uns, einer nach dem anderen, wobei Roro und Cecil als erste den Raum verließen. Da rief Marie-Laure: »Lucian, bleibt doch noch einen Moment, du und dein Freund. Ich muß euch etwas sagen. Und bitte, schließt doch die Türe. Roro kennt den Weg.« Sie setzte sich in einen Lehnsessel neben den Kamin, ergriff ihr Glas und sagte: »Was könnte Kopfschmerzen wohl besser vertreiben, als ein Schluck Champagner, nicht wahr? Er wirkt wahre Wunder. Ich fühle mich bereits viel besser.«

Lucian lachte, goß uns allen noch Wein in die Gläser und sagte: »Francis meint, Champagner sei das Elixier für ewige Jugend.«

Marie-Laure lachte auch.

Ich brachte nur ein kleines Wiehern zustande, eher peinlich berührt, als belustigt, und die unverhohlene Unverschämtheit unserer Gastgeberin versetzte mich in schockiertes Staunen. Ich fühlte mich entschieden unwohl an diesem ersten Abend, zu Gast in ihrer Villa. Außerdem wußte ich nicht, wer die unwillkommenen Gäste waren, ganz zu schweigen von Francis, und meine Freunde machten auch keinerlei Anstalten, mir die Situation zu erklären. Sie schienen meine Anwesenheit für selbstverständlich zu halten und schenkten mir nur mäßige Aufmerksamkeit, was mir unter diesen Umständen jedoch nur gelegen kam. So konnte ich mich in Ruhe an der Schönheit von Goyas blondem, dunkeläugigem Sohn ergötzen, an seinen engen gestreiften

Hosen und der perlgrauen Weste, und stellte mir vor, ich würde nie mehr die Gelegenheit haben, seinen sehnsüchtigen Blick zu erwidern. Wie hätte ich auch ahnen sollen, daß er mir schon bald so vertraut sein würde, wie ein alter Bekannter, und ebenso empfänglich für meine seelenvolle Bewunderung?

Doch bevor wir noch unsere Gläser geleert hatten, erhob sich Marie-Laure, nahm ihre Handschuhe und die Tasche und sagte: »Wir sollten besser gehen. Ich habe uns im Méditerranée auf neun Uhr dreißig einen Tisch reservieren lassen, und Baka wartet mit dem Auto.«

Doch Lucian sagte: »Laß' uns James doch zuerst das Obergeschoß zeigen. Ich möchte vor allem, daß er die Bilder von Balthus sieht.« Also gingen wir zurück durch die Galerie und erstiegen die Marmortreppe. Am oberen Absatz hing eine große figürliche Darstellung Picassos aus der afrikanischen Periode. Wahrscheinlich um 1908 gemalt, dachte ich, enthielt mich jedoch vorsichtig eines Kommentars. Im oberen Stockwerk traten wir durch eine mächtige Flügeltüre, deren Innenseite mit Bronze beschlagen war, und kamen in einen sehr großen Salon. Die Wände waren reich mit Bildern bestückt. Rechts ein großer Rubens. Zwischen den Fenstern ein herrlicher früher Chagall, ein grünes Schwein darstellend. An der jenseitigen Wand das prachtvolle Porträt der Vicomtesse, ein Werk von Balthus. Darauf verbarg eine Maske ihr Gesicht, so daß nur die Augen schlau und forschend aus dem Bild blickten, das zurecht die Bezeichnung Meisterwerk verdient. Ich tat einen Ausruf der Bewunderung. Dann gingen wir wieder nach unten.

Baka war der Fahrer, das Auto ein großer Chrysler. Nur fünfzehn oder zwanzig Minuten waren vergangen seit Marie-Laures Kavaliersvorwand, sie fühle sich nicht wohl genug, um mit Roro und Cecil zu speisen, und als wir hinaustraten, um in das Auto einzusteigen, warteten die beiden an der Straßenecke zu unserer Linken, keine fünfzig Meter entfernt, wußten offensichtlich nichts Rechtes mit sich anzufangen. Keine Situation hätte peinlicher sein können, denn sie mußten uns ja sehen, aber Marie-Laure und Lucian taten, als seien die beiden durchsichtig oder gar nicht vorhanden. Sie stiegen ein, während der Fahrer den Wagenschlag aufhielt – ziemlich übellaunig, fand ich –, und ich hatte keine andere Wahl, als es ihnen gleichzutun. Und dennoch konnte ich mich eines Anflugs von Mitleid nicht erwehren für die beiden

Männer, die man willkürlich gedemütigt hatte, obwohl sie doch als Freunde der Vicomtesse galten, und ich fragte mich, ob solch eine Frau wirklich die Dame von solch seltenem Gespür und bemerkenswerten Qualitäten sein konnte, als die man sie mir geschildert hatte. Zuweilen war ich ganz sicher, daß sie es war, dann wieder, daß sie es nicht war, und eigentlich wüßte ich es noch immer ganz gerne.

Wir begaben uns ins Méditerranée, damals ein ungemein schickes Restaurant mit ausgezeichneter Küche, mit dem es dann allerdings bald bergab gehen würde. Im Hauptspeisesaal hing ein großes Gemälde von Balthus, eine wildblickende Katze darstellend, die am Meeresufer saß, Messer und Gabel aufgepflanzt, um einen Fisch zu verschlingen, den die nahen Wogen auf ihren Teller gespült hatten. Das Haus hatte sich auf Meeresfrüchte spezialisiert. Während des Essens fiel kein Wort über Roro und Cecil. Marie-Laure widmete mir ihre gesamte Aufmerksamkeit, stellte mir allerlei Fragen, die meisten davon sehr indiskret – über meine Vergangenheit, meine Familie, Freunde, intimen Bekanntschaften, usw., usw. Das war ganz offensichtlich ein Spiel, womöglich auch eine Art Test. Sie war absichtlich unverschämt, um herauszufinden, wie weit sie gehen konnte, um mich auf die Palme zu bringen. Doch gleichzeitig war zu bemerken, wie warmherzig ihre Neugierde war. Vor allem eines galt es zu vermeiden: Man durfte auf keinen Fall den Eindruck erwecken, als sei man eingeschüchtert. Ich meinte sogar, eine Prise Unverschämtheit könne dem persönlichen Menü nur wohltuende Schärfe verleihen. Also sagte ich:»Natürlich, wer wie Sie tagein tagaus inmitten von Meisterwerken lebt, wird blasiert. Zum Beispiel all jene Golddöschen in Ihrem Salon, ich glaube nicht, daß Sie sie überhaupt noch sehen.«

Vernehmliches Schweigen, dann, mit leichtem, von der Andeutung eines Lächelns erhellten Stirnrunzeln, entgegnete Marie-Laure:»Ich sehe sie mir nur an, um sie zu zählen. Und das tue ich jede Nacht, bevor ich zu Bett gehe.«

Als jedoch einige Jahre später sämtliche Golddöschen gestohlen wurden, schien es fast, als habe sie den Verlust eines alten Freundes zu beklagen. Der Diebstahl klärte sich niemals auf. Man fand keinerlei Spuren eines gewaltsamen Eindringens, außerdem hatte man sonst nichts Wertvolles entwendet. Einige behaupteten, der Dieb sei ein Freund von Jean Genet gewesen. Es war ein Jammer, zumal der herr-

Doppelporträt von Gertrude Stein und Alice B. Toklas, photographiert von Cecil Beaton *(Sotheby's London)*

Porträt von Gertrude Stein, gemalt von Pablo Picasso, 1906 *(The Metropolitan Museum of Art, Nachlaß von Gertrude Stein, 1946, 47.106)*

Seite gegenüber:
oben: Gertrude vor dem Picasso-Porträt *(James Lord)*
unten: Gertrude, 1946 *(Horst P. Horst)*

Porträt von Alice B. Toklas, gemalt von Dora Maar, Paris, 1952 *(Yale Collection of American Literature, Gertrude Stein Collection)*

Alice und James *(G. Boigontier)*

Blick auf den Ort Skyros, vom Strand vor Errietas Haus *(James Lord)*

oben: Errietas Haus mit Mühle *(James Lord)*
unten: Errieta, unter ihrer Pergola sitzend *(James Lord)*

oben: James, auf dem Dach von Errietas Haus sitzend *(M. Ribault)*
unten: Larry Hager *(James Lord)*

liche Saal damit seine Atmosphäre ungezwungener Pracht für immer verloren hatte. Und dann, kurze Zeit später, schaffte man die Goyabilder in die obere Etage, wo sie fortan, an der Wand neben dem Treppenaufgang, ein nahezu bedeutungsloses Dasein fristeten. Doch dies geschah aus Beweggründen, die über Verlustgefühle hinauszugehen und daher tatsächlich den lebendigen Zauber von Kunstwerken zu verleugnen schienen.

Marie-Laure bezahlte das Abendessen. Ihr Fahrer wartete draußen, und man fuhr mich vor das billige Hotel, in dem ich damals wohnte. Bald darauf kehrte Lucian nach London zurück und ließ mich allein mit dem unvollendeten, unsignierten Porträt und einer Radierung, auf der zu lesen stand: »Für James, in Liebe Lucian.«

Robert Veyron-Lacroix war ein ausgezeichneter Cembalospieler, der weltweit Konzerte gab, oft zusammen mit dem Flötisten Jean-Pierre Rampal, der ein angesehener Professor am Konservatorium wurde. Er war ein treuer Freund Marie-Laures, und wir trafen ihn häufig. Cecil Everley war der Geliebte eines amerikanischen Millionärs, der die Großnichte von Papst Leo XIII geheiratet hatte, und es ihr und ihren gemeinsamen fünf Kindern ermöglichte, in großem Luxus zu leben. Seine Gattin beschrieb man oftmals als die Marie-Laure von Rom. Der Francis, auf den Lucian sich bezog, jener Verfechter der Ansicht, Champagner verleihe ewige Jugend, war natürlich Bacon, und sein Glaube war sehr augenscheinlich durch das Exempel gerechtfertigt, zumal zahllose Flaschen der blubbernden Flüssigkeit seine Gesundheit nie zu beeinträchtigen schienen, bis ihn im Alter von zweiundachtzig Jahren ein plötzlicher Tod dahinraffte.

Nicht lange nach dieser ersten Begegnung mit Marie-Laure verließ ich Paris für drei Monate, reiste dann im Oktober in die Vereinigten Staaten und kehrte erst im März 1951 wieder nach Paris zurück. Bald danach stieß ich bei einer Party auf die Vicomtesse. Sie erinnerte sich an den Abend mit Lucian, und wir plauderten. Ich begegnete ihr immer wieder, bei verschiedenen Gelegenheiten. Sie lud mich zu sich zum Lunch ein, und anschließend saßen wir dann oben in dem prächtigen Salon, wo ich den Rubens, Chagalls niedliches grünes Schwein und Balthus' Porträt von Marie-Laure bewundern konnte. Doch dann ging ich wieder nach Amerika, bereiste sämtliche Staaten und Teile Kanadas, und war dieses Mal länger als ein Jahr nicht in Paris. So erneuerte ich erst wieder im Frühling 1953 die Freundschaft mit den vielen Menschen, die ich in Paris kannte.

Damals lebte dort ein junger amerikanischer Komponist mit Namen Ned Rorem. Bislang hatte er sich noch nicht hervorgetan; das würde erst noch kommen. Noch war er vor allem ob seiner Schönheit bekannt. Und die war in der Tat so außergewöhnlich, daß sogar Ned selbst sie mit Rührung betrachtete. Es war einfach, seine Bekanntschaft zu machen, weil er freundliches Entgegenkommen als Tribut interpretierte, den man seinem Äußeren zollte, und der Ansicht war, dies müsse mit Zutraulichkeit belohnt werden. Und tatsächlich sehnte er sich danach, gemocht, oder besser noch, geliebt zu werden, wodurch bewiesen wäre, daß die Natur den Empfänger ihrer verführerischen Gabe richtig gewählt hatte. Er war umgänglich, ohne sich für dumm verkaufen zu lassen, arbeitete und trank viel, war ehrgeizig und gerissen, und hatte schon bald eine Menge Freunde in Paris. Waren sie zufällig berühmt, reich und nützlich, und außerdem bereit, seine engelsgleiche Miene anzubeten, umso besser. Ich habe die Umstände unserer Begegnung nicht vermerkt, aber ich entsinne mich, in meinen ersten Jahren in Paris den Eindruck gewonnen zu haben, man könne wirklich alle Welt kennenlernen, wenn man es nur wollte, und so war es auch fast. Marie-Laure und Ned mußten einander früher oder später begegnen, zumal sie als Kunstmäzenin galt; und es hieß, sie habe auf der Stelle Feuer gefangen für den schönen Musiker, obwohl sich daraus natürlich keine sinnliche Beziehung ergab, da Ned seine Sehnsucht ausschließlich beim eigenen Geschlecht zu stillen suchte. Er und ich waren niemals mehr als gute Kameraden, weil mich sein gutes Aussehen nicht sexuell berührte. Wir drei gingen gelegentlich zusammen aus, noch bevor ich 1952 nach Amerika abreiste. Als ich zurückkam, wohnte Ned in Marie-Laures Haus, wo ihm ein bequemes Zimmer mit einem Flügel zur Verfügung stand, das man von Marie-Laures Gemächern aus über eine Hintertreppe erreichte, und welches den begrünten Hof überschaute. Und sie hatte ihrem scharfsinnigen Humor Luft gemacht, indem sie ihm den Kosenamen »Fräulein Schlauberger« verpaßte. Ned war es auch, der mir die Pforte zur Place des Etats-Unis öffnete, weil sein Status es ihm gestattete, eigene Gäste zu empfangen. Später genügte allein der Schwung des gesellschaftlichen und künstlerischen Lebens jener Jahre, um mich voranzutreiben, doch ganz besonders willkommen wurde ich der unberechenbaren Vicomtesse, als meine Freundschaft zu Dora Maar enger wurde. Das war im Spätherbst des Jahres 1953.

Marie-Laure und Dora kannten einander damals bereits seit mehr als zwanzig Jahren, nachdem sie sich bei den Surrealisten kennengelernt hatten. Beide Frauen waren einzigartige Persönlichkeiten und von unkonventioneller Eigenständigkeit. Ich glaube, es bestand eine gewisse Rivalität zwischen den beiden, vor allem um das Prestige, das ihre berühmten Liebhaber auf sie übertrugen. Als Picassos rechtmäßige Geliebte wurde Dora ein königinnenähnlicher Status zuteil in jenem Milieu, das beide Frauen frequentierten. Marie-Laure war zweifellos neidisch und erzählte gerne, wie sie Picasso einmal vorgeschlagen habe, mit ihm ins Bett zu springen, und dabei gesagt haben wollte: »Du sollst Goya sein und ich die Herzogin von Alba.« Doch dieser denkwürdige Akt hatte niemals stattgefunden. Ich habe die Geschichte nie geglaubt. Marie-Laure neigte zu schalkhafter Verdrehung der Tatsachen, wenn sie damit ihrer Person eine gewisse Bedeutsamkeit verleihen konnte. Als Picasso Dora kaltblütig verließ, um eines Mädchens willen, das nur halb so alt war wie sie, empfand die Vicomtesse wohl eine gewisse Genugtuung, war jedoch zu feminin und fair, um sich dies anmerken zu lassen, und die beiden Frauen wurden danach zweifellos bessere Freundinnen. Außerdem hatte Marie-Laure Liebhaber, wogegen Dora mutterseelenalleine war. Dann betrat ich die Szene, und sogar Dora muß mein Erscheinen als kleine Milderung ihrer Einsamkeit empfunden haben, denke ich. Zumindest für eine Weile.

Den Sommer 1954 verbrachte ich mit Dora in dem provenzalischen Dorf Ménerbes, wo ihr in glücklicheren Tagen Picasso ein Haus geschenkt hatte. Und im August lud Marie-Laure mich nach Hyères ein, wo ihr prachtvolles Domizil nur teilweise renoviert worden war, nachdem man es im Krieg als Krankenhaus genutzt hatte. Nur acht oder zehn Schlafzimmer und drei oder vier Salons hatte man wieder bewohnbar gemacht, wohingegen man Swimming-pool, Squash-Platz, Turnhalle und alles übrige in halbverfallenem Zustand belassen hatte. Aber trotzdem war es ein hübsches Haus innerhalb der Ruinen eines gewaltigen Gebäudes; die Wände hingen voller Gemälde von Picasso, Juan Gris, Klee, Miró und Max Ernst, die Gärten waren üppig und das Essen unvergleichlich. Ménerbes war dagegen wie ein Kloster, und ich war froh um die kurze Abwechslung, die müßigen Tage und die lebhafte Gesellschaft meiner Gastgeberin, Neds und anderer Gäste. Also blieb ich. Und eines trägen Nachmittags, als ich lesend auf einem Diwan im großen Salon lag, kam Marie-Laure herein und setzte sich neben mich. Sie wolle mit mir über Dora sprechen, sagte sie. Wir sprachen ausführlich über sie. Nur nach und nach wurde mir klar, daß Marie-Laure weit mehr Interesse daran hatte, herauszufinden, wie genau meine Beziehung zu Dora geartet war, als die Schattenseiten der Persönlichkeit ihrer Freundin mit mir zu besprechen, und unglücklicherweise war ich beeinflußbar und unverantwortlich genug, ihr mehr zu verraten, als ich hätte sollen. Und ohne es ausdrücklich zu sagen, hatte ich es wohl zur Genüge klar gemacht, daß wir nicht miteinander ins Bett gingen. Dieser Klärung hätte es schon deshalb nicht bedurft, da meiner Gastgeberin wohl kaum entgangen war, daß meine sexuellen Neigungen denjenigen Neds entsprachen. Ich fühlte mich jedoch geschmeichelt, daß sie Interesse an mir bekundete. Daß dies für meinen Geschmack jedoch zu weit ging, sollte ich bald merken, und so blieb mir nichts anderes übrig, als etwas abrupt das Weite zu suchen. Doch sie trug es mir nicht nach. Ja, je besser ich sie kannte, desto mehr wurde mir bewußt, daß sie ihren Freunden Zuneigung und Respekt zu bezeigen gewillt war, wenn diese ihren Launen widerstanden und ihre Mißbilligung auf die leichte Schulter nahmen.

»Es ist schon hart«, pflegte sie zu sagen, »sich das tägliche erotische Brot zu verdienen.« Sie machte es sich hart, und arbeitete hart daran. Es war die einzige harte Arbeit, die sie jemals hatte tun müssen.

Meine enge, tiefe Freundschaft mit Marie-Laure begann in jenem Sommer und währte ohne Unterbrechung oder Mißton bis zu ihrem Tod. Wie eng und vertraut unser Umgang war, mag man daraus ersehen, wieviel sie mir von ihrem Leben anvertraute. Das tat sie meines Wissens auch mit einigen anderen, weil sie durchaus nicht abgeneigt war, über sich selbst, ihre Erfahrungen und Gefühle zu sprechen. Denn je mehr sie über sich selbst redete, desto besser konnte sie sich vorstellen, die Hauptrolle in ihrem selbstinszenierten Stück zu spielen. Sie war raffiniert genug, zu erkennen, daß ihr Temperament und ihre Persönlichkeit einen Charakter ergaben, der einige gesellschaftliche und intellektuelle Aspekte einer spezifischen Ära bestimmte. Man mag dem entgegenhalten, daß sie zu jener Ära nicht mehr beizutragen hatte als diese

Bestimmung, eine Abstraktion ohne dauerhafte Konsequenzen. Aber sie erkannte klug, daß das Flüchtige seinen Wert hat, und wem es gelang, ein Symbol für diesen Wert zu werden, würde über das Grab hinaus leben. Sie war exakt zur richtigen Zeit auf die Welt gekommen und schlug ihren Vorteil daraus. Veerzig Jahre früher oder später wäre sie fehl am Platze gewesen, zumal dann eine junge Dame aus ihren Kreisen womöglich niemals den Entschluß gefaßt hätte, Marie-Laure de Noailles zu werden. Immerhin waren auch Picasso, Balthus, Dali, Giacometti, Max Ernst, Miró, Buñuel, Breton, Aragon, René Crevel und all die übrigen, samt dem deutschen Offizier, Mitglieder ihrer Truppe, denn sie alle wären zu einem anderen Zeitpunkt nicht minder fehl am Platze gewesen wie sie.

Es war die Rede davon, eine ausführliche Biographie von Marie-Laure zu schreiben. Ich fürchte jedoch, ihre Geschichte könnte nicht einmal ein kurzes Büchlein füllen, da ihr Leben nicht ausreichend Stoff bieten würde für eine Biographie. Hierfür wäre ein Held oder eine Heldin nötig, ein Mensch, dessen Dasein die Welt verändert hat, ein Keats oder Mozart, Alcibiades, Kleopatra, Emily Brontë, der Bischof von Hippo oder zahllose andere, deren Namen die Lexika füllen. Marie-Laure gehörte nicht dazu, auch wenn sie es sich brennend gewünscht haben mochte und es sogar beinahe erreicht hätte. Sie besaß den Ehrgeiz, das nötige Talent, die Intelligenz, die Gelegenheit, die finanziellen Mittel. Woran es ihr jedoch mangelte, und zwar in entscheidendem Maße, war Charakterstärke, ohne die alle anderen Tugenden unweigerlich in Vergessenheit und Enttäuschung münden. Entlang des Wegs mögen allerhand strahlende Träume genährt, weltliche Ehrungen und großartige, aber leere Versprechungen empfangen werden, und manche Menschen mögen dies irrtümlicherweise für die Befriedigung des ursprünglichen Strebens halten. Eine Dame vom Format Marie-Laures jedoch niemals. Die Vorstellung, jemand schreibe ihre Biographie, hätte ihr zwar durchaus gefallen. Ich möchte jedoch glauben, daß ihr der gesunde Menschenverstand hätte einwenden lassen, ihr Leben sei hauptsächlich doch nur deshalb von Interesse gewesen, weil sie bedeutendere Männer und Frauen zu interessieren, zu amüsieren und zu unterhalten vermocht hatte. Da ist meines Erachtens dieser bescheidene, kritische Blick, diese anekdotenhafte, unschuldige Erzählung mit einem Quäntchen Klatsch eher geeignet, ihr gerecht zu werden. Und wirkt sie zuweilen etwas weitschweifig, ohne die nötige Struktur, dann nur deshalb, weil Marie-Laure selbst auch nicht anders war. Leuten, die sie mochten, fiel es gerade deshalb leicht, sie zu nehmen wie sie war, eine Kunst, die anderen nahezu unmöglich scheinen wollte.

Ich mochte sie. Ich mochte den Luxus, die Atmosphäre unermeßlichen Reichtums, die großartigen Kunstwerke, die guten Gespräche und das köstliche Essen, die ungezwungene Gastfreundschaft, die außergewöhnliche Vielfalt interessanter Menschen, den schlichten Spaß, den es dort in Hülle gab, außerdem genoß ich es natürlich sehr, gemocht zu werden. Sobald wir Freundschaft geschlossen hatten, regte sich in mir nicht ein einziges Mal der Zweifel, sie könne mir nicht zugetan sein. Man hätte sich natürlich fragen können, ob sie Menschen, solange sie nur ja sympathisch waren, nicht für austauschbar hielt, und ob eine ernstere Auseinandersetzung der Freundschaft nicht ein jähes Ende bereitet hätte. Im Frühling des Jahres 1957 verbrachte ich einige Zeit allein mit Marie-Laure in Hyères, und eines Nachmittags, in der Badewanne, begann ich mit einem Male, mich etwas unpäßlich zu fühlen. Man ließ noch vor dem Abendessen einen Arzt kommen. Der eröffnete mir nach kurzer Untersuchung, ich litte an Mumps, einer Krankheit, die normalerweise nur Kinder befiele, bei Erwachsenen ernste Folgen haben könne und erwiesenermaßen bei engem Kontakt ansteckend sei. Nach dieser Diagnose sah ich meine Gastgeberin nicht mehr. Mein Abendessen wurde mir auf mein Zimmer gebracht, und am nächsten Morgen schaffte man mich ins Krankenhaus nach Hyères. Dies Etablissement, übelriechend und nicht allzu sauber, schien seit dem Zweiten Kaiserreich kaum mehr modernisiert worden zu sein, und ich verbrachte dort zehn sehr unangenehme Tage. Meine Koffer und mein Auto wurden mir von Marie-Laures Fahrer nach unten gebracht. Ein guter Freund, der nicht fürchtete, sich anzustecken, traf mich in Cannes, und wir reisten gemeinsam nach Italien. In Genua schwollen meine Hoden auf Kiwigröße und verursachten mir solch heftige Schmerzen, daß ich noch weitere zehn Tage im Bett verbringen mußte, dieses Mal allerdings im luxuriösen Hotel Columbia. Ich sah Marie-Laure erst nach sechs Wochen wieder, und sie sagte: »Du hast mich ganz schön erschreckt. Ich habe mir wochenlang Sorgen gemacht. Hast du gewußt, daß Mumps bei Erwachsenen Taubheit verursachen kann?«

»Und Sterilität«, sagte ich.

Doch ein Gutes hatte die Sache doch, weil ich dadurch erfuhr, daß auch Giacometti sich nach der Pubertät mit Mumps angesteckt hatte und steril geworden war, ein Umstand, der für seine Biographie ganz wesentlich war, und den ich sonst wohl nie erfahren hätte. Glücklicherweise höre ich ausgezeichnet, und die Sterilität hat mich zeit meines Lebens nicht mehr bekümmert, als sie Alberto bekümmert hatte, also überhaupt nicht.

Als ich Marie-Laures Bekanntschaft machte, hatte sie einen abstoßend häßlichen Liebhaber, den Maler Oscar Dominguez. Oscar war ein Spanier von den Kanarischen Inseln und bereits lange vor dem Krieg nach Paris gekommen, um bei all dem surrealistischen Mumpitz mitzumischen. Er hatte seine Verachtung der Konventionen bewiesen, indem er einem Künstlerkollegen namens Victor Brauner bei einer Prügelei ein Auge ausschlug. Oscar war ein Riese mit bellender Stimme und hatte von Geburt an einen abnorm vergrößerten Schädel mit leicht schiefer Kinnlade und wulstigen, gummiartigen Lippen. Er ließ sich unentwegt vollaufen, hatte stets blutunterlaufene Augen, und hatte er getrunken, dann waren seine Worte und Taten oft unflätig. Bei einem Abendempfang in der Wohnung eines steifen Pariser Innenarchitekten unterbrach er den Auftritt einer balinesischen Tanzgruppe, indem er sich seiner Hosen und Unterhosen entledigte, und um den Tanzboden tollte. Einige der Anwesenden meinten, solch eine Kleinigkeit hätte den Aufwand nicht gelohnt. Marie-Laure gab sich wütend, war in Wirklichkeit aber belustigt. Als Maler war Oscar mittelmäßig, aber er besaß ein feines Gespür für gewandte Pinselführung und Pastiche. Seine Arbeiten waren unwiderruflich von Picasso beeinflußt, von dem er förmlich besessen war, und an den ihn, seinen Landsmann, eine ungleiche und unbehagliche Kameradschaft band. Während des Krieges hatte er sich ein Zubrot verdient, indem er falsche Picassos gemalt und sie an die Deutschen verschachert hatte, ein Hilfsmittel, das der Ältere ihm nicht übelzunehmen schien. Doch dies Fälschertalent sollte tragische Folgen haben.

Marie-Laures Vorliebe für Männer mit schöpferischer Natur spiegelte sicherlich zum Teil ihre Sehnsucht wider, sich selbst Anerkennung auf demselben Gebiet zu erringen. Als ich sie kennenlernte, hatte sie das Schreiben bereits aufgegeben, obwohl sie damals gerade einen Roman veröffentlichte, den sie bereits früher verfaßt hatte, mit dem Titel *Das Zimmer des Eichhörnchens,* gewidmet »Der Erinnerung an den Unvergleichlichen Henry James, dessen Geheimnisse noch keiner kennt«. Was Geheimnisse anbelangt, so enthält dieser Roman die Episode einer Frau, die ihren Mann im Bett mit einem anderen Mann überrascht, worauf sie sich das Leben nimmt. Nachdem sie ihre literarischen Bestrebungen verworfen hatte, beschloß Marie-Laure, sich mit der Malerei Lorbeeren zu verdienen, ein Weg, der ihr weniger mühsam erscheinen mochte. Auch die Suche nach Unsterblichkeit war ihr nicht fremd, die schöpferische Freunde mit Kunstwerken unterstützen konnten, die ihr glichen. Neben Porträts von Picasso, Balthus und Dali besaß sie eine beträchtliche Anzahl von weniger bedeutenden Talenten, wie Berman, Bérard, Fernández, Marie Laurencin, Fenosa usw. Giacometti hatte sie in den späten Vierzigern gezeichnet, gemalt und gemeißelt. Und ihr Name erscheint häufig in seinen damaligen Notizen. Er machte eine ganze Reihe Zeichnungen von ihr, zwei Skulpturen und ein Gemälde. Das Gemälde wurde im Jahre 1950 ausgestellt und irrtümlicherweise als *Porträt von Annette* betitelt, des Künstlers Frau. Alberto pflegte über solche Fehler salopp hinwegzusehen. Dennoch ist es eigenartig, daß er sich niemals bemühte, wenigstens diesen zu berichtigen, zumal die fehlende Ähnlichkeit mit Annette ins Auge sticht, und das Gemälde in der Baseler Kunsthalle blieb, wo es noch heute den falschen Titel trägt. Keine der Skulpturen Marie-Laures wurde zu ihren oder seinen Lebzeiten in Bronze gegossen. Ich fragte Marie-Laure einmal, weshalb sie Alberto nicht drängte, sie gießen zu lassen, ein Vorschlag, den er doch gewiß nicht abschlagen würde, und sie antwortete: »Ach, das ist doch schon ein alter Hut. Ich habe keine Lust dazu.« Irgendetwas mußte zwischen den beiden vorgefallen sein. Ich nehme an, es war etwas sehr Persönliches, zumal Giacometti fast nie Menschen porträtierte, für die er nicht zumindest eine gewisse Zuneigung empfand, und es sah Marie-Laure so gar nicht ähnlich, Gleichgültigkeit gegenüber einem Porträt von sich zu empfinden. Es ist wirklich ein Jammer, daß ihre Sammlung von persönlichen Porträts keinen Giacometti enthält.

Marie-Laure und der Vicomte waren einander sehr zugetan. Leute, die die beiden gut kannten, bemerkten, daß er ihre skandalösen Liebschaften und ihr unkonventionelles Gebaren genoß, weil er sie vielleicht um ihre robuste Entschlossenheit beneidete, zu tun, was immer sie wollte. Da sie häufig getrennt waren, telefonierten sie fast täglich miteinander und standen außerdem in regem Briefkontakt. Doch der Vicomte fand keinen Ausweg aus dem Kerker seiner Kaste. Er hatte an die Decke seines Schlafzimmers das Relief seines Wappens anbringen lassen, und man stellt sich mitfühlend die Frage, was er wohl dabei empfunden haben mochte, wenn er von seinem einsamen Bett aus auf jenes Emblem archaischer Privilegien und Macht blickte. Hinter seinem Rücken machte Marie-Laure sich gehörig lustig über seine Schwäche, aber ich glaube nicht, sie hätte absichtlich etwas getan, ihn zu verletzen. Ihn allerdings in Verlegenheit zu bringen, amüsierte sie königlich, denn sie war pervers, intelligenter als er und besaß zudem die stärkere Persönlichkeit. Sie war eine echte Kunstliebhaberin und Ästhetin, während er sich nicht so recht für die Kunst zu erwärmen vermochte. Er schätzte guten Geschmack. Seine Höflichkeit war zweifellos erlesen, schien jedoch bei näherer Betrachtung eine Gleichgültigkeit zu offenbaren, die eigentlich Verachtung ausdrückte. Ich notierte ein Gespräch, das wir einmal in seinem Auto führten, nachdem wir in der Place des Etats-Unis zu Mittag gespeist hatten. Er beklagte sich mit einem gewissen Pathos, es sei nahezu unmöglich geworden, Dinnerparties zu geben, da man wegen des Überhandnehmens falscher Titel und illegitimer Kinder, die vorgaben, legitim zu sein, nur sehr schwer eine Sitzordnung erstellen konnte. Solche Probleme hätten seiner Gattin nicht einen Moment Kopfzerbrechen bereitet.

Der Vicomte mußte es sehr bedauert haben, daß er seinen stolzen Titel keinem Sohn vererben konnte, zumal der Titel eines Vicomte bis zum Mittelalter zurückreichte und folglich weit herrschaftlicher war als der Titel eines Grafen. Er trug Sorge für die Erziehung der beiden Töchter und hoffte wohl auf glänzende Partien für sie. Mit ihrem Namen und ihrem Vermögen waren nicht einmal Verbindungen mit dem Königshaus undenkbar. Laure, die ältere der beiden, heiratete einen unbekannten, aber ungemein eleganten Bourgeois mit Namen Bertrand de La Haye Jousselin, mit dem sie sehr glücklich war. Sie bekamen zwei Söhne. Sie war eine schicke, steife und oberflächliche Frau, sprach von den Künstlerfreunden ihrer Mutter als »Mamas Tippelbrüder« und verstarb, noch nicht sechzigjährig, an Krebs. Nathalie machte sich, anders als ihre Schwester, wenig aus gesellschaftlichem

Status, sondern war eine fanatische Tierfreundin, liebte ganz besonders Pferde, und wollte Profirennen reiten. Sie heiratete impulsiv einen Italiener namens Alessandro Perrone, dessen Familie die römische Zeitung *Il Messaggero* besaß, und der sich schon bald als treuloser und unpassender Ehemann erwies. Dennoch bekamen auch sie zwei Söhne. Nathalie haßte das Leben in Rom, stürzte mehrmals beim Springreiten so unglücklich vom Pferd, daß ihre Gesundheit unentwegt angegriffen war, und kehrte bald nach Frankreich zurück, geschieden und frühzeitig gealtert. Einmal sagte Marie-Laure am Mittagstisch zu ihr: »Eine Techter wie dich zu haben, ist schrecklich für eine Frau wie mich.« Schrecklich war natürlich sowohl die Grausamkeit, als auch die Richtigkeit der Bemerkung. Picasso hatte dasselbe einmal über seinen Sohn Paulo gesagt. Doch wenigstens besaß Nathalie den Mumm, ihr zu antworten: »Glaubst du etwa, es sei weniger schrecklich, eine Mutter wie dich zu haben?« Paulo war weniger trotzig gewesen, hatte geschwiegen. Marie-Laure mußte eingesehen haben, daß Nathalie allen Grund hatte zum Groll, weil sie noch am selben Abend zu ihr sagte: »Ich habe beschlossen, dir den großen Picasso zu schenken, der im Treppenhaus hängt.« Doch über die mütterliche Demütigung konnte kein Kunstwerk hinwegtrösten. Marie-Laure aber schien der Auffassung, Kunst könne die endgültige Rechtfertigung des Lebens sein, Fehler von ihrer Schändlichkeit reinwaschen und unbeabsichtigte Kränkungen wiedergutmachen. Als ich das nächste Mal in die Place des Etats-Unis kam, bemerkte ich, daß der Picasso verschwunden war, ersetzt durch einen schönen Klee.

Es mag unwahrscheinlich klingen, doch manchmal war Marie-Laure in finanzieller Verlegenheit. Da man ihr nach der ruinösen Affäre mit Markevitch den Zugang zu ihrem Vermögen gesperrt hatte, war sie, was Bargeld anbelangte, von ihrem Ehemann abhängig, und er war bekannt für seine Sparsamkeit, die schon beinahe an Geiz grenzte. Welches Übereinkommen zwischen den beiden genau bestand, kann ich natürlich nicht sagen, doch zuweilen verlangte Marie-Laure Summen, die ihr nicht wie üblich zukamen. Ihre Häuser strotzten natürlich geradezu vor Schätzen, die sich im Nu zu Bargeld machen ließen. Man hätte meinen können, es habe sich soviel angesammelt, daß ein Gemälde hier, oder ein Gegenstand da kaum vermißt werden würde. Das dachte auch Marie-Laure, wobei sie fröhlich ihr Wissen mißachtete, daß Inventarlisten in sämtlichen Domizilen der Noailles jedes noch so winzige Stück registrierten. Da sie keine Lust hatte, mit ihrem Eigentum hausieren zu gehen, wandte sie sich an andere, es für sie zu tun. Sie wußte, daß ich einige Pariser Kunsthändler kannte und zuweilen selbst Bilder kaufte und verkaufte, also bat sie mich mehrmals, Objekte für sie zu veräußern. Eines davon war ein bemaltes Steinrelief von Henri Laurens, eine wunderschöne Arbeit aus dem Jahre 1920, die sich heute im Museum in Kopenhagen befindet. Auch ein kleines Gemälde von Mondrian aus dem Jahre 1926 oder 1928, eine strenge Arbeit, schwarze Linien auf weiß belassenem Grund mit einem kleinen grauen Rechteck. Ich hatte große Mühe, einen Käufer dafür zu finden. Das war 1955, und schließlich mußte ich es für 3000 $ veräußern. Außerdem gab sie mir ein paar Zeichnungen von Klee, Max Ernst, Dali usw. So war es also den Händlern kein Geheimnis, daß die Vicomtesse zuweilen Verkäufe durch ihre Freunde tätigen ließ. Sie pflegte nie um den Preis zu feilschen oder Unwillen zu bekunden, wenn er zu niedrig war, und sie beharrte stets auf einer äußerst generösen Beteiligung. Ihre Großzügigkeit war wirklich außergewöhnlich und ein interessanter, widersprüchlicher Aspekt ihrer Natur. Obwohl sie ungemein erwerbsüchtig und besitzgierig war, machte sie denen, die sie mochte, wahrhaft extravagant opulente Geschenke, besonders wenn sie in Bedrängnis waren.

Obwohl sie erkannte, daß das Schreiben schwieriger war und fordernder, als ihr Temperament es ihr gebot, war Marie-Laure ausgesprochen belesen, hatte zum Beispiel alle vierundzwanzig Bände von Henry James' New Yorker Ausgabe gelesen, zudem alle französischen, deutschen und russischen Klassiker, dazu viele Werke von Dickens, George Eliot, Hardy, und konnte auswendig Gedichte rezitieren von Andrew Marvell, Petrarca, Mallarmé usw., usw., usw. Die Malerei schien, nachdem Picasso und die Surrealisten sie vom Zwang naturgetreuer Darstellung und von jeglicher künstlerischen Tradition befreit hatten, leichten Zugang zur Würde, und möglicherweise auch zum Ruhm schöpferischen Strebens zu gewähren. So machte Marie-Laure sich auf, eine angesehene Malerin zu werden, berief sich, dies zu erreichen, auf die Quellen ihrer bemerkenswerten Intelligenz, sowie auf ihren gesellschaftlichen und finanziellen Status. Trotz der in ihrem Milieu einmaligen literarischen und künstlerischen Bildung war Marie-Laure keine Intellektuelle. Das Reich der Ideen zog sie nicht an. Es wäre durchaus zutreffend, ihre Intelligenz eher physisch als geistig zu nennen, eher instinktiv als induktiv. Dieser einzigartige Geisteszustand verlieh ihr eine außergewöhnliche Neugierde, die mit einem perversen Hang zum Spott verbunden war. Gleichzeitig aber war sie selbst wild entschlossen, ernst genommen zu werden. Derlei gegensätzliche Eigenschaften, möchte man meinen, versprachen nicht gerade höchste geistige Erfüllung.

Da sie sowohl die Künstler, als auch die Schriftsteller der surrealistischen Bewegung kannte und viele ihrer Arbeiten besaß, gelang es Marie-Laure mit Hilfe von Dominguez, einem geübten *Pasticheur,* etliche von deren technischen Tricks in ihren eigenen Bildern umzusetzen. Sowohl in Paris, als auch in Hyères hatte sie die Ateliers mit sämtlichen Materialien ausstatten lassen, die ein Künstler brauchte, und sie wurden zu gutem Nutzen verwendet. Die Vicomtesse hatte keinen Augenblick die Absicht, nur aus Liebhaberei zu malen. Und ihre Bilder weisen sie auch keinesfalls als Amateurin aus. Sie besaß ein gewisses Talent, ein Gespür dafür, wie man Farbe auf die Leinwand streicht, und sie vermochte die Kunstgriffe ihrer Freunde in eine Malart, wenn nicht gar in einen Stil umzuwandeln, der als der ihre und als verhältnismäßig originell zu erkennen war. Bei genauerer Betrachtung konnte man jedoch feststellen, daß sie Teile von Max Ernst, Bérard, Miró, Masson und sogar Dominguez so geschickt vermengt hatte, daß das Ergebnis die Wirkung einer unabhängigen und einfallsreichen Erfindung besaß. Marie-Laure bat mich oft, in ihr Atelier zu gehen und meine Meinung abzugeben über die entstehenden oder bereits fertigen Bilder. Wenn Künstler, vor allem solche von nicht anerkanntem Ruf, die Meinung anderer zu ihren Werken einholen, wollen sie normalerweise Lob, oder doch zumindest Ermutigendes hören, und nicht etwa eine aufrichtige Analyse von Schwächen und Unzulänglichkeiten. Und Marie-Laure erwartete Lob. Sie war weder gewillt, noch hellsichtig genug, Abstand zu nehmen von ihren Schöpfungen, um sie nicht nur als Kunstwerke zu sehen, sondern auch als Bilder ihres eigenen Charakters. Hätte sie den Mut gehabt, das zu tun, und die Disziplin, sowohl ihre Werke, als auch ihre Liebe zur Kunst zur hauptsächlichen raison d'être ihres Daseins werden zu lassen, dann hätte es ihr gelingen können, einen ganz eigenen Stil zu entwickeln und eine wirklich originelle Künstlerin zu werden. Sie hatte sich jedoch in jedem Bereich ihrer Erfahrung an Mühelosigkeit gewöhnt, und konnte sich daher solch strengen Regeln nicht unterwerfen. Dies erkannte ich, und jeder, der sich ernsthaft mit Kunst beschäftigte, mußte es gleichfalls erkannt haben. So sagte ich ihr im großen und ganzen, was sie hören wollte, während ich sie bedrängte, härter und gewissenhafter zu arbeiten, um die leichten Manierismen und Effekte zu tilgen, die zu offensichtlich an andere Künstler erinnerten. Das war vergebliche Liebesmüh. Um ihr zu gefallen und sie zu ermutigen, kaufte ich sogar eines ihrer Bilder, da jeder finanzielle Aufwand ihr die aufrichtigste Wertschätzung schien. Als Künstlerin wuchs Marie-Laure nie über den Stand einer höchst begabten Dilettantin hinaus, und ihre Arbeiten waren lediglich ein Mittel, sich mit Hilfe dieses Anscheins ernsthafter Hingabe das Leben unterhaltsamer zu gestalten. Ob sie sich selbst dieser Oberflächlichlichkeit bewußt war, werden wir niemals erfahren. Natürlich gestattete sie niemandem derlei Erkenntnis, ließ es auch nicht zu, daß man ihr Bemühen nicht ernst nahm. Ihr Vermögen und ihr gesellschaftlicher Status erlaubten es ihr, den nötigen Druck auszuüben, um regelmäßige Ausstellungen ihrer Arbeiten zu gewähr-leisten, nicht nur in privaten Galerien, sondern auch im alljährlichen Salon de Mai, der vermutlich den renommierten Künstlern vorbehal-ten war, da sogar Picasso dort bereitwillig ausstellte. Und diese zusätz-liche Mühelosigkeit trug zweifellos nichts dazu bei, ihre Bereitschaft für eine Sisyphusaufgabe zu stärken. Sie signierte ihre Bilder und auch ihre Schriften nur mit ihrem Vornamen, weil sie nicht den Anschein geben wollte, als spiele sie mit dem Prestige des Familiennamens ihres Gatten, doch jeder wußte natürlich, daß die Malerin Marie-Laure die Vicomtesse de Noailles war. Und das ist eigentlich schade. Für sie wäre es fast tragisch gewesen, wenn ihre Entschlossenheit eiserner gewesen wäre, denn ihre Bilder sind nicht gänzlich ohne Feuer und besitzen einen gewissen dekorativen Charme, und wäre ihr Name Martin, ihre Mittel bescheiden gewesen, dann hätte sie sehr wohl eine Karriere machen können, die ihr zur Ehre gereicht hätte. Immerhin sind ihre Arbeiten weit ehrlicher und gelungener, als der aalglatte Müll, den etwa Leonor Fini produzierte, die nur halb ernst genommen zu werden wünschte und es zu einem Vermögen brachte. Marie-Laure wollte leider Gottes als Künstlerin verstanden werden, als Aristokratin und Hauptfigur ihrer eigenen Bühnenaufführung, und alles zur gleichen Zeit. Picasso war ebenso facettenreich, aber er hatte den Vorteil und den Fluch, ein Genie zu sein, während Marie-Laure nur ihre Träume hatte und ihre Millionen. Das genügte nicht.

Marie-Laure kannte und mochte viele Frauen, aber sie bevorzugte bei weitem die Gesellschaft von Männern, mit denen sie viel nachsichtiger zu sein pflegte, als mit ihren Geschlechtsgenossinnen, zumal, wenn sie jung und schön waren. War man einmal in den Kreis ihrer Vertrauten vorgedrungen, dann durfte man ihre Gastfreundschaft buchstäblich für selbstverständlich erachten. An der Place des Etats-Unis wurde pünktlich um ein Uhr fünfzehn das Mittagessen serviert, und ich rief oft um dreiviertel eins an und fragte, ob ich kommen könne. Sofern die Zahl der Gäste sich nicht bereits auf zwölf belief, lautete die Antwort für gewöhnlich ja, und als sie einmal bereits zwölf Gästen zugesagt hatte, stellte man nur für mich ein Tischchen an Marie-Laures Seite. Einladungen nach Hyères verdiente man sich ebenso leicht. Viele der amüsantesten, tragischsten und/oder komischsten Erlebnisse mit Marie-Laure fanden auf St.-Bernard statt, weil man dort oben fast unentwegt in ihrer Gesellschaft war. Und dort war es ihr leichter, sich von Zwängen loszusagen und der momentanen Laune nachzugeben. Zu Beginn unserer Freundschaft neigte Marie-Laure dazu, des öfteren ein Gläschen über den Durst zu trinken. Das ging uns allen so, vor allem Oscar und Ned. Und es mehrte noch den Spaß, oder die Tragik, je nachdem.

Eines Abends im August 1957 saßen wir in der Bibliothek, Marie-Laure, Oscar, Ned, Robert Veyron-Lacroix und ich, und genossen ein letztes Gläschen vor dem Zubettgehen, als Robert sich plötzlich schwankend zu seiner Gastgeberin neigte und feststellte: »Du bist fett.«

Dieser zwar zutreffenden, aber groben Bemerkung folgte ein Augenblick erschrockenen Schweigens, dann, als sie sich von der Überraschung erholt hatte, versetzte Marie-Laure: »Das stimmt, aber ich bin reich.«

»Reich, ja«, kreischte Robert, »und fett und eine Jüdin noch dazu. Eine reiche, fette Jüdin. Eine reiche, fette, häßliche Jüdin. Du hast ja gar keine Ahnung, wie häßlich du bist. Du bist fast so häßlich wie Oscar.« Seine Stimme wurde schrill, fast quiekend, während Ned und ich vergebens versuchten, seinen unverständlichen Ausbruch einzudämmen. Aber er ließ sich nicht beruhigen, quäkte weiter: »Ihr beide könntet euch im Zirkus zur Schau stellen und noch mehr Geld anhäufen. Die reichsten Häßlinge der Welt, ihr würdet von Kontinent zu Kontinent ziehen und endlich berühmt werden. Sogar ich würde Eintritt bezahlen, um euch zu sehen. Ich würde sogar ein paar Stücke von Rameau spielen, damit ihr dazu tanzen könnt.«

Marie-Laure verlor nicht die Fassung, aber sie seufzte, strich sich mit der Hand über das Gesicht und meinte dann: »Was ist nur in dich gefahren, Robert?«

»Das kümmert dich doch einen Scheißdreck«, schrie er und brach plötzlich in Tränen aus, »euch alle kümmert es einen Scheißdreck, und mich dazu, und jetzt bringe ich mich um.«
Woraufhin er keuchend und schluchzend aufsprang und hysterisch schrie: »Ich weiß, daß ihr mich alle verabscheut, tot bin ich besser dran.« Damit stürzte er aus dem Zimmer.

»Welch zarte kleine Fee«, sagte Oscar.

»Sei doch still, Putchi«, sagte Marie-Laure. »Das hier ist nicht zum Lachen. Man kann nie wissen. Wer von Selbstmord spricht, tut es vielleicht auch. Wir müssen Vorkehrungen treffen, und zwar schleunigst.«
Aber wir waren nicht schnell genug. Robert war auf sein Zimmer gerannt und hätte daher genügend Zeit gehabt, sämtliche Tabletten zu schlucken, die bei der Hand waren. Marie-Laure war äußerst beunruhigt. Die Liebe zu ihren Freunden mochte sich zwar zuweilen etwas pervers äußern, war aber stark und aufrichtig. Sie sagte, man müsse Robert unverzüglich ins Krankenhaus bringen. Man dürfe kein Risiko eingehen. Das ganze Haus war auf den Beinen. Ein Krankenwagen kam. Robert wurde halb bewußtlos auf einer Bahre hinausgetragen. Nachdem er fort war, durchsuchte Marie-Laure sorgfältig sein Badezimmer und sein Schlafzimmer nach gefährlichen Pillen und legte alle, die sie fand, sogar Aspirintabletten, in eine Blechdose.

Oscar hatte inzwischen das allgemeine Durcheinander ausgenutzt und sich noch ein paar Gläschen gegönnt. Ich zog mich erleichtert auf mein Zimmer zurück, sobald Marie-Laure zurückkam, doch der Schlaf wollte nicht sofort kommen, weil die süße abgeschiedene Stille bis spät in die Nacht hinein gestört war vom Getöse einer heftigen Auseinandersetzung zwischen der Vicomtesse und ihrem kriegerischen Freund.

Am folgenden Vormittag kehrte Robert ziemlich verschlafen aus dem Krankenhaus zurück. Er hatte offensichtlich nicht das Geringste geschluckt und erinnerte sich zum Glück nicht mehr so recht an das

Vorgefallene. Als er sie danach fragte, antwortete Marie-Laure nur, er habe sich wohl den Magen verdorben, sie habe jedoch befürchtet, es könne etwas Ernstes sein. Ihr Naturell war in der Tat eine seltsame Mischung aus Bosheit und selbstloser Hingabe.

Eines Tages schien mir im großen Salon etwas nicht in Ordnung. Und plötzlich bemerkte ich zu meinem Erstaunen, was es war. In diesem Raum hingen zwischen vielen anderen Bildern drei Zeichnungen von Picasso, eine Kollage aus der kubistischen Periode[1], eine große Strandszene mit Badenden aus den Zwanzigern[2], und ein heiterer Akt aus der klassischen Periode.[3] Alle drei waren natürlich hinter Glas, und in jedem der drei Bilder war das Glas zerbrochen, so als hätte jemand mit einem spitzen Gegenstand zugeschlagen. Ich rief Marie-Laure und wies sie auf den Schaden hin. »Das war Oscar«, sagte sie. »Er ist von Picasso besessen. Unberechenbar besessen. Als würde er, indem er das Glas über den Zeichnungen zerbricht, den Künstler töten. Er ist irr.« Wir untersuchten die Zeichnungen vorsichtig, doch keine hatte, trotz der Glassplitter, Schaden genommen, nur die große Strandszene war ganz leicht eingerissen, was man ohne weiteres hätte ausbessern können, es jedoch nie veranlaßte. Marie-Laure wies unverzüglich den Butler an, er möge den Fahrer mit den drei Zeichnungen in den Ort hinunterschicken, damit er die zerbrochenen Scheiben bei einem Glaser ersetzen lasse und dann die Bilder noch vor dem Mittagessen zurückbringe, da Oscar bis dahin möglicherweise noch nicht aufgestanden sein würde. Die drei Bilder hingen innerhalb von zwei Stunden wieder an ihren gewohnten Plätzen, und tatsächlich war der zweifellos reuelose Vandale noch nicht aufgetaucht. Er kam trüben Auges und mit Flatulenzen behaftet in den Speisesaal gekrochen, just als wir uns um den runden Tisch setzen wollten. Vielleicht hatte auch er einen höchst willkommenen Anfall von Amnäsie erlitten, dachte ich. Wer mit Sicherheit nichts vergessen hatte, war Marie-Laure, und ich fragte mich, was sie wohl denken und empfinden mochte, während sie über jenen symbolischen Akt von Aggression nachsann, mit dem sie sich auseinanderzusetzen hatte, ob sie nun wollte oder nicht. Ihre Miene

1. Zervos, Vol. II-A, No. 501.
2. Zervos, Vol. IV, No. 170.
3. Anscheinend nicht in Zervos.

war undurchdringlich. Sie plauderte und feixte und rauchte. Aber sie mußte sich selbst Fragen gestellt haben, deren Antworten ein feiner, schöpferischer Mensch wohl kaum hätte ergründen mögen.

Gegen sieben Uhr kam der Butler an mein Zimmer und teilte mir mit, die Vicomtesse wünsche mich unverzüglich in ihrem Schlafzimmer zu sehen. Ich fand sie grübelnd. Sie sei beunruhigt, sagte sie, wegen Oscar und des zerbrochenen Glases der Picassozeichnungen. Sie habe den Eindruck, Picasso müsse für Oscar das lebende Symbol seines eigenen künstlerischen Scheiterns sein. Sie habe sich also gefragt, was sie denn tun könne, ihm zu helfen, da sie ihm doch so gerne helfen würde. Sie hatte eine Idee. Da Oscars Bilder keine Käufer fanden, hatte er nur sehr wenig Geld. Natürlich gab sie ihm welches von Zeit zu Zeit, aber in ihrer finanziellen Lage hatte sie keine großen Summen zur Verfügung, und sie dachte, ein größerer Geldbetrag gerade jetzt würde seine Moral womöglich wieder heben und ihm zu der Einsicht verhelfen, durchaus kein Schmarotzer oder Gigolo zu sein, zumal sie glücklich war, ihr Geld und ihr Leben mit ihm zu teilen. Mir schien dies eine sehr schlechte Idee, da Marie-Laure sich meines Erachtens selbst belog, doch als ihr Freund stand es mir nicht zu, sie von ihrem Vorhaben abzubringen oder ihre Illusionen zu enttäuschen. Mir schien Oscar ein hoffnungsloser Fall, obwohl ich damals keine Ahnung hatte, wie nah der Hoffnungslosigkeit er tatsächlich war, und wieviel Verantwortung dafür diejenige trug, die glaubte, sie sei so ehrlich entschlossen, ihm zu helfen. Wie ich sehr wohl wußte, war Marie-Laure, wenn immer sie zusätzliches Bargeld benötigte, bereit, ein Kunstwerk zu verkaufen. Und das war nun ihre Idee. Überdies hatte sie das Werk, das sie zu verkaufen gedachte, bereits ausgewählt. Und ihre Wahl hatte einen symbolischen, fast poetischen Bezug zu jener speziellen Situation, denn sie fiel auf ein Ölgemälde von Picasso. Es hing in dem langen, recht düsteren Korridor, der von ihrem Schlafzimmer aus in die Eingangshalle führte, wo niemand es sehr gut sehen konnte, war ein kubistisches Bild mittlerer Größe, maß nur vierzig auf dreißig Zentimeter, war bei weitem keines seiner Meisterwerke, die er in jener intensivsten Schaffensperiode seines Lebens gemalt hatte, ein wenig leer im Aufbau und düster in der Farbe, aber nichtsdestotrotz ein kubistischer Picasso, der mit Sicherheit eine beträchtliche Summe erzielen würde. Marie-Laure fragte mich, ob ich mich nicht um den Verkauf kümmern wollte, da sie fürchtete, es könne allzu grob und lieblos sein, Oscar mit der Aufgabe zu betrauen. Ich antwortete, daß ich gerne mein möglichstes zu tun bereit sei, zumal ich mit keinerlei Schwierigkeiten rechnete, was den Verkauf betraf. Ich würde das Bild nicht einmal vorzeigen müssen, da es mit Sicherheit im Zervos-Katalog mit den anderen Picassos abgebildet sei, was für die Verkaufsverhandlungen vollauf genüge. Marie-Laure zeigte sich hocherfreut, und die Angelegenheit wurde bis zu meiner Abreise nicht mehr erwähnt.

Als ich nach Paris zurückkehrte, suchte ich sogleich Heinz Berggruen in seiner Galerie in der Rue de l'Université auf. Heinz kam am ehesten in Frage für den Ankauf eines kubistischen Picassos, war mit Sicherheit großzügiger als Picassos regulärer Händler Kahnweiler, der allgemein als Geizhals verrufen war. Als ich Heinz erklärte, daß ich gekommen sei, ihm ein kubistisches Gemälde von Picasso anzubieten, meinte er ohne zu zögern, er würde jeden Preis bezahlen innerhalb der vernünftigen Grenzen. Er holte aus der Bibliothek im Nebenraum Band II des Zervos-Katalogs, worin ich schnell die Reproduktion des Bildes fand, No. 245, *Kopf eines Jungen Mädchens,* datiert auf 1911 und eingetragen als Stück der Sammlung des Vicomte de Noailles. Heinz blickte mich eigenartig an.

»Und wie sind Sie an das Bild gekommen?« fragte er.

Ich antwortete ihm, daß ich das Bild nicht besäße, daß es sich noch immer im Haus der Vicomtesse in Hyères befände, die mich allerdings beauftragt hätte, für sie den Verkauf zu regeln.

»Irgendetwas ist hier faul«, sagte Heinz.

Ausgeschlossen, protestierte ich, ich hätte das Bild doch erst neulich in Händen gehalten, und es sei, da bestünde kein Zweifel, dasselbe, welches im Katalog abgebildet war, der aufgeschlagen auf Heinzens Tisch lag.

»Aber das kann nicht sein«, widersprach Heinz, »ich besitze das Bild doch bereits, und das schon seit über einem Jahr.«

»Wie ist das möglich?« rief ich aus.

»Oscar Dominguez verkaufte es an einen anderen Händler, und ich erstand es von jenem«, antwortete Heinz. »Und da ein jeder Oscars Fälschertalent kennt, habe ich Vorsichtsmaßnahmen getroffen und das Bild überprüfen lassen. Ich habe das echte Bild. Ja, ich mußte bereits ein andermal diese Vorkehrungen treffen, als ich vor nicht allzu langer

Zeit einen kleinen Picasso unmittelbar von Oscar kaufte, und der war ebenfalls echt.«

»Könnte ich ein Photo sehen?« fragte ich.

»Natürlich.« Es war in Band II-A des Zervos, No. 501, das kleine kubistische Stilleben.

»Auch dieses Bild ist noch in Hyères«, sagte ich.

»Kopien«, sagte Heinz. »Denken Sie darüber nach. Da ist Dominguez, als Maler eine gescheiterte Existenz, im Fälschen jedoch ein Genie. Und er lebt in einem Haus voller kostbarer Originale. Was wäre wohl einfacher, als die Originale durch Fälschungen zu ersetzen, und sie dann zu veräußern? Und er hegt keinerlei Gewissensbisse, denn er zeigt bereitwillig schriftliche Belege, nach denen die Vicomtesse persönlich die Verkäufe angeordnet hat.«

»Aber was soll ich ihr denn sagen?« fragte ich.

»Nun«, murmelte Heinz, »das alles hängt davon ab, wie gut Sie mit ihr befreundet sind. Natürlich könnten Sie eine Möglichkeit finden, ihr nichts zu sagen, zumal es nicht besonders angenehm ist, einer Dame sagen zu müssen, daß ihr Freund sie bestiehlt. Geht es jedoch um Kunst, ist meines Dafürhaltens die Wahrheit immer das Beste. Ich kann Ihnen die Entscheidung nicht abnehmen. Aber halten Sie mich doch bitte auf dem laufenden.«

Ich fand mich in einer unangenehmen Zwickmühle. Den Boten schlechter Nachrichten macht man nicht selten zum Sündenbock, wer hingegen Falschheit und Dieberei verschweigt, wird zum Komplizen. Ich mochte Marie-Laure und wußte, sie war verletzbar unter ihrer Maske blasierter Gleichmut. Außerdem war mir viel daran gelegen, unsere Freundschaft nicht zu gefährden, und so wußte ich nicht, was ich tun sollte. Ich wandte mich daher ratsuchend an meinen Freund Giacometti, weil ich bereits damals spürte, und dies fortan stets bestätigt fand, daß er in jeder Lage zu unterscheiden vermochte, welcher Weg richtig und welcher falsch war.

»Ich kann dir auch nicht sagen, was du tun sollst«, sagte Alberto. »Marie-Laure kann sehr wohl mit einer Lüge leben, und Diebstahl ist kein ernsthaftes ethisches Vergehen. Was jedoch zählt, ist das menschliche Element.«

»Und das wäre?«

»Nun, ganz einfach, ob du sie achtest oder nicht.«

»Ich achte sie«, sagte ich.

»Dann ist es einfach«, sagte Alberto.

»Ich muß es ihr wohl sagen?«

Alberto lächelte, wollte sich aber nicht festlegen. Ich kannte ihn bereits gut genug, um zu wissen, daß seine Entschlossenheit, das menschliche Element zu respektieren, ihn zuweilen zu einem Verhalten zwang, das manche Leute herzlos anmuten mochte.

Ich begab mich also zur Place des Etats-Unis, und vor dem Kamin in ihrem Schlafzimmer, wo zwei Lehnsessel einander gegenüberstanden, und wir oft saßen und plauderten, erzählte ich ihr alles. Ich erzählte ihr sogar, daß ich die Angelegenheit mit Alberto besprochen hatte. Sie sagte, ich hätte richtig gehandelt und unsere Freundschaft verraten, wenn ich ihr die Wahrheit verheimlicht hätte. Es war mir unmöglich, festzustellen, was sie empfand, wie sie diese unerwartete, unangenehme Enthüllung aufgenommen hatte. Neugierig fragte ich: »Was gedenkst du jetzt zu tun?«

»Ich werde damit leben«, erwiderte sie. »Ich kann damit leben. Wenigstens hierin ähnele ich Alberto. Auch ich achte das menschliche Element.«

»Und Oscar?«

»Nun, er wird auch damit leben. Wenn ich das kann, kann er es auch, und vielleicht ist es für uns beide so das beste: eine Art Exorzismus des Picasso-Dämons.«

Und damit, nahm ich an, war der Fall erledigt. Was Marie-Laure zu Oscar sagte, weiß ich nicht, aber irgendetwas mußte sie gesagt haben, wenn sie von ihm erwartete, einfach mit dem Wissen zu leben, wie sie das tat. Ich sah sie anschließend mehrmals zusammen und stellte keinen Wandel fest in ihrem Umgang miteinander. Oscar bereitete eine Ausstellung in der Galerie am Linken Seineufer vor, und so sprachen die beiden begeistert davon, wie er nun endlich den Durchbruch schaffen würde. Dann verließ ich Anfang November Paris, um vier Monate in Amerika zu verbringen. Und dort erreichten mich die traurigen Neuigkeiten. Am Silvesterabend hatte Oscar sich in seinem Atelier in der Rue Campagne-Première in die mit heißem Wasser gefüllte Badewanne gelegt, sich an Hand- und Fußgelenken die Adern aufgeschlitzt und war verblutet, im Alter von nur einundfünfzig Jahren. Man fand seine Leiche erst am folgenden Nachmittag. Was ihn zu dieser verzweifelten

Tat bewogen hatte, wird keiner von uns jemals wissen, weil er keinen Abschiedsbrief hinterließ. Seine Ausstellung war ein Mißerfolg gewesen, von der Presse übergangen, obschon er Tag für Tag darauf gewartet hatte, man möge Notiz von ihm nehmen. Nach seinem Selbstmord waren die Zeitungen allerdings voll von ihm, ein Artikel gar auf der Titelseite des *France Soir*. Ich fragte mich unweigerlich, ob der Picasso-Dämon nicht auch eine Rolle gespielt hatte. Wenn Marie-Laure sagte, sie könne mit dem, was Oscar getan hatte, leben, war das eine Sache. Für Oscar war es wohl eine andere. Und es ist nur allzu wahrscheinlich, daß dieser traurige Vorfall Marie-Laures Leben fortan entscheidend bestimmte. Zweifellos war sie Dominguez sehr zugetan gewesen. Sie ließ ihn in der Gruft der Familie Bischoffsheim begraben, an der Seite ihres Vaters und ihrer Großeltern. Vielleicht war dies eine Art Wiedergutmachungsakt.

Die trauernde Vicomtesse kehrte schon bald wieder nach Hyères zurück, da sie sich dort mit den Jahren am wohlsten fühlte, allein mit ihren Freunden und mit dem Schauspiel ihres eigenen Daseins. Von St.-Bernard schrieb sie mir am 20. Januar 1958 folgenden Brief, halb auf englisch, halb auf französisch:

Liebster James, Die Tragödie war zu schrecklich, und ich werde noch lange nicht darüber sprechen können. Ich kann noch nichts dazu sagen. Was ist mit Deinem Buch? Bist Du zufrieden? Ich denke nur noch an meine Freunde und an die Zukunft. Ich habe nicht die Kraft, unglücklich zu sein. Ich umarme Dich. (Signiert mit der Zeichnung eines Lorbeerblattes, ihres Wappenemblems.) Ned schrieb mir einen sehr lieben Brief. Dora einen sehr frommen.

Marie-Laure hatte in der Tat kein Talent zum Unglücklichsein. Sie lebte für den Augenblick und ließ ihn alles nur Erdenkliche für sie tun. Dafür war sie ihrerseits bereit, sowohl seine Geschenke als auch seine Forderungen eifrig anzunehmen.

Damals lebte in Nîmes ein Pärchen namens Jean und Mimi Godebski. Er war ein Neffe der gefeierten Misia Sert, einer Schutzherrin der Künste, Vertrauten Diaghilevs und Prima Donna der Pariser Gesellschaft. So war Marie-Laure natürlich mit Jean und Mimi God, wie sie sie zu nennen pflegte, gut bekannt. Und eines Tages, nicht lange nach Oscars Selbstmord, lud sie sie ein, die ziemlich lange Fahrt von Nîmes nach Hyères zu unternehmen, um bei ihr zu Mittag zu speisen. Sie fragten sie, ob sie einen jungen Freund mitbringen dürften, was man ihnen natürlich prompt gewährte. Der unbekannte Gast war ein junger Mann von ungefähr dreißig Jahren, mit Namen Jean Lafont, ein hübscher, wohlgestalter Junge mit sandfarbenem Haar und slawischen Zügen, hohen Wangenknochen und leicht schräg stehenden Augen, die er von seiner russischen Mutter geerbt hatte. Er begeisterte sich für den Stierkampf und träumte davon, dereinst Bullen zu züchten für das Schauspiel in der Arena. Auch Oscar war, wie sein Vorbild Picasso, ein glühender aficionado gewesen. Und so war Marie-Laure jene iberische Leidenschaft für den »Tod am Nachmittag« nicht fremd. Die übrigen Gäste waren an jenem Tag Georges Auric, der Komponist, und seine Frau Nora, ebenfalls russischen Ursprungs, schön, charmant und listig.

Vielleicht war es der Stierkampf, der das Gespräch auf Oscar brachte. Inzwischen hatte sich Marie-Laure so weit an seine Abwesenheit gewöhnt, daß ein Gespräch über ihn möglich war. Jedenfalls bemerkte sie während des Essens: »Jetzt werde ich mir bald einen neuen Liebhaber suchen müssen.«

Worauf Jean Godebski zu Jean Lafont sagte: »Warum nicht du?«

»Mögen Sie Frauen?« fragte Marie-Laure, die einem schönen Mann, mochte er noch so männlich wirken, sofort ansah, wenn dem nicht so war.

Nora Auric, die wußte, daß Jean Lafont, zumindest gelegentlich, Affären mit Frauen gehabt hatte, antwortete: »Ja, er mag Frauen.«

Wie sehr er sie mochte, blieb immer ein wenig im Dunkeln, seine Vorliebe aber galt eindeutig der Gesellschaft schöner Jünglinge, und davon sollte er in den folgenden Jahrzehnten etliche in seinem Gefolge haben. Sie störten jedoch nie die Beziehung mit Marie-Laure, die an jenem Wintertag auf St.-Bernard begann und sich rasch entwickelte.

Der Vicomte, wie stets eine Art Komplize in den Affären und Skandalen seiner Gattin, und vielleicht mehr darin involviert, als es die Sorge um ihr Wohlergehen und seinen guten Ruf erfordert hätte, erkannte, daß Marie-Laures Zuneigung zu Jean Lafont sehr wahrscheinlich von längerer Dauer sein würde, und zog daher Erkundigungen über ihn ein, ganz wie ein Vater, der herausfinden wollte, inwieweit ein Verlobter für seine Tochter in Frage käme. Und seine Bekannten in Nîmes erteilten ihm die beruhigende Auskunft, daß Jean ein sehr anständiger, verläßlicher Mensch war, den die Aussicht auf materiellen Nutzen nicht über Gebühr reizte. Und so war es auch. Trotz Marie-Laures Exzentrik, trotz ihrer Techtelmechtel mit anderen jungen Männern im Laufe der Jahre und gelegentlicher Streitigkeiten über Bagatellen, stand Jean ihr bis zum Ende treu zur Seite. Die Noailles kauften eine Ranch in der Camargue, und Jean wurde deren höchst erfolgreicher Verwalter, aber Marie-Laure wußte, daß sie, wann immer sie seine Gesellschaft wollte oder brauchte, auf ihn zählen konnte. Und in ihren späteren Jahren konnte man das wahrscheinlich von niemand anderem behaupten.

Als ich im März 1958 nach Paris zurückkehrte, war Marie-Laure gerade aus Hyères angekommen, und Jean Lafont besuchte sie bereits gelegentlich in der Place des Etats-Unis. Ned hatte inzwischen erkannt, daß er daheim Karriere machen mußte, und so ließ er zugleich Europa und das Trinken sein, beides Entscheidungen, die die kommenden Jahrzehnte als richtig bestätigen sollten. Er ist beinahe ebenso berühmt geworden mit der Veröffentlichung seiner freimütigen Tagebücher, wie durch die Aufführungen seiner Musik. In Hyères pflegte er sein Tagebuch offen auf dem Schreibtisch im Hauptsalon liegen zu lassen, so daß ein jeder lesen konnte, was darin geschrieben stand. Da die Einträge fast ausschließlich Ned betrafen, seine Gefühle, Gedanken und Eindrücke, fanden sie nur wenig Publikum, und der Autor beklagte sich. Als Ned nach New York zurückkehrte, wurde sein Zimmer schon bald für die Besuche von Jean Lafont reserviert.

Nach Oscars Tod erwies es sich, daß die beiden Picassos nicht die einzigen Bilder waren in Hyères, von denen er Kopien angefertigt hatte, um die Originale zu verkaufen. Hinzu kamen Arbeiten von Klee, Léger, Laurens und vielleicht andere, die man heute noch nicht verdächtigt. Seine eigenen Gemälde, der gesamte Inhalt seines Ateliers, wurden im Hôtel Drouot versteigert. Viele Dinge wurden im Dutzend verkauft, ungerahmt, Leinwände wurden zusammengerollt und aufeinandergestapelt, Zeichnungen durcheinandergeworfen und von Sensationsgierigen durchwühlt, und die Preise waren unverschämt niedrig. Es hätte Oscar das Herz gebrochen. Aber die Auktion war gut besucht. In einer der vordersten Reihen saß der Vicomte de Noailles und bot am eifrigsten, erfolgreichsten und diskretesten von allen Anwesenden, als wolle er durch die große Menge seiner ersteigerten

Bilder demonstrieren, daß eine aristokratische Wertschätzung von Kunst gelassen Vorrang habe vor vulgärer Neugier. Und natürlich ist heute die Sammlung, die sich der Vicomte damals für ein Butterbrot erwarb, ein Vermögen wert, weil Oscars Preise stetig stiegen, seit der Allerweltsgeschmack sogar den Scheinsurrealismus auf den klassischen Thron erhob.

Ein gewisser Scheinsurrealismus, mochten die Riten des echten auch seit langem aus der Mode gekommen sein, kennzeichnete, je älter sie wurde, zuweilen auch Marie-Laures Benehmen. Sie erinnerte sich wehmütig der wilden Streiche der Dreißigerjahre, und Oscars Vorbild blieb dabei überzeugend. Sie liebte es, andere zu überraschen, zu schockieren, zu brüskieren, und wußte auch, wie ihr dies am besten gelang.

Es gab da in ihrem Umfeld einen viertklassigen Maler namens Felix Labisse. Obgleich er mit einer liebenswerten belgischen Erbin mit Namen Jony verheiratet war, war er ein unverbesserlicher Schürzenjäger und hatte auch mit der Vicomtesse selbst einen kurzen Flirt gehabt. Eines Abends in Hyères saßen wir nach Tisch plaudernd im Salon, Felix, ich, unsere Gastgeberin und noch ein oder zwei andere Gäste, als Marie-Laure sich plötzlich ohne ein Wort der Erklärung erhob und den Raum verließ. Felix' Geliebte war damals gerade eine überaus schöne Mulattin, die an jenem Abend nicht anwesend war, ebensowenig wie Jony. Nach ein paar Augenblicken kam Marie-Laure zurück, nunmehr splitterfasernackt – durchaus kein erhebender Anblick –, schlenderte durch den Raum, drehte sich ein paarmal, und ging dann ohne ein Wort wieder hinaus. Wir waren alle so verblüfft, daß keiner ein Wort sagen konnte, bevor Marie-Laure zurückkam, wieder in Kleidern, und sich mit einem rätselhaft zufriedenen Lächeln setzte. Dann nahmen wir uns die Freiheit, sie zu fragen, was in alles in der Welt diese merkwürdige Vorstellung zu bedeuten hatte. Worauf sie in aller Ruhe versetzte: »Ich dachte nur, es sei gut für Felix, eine weiße Frau zu sehen.«

Einfallsreiche Streiche, besonders wenn sie mit einer Prise Bosheit und ausgleichender Gerechtigkeit gewürzt waren, belustigten sie ungemein. Wir hatten damals einen Freund, der seine Werke unter dem Pseudonym Henri Hell zu Markte trug, ein Mensch von unglaublicher Selbstverliebtheit, weder gutaussehend, noch wohlerzogen, der sich damit brüstete, jeden Mann ins Bett zu locken, nach dem ihm der Sinn stand. Außerdem genoß er ausführliche Schilderungen seiner Beziehungen mit den Berühmtheiten, die er emsig pflegte. Zur gleichen Zeit gab er sich jedoch die größte Mühe, Namenlose wie mich davor zu bewahren, mit seinen Berühmtheiten in Kontakt zu treten. Dennoch gab es Momente, in denen er ungemein leutselig über Proust, Saint-Simon, Pergolesi, Scarlatti, Pontormo oder Chassériau plauderte, als seien sie engste Vertraute. Ich hatte ihn durch Stephen Spender kennengelernt, einen gemeinsamen Freund; da er sich mir gegenüber während meiner ersten Jahre in Paris freundlich bezeigte, ließ ich mich von ihm mit einigem Widerwillen in die Reihe der leichten Errungenschaften einfügen, mit denen er sich brüstete. Wir nannten ihn José, weil das sein wirklicher Vorname war. Von den Berühmtheiten, mit denen José Umgang pflegte, war Francis Poulenc der bekannteste, und so wurde er auch am eifersüchtigsten von jenen ferngehalten, die José für unwürdig befand. Da Poulenc mit Bérard, Cocteau und der gesamten Pariser Beau Monde befreundet war, kannte er natürlich Marie-Laure weit länger als José und fand sich gelegentlich bei ihr ein, wo er mit seiner fröhlichen Leutseligkeit und seinem gutmütigen Spott viel zur allgemeinen Heiterkeit beitrug. Zumal er ein großer Musikliebhaber war, gründete seine Freundschaft mit José, wie wir wußten, vor allem auf dessen Entschluß, ein Buch über den Komponisten zu schreiben.

Im Sommer des Jahres 1956 hatte ich mit meinem ältesten Freund in der Nähe von Azay-le-Rideau ein Haus gemietet, wo wir zweieinhalb Monate verbrachten. Wir wußten, daß Poulenc in Noizay, keine dreißig Meilen von uns entfernt, ein Anwesen besaß, das sehr hübsch sein sollte, befürchteten aber, ihn nicht gut genug zu kennen, um ihn dort anzurufen. Stattdessen besuchten wir Max Ernst und seine weinselige Ehefrau Dorothea Tanning in ihrem Bauernhaus in dem winzigen Dorf Huismes. Irgendwann im August erreichte uns von Noizay aus ein Anruf von José, der dort bei Poulenc zu Gast war und uns fragte, ob er nicht ein paar Tage bei uns verbringen könne. Da wir reichlich Platz hatten, sagten wir zu. José besaß weder Auto noch Führerschein, weshalb wir ihm anboten, ihn in Noizay abzuholen. Das sei gänzlich unmöglich, da Poulenc Fremde in seinem Haus verabscheue und sich selbst von kürzestem Kommen und Gehen gestört fühle. Nein, er würde einen Bus nehmen und nach dem nur ungefähr zehn Meilen entfernten Tours fahren, wo wir ihn abholen sollten. Und so geschah es auch. Josés Besuch war angenehm, und er sprach ausführlich von der Schönheit von Poulencs Haus, das ausgezeichnete Essen, den exquisiten Wein und die packenden Gespräche mit dem Gastgeber.

Ein paar Jahre zuvor hatte Poulenc sich in einen jungen Soldaten verliebt. Als dessen Militärzeit abgelaufen war, fühlte er sich prompt geneigt zu heiraten und sich in einer Art Geschäft niederzulassen. Poulenc widersetzte sich vernünftigerweise diesen Plänen nicht, sondern bewies seine Liebe zu dem jungen Mann, indem er ihm ein Haus kaufte und ihm half, in jenes Geschäft einzusteigen, dessen Wesen wir niemals erfuhren. Zufälligerweise wohnte das junge Paar nicht weit entfernt von Hyères, und Poulenc kam regelmäßig in den Süden, um die beiden zu besuchen, wobei er in einem nahegelegenen Hotel übernachtete. Und von dort aus telefonierte er hin und wieder mit Marie-Laure, um sich bei ihr auf St.-Bernard anzumelden. So kam es, daß ich ihn eines Tages dort antraf, in der Osterwoche 1958. Ich hatte Francis seit Josés Besuch in Azay-le-Rideau nicht getroffen, und so erzählte ich ihm gleich zu Beginn, wie sehr ich es bedauerte, ihn nicht gesehen zu haben, obwohl ich natürlich sein Bedürfnis nach absoluter Ruhe verstünde.

»Das ist doch Unsinn«, protestierte Francis. »Ich bat José, euch nach Noizay kommen zu lassen, und er sagte mir, ihr würdet ein Einsiedlerleben führen und jede Art von Geselligkeit verabscheuen. Er selbst sei nur deshalb willkommen, weil James eine Schwäche für ihn habe.«

»Welch eine Lüge!« rief ich. »Ich habe doch nur einmal mit ihm geschlafen, weil er so beharrlich war, daß es leichter war, es zu tun, als ihn abzuweisen. Dabei hätte ich Sie so gerne gesehen. José ist wirklich ein hinterhältiger Mistkerl. Wenn ich ihn das nächste Mal treffe, werde ich ihm etwas flüstern.«

»Tun Sie das nicht, bitte«, sagte Francis. »Ich bin nicht gern der Anlaß für Unstimmigkeiten, und irgendwie können wir ihn doch trotz alledem leiden, den alten José, nicht wahr?«

»Ja, aber mit Vorbehalten«, sagte Marie-Laure. »Wir wollen sehen, was in diesem Fall angebracht wäre. José war ziemlich ungezogen und muß bestraft werden, und die Strafe muß dem Vergehen gemäß sein.«

»Aber wir wollen ihn auf keinen Fall verletzen«, protestierte Francis.

»Na komm«, sagte Marie-Laure, »sollte der Komponist von *Tiresias' Titten* so zimperlich sein? Wir werden ihm schon nichts tun. Wir wollen ihn nur ein wenig kitzeln, bis er sich unbehaglich fühlt. Mal sehen.«

Mal sehen. Er hat behauptet, du könntest James nicht besuchen, da er lebe wie ein Einsiedler – eine Lüge –, daß er ihn jedoch sehen könne, weil James eine Schwäche für ihn habe. Wieder eine Lüge. Lügen aus Leidenschaft. Josés Leidenschaft für Francis. Und wie wäre es, wenn wir die Leidenschaft ganz einfach umdrehen würden und José ein wenig in der Ungewißheit brodeln ließen?«

»Wie sollen wir sie denn umkehren?« wollte Francis wissen.

»Nichts einfacher als das«, meinte die Vicomtesse. »Wir basteln eine Liebesaffäre zwischen Francis und James, lassen dann José Mutmaßungen anstellen und sehen, was daraus wird. Was wäre wohl passender?«

»Das gefällt mir«, sagte Francis.

Es gefiel uns allen.

Zuerst müßten wir ein Indiz konstruieren, sagte Marie-Laure. Ein Photo sei genau das Richtige, da es ebenso vielsagend sein könne wie Worte. Jemand müsse doch eine Kamera haben. Das war ich. Die Vicomtesse arrangierte die Szene. Francis mußte sich auf der Terrasse in einen Sessel setzen, und ich auf seinen Schoß. Dann sollte ich die Arme um seinen Hals legen. Nachdem wir unsere Posen zu aller Zufriedenheit eingenommen hatten, kam Marie-Laure, nahm Francis' rechte Hand und plazierte sie vielsagend zwischen meine Oberschenkel. »Nur eine Schattierung mehr als Freundschaft«, sagte sie und drückte selbst ein paarmal den Auslöser, glücklich über ihre Rolle bei diesem Täuschungsspiel. »Und sobald das Photo entwickelt ist«, sagte sie zu Francis, »schicken wir dir einen Abzug, den du dann irgendwo in deiner Pariser Wohnung aufstellen kannst, wo José ihn bemerken muß, an einem ziemlich kompromittierenden Ort, in einer Ecke des Schlafzimmerspiegels vielleicht. Und ich wette, es wird an seinen Eingeweiden nagen, wie der Fuchs des Spartaners, aber er wird nichts sagen. Und später haben wir dann Gelegenheit, noch kompromittierendere Indizien zu basteln.«

»Das ist gut, sehr gut«, sagte Francis, »vorausgesetzt natürlich«, fügte er hinzu, wobei er sich zu mir wandte, »es macht Ihnen nichts aus, mit einem alten Zausel wie mir eine romantische Beziehung haben zu sollen.«

Mir gefiel das Ganze ausnehmend gut, und ich sagte dies auch, denn ich freute mich, José in ein wenig wohlverdiente Verzweiflung und Eifersucht zu stürzen.

Ich begegnete ihm zwei oder dreimal in jenem Frühling. Er war herzlich wie immer, aber ich spürte zugleich einen Hauch Neugierde und Erstaunen, die er jedoch nicht zu äußern wagte. So nahm ich an, er habe das Photo entdeckt, das gut getroffen war, sei jedoch zu schüchtern, oder zu verletzt, dies zur Sprache zu bringen. Ich dagegen hatte keinerlei Hemmungen, und obwohl ich Poulenc nicht wiedergesehen hatte, beschloß ich, ein wenig Öl ins Feuer zu gießen. Also bemerkte ich: »Ich mache mir ziemliche Sorgen um Francis.«

José zeigte sich überrascht. »Und weshalb, wenn ich fragen darf?«

»Er achtet zu wenig auf seine Gesundheit. Viel zu übergewichtig.«

»Da mußt du dir keine Sorgen machen«, meinte José. »Er ist noch keine sechzig und stark wie ein Bulle.«

»Ja, *stark* ist er, nicht wahr?« pflichtete ich ihm bei, und damit endete unser Gespräch.

Diesen Sommer verbrachte ich in einem Haus auf der Ebene über Aix-en-Provence, nicht weit entfernt von den Bibémus-Steinbrüchen, wo Cézanne viele meisterhafte Bilder gemalt hatte. Und dort erhielt ich auch den folgenden Brief von Francis:

Noizay, Indre-et-Loire
Um Gottes willen, schicken Sie mir bitte postwendend einen kompromittierenden Zettel oder zumindest einen Umschlag mit Ihrer Handschrift. José-Henri hat sich gestern verplappert. »Hast du es getan oder nicht?« Ich senkte den Blick, als fühlte ich mich ertappt. »Es ist nicht, was du ... es kommt darauf an.« Er kaute an seinen Fingerspitzen und riß sich drei Niednägel ab.
Tausend liebe Grüße

Francis

P. S. Ich habe ihm erzählt, daß Sie mich in Avignon besucht haben.

Also setzte ich mich unverzüglich an meinen Schreibtisch und schrieb den kompromittierendsten und dennoch undeutlichsten Brief, der mir einfiel, und brachte ihn sofort zur Post. Vier Tage später erhielt ich eine weitere Nachricht von Francis:

26. August

Mein lieber Freund,
Ihr Brief kam heute morgen hier an, zehn Minuten vor Henris Abreise nach Paris. Als er Ihren Brief las, hätte er fast Riechsalz benötigt. Wir sollten ihm die Wahrheit sagen! Da er die Diskretion in Person ist, stellte er mir keine einzige Frage und gab sich mit einem einfachen »Nun gut!« zufrieden. Er hat her-

vorragende Arbeit geleistet hier, und sein Francis Poulenc scheint mir perfekt.
Tausend Grüße. Ich erwarte Ihren Besuch.

Francis Poulenc

Ob José jemals die Wahrheit erfuhr über die »Romanze«, die Marie-
Laure sich für ihn ausgedacht hatte, um ihn für sein albernes Verhalten
zu bestrafen, möchte ich bezweifeln. Ich habe Francis das letzte Mal auf
einer Geburtstagsparty gesehen, die Georges und Nora Auric für mich
veranstalteten. Marie-Laure und Jean Lafont waren natürlich auch dabei. Ich fragte Francis, ob er José die Einzelheiten des Streichs verraten
hatte, den wir ihm gespielt hatten, und er gab ein wenig verlegen zu,
daß er es nicht gewagt hatte. Und bereits zwei Jahre später war er tot,
mit nur vierundsechzig Jahren. Also bestand doch ein Grund, sich Sorgen zu machen um seine Gesundheit.

Konnte man Marie-Laure in Paris ohne weiteres eine halbe Stunde
vor dem Mittagessen anrufen und sich bei ihr einladen, so hegte auch
sie keinerlei Hemmungen, ihre Gäste erst in letzter Minute zu benachrichtigen. Es handelte sich dabei fast ausschließlich um Einladungen
zum Mittagessen, da sie an den Abenden zumeist ausging und das Haus
ihrem Ehemann und ihren Töchtern überließ, falls diese zufällig in
Paris sein sollten. Deshalb war ich nicht überrascht, als sie mich eines
Vormittags ziemlich spät anrief, ich solle doch zum Lunch kommen.
Doch gerade an jenem Tag paßte es mir aus irgendeinem Grund nicht
so recht, weshalb ich ablehnte. Sie aber bestand darauf und erzählte
mir, sie habe die Frau eines amerikanischen Generals aus St.-Louis zu
Gast, der ihrem Ehemann während des Krieges etliche Dienste erwiesen habe. Sie kenne sie überhaupt nicht, und außerdem spreche die
Dame kein einziges Wort französisch, weil sie zum ersten Mal in
Europa sei. Meine Anwesenheit sei demnach äußerst wichtig, da ich
mich als ihr Landsmann mit der Dame in ihrer Muttersprache unterhalten könne. Es bedarf keiner Erwähnung, daß Marie-Laure untadeliges
Englisch sprach, welches aller Wahrscheinlichkeit nach die meisten der
übrigen Gäste ebenfalls recht flüssig beherrschten. Ich wäre also durch-
aus abkömmlich gewesen, so hegte ich den Verdacht, meine schlaue
Gastgeberin befürchtete einen langweiligen Gast und wolle die Last der
Konversation mir aufbürden. Ich versprach, mich binnen einer halben
Stunde an der Place des Etats-Unis einzufinden.

Wir waren insgesamt zehn Gäste. Wie ich vermutet hatte, sprachen die meisten ein durchaus passables Englisch. Die Generalsgattin traf kurz nach mir ein. Sie mochte um die sechzig gewesen sein, schien keinerlei Wert auf ein attraktives, geschweige denn schickes Äußeres zu legen, war ungeschminkt, wog ungefähr fünfundzwanzig Pfund mehr, als ihr zuträglich gewesen wäre, trug einen Tweed-Hut, eine passende Handtasche und Schuhe mit dicken Gummisohlen. Kurzum, sie war nachlässig, eine typische amerikanische Matrone aus dem Mittleren Westen, und ihr Akzent unterstrich ihre Herkunft. Gleichzeitig war sie die Freundlichkeit selbst, wirkte naiv und gutmütig, war sehr darauf bedacht zu gefallen und voller provinzieller Unverbildetheit. Begreiflicherweise hätte sie sich die Pracht und den Reichtum von Marie-Laures Domizil, das selbst die Besitzerin als einen Palast bezeichnete, niemals träumen lassen. Aber solch eine Pracht raubte der Generalsgattin bei weitem nicht die Worte. Im Gegenteil, je mehr die Dinge, die sie sah, ihre Bewunderung entfachten, desto wortreicher äußerte sie diese, wobei ihr Sprachschatz mit der Aura der erlesenen Eleganz, die er zu rühmen gedachte, leider nicht Schritt halten konnten. So geriet sie ins Schwärmen und sagte: »Oh, wie schön«, seufzte und rang nach Luft und klatschte in die Hände und sagte: »So etwas habe ich noch nie gesehen. Ein Traum! Ein Wunder!«

Marie-Laure war durchaus zufrieden, wenn Menschen sich beeindruckt zeigten von der prächtigen Bühne, auf der sie ihre verschiedenen Vorführungen gab, und erkannte flink das leichteste Vortäuschen herablassender Gleichgültigkeit. Gleichzeitig erwartete sie jedoch, daß die Bewunderung ihrer Gäste sich in Form von dezenten Untertreibungen äußerte und in Worten, die all den erlesenen Herrlichkeiten gerecht wurden, die es in Fülle zu bewundern gab. So wurde es jedem, außer der Generalsgattin selbst, bald klar, daß sie unserer Gastgeberin auf die Nerven fiel. Marie-Laure sprach kaum mit ihr und wandte sich dafür ostentativ den übrigen Gästen zu. Doch die Dame aus St.-Louis war nicht auszuschalten, indem man sie ignorierte. Geschwätzigkeit ist nicht heikel, was ihre Empfänger anbelangt. Und es gab Leute, die keine andere Wahl hatten, als zuzuhören. Folglich empfand man es als Erleichterung, als André, der Butler, die Tür zum Salon öffnete und laut verkündete: »Es ist angerichtet.«

Wir marschierten durch die Galerie und die Bibliothek in den kleinen

Speisesaal mit seinen blaulasierten Wänden und seinem Marmortisch. Marie-Laure plazierte die Generalsgattin ihr gegenüber, und mich zur Rechten der Dame, wohl als logisches Opfer ihres Wortschwalls, das ich auch prompt wurde. Die Ankunft der Speisen und des Weins jedoch setzte ihren Äußerungen gewisse Schranken, die besonders willkommen waren, da ihre Unterhaltung uns inzwischen zu jenen indiskreten, persönlichen Fragen geführt hatte, aus denen der amerikanische Smalltalk hauptsächlich besteht. Eine der Kuriositäten und Schätze des Speisesaals war eine außergewöhnliche Uhr aus dem achtzehnten Jahrhundert, die unmittelbar über dem Tisch hing. Sie war geformt wie ein großer, achteckiger Vogelkäfig aus vergoldeter und blau emaillierter Bronze, an dessen Unterseite sich Zifferblatt und Zeiger befanden, die nur jene Gäste sehen konnten, die unmittelbar darunter saßen, während im Inneren des Käfigs pfauenfarbene, mechanische Vögelchen hockten, die zu trällern begannen, wenn man an einer Schnur zog. Und dieser bemerkenswerte Gegenstand sollte das Schicksal der Generalsgattin besiegeln. Sie hatte – wieder einmal – noch nichts Vergleichbares gesehen. Da ich ihr Tischnachbar und Landsmann war, schwappte die gesamte Flut ihres wortreichen Staunens über mich hinweg. In dem Versuch, mich zu retten, brachte ich die Vögelchen zum Trällern, doch das mehrte nur die Überschwemmung. Und trug sie über den Tisch.

Marie-Laure, die bis dato ihren geschwätzigen Gast so gut wie ignoriert hatte, lehnte sich nach vorne und fragte: »Sie sind also zum ersten Mal hier in Europa?«

»Ja, zum ersten Mal«, entgegnete die nichtsahnende Dame, »und ich sage es Ihnen ganz offen, das Essen hier in diesem tollen Haus wird der Höhepunkt der gesamten Reise werden. Es ist einfach phantastisch, ich könnte mich ohrfeigen, daß ich die Kamera nicht mit habe, ich würde glatt ein paar Schnappschüsse machen für die meinigen zuhause. Niemand wird mir glauben, wenn ich ihnen erzähle, daß ich in einem solchen Haus zu Mittag gegessen habe. Ich sage es Ihnen ganz offen, in St.-Louis gibt es nichts Vergleichbares.«

»Und wohin werden Sie anschließend reisen?« erkundigte sich Marie-Laure.

»Ach, wissen Sie, wohin sie alle fahren. London habe ich bereits abgehakt. Ich habe mir die Reise von American Express organisieren lassen. Das erleichtert alles ungemein, weil man auf diese Weise alles zu sehen bekommt, und nicht aus Versehen irgendeinen tollen Ort übersieht. Aber ich sage es Ihnen ganz offen, ich hätte nie gedacht, so etwas hier zu sehen.«

»Wohin fahren Sie von Paris aus?«

Die Aufmerksamkeit des ganzen Tisches konzentrierte sich mittlerweile auf dieses Interview, weil alle Anwesenden, bis auf die Generalsgattin, bereits ahnten, daß Marie-Laure Böses im Schilde führte.

»Nach Italien.«

»Und wohin in Italien?«

»Nur die wirklich wichtigen Orte, wissen Sie, Venedig, Florenz, Rom, das ist alles. Dann wieder zurück nach dem lieben alten St.-Louie, Louie.« Sie lachte.

»Sie wollen mir also sagen, daß Sie sich Bologna entgehen lassen?« fragte streng Marie-Laure.

»Ist das ein Muß? Ich habe noch nie davon gehört.«

»Bologna ist seit dem Mittelalter eines der Wissenszentren in Italien«, antwortete Marie-Laure, »und besonders wichtig für Frauen. Keine Frau mit Selbstachtung sollte es sich, so sich ihr die Gelegenheit bietet, entgehen lassen, ein paar Tage in Bologna zu verbringen, weil wir alle von der Bologneser Spezialität profitieren könnten.«

»Ach, Sie meinen ein Gericht?« fragte die Generalsgattin.

»Für Frauen mit gesundem Appetit natürlich schon«, erwiderte die Vicomtesse und schniefte vor Lachen.

»Pasta?«

»Nein. Penisse.«

Sogar die, die Marie-Laures gelegentliche verbale Entgleisungen kannten, fanden diese Äußerung mehr als gewagt, und alle Gespräche verstummten jäh, weil ein jeder gespannt war, was nun kommen würde. Die Generalsgattin schwieg.

»Bologna besitzt nämlich«, sprach unbeirrbar und unerbittlich die Vicomtesse, »neben seiner berühmten Universität Europas beste Ausbildungsstätte für Prostituierte. Die Mädchen müssen ja schließlich ihr Geschäft lernen wie andere auch, und so kommen sie nach Bologna, um die örtliche Spezialität zu studieren, nämlich Fellatio. Man könnte meinen, es müsse leicht sein, sich einen Schwanz in den Mund zu stecken, um daran zu lutschen. Mitnichten. Man sagte mir, diese Technik sei sehr weit verbreitet in den Staaten. Vielleicht sind Sie mit den Feinheiten also bereits vertraut?«

Die Generalsgattin schüttelte verdrossen den Kopf, sagte jedoch kein Wort.

»Nun, wenn man die Methode erst einmal durchschaut hat, ist es wirklich ganz einfach. Der Trick besteht darin, zu warten, bis der Penis vollkommen steif ist, sodann die Eichel in den Mund zu nehmen, sie am Inneren der Wange zu reiben, und sie dabei gleichzeitig mit der Zungenspitze zu streicheln. Ich zeige Ihnen, wie das geht."

Marie-Laure nahm einen Löffel, steckte ihn sich in den Mund und schob die Höhlung in die rechte Backe. »Man muß ein wenig üben, um es richtig zu machen. Auf keinen Fall darf man zubeißen. Und deshalb können ein paar Lektionen in Bologna das Leben einer Frau vollkommen verändern, weil Männer nichts lieber mögen, als wenn man ihnen gekonnt einen bläst. Glauben Sie mir, meine Liebe, ich spreche aus Erfahrung. Und die Lehrer in Bologna sind sehr hübsche junge Männer. Das möchten Sie doch nicht versäumen, nicht wahr?«

Die Generalsgattin hielt ihre Augen starr auf den Teller gesenkt und antwortete nicht. Sie sprach während der gesamten restlichen Mahlzeit kein Wort mehr. Auch die übrigen Gäste nahmen nur zögernd ihre Gespräche wieder auf. Und als wir uns alle erhoben, um im großen Salon im oberen Stockwerk unseren Kaffee einzunehmen, ging die Generalsgattin geradewegs, ohne sich zu verabschieden, durch die Eingangshalle und verschwand durch die Pforte. Ihr abrupter Aufbruch ließ keinen Zweifel an der Tatsache, daß sie, wenngleich naiv und provinziell, doch sehr wohl begriff, daß ihre Gastgeberin sie absichtlich provoziert und verspottet hatte.

Und genau dies hatte Marie-Laure beabsichtigt. Mehrere von uns machten ihr Vorwürfe, als wir unseren Kaffee einnahmen, weil sie willkürlich unfreundlich, ja, grausam zu einem Menschen gewesen war, der ihr nichts Böses zugefügt hatte. Doch Marie-Laure verabscheute Kritik und wußte ihr schlechtes Betragen stets schlau zu rechtfertigen. Sie sagte: »Dieses alberne Weib ist wegen der Sehenswürdigkeiten nach Europa gekommen, macht eine American Express-Reise. Was, glaubt ihr, wird sie auch nur im mindesten beeindrucken? San Marco? Der Palazzo Vecchio? Die Sixtinische Kapelle? Nichts von alledem. Das ist doch alles nur Spaghetti in ihrem Hirn. Aber an mich wird sie sich erinnern, weil ich ihr den einzigen Schock verpaßt habe, den sie in Europa bekommen wird, den einzigen Hinweis darauf, daß der alte Kontinent noch immer von echten Menschen bewohnt ist, nicht von Robotern nach amerikanischem Vorbild. Und vielleicht bringt sie das zum Nachdenken über ihre Landsmänner in St.-Louis. Und wenn sie nur fest genug nachdenkt, könnte sie vielleicht ein anderer Mensch werden. Das ist aber höchst unwahrscheinlich. Aber immerhin möglich. Also habe ich ihr die Chance geboten. Die Chance ihres Lebens. Wie kann man mir dies zum Vorwurf machen? Ich war nicht grausam, sondern großzügig. Außerdem, vielleicht bläst sie dem General einen, und es ist doch allseits bekannt, daß Männer in dieser Angelegenheit Professionalität wertzuschätzen wissen."

Wir lachten und ließen sie in dem Glauben, sie habe recht gehandelt. Natürlich war das Ganze schlimm, doch weil es von ihr in ihrem Haus gekommen war, nicht ohne sardonischen Humor. Und vielleicht bestand tatsächlich eine geringe Chance, daß der Schock grober Unflätigkeit in erlesener Umgebung die Matrone aus St.-Louis dazu bringen würde, Werte lebhafter zu schätzen, die in der Unangemessenheit und dem Paradoxon verborgen lagen. Dennoch war es kein Vergnügen, der absichtlichen Demütigung eines Gastes beizuwohnen.

In den ersten Jahren unserer Bekanntschaft unternahm Marie-Laure noch Anstrengungen, der Welt ein elegantes und, insoweit dies möglich war, attraktives Äußeres zu präsentieren. Mademoiselle Chanel persönlich beriet sie bei der Zusammenstellung ihrer Garderobe, ihr Haar wurde gefärbt und frisiert von Alexandre, und sie trug eine beträchtliche Vielfalt bemerkenswerter Juwelen. Sie war fraglos eine auffällige Erscheinung, und ihr klingender Name verstärkte noch den Eindruck, den sie auf andere machte. Doch dann tat das unaufhaltsame Zerstörungswerk der Jahre ihre Wirkung, unterstützt von einer gewissen ironischen Mittäterschaft der Dame selbst. In anderen Worten, sie ließ sich gehen. Sie hörte zwar auf zu trinken, begann dafür jedoch mehr zu essen. Da das Essen in ihren Häusern hervorragend war, stopfte sie es in sich hinein – mit geradezu verheerenden Tischmanieren, häufig während des Essens rauchend – und wurde folglich dick. Um dies noch zu verschlimmern, entwickelte sie ein Fibrom, eine gutartige Geschwulst aus faserigem Gewebe, die von ihrem Bauch abstand, so daß sie fast fettleibig aussah. Es wäre natürlich ganz leicht

gewesen, dieses Fibrom entfernen zu lassen, aber Marie-Laure verabscheute Ärzte, Krankheiten, Operationen, Krankenhäuser, und weigerte sich, auch nur das geringste mit alledem zu tun zu haben, mit
dem Ergebnis, daß ihre Gesundheit eine schiere Glückssache wurde.
Sie bemerkte einmal, daß sie, um sich der Welt präsentieren zu können,
siebzehn Operationen hätte erdulden müssen, die meisten davon kosmetischer Natur. Sie hatte immer Probleme mit ihren Füßen, weil sich
neben den großen Zehen Überbeine gebildet hatten, und sie demzufolge
nur mit äußersten Unannehmlichkeiten gewöhnliches Damenschuh-
werk tragen konnte. Stattdessen trug sie weiche Sandalen mit flachen
Absätzen, von denen sie eine große Kollektion besaß, doch diese hatten
die ungünstige Nebenwirkung, ihren Gang ziemlich linkisch wirken zu
lassen, so daß sie nicht zu schreiten, sondern zu trotten schien. Da
sie unaufhörlich rauchte, waren ihre Zähne nicht immer so tadellos
weiß, wie es wünschenswert gewesen wäre. Dahin war die Zeit, als sie
Chanel-Kostüme trug. Jetzt trug sie weite Bauernröcke, von ihrem
Mädchen flink aus einem Stoff zusammengenäht, den sie auf dem
Markt in Hyères erstanden hatte, wodurch das Fibrom erst richtig zur
Geltung kam. Abgesehen von einem riesigen Diamantring, den sie nur
bei seltenen Anlässen trug, verschwand der gesamte Schmuck, wurde
ersetzt von ausgefallenen Broschen und einer Sammlung von Kamee-
armreifen. Schminke trug sie etwas zu dick auf, und dies nicht immer
mit der Sorgfalt, die diese feminine Kunst erfordert. Kringellöckchen
verbargen die außerordentlich hohe Stirn. Statt einer Handtasche aus
Krokoleder von Hermès oder Dior, trug sie immer häufiger Porte-
monnaie, Puder, Lippenstift, Zigaretten und Streichhölzer in einem
kleinen Weidenkörbchen. Wenn sie ausging, schlang sie sich oft ein
Tuch über den Kopf, das sie unter dem Kinn verknotete, und so nimmt
es nicht wunder, daß immer mehr Leute bemerkten, man könne sie
ebensogut für eine wahrsagende Zigeunerin halten. Das hätte ihr sogar
gefallen, denn es stand ja trotz alledem außer Frage, wer sie war, nämlich die Vicomtesse de Noailles, eine der bekanntesten Persönlichkeiten
in ganz Frankreich. Ihr Photo erschien häufig in den Zeitungen, und
glich sie auch wahrhaftig keinem schillernden Leinwandstar, so freute
sie sich doch ein jedes Mal, schnitt das Foto aus und klebte es in ihr
Sammelalbum. Sie war seit jeher exzentrisch gewesen, nun jedoch ver-
wandelte sie sich in eine echte Bohémienne. Wenn ihre Familie ihre

Künstlerfreunde als Tippelbrüder bezeichnete, was mochten sie dann wohl zu ihrer jetzigen Erscheinung sagen? Wie dem auch sei, da man nie vorherahnen konnte, was sie als nächstes sagen oder tun würde, lud man sie nur äußerst selten zu den formellen Veranstaltungen der Faubourg St.-Germain ein, deren steife Etikette es noch immer streng zu befolgen galt. Sie wurde zwar nicht direkt geächtet, aber doch aus sicherer Distanz als eine Verirrung betrachtet, und dieser Umstand paßte ihr ausgezeichnet. Anstatt mit irgendeiner exaltierten Gestalt aus dem *Almanach de Gotha* zu dinieren, zog sie bei weitem die Gesellschaft von Max Ernst, Man Ray, Balthus vor, nebst Innenausstattern, Friseuren und verschiedenen kleinen Gaunern, die ebenfalls zu ihrem Gefolge gehörten und es ihr nicht übelnahmen, wenn sie zum x-ten Male erzählte, wie sie dereinst gezwungen war, ihre Jungfräulichkeit selbst zu durchstechen, dabei ein Blutbad anrichtete, weil der Vicomte es entschieden an Begeisterung fehlen ließ für dieses Ritual.

Jean Lafont war zum *amant en titre* der Vicomtesse avanciert, bereits sechs Monate nach Oscars Ableben. Aber das hinderte weder sie noch ihn daran, außerplanmäßigen Genüssen zu frönen. So schwärmte sie eine Zeitlang für den Maler Piero Graziani. Seine Leinwände stellten Wolken dar, rosarote, blaue, violette, smaragdgrüne, buntscheckige Wolken, Wolken und nichts als Wolken. Piero bildete als Heterosexueller eine Ausnahme in der Reihe Marie-Laures Geliebter. Vielleicht währte die Affäre mit ihm aus diesem Grunde nicht sehr lange. Er erhielt einen Kombiwagen geschenkt und ward schon bald nicht mehr gesehen.

Von all ihren Schätzen liebte Marie-Laure am meisten die zwei großen Gemälde von Goya, die lebensgroßen Porträts seines Sohnes und seiner Schwiegertochter, die immer in ihrem achteckigen Salon gehangen hatten. Die beiden Bilder waren zweifellos ihre kostbarsten. Ihr Großvater Bischoffsheim hatte sie im Jahre 1880 erstanden, und sie hatten sie durch ihr gesamtes Leben begleitet, so daß sie fraglos eine bedeutende Rolle spielten in der Inszenierung ihrer Persönlichkeit. Ein Leben vor dem Hintergrund zweier so mächtiger Meisterwerke fordert von deren Besitzern, sich mit einer Aura vergleichbarer schöpferischer Autorität zu umgeben. Marie-Laure war sich dieser Herausforderung wohl bewußt und nahm sie an, wenngleich man den Gemälden zuliebe einräumen sollte, daß die Aura, die sie schuf, nicht immer mit der Anmut dieser Bilder Schritt halten konnte. Marie-Laure war wohl nicht sehr um das Schicksal ihrer beiden Goyas besorgt, wenn sie einmal nicht mehr lebte, um sich in ihrem Ruhm zu spiegeln, da sie die endgültige Wirklichkeit des Todes, und besonders ihres eigenen, aufrichtig verabscheute. Die Behauptung, sie lebte für ihre Goyas, wäre etwas übertrieben, aber sie spürte, daß sie ihrem Leben eine Dimension eröffneten wie kein anderes Kunstwerk im Haus.

Eines Sommernachmittags war ich mit ihr in Hyères, als das Telefon in der Bibliothek klingelte. Sie hob den Hörer ab. Der Vicomte rief an. Ich verließ den Raum nicht, da ich bereits unzählige Male Zeuge der Gespräche zwischen den Eheleuten gewesen war, zumindest eine Seite gehört hatte. Sie plauderten ein paar Minuten lang über Belanglosigkeiten, bis Marie-Laure sich unversehens, wie von der Hornisse gestochen, in ihrem Lehnsessel aufrichtete und ausrief: »Nein! Nein! Nein!« Dann redete ihr Gatte ein paar Minuten. »Niemals!« schrie sie. »Nicht die Goyas. Sie gehören mir, und ich werde sie niemals, niemals hergeben.« Aber dann war sie wieder still und lauschte eine Weile den Worten ihres Mannes, bis sie schließlich in ihren Sessel zurücksank. »Du willst, daß ich sterbe«, murmelte sie am Ende. »Das ist es doch. Also wurde alles hinter meinem Rücken beschlossen. Ist dies der Preis, den ich zu bezahlen habe?« Wieder sprach ihr Gatte eine Weile, während sie zuhörte, hin und wieder nickend, und schließlich sagte: »Nun gut, Charles. Ich bin einverstanden, weil ich keine andere Wahl habe. Aber du sollst wissen, daß ich sehr wohl begreife, was gespielt wird, und das ist der Preis, den ihr beide, du und Laure, bezahlen müßt. Mehr kann ich im Augenblick nicht dazu sagen. Vielleicht sage ich überhaupt nichts mehr. Also leb wohl.« Damit legte sie den Hörer auf.

Da ich gerade zugegen war, erklärte sie mir die Angelegenheit. Ihr Gatte und seine Anwälte hatten beschlossen, es wäre doch klüger, schon jetzt, um eventuellen übermäßigen Steuern vorzubeugen, eines ihrer kostbarsten Güter ihren rechtmäßigen Erben zu übertragen. So sollten die beiden Goyas schon bald in den Besitz ihrer älteren Tochter Laure de La Haye Jousselin übergehen, bis zu Marie-Laures Ableben jedoch in ihrem Hause bleiben. »Für mich wird es sein«, meinte sie, »als gäbe es sie nicht mehr. Das ist das Grausame am Reichtum. Er lebt für deinen Tod.«

Als ich das nächste Mal in die Place des Etats-Unis kam, waren die Goyas aus Marie-Laures Salon verschwunden. Fortan hingen sie bis zu ihrem Tod in dem engen Korridor neben der großen Treppe, zu beiden Seiten eines mittelprächtigen Van Dyck, nicht leicht zu sehen, leicht zu übersehen, ziemlich traurig in ihrem zweckdienlichen Exil. An ihre Plätze hängte man andere Bilder, eines davon ein herrlicher Géricault, aber der Salon war fraglos niemals mehr, was er vorher gewesen war. Nachdem Marie-Laure verstorben war, schaffte man die Goyas in den Landsitz der La Haye Jousselin, und so gut wie niemand aus meinem Bekanntenkreis hat sie seither wiedergesehen.

Es wäre verführerisch und leicht, Marie-Laures Geschichte zu erzählen, indem man einfach eine Anekdote an die nächste reiht, aber das Ergebnis wären Langeweile und Verzerrung. Eine Anekdote gibt es jedoch, eine ziemlich lange, die ich schlicht erwähnen muß, zum einen wegen ihrer geradezu absurden Komik, zum anderen, weil ihre näheren Umstände viel Wesentliches über die Inszenierung und Darstellung von Marie-Laures Bühnenfigur verraten. Wenngleich mitnichten die Hauptperson in dieser Anekdote, nur eine Zeugin, hätte diese wohl kaum denselben grotesken und pathetischen Beigeschmack, wäre Marie-Laure nicht dabeigewesen, die mit ihrer Gegenwart von Anfang an als das verbindende Glied in der Kette der Geschehnisse fungierte.

Im August 1961 verbrachte ich eine gute Woche mit Marie-Laure alleine in Hyères. Eines Tages klingelte kurz vor dem Mittagessen das Telefon in der Bibliothek. Nach kurzem Gespräch bat sie den Anrufer, er möge am Hörer bleiben, und sagte zu mir: »Es ist eine Amerikanerin namens Mrs. Livingston, die in drei Tagen ein Abendessen mir zu Ehren veranstalten will. Ich kenne sie nicht, aber sie lädt mich unentwegt ein. Sollen wir hingehen?«

Ich meinte: »Warum nicht?« Mit Marie-Laure allein zu sein war nicht immer nur das reine Vergnügen, so lockte mich die Aussicht auf exotische Geselligkeit.

Marie-Laure nahm die Einladung unter der Bedingung an, daß ein Mann unter den Gästen zu sein habe, legte den Hörer auf und erzählte mir alles, was sie über unsere künftige Gastgeberin wußte. Mrs. Livingston war – und ist es noch, soweit ich weiß –, eine sehr wohlhabende Amerikanerin, geschieden oder verwitwet, die vor kurzem ein Anwesen in der Nähe von St.-Tropez erworben hatte und nun damit beschäftigt war, sich in der ohnehin bereits hoffnungslos überfüllten Gegend einen gesellschaftlichen Rang zu ergattern. Da die Vicomtesse zu den bekanntesten Persönlichkeiten an der Riviera zählte, und es längst nicht mehr unerläßlich war für gesellschaftliche Vergnügungen, sich einander formell vorzustellen, waren Mrs. Livingstons Bemühungen, Marie-Laure in ihren honorigen Kreis einzureihen, nur natürlich. Sogar für den Monat August in jenen warmen Gefilden Europas erwies sich der Tag von Mrs. Livingstons Dinnerparty als höllisch heiß. Gegen Abend fuhren die Vicomtesse und ich in ihrer Limousine nach St.-Tropez, eine Strecke von nur dreißig Meilen, doch über schlechte, kurvenreiche Straßen. Gerüchten zufolge bestand das Anwesen von Mrs. Livingston aus einem großen Bauernhaus mit angrenzenden Weingärten, das die Amerikanerin mit großem finanziellen Aufwand in ein luxuriöses Sommerdomizil verwandelt hatte. Bis wir dort ankamen, war die Nacht hereingebrochen. Als wir die von Mimosensträuchen flankierte Auffahrt hinauffuhren, erschien im Licht der Scheinwerfer ein großes Gebäude im provenzalischen Stil. Am Vordereingang stand ein junger Mann, der eine weiße Livrée mit goldenen Knöpfen und Epauletten trug und passend dazu weiße Handschuhe.

»Ein überaus schlechtes Zeichen«, meinte Marie-Laure, und sie mußte es in der Tat besser wissen als die meisten Leute, daß uniformierte Bedienstete, vor allem an der Riviera, einer unwiederbringlichen Vergangenheit angehörten.

Wir stiegen aus und betraten das Haus durch die Türe, die der junge Mann für uns öffnete. Und zu unserem Erstaunen schienen wir uns plötzlich nicht mehr in Südfrankreich, sondern in Southhampton, Long Island zu befinden! Die Innenausstattung bestand ganz aus Chintz, Faltenwürfe, Polster, Tischdecken, Kissen, während geblümte Teppiche in passenden Farben auf den Fliesenböden lagen. In schweren Silberrahmen auf runden Tischen standen Photographien von Damen mit gewaltigen Hüten. Gespannt, weil sie einen gesellschaftlichen Fisch von der Größe der Vicomtesse an der Angel hatte, wenn auch noch nicht ganz an Land, war Mrs. Livingston sehr darum bemüht, uns den Besuch angenehm zu gestalten. Sie war eine große, schlanke, blonde Dame um die fünfzig und von einer unverwechselbar amerikanischen Distinguiertheit, die auf Long Island durchaus angebracht war, auf herzhaft gallischem Boden aber reichlich anämisch wirkte. Sie hatte insgesamt zehn Gäste eingeladen, die Hälfte davon Amerikaner. Der herausragendste davon war Mr. James McCormick, ein Mähmaschinenmagnat mit seiner vorlauten französischen Gattin, dann Mr. und Mrs. Charles Spofford, New Yorker Anwalt und Treuhänder der Metropolitan Opera, unsere Gastgeberin und ich. Da war auch ein Deutscher, der mit der Oper zu tun hatte und sich auf engste Vertrautheit mit Herbert von Karajan berief. Aus Frankreich waren die bereits erwähnten Renée McCormick, Marie-Laure, ein farbloser Baron, von dem es hieß, er sei Mrs. Livingstons Beau und Graf und Gräfin Pierre de Fleurieu. Der Graf war ein echter Held des Ersten Weltkriegs gewesen, hatte einen Arm in der Schlacht verloren, und trug das scharlachrote Kreuz der Ehrenlegion.

Getränke, besonders willkommen an solch einem schwülen Abend, wurden von dem jungen Mann in Livrée und einem anderen, der sein Vater hätte sein können, auch er in Uniform, auf silbernen Tabletts im Salon serviert. Die Unterhaltung war, wie stets bei solchen Gelegenheiten, schleppend. Marie-Laure, zu deren Stärken es noch niemals gehört hatte, Langeweile mit höflicher Toleranz zu ertragen, gab sich keine besondere Mühe, unterhaltsam zu sein, obwohl sie mehrere der französischen Gäste bereits kannte, bewunderte aber immerhin einen erlesenen, bemalten Louis XV-Fächer, der auf einem der Tische aufgestellt war. Mrs. Livingston war hocherfreut. »Ein Geschenk von Mr. Morgan an meine Großmutter«, erklärte sie selbstgefällig.

Als verkündet wurde, es sei angerichtet, waren wir alle erleichtert, doch unsere Erleichterung verflog im Nu, als wir entdeckten, daß wir nicht im Freien auf der kühlen Terrasse speisen würden, sondern an einer Tafel in einem engen Zimmer, wo man sämtliche Vorhänge geschlossen hatte, und den nur Kerzen erhellten, von denen allerdings mehrere Dutzend aufgestellt waren. So war die Hitze schier unerträglich. Für die Damen mochte sie nicht ganz so schlimm gewesen sein, denn damals waren gerade Abendpyjamas in Mode, und alle, bis auf Marie-Laure, waren in solch lose sitzende Schöpfungen gehüllt. Die Männer jedoch trugen ausnahmslos Jacketts und litten folglich sehr unter der schweißtreibenden Hitze. Mrs. Livingston hatte Marie-Laure den Ehrenplatz zugewiesen, ihr gegenüber an der ovalen Tafel, und mich aufgrund eines auffälligen Mangels an Taktgefühl zu deren Linken plaziert. Aber es war mir gleichgültig, welche Vermutungen man über unser beider Verhältnis anstellte, zumal ich froh war, eine verläßliche Gesprächspartnerin an meiner Seite zu haben.

Inzwischen servierten die beiden Männer in Livrée Platten mit Hummersalat, dazu einen ausgezeichneten Weißwein. Der Tisch und eine Konsole besaßen Platten aus Marmor, und so schien es, als würden Teller und Platten aus Silber und Porzellan mit übermäßigem Geschepper und Geklapper aufgetragen und fortgenommen. Da jedoch ein jeder der Gäste mit dem eigenen Unwohlsein beschäftigt war, nahm dies seine gesamte Aufmerksamkeit in Anspruch und ließ wenig Raum für das ungebührliche Getöse. Dann folgte das Hauptgericht, ein Lammbraten, Knoblauch ausdünstend, und ganz und gar unpassend für jene schwülheiße Augustnacht. Er wurde von dem älteren Mann serviert, der artig Marie-Laure zuerst bediente. Als er sich hierfür nach unten beugte, sagte er laut, wenn auch ein wenig nuschelnd: »Was hier so stinkt, das bin nicht ich, sondern das Fleisch.« Man rang vernehmlich nach Luft rings um den Tisch, dann war es still, während die Züge meiner Freundin einen Ausdruck unsagbarer Genugtuung annahmen, weil sie nichts mehr amüsierte, als grotesk unangemessenes Betragen, zumal der Butler tatsächlich sehr übel roch. Nach Schnaps. Mrs. Livingston wirkte entsetzt und wedelte mit den Händen. Marie-Laure nahm sich ein gewaltiges Stück Fleisch, woraufhin der Butler die Platte weiterreichte, und die jüngere Livrée mit Gemüsen kam. Als die Dienerschaft den Raum verlassen hatte, erklärte die Gastgeberin, in der Küche werde kräftig getrunken, so daß sie inständig hoffe, es möge kein Unglück geschehen, und sie beschwor ihre Gäste, Verständnis zu haben. Das hatten wir. Es blieb uns auch nichts anderes übrig, weil sich das Trinkgelage in der Küche schon bald durch Geschrei und allerlei ominöses Getöse bemerkbar machte. Die Hände unserer Gastgeberin wurden immer zappeliger, ihre Gesichtsfarbe aschfahl, aber der Baron meinte, sie solle sich keine Sorgen machen, wir würden die Sache tapfer durchstehen. Marie-Laure blickte mich an, und ich sie, und unser Blick sollte bedeuten, daß Tapferkeit, gleichsam der unverdauliche Anteil guten Betragens, womöglich auch unseren Appetit auf ein wenig Spaß stillen mochte, und so lächelten wir in komplizenhafter Vorfreude, da wir nicht ahnen konnten, welche Farce uns erwartete.

Der Salat erreichte die Tafel ohne größere Komplikationen, obgleich man bei jedem Schüsselchen Entsetzliches befürchtete. Dann kam das Dessert, eine schäumende Mischung aus Obst und Sahne, aufgetragen von der älteren Livrée auf einem Silbertablett. Mittels eines geradezu schwindelerregenden Gleichgewichtsaktes umsegelte die Schüssel den Tisch ungefähr zur Hälfte, erreichte schließlich die Gräfin de Fleurieu, über deren Schulter sie dann jählings in eine tragische Schräglage geriet, so daß sich ein wahrer Niagarafall aus Sahnecreme über der Dame hellblauen Pyjama ergoß. Ihr gellender Aufschrei schien den Tiefen des Hades zu entsteigen: »Mein Pyjama!« Dabei rieb sie ungestüm an den unwiderruflichen Sahneflecken. »Mein Pyjama! Mein Pyjama!« Ihr Gatte begann, den schwankenden Butler zu rügen, als habe er einen Soldaten vor sich, der auf dem Schlachtfeld versagt hatte, schalt ihn einen linkischen Esel, der keinerlei Ahnung habe vom Servieren. Die Bemerkung war treffend, dennoch siegte der Schnaps, nicht die Disziplin. »Also gut«, rief der aufmüpfige Untergebene, »dann bedienen Sie sich doch selbst.« Damit knallte er die Schüssel auf den Tisch, die mit einem entsetzlichen Geschepper dort landete und eine Sahnefontäne in die Höhe sandte, und stürzte aus dem Zimmer. Mrs. Livingstons Hände waren mittlerweile in wedelndem Aufruhr. Marie-Laure brach in lautes Lachen aus. Aus der Küche erreichte uns infernalisches Lärmen. Daraufhin hob der Graf de Fleurieu den ihm noch verbliebenen Arm in einer Geste, die an entscheidende Momente in den Schützengräben denken ließ. »Alle Mann in die Küche!« rief er und sprang auf die Beine. Jahrzehnte haben nicht vermocht, die unbeschreibliche Absurdität dieses Augenblicks aus meiner Erinnerung zu tilgen, da ich zu meiner Verblüffung – und zu meiner Beschämung – mitansehen mußte, wie ein jeder Mann, inklusive meiner lächerlichen Person, dem Befehl des Grafen Folge leistend, aufstand, um in der Küche einzufallen. Dort lauerten nun leider echte Feinde.

Und es bot sich uns folgender Anblick: Auf dem Boden lag das weiße Jackett des älteren Mannes und sah aus, als sei darauf herumgetrampelt worden. Der Jüngere stand in einer Ecke und schien nur halbherzig zum Kampfe bereit, nicht einmal übermäßig berauscht, während neben dem Kühlschrank eine Frau mittleren Alters schwankte und stöhnte und murrte: »Wir sind doch keine Tiere. Sie können uns nicht wie Tiere behandeln.« Der ältere Mann brüllte unflätige Beleidigungen und schwor Rache. Pierre de Fleurieu verurteilte ihn mit schneidender Verachtung. Dem folgte eine lautstarke Auseinandersetzung, die zu nichts führte, und den männlichen Gästen Mrs. Livingstons ganz gewiß keinen würdigen Rückzug aus dem Reich gestatten würde, in dem sie nichts zu suchen hatten. Dann griff Mr. McCormick in das Geschehen ein, machte sanft eine Autorität geltend, die am Umgang mit all den Mähern in deren uneinnehmbarem Reich in den Great Plains von Nordamerika gewachsen war. Er äußerte angemessene Belanglosigkeiten, die die erhitzten Gemüter auf beiden Seiten etwas abkühlen sollten. Seine Bemühungen schienen in der Küche fehlzuschlagen, taten aber ihre Wirkung auf die absurde Truppe aus dem Speisesaal, die nur allzu froh war, eine unhaltbare Position aufgeben zu können. Wir zogen uns zurück. Die Bühne der ursprünglichen Fehde war verlassen, da sich die Damen in den Salon begeben hatten. Im stickigen Speisesaal war das einzige verbliebene Lebenszeichen das Flackern jener zahllosen Kerzen, die ihr unwirkliches Licht auf die Trümmer verkorkster Geselligkeit warfen.

Den Abend jetzt noch zu retten, schien undenkbar, aber ein galanter Wiedergutmachungsversuch folgte in Form eines Tabletts mit Likören, das Charlie Spofford herumreichte. Dies schuf zumindest einen gewissen höflichen Aufschub, währenddessen wir ein wenig mehr in Erfahrung bringen konnten, weshalb das Unheil über Mrs. Livingston hereingebrochen war. Nachdem sie das Bauernhaus und die angrenzenden Weingärten von einem abwesenden Besitzer erworben hatte, dachte sie in ihrer praktischen, amerikanischen Naivität, es wäre doch ideal, in der aufpolierten Umgebung dieselben Personen als Bedienstete einzustellen, die ehedem als Pächter das Land bearbeitet hatten. Jene hatten zweifellos gedacht, sie könnten aus einem Vorschlag, der so offensichtlich unsinnig war, ihren Vorteil ziehen, und so erklärten sie sich einverstanden. Während das Gut so renoviert wurde, daß es ihre Sehnsucht nach dem Ostzipfel Long Islands zu stillen vermochte, reiste die Eigentümerin nach Italien, um passende Livréen für ihre Dienerschaft zu suchen, weil die Franzosen die Produktion dieser unrealistischen Gewandung seit langem eingestellt hatten. Und nachdem sie die ehemaligen Bauern, Vater und Sohn, in ihre schmucken Anzüge gesteckt hatte, glaubte sie, einen hübschen Schachzug häuslicher Zweckdienlichkeit getan zu haben. Nun würde sie leider Gottes das Süppchen, das sie sich eingebrockt hatte, auch auslöffeln müssen.

Marie-Laure frohlockte, daß sie für ihr leichtfertiges Spiel mit gesellschaftlichen Gepflogenheiten ihre gerechte Strafe erhielt, aber ihre Schadenfreude ließ sie nicht noch weiter von deren Quelle kosten.

Nachdem sie die Einzelheiten erfahren hatte, war sie eifrig darauf bedacht, sowohl sich als auch ihren guten Ruf vor dieser kompromittierenden Örtlichkeit zu bewahren. Ohne sich auch nur im geringsten um Takt zu bemühen, wandte sie sich mir zu und verkündete: »Wir brechen auf.« Mrs. Livingston, die durch den Abschied ihres vornehmsten Gastes ihre hochtrabenden Pläne zunichte gemacht fühlte, wedelte mit den Händen und hoffte, die Vicomtesse in Zukunft unter glücklicheren Umständen begrüßen zu dürfen. Marie-Laure, die sich selten eine Gelegenheit entgehen ließ, in der sie die Verlegenheit eines anderen ausnutzen konnte, nahm den Louis XV-Fächer, den sie zu Beginn des Abends bewundert hatte, von seinem Tischchen und rief: »Dieser Fächer gefällt mir. Macht es Ihnen etwas aus, wenn ich ihn mit nach Hause nehme als Erinnerung an den köstlichen Abend hier bei Ihnen?«

»O bitte sehr, nehmen Sie ihn«, seufzte ergeben die unterwürfige Gastgeberin.

Darauf verabschiedeten wir uns von den übrigen Gästen und verließen das Haus durch die Vordertüre, die wir nun allerdings selbst öffnen mußten, und stiegen in unseren Wagen. Während wir durch die duftende Nacht der Riviera fuhren, die mit einem Male angenehm frisch war, sprachen wir über das Vorgefallene, und während wir lachend weiterfuhren, waren wir uns einig, daß Mrs. Livingston, ohne daß es ihre Absicht gewesen wäre, doch eine sehr gute Party veranstaltet hatte. Noch dazu war es Marie-Laure gelungen, sich ein seltenes und sehr kostbares *objet de vertu* zu ergattern. Vielleicht war es der Wert des Andenkens, der sie bald in tiefes Nachdenken sinken ließ. Sie, die Herrin eines schloßähnlichen Hauses, einer Betonburg und einer Dienerschar, fast zwanzig an der Zahl, ganz zu schweigen von einem der größten Vermögen der Welt, seufzte, als sie J. P. Morgans Fächer bewegte, und sagte: »Leute dieser Sorte sind schuld am Kommunismus.« Ich entsann mich der Tatsache, daß Marie-Laure eine unmittelbare Nachfahrin Donatien Alphonse François de Sades war, jenes berüchtigten Marquis, und dachte mit Bedauern, wie Mrs. Livingston wohl niemals wissen würde, daß jener infame Außenseiter der Gesellschaft in jener denkwürdigen Nacht in der Person ihres bedeutendsten Gastes symbolisch mit am Tisch gesessen war.

Wertvolle Gegenstände aus den Häusern ihrer Freunde oder Bekannten zu entwenden, mittels außerordentlicher Bewunderung, schmeichlerischer Höflichkeit oder unverhohlener Habgier, war nichts Neues für Marie-Laure. Besitz war für sie eine Projektion, die ihr auf eine nahezu physische Weise zu versichern pflegte, daß sie wirklich die war, die zu sein sie glauben wollte. Schien auch zuweilen schamlose Raffgier den Erwerb eines Geschenks gesteuert zu haben, tröstete die Empfängerin sich selbst mit dem beruhigenden Gedanken, daß ihre Leidenschaft für Besitz eher ästhetischer denn materieller Natur war, und daß ihr künstlerisches Auge doch zweifellos geschulter war als das des Gebers.

In einem großen Haus außerhalb von Hyères lebte ein Herr, weit über das mittlere Alter hinaus, mit Namen Monsieur Eiffren, bekannt als Vorsitzender des Var-Automobilclubs, und weil er einen Maler beauftragt hatte, Wände und Decken mehrerer Zimmer seines Heims mit Kopien der sinnlichsten Männerakte aus der Sixtinischen Kapelle zu schmücken, zu denen natürlich auch Adam zählte. Monsieur Eiffren war ein hartnäckiger Verehrer der Vicomtesse, und sie dinierte gelegentlich in seinem Haus, da in Hyères die Quellen unbeschwerter Heiterkeit begrenzt waren. Dank schamloser Bewunderungsbekundigungen hatte sie einmal ihrem Gastgeber ein erlesenes Pferd aus Meissener Porzellan abgeschwatzt, das seinen Tisch im Speisezimmer geschmückt hatte und fortan den ihrigen verschönte. Eines Sommerabends begaben ein Freund, ich und Marie-Laure uns gemeinsam zu Monsieur Eiffren, um bei ihm zu speisen. Auf dem Weg durch den Garten zur Eingangstüre bemerkte die Vicomtesse einen kleinen marmornen Cupido aus dem 19. Jahrhundert, der auf ein Täfelchen schrieb, eine etwa fünfundvierzig Zentimeter hohe Statue von anmutigem Charme. Durch einen fast unglaublichen und vielleicht unglücklichen Zufall stand eine nahezu identische Figur auf der Terrasse vor der Bibliothek von St.-Bernard. Der einzige Unterschied bestand darin, daß Marie-Laures Cupido ein Buch las, anstatt zu schreiben. Die wunderbare Logik, Schreiber und Leser zu vereinen, kam Marie-Laure augenblicklich in den Sinn, und noch bevor wir die Schwelle zu Monsieur Eiffrens Haus erreicht hatten, sagte sie: »Ich muß den Cupido haben. Er gehört zu seinem Bruder. Ich muß ihn haben. Und ich werde ihn haben.«

Wir waren nicht die einzigen Gäste an jenem Abend. Einige der anderen kannten Marie-Laure bereits. Sie zollte ihnen wenig Aufmerksamkeit. Stattdessen verschwendete sie ihren ganzen Charme, der wahrhaft gewinnend sein konnte, wenn sie ihn bewußt einsetzte, auf ihren Gastgeber, der noch keinen Hintergedanken vermutete und ihre Bemühungen mit strahlender Zufriedenheit lohnte. Wir standen eine Weile herum und tranken Champagner, und Marie-Laure schwärmte, Monsieur Eiffrens Michelangelos stünden denjenigen des Papstes um nichts nach. Fest entschlossen, den Cupido im Garten zu erwerben, war die Vicomtesse ganz offensichtlich zum Äußersten bereit. Aber sie wartete mit ihrer Attacke bis zum Dinner, zumal sie zur Rechten des Gastgebers sitzen, und ihn dadurch in eine Zwangslage bringen würde, aus der es für ihn kein Entrinnen gäbe. Und wir hatten unseren Fisch noch nicht beendet, als sie zum Angriff überging: Überschwenglich lobte sie den Cupido, sehr zur Freude von Monsieur Eiffren, der ihn erst kürzlich von dem berühmten Lucien Blanc in Aix-en-Provence erstanden hatte. Doch dann erfolgte die Frontaloffensive, der Hinweis auf den phantastischen Zufall, daß seines Cupidos Zwillingsbruder auf ihrer Terrasse ein Buch las. Und welch ein Jammer sei doch das getrennte Dasein, das die Brüder fristen mußten. Wie hübsch und richtig wäre es doch, die beiden zu vereinen, sicherlich wisse Monsieur Eiffren dies zu schätzen, und der Ort der glücklichen Zusammenführung sei ebenso leicht zu finden. Monsieur Eiffren, der sich vielleicht seines Meissener Hengstes entsann, gab nicht das leiseste Anzeichen seiner Wertschätzung, äußerte auch keineswegs den Wunsch, solch eine Vereinigung herbeizuführen. Stattdessen sprach er von einem eleganten Autorennen, das er gerade organisierte. Hatten die Noailles keinen Rolls-Royce, oder einen Bugatti, den man bei der Gelegenheit vorführen konnte? Marie-Laure fügte sich in eine kurze Automobil-Waffenruhe, verfolgte das Unternehmen Cupido jedoch schon bald weiter. Es zeitigte aber keinen Erfolg, obgleich die Vicomtesse jede nur erdenkliche Art aristokratischer, verführerischer und snobistischer Überredungskünste anwandte, und am Ende des Mahls hatte Monsieur Eiffren nicht die leiseste Andeutung einer Hoffnung gegeben, daß der kleine Dichter im Garten jemals hügelaufwärts reisen würde, um mit seinem belesenen Zwilling vereint zu werden. Nachdem sie ihrer Sehnsucht so unverhohlen Ausdruck verliehen hatte, daß es beinahe demütigend war, ohne jedoch ihr Ziel zu erreichen, blieb ihr nur noch eine Taktik, nämlich die Beleidigte zu spielen. Marie-Laure setzte sich in die

Ecke eines Sofas und blickte gereizt gen Decke. Jemand setzte sich neben sie und bemühte sich, ein Gespräch anzuknüpfen, aber sie gab keine Antwort. Kaffee und Kräutertee wurden von einem gutaussehenden Ober in seidenem Sporthemd serviert. Sie schüttelte den Kopf. Und nach zwanzig Minuten übellaunigen Schweigens erhob sie sich abrupt, wissend, ihr Fahrer würde am Tor warten, winkte gebieterisch ihre Freunde hinter sich her und schritt schnurstracks auf die Türe zu. Im Vorbeigehen wünschte sie Monsieur Eiffren brüsk eine gute Nacht. Sichtlich außer Fassung ob dieses rüden und verfrühten Abschieds, folgte unser Gastgeber uns ins Freie, verlegene Grüße murmelnd. So bildeten wir eine kleine Prozession entlang des Gartenwegs, angeführt von Marie-Laure. Unweigerlich kamen wir an dem liebenswerten *Casus belli* vorüber. Marie-Laure hielt davor inne und rief laut aus: »Ich liebe diese Statue. Sie würde ideal auf meine Terrasse passen. Ich muß sie haben. Ich werde sie mir einfach holen.«

Ihr Besitzer hatte den Ausbruch natürlich vernommen, ergab sich der höheren Gewalt und sagte: »O meine Liebe, wenn sie Ihnen soviel Freude macht, dann soll es mir eine Freude sein, sie Ihnen zu schenken.«

»Sie sind wirklich sehr lieb«, seufzte Marie-Laure. »Aber ich muß sicher sein, daß ich Sie nicht eines Gegenstands beraube, dem Sie besonders zugetan sind.«

Der besiegte Galan sagte: »Meine Liebe, Sie wissen doch, daß Ihre Freundschaft und Freude mir mehr am Herzen liegen, als jeder materielle Gegenstand.«

Die Vicomtesse grinste breit, lachte fast und rief: »Clément, Clément!« (Der Name ihres Fahrers). »Kommen Sie und legen Sie diesen Gegenstand in den Kofferraum.«

Das war schnell getan. Wir wünschten Monsieur Eiffren eine gute Nacht. Wir waren noch keine hundert Meter gefahren, als ich unserer euphorischen Gastgeberin Vorhaltungen machte, ihre Tat sei nichts anderes gewesen als höflicher Diebstahl. Wie vorherzusehen war, widersprach sie mir, behauptete, jemand, der mit solch schauderhaften Kopien genialer Kunstwerke leben konnte, habe nicht einmal den Schatten eines Rechts, irgendeinen Gegenstand wertzuschätzen, und sei er auch nur von solch bescheidenem, dekorativem Wert wie der Cupido. Das sei Sophismus, sagte ich. Was zähle, sei doch Monsieur Eiffrens offensichtlicher Widerwille, sich von der kleinen Statue zu trennen, nicht sein Geschmack, sei er nun gut oder schlecht. Aber Marie-Laure war fest entschlossen, sich nicht ins Unrecht setzen zu lassen, und unsere Diskussion setzte sich sogar noch fort, nachdem wir auf St.-Bernard eingetroffen waren, und Clément den Dichter neben den Leser plaziert hatte, ein zugegebenermaßen sehr anmutiges Pärchen, da ein jeder Cupido den etwas süßlichen Charme seines Bruders mehrte. Ich bestand darauf, sie müsse der beraubten Partei Reparationen leisten, dies erfordere die Gerechtigkeit. Marie-Laure war bereit und sagte, sie habe genau das Richtige, um Monsieur Eiffren weit mehr Freude zu bereiten als mit dem nachdenklichen kleinen Cupido. Es war eine seltene Ausgabe einer Homosexuellengeschichte von Jean Cocteau mit dem Titel *Das Weiße Buch,* 1930 erschienen, illustriert mit Zeichnungen des Autors von libidinösen jungen Männern mit großen Geschlechtsteilen und Marie-Laure gewidmet von Jean Cocteau. Sie würde es Clément am Morgen zu Monsieur Eiffren bringen lassen.

Inzwischen hatte unser Gespräch uns von der Bibliothek durch den langen Korridor bis in Marie-Laures Schlafzimmer geführt. Zweifellos hatte sie recht, daß Monsieur Eiffren viel lieber *Das weiße Buch* besäße, als die geraubte Statue, aber ich fand dennoch, daß ihr Erwerb höchst anmaßend gewesen war. So sagte ich: »Und wie würde es dir gefallen, wenn jemand in dein Haus käme und etwas von deinen Dingen so beharrlich bewunderte, daß sein Wunsch fast einem Befehl gleichkäme?«

»Ganz einfach«, antwortete sie. »Wenn ich glaubte, seine Sehnsucht sei aufrichtig und würde dem Objekt gerecht, dann überließe ich es ihm mit Freuden.«

»Nun«, sagte ich, »ich habe schon immer diese Zeichnung bewundert. Nichts in der Welt würde mir mehr Freude bereiten, als sie zu bekommen.« Und ich nahm eine Studie Degas' von der Wand neben mir, die er nach einer antiken Statue angefertigt hatte, zweifellos während seiner frühen Jahre in Italien.

»Dann gehört sie dir«, sagte Marie-Laure.

Erstaunt, erfreut, aber mein Glück bezweifelnd, hielt ich die Zeichnung hoch und sagte: »O Marie-Laure, meinst du das ernst?«

»Nein«, kreischte sie. »Nein, nein, nein. Häng sie sofort wieder an ihren Platz zurück.« Ich tat, was sie von mir verlangte, leicht enttäuscht, aber nicht sehr erstaunt. Jedenfalls erhielt Monsieur Eiffren tatsächlich *Das Weiße Buch* und sandte einen überschwenglichen Dankesbrief.

Sie mochte Willenskämpfe, Angriffe auf ihre Macht und ihr Prestige, und achtete den, der es wagte, ihr zu trotzen – solange er ihr dabei die nötige Unterwürfigkeit bezeigte. Ihre Bediensteten waren im großen und ganzen ehrerbietig und gehorsam. Sie ließen sich ein gutes Quäntchen launischen Eigensinns gefallen, aber beide Seiten wußten ganz genau, daß sie mehr von ihrer Dienerschaft abhängig war, als diese von ihr. Eines Herbstabends in Paris – wir begaben uns gerade in den Speisesaal – blickte sie in den Garten hinaus und bemerkte, daß auf den Wegen haufenweise trockenes Laub von den Kastanien lag. »Diese trockenen Blätter«, sagte sie zu ihrem Butler, »sind kein schöner Anblick. Lassen Sie sie wegräumen.«

Die Bediensteten pflegten Marie-Laures Anrede und Titel wie ein einziges Wort auszusprechen, so daß aus »Madame la Vicomtesse« ein »Mamlavicontez« wurde, und André sagte: »Sehr wohl, Mamlavicontez.« Als wir aus dem Speisesaal zurückkehrten, war kein einziges welkes Blatt mehr im Garten zu sehn. »Jetzt ist es zu kahl«, protestierte Marie-Laure. »Hier und da hätten Sie schon noch ein paar welke Blätter liegenlassen müssen, um der künstlerischen Wirkung willen.«

»Sehr wohl, Mamlavicontez«, sagte André und grinste dabei fast unmerklich. »Ich werde einen Lakaien in den Hof hinausschicken, damit er ein paar welke Blätter aufsammelt. Die verstreuen wir dann im Garten.«

»Werden Sie nicht frech«, sagte Marie-Laure, nun selber grinsend, und wir gingen hinauf, um den Kaffee einzunehmen.

Im Frühling des Jahres 1961 begann ich eine ernsthafte Beziehung mit einem Amerikaner aus Oklahoma namens Larry Hager. Marie-Laure schätzte es nicht besonders, wenn ihre Freunde sich neue Liebhaber oder Mätressen eroberten, zumal ihre eigenen Erfolge auf diesem Gebiet immer spärlicher wurden. Und obwohl normalerweise gewillt, sie zu empfangen, war sie häufig recht kühl und herablassend. Und so reagierte sie zu Anfang auch auf Larry, der sich, obwohl der Dürre des amerikanischen Dust Bowl entstammend, im Luxus ihres Hauses an der Place des Etats-Unis mit gefälligerem Selbstbewußtsein zu bewegen wußte, als die Lady aus St. Louis. Folglich traf ich die Vicomtesse zumeist alleine, oder mit anderen Freunden. Eines Juniabends speiste ich mit ihr in einem Restaurant am Linken Seineufer zusammen zu Abend. Ich hatte Larry versprochen, noch vor Mitternacht bei ihm zu sein. Aber als wir nach dem Essen in mein Auto stiegen, und es nahezu zehn Uhr dreißig war, verkündete Marie-Laure plötzlich, sie wolle ins Kino gehen. An den Champs-Elysées würde ein Film gezeigt, den sie zu sehen wünsche. Ich sagte ihr, ich hätte eine Verabredung und könnte sie folglich nicht ins Kino begleiten.

»Ich will aber gehen«, meinte sie hartnäckig.

»Also gut, ich kann dich zum Kino fahren, wenn du willst.«

»Natürlich nicht. Was für ein unverschämter Vorschlag. Eine Dame geht doch nicht ohne Begleitung ins Kino. Ich will ins Kino gehen, und du als mein Begleiter bist verpflichtet, mitzukommen.«

»Diese altmodische Regel gilt für uns nicht. Wir waren zum Dinner verabredet, nicht zum Dinner und zu einem anschließenden Kinobesuch. Ich werde dich heimfahren und Schluß.«

»In diesem Fall«, sagte Marie-Laure brüsk, »kann ich nur feststellen, daß unsere Freundschaft kompromittiert ist. Es ist doch wirklich nicht zuviel verlangt, mich ins Kino zu begleiten. Es gibt Unmengen von Leuten in Paris, die nur auf so eine Gelegenheit warten.«

»Ich habe dir bereits erklärt, daß ich verabredet bin.«

»Zu erraten, welcher Art diese Verabredung ist, braucht es wenig Phantasie.«

»Das tut nichts zur Sache.«

»Du setzt unsere Freundschaft wegen solch einer Banalität aufs Spiel.«

»Dies hier ist keine Banalität, und ich weigere mich, deinen Launen nachzugeben.«

»Umso tragischer für dich. Denk darüber nach. Wenn unsere Freundschaft nicht mehr länger ist, was sie war, dann hast du wohl etwas mehr zu verlieren als ich.«

»Da bin ich anderer Meinung«, sagte ich. »*Du* solltest darüber nachdenken. Wenn hier irgendjemand etwas zu verlieren hat, dann verlieren wir beide gleich viel, nämlich eine Freundschaft, die die Jahre überdauert hat. Das ist selten. Es wäre schade, einen Freund nur wegen eines versäumten Films zu verlieren.«

Marie-Laure war für einen Augenblick still, zündete sich eine Zigarette an, sog den Rauch tief ein und sagte schließlich: »Dann komm wenigstens mit ins Haus und leiste mir noch Gesellschaft bei einem Brandy, bevor du gehst.«

»Mit Vergnügen«, sagte ich.

Also setzten wir uns in ihr Schlafzimmer, in die Sessel zu beiden Seiten des Kamins, nippten Brandy und plauderten dreißig oder vierzig Minuten lang über dies und jenes. Und von da an war sie Larry gegenüber viel freundlicher.

Inzwischen war Marie-Laure längst zur Berühmtheit geworden und hatte damit einen Status erreicht, der von Leuten, die nicht die nötigen Mittel besitzen, um die bedeutendere Position zu erlangen, oft mit echtem Ruhm verwechselt wird. Und als Berühmtheit fand Marie-Laure ihre persönliche Erfüllung, und wahrscheinlich auch ihre größte Befriedigung – traurig, es sagen zu müssen – als schöpferischer Mensch, weil sie fähig war, der Außenwelt ein Bild von sich zu präsentieren, das sie persönlich für äußerst herausfordernd und interessant hielt. Sie kannte die Verfasser der Klatschspalten in den Zeitungen, und ihr Name erschien häufig darin, auch ihr Photo, manchmal sogar auf der Titelseite. In Frankreich gab es keine königliche Familie, um Träume und Phantasien des einfachen Volkes zu bündeln. Diese Aufgabe fiel also Menschen wie Marie-Laure zu, und sie tat es mit unvergleichlicher Inbrunst. Niemand konnte mit ihrer Originalität und ihrem Talent Schritt halten. Sie fand über jedes Thema etwas zu sagen, und wenn ihre Reden, wie dies zuweilen geschah, nicht ganz einleuchtend waren, kümmerte das nur wenige, weil ihre Rolle nicht vernünftig oder verständig, sondern schlicht pittoresk sein sollte. Und dieser Umstand lockte sie in das schicksalhafte Netz der Exzentrik. Sie hatte ihre Vergangenheit, ihren gesellschaftlichen Status und ihre familiären Verpflichtungen mit all der aggressiven Rücksichtslosigkeit abgeschüttelt, wie dies bei großen Neuerern üblich zu sein pflegt. Nun, da es ihr vollkommen frei stand, zu tun, was immer ihr beliebte, bestand ihre Neuerung in ihrer Exzentrik, und als sie schließlich sechzig Jahre alt war, wurde es immer offenkundiger, daß es sie nicht allzu sehr kümmerte, was sie sagte, wen sie traf, oder wie sie sich betrug. Es gab Momente, wo ihre Aussagen weit über die Grenzen des Unzusammenhängenden hinausgingen, was zwar beunruhigend, doch häufig auch komisch wirkte, und als wehmütige Sehnsucht nach surrealistischem Ausdruck gedeutet werden konnte. Deswegen begannen wir wahrscheinlich auch, sie insgeheim La Mère Ubu zu nennen, weil sie oft an den grotesken, unsinnigen Protagonisten in Alfred Jarrys Stück *Le Père Ubu* erinnerte, bei Breton und seinen Schülern sehr beliebt.

Ihre merkwürdigen Begleiter ließen sich dagegen nicht so leicht erklären. Ihre Mischung war schon immer zufällig und spontan gewesen, beinhaltete jedoch fast stets die wenigen Auserwählten, von denen eine lebhafte und gepflegte Konversation zu erwarten war. Jene Ära war vorüber. Zugegeben, einige von denen, die am meisten zur lebhaften und gepflegten Atmosphäre beitrugen, waren nun fort oder konnten sich nicht so recht erwärmen für die Neuankömmlinge, die die Gerüchtewelle herbeischwemmte. Einige davon waren unbeschreiblich vulgär. Sie mochten gutaussehend oder schlagfertig sein, aber ihre Anwesenheit in jenem Haus schien alledem zu widersprechen, was es ursprünglich hatte darstellen sollen. Der Vicomte muß entsetzt gewesen sein. Die flüchtigste Begegnung mit Marie-Laure in einer Kunstgalerie oder in der Bar des Hôtel Pont-Royal – damals ein schicker Treffpunkt – konnte nun eine Einladung in die Place des Etats-Unis nach sich ziehen, wo dank der Zauberkräfte von La Mère Ubu aus Fremden innerhalb von zwei Wochen Freunde fürs Leben wurden. Da war zum Beispiel ein gutaussehender junger Schauspieler, Pierre Clémenti, der eine Zeitlang Dauergast war. Seine Manieren ließen wahrhaft zu wünschen übrig, aber je unverschämter er sich benahm, desto mehr schien Marie-Laure seine Anwesenheit zu genießen, so daß man zu munkeln begann, ihr Appetit auf das erotische tägliche Brot sei noch immer nicht ganz gestillt. Und dann gab es da einen geistreichen jungen Möchtegernschriftsteller namens François-Marie Banier, der einem Botticelli-Engel glich, konversierte wie ein junger Cocteau und ein Temperament besaß wie der frühe Rastignac. Ihn konnte man allerdings nicht zum täglichen Brot rechnen, weil er stets mit seinem Freund erschien, einem überaus gutaussehenden Innenarchitekten. Außerdem besuchten sie leider Gottes auch durch und durch normale Geschäftsleute und deren noch gewöhnlichere Liebhaber, nebst einem barocken Sortiment von Ankömmlingen aller vier Geschlechter. Und die langweiligsten aller langweiligen alten Fans tanzten noch immer ihre rituellen Tänze und lachten, wenn man es von ihnen erwartete.

Ein extravagantes Beispiel für Marie-Laures Entschlossenheit, über sich reden zu machen und bei denkwürdigen Ereignissen mitzumischen, wenn auch auf höchst leichtfertige Weise, gab es während der Studentenrevolten, die im Mai 1968 durch Paris wogten. Diese gelegentlich äußerst gewalttätigen Zwischenfälle verursachten beträchtlichen Schaden und stürzten die Regierung, scheinbar machtlos gegen die anarchischen Vorgänge, in ziemliche Verlegenheit, da sie ihnen nicht Einhalt gebot. In Wahrheit wurde die vermeintliche Unentschlossenheit der Regierung von dem Wunsch genährt, ernsthafte Unfälle zu vermeiden, zumal sie erkannt hatte, daß der Studentenaufruhr weder Unterstützung von seiten der Bevölkerung fand, noch irgendein praktisches Ziel verfolgte. So wartete man, daß Empörung und Trotz gegen etablierte Regeln und Normen, all die großspurigen Töne, die kühn gespuckt wurden, schon bald, mittels einiger kosmetischer Zugeständnisse im Sand versickern würden. Der Tumult ging gänzlich von jungen, naiven Menschen aus und hatte natürlich sein Zentrum im Quartier Latin, vor allem im Theater Odéon, das die Studenten besetzt hielten und wo man unaufhörlich, Tag und Nacht, fade Ansprachen inmitten lustigen Lärmens hörte. Und wirklich, je mehr Zeit verstrich, desto mehr verbreitete sich jubelnde Karnevalsstimmung. Erwachsenen wurde angeraten, sich nicht einzumischen, doch viele glaubten fälschlicherweise, die Morgenröte einer neuen Ordnung müsse ihren Rat benötigen, während andere töricht genug waren, sich einzubilden, daß ein Mitternachtsmarsch, ein Handgemenge mit der Polizei und das Sympathisieren mit randalierenden Studenten, jung genug, um ihre Kinder zu sein, nicht nur aufregend wäre, sondern ihre eigene Jugend wieder aufwallen ließe. Die Vorstellung solchen Spaßes war für Marie-Laure unwiderstehlich, und so ließ sie sich von ihrem Chauffeur zum Odéon fahren, und versuchte, die verfügbaren Studenten in eine Art Gespräch zu verwickeln. Die waren natürlich verdutzt über die Mère-Ubu-Belanglosigkeit ihrer Bemerkungen, und reagierten folglich mit einer Mischung aus atavistischem Respekt vor der offensichtlich feinen Dame, und aus Spott für die Person, die nicht genügend Verstand besaß, sich von einer Situation fernzuhalten, in der ihre angebliche Beteiligung absurd wirkte. Jedenfalls war die Begegnung ein Fiasko und wurde alsbald von Marie-Laures possenhaftem Rückzug abgebrochen. Was jedoch zählte, war, daß der Vorfall in den

Zeitungen erschien und die überspannte Vicomtesse daher wieder einmal an vorderster Front ereignisreicher Umstände auftauchte. So standen die Dinge in den ausgehenden Sechzigern, und wir alle fühlten mehr oder minder melancholisch, daß unsere alte Freundin allmählich immer weniger jene unterhaltsame, kultivierte, schlaue und selbstbewußte Persönlichkeit war, deren Gesellschaft und Gastfreundlichkeit unser aller Leben bereichert hatte.

Am 14. Januar 1970 speiste ich an der Place des Etats-Unis zu Mittag. Jean Lafont war da, auch Man Ray, der surrealistische Photograf, mittlerweile ein aufgeblasener Schwätzer, und seine charmante, geduldige Ehefrau Juliet, dazu ein Anwalt aus Chigago, der gespannt an Rays Lippen hing, und ein junger Maler, den niemand so recht zu kennen schien. Die Unterhaltung wurde diesmal hauptsächlich auf englisch geführt, zumal Ray in seiner Muttersprache nicht ganz so ermüdend wirkte, wie auf Französisch. Marie-Laure war ausgezeichneter Laune, gab jedoch nicht allzuviel Sinnvolles von sich. Nach dem Lunch bestand sie darauf, daß Jean und ich sie zu einem Rahmengeschäft begleiten sollten, wo man endlos palaverte, bevor ich mich höflich absetzen konnte. Genau fünfzehn Tage später, am 29., speiste ich mit Annette Giacometti zu Mittag. Wir trafen uns in ihrer Wohnung in der Rue Mazarine und begaben uns dann zu einer Brasserie namens Balzar im Quartier Latin. Beim Eintreten bemerkte ich Jean Lafont, der mit zweien seiner Freunde an einem Tisch zur Linken des Eingangs saß, und da Annette und ich an seinem Tisch vorüber mußten, um zu unserem zu gelangen, grüßte ich ihn. Jean blickte zu mir auf, ohne sich zu erheben, streckte mir jedoch die Hand entgegen, und als ich sie ergriff, sagte er: »Marie-Laure ist heute morgen um zehn Uhr dreißig verstorben.« Er machte diese Feststellung in einem vollkommen nüchternen Ton, so als verkündete er ein belangloses politisches Ereignis in einem fernen Land. Ich war wie betäubt und fragte nach den Einzelheiten. Sie habe am Abend zuvor einen Schlaganfall erlitten, erzählte Jean, habe daraufhin im Beisein zweier Ärzte eine ruhelose Nacht durchlebt und sei schließlich am Vormittag einem weiteren Schlaganfall erlegen. Das sei alles. Annette hatte inzwischen an unserem Tisch Platz genommen. Das Essen war nicht leicht durchzustehen.

Es ist üblich – zumindest war es damals so –, Verstorbene in ihrem Heim aufzubahren, damit Freunde und Bekannte die Gelegenheit erhalten, ihnen die letzte Ehre zu erweisen, Abschied von ihnen zu nehmen. Diesen Brauch hatte man in Marie-Laures Fall eingehalten, bereits einen Tag nach ihrem Tod. Mir schien das ziemlich makaber, und ich scheute mich davor, unter solch traurigen Umständen an die Place des Etats-Unis zurückzukehren. Die meisten unserer gemeinsamen Freunde, »Mamas Tippelbrüder«, gingen jedoch hin, ich nicht. Tags darauf änderte ich meine Meinung, rief an und erfuhr von André, dem Butler, ich könne meinen Besuch noch immer machen, sofern ich vor Mittag käme.

Um zehn Uhr dreißig, Marie-Laures Sterbestunde zwei Tage zuvor, erreichte ich das Haus. André begrüßte mich im Vestibül und bat mich, meinen Namen in ein Buch einzutragen, in dem bereits viele Seiten mit Unterschriften gefüllt waren. Am vorhergehenden Tag war es hier sehr hektisch zugegangen. Aber an jenem Morgen war ich allein. Im achteckigen Salon empfing mich Marie-Laures Enkel Edmond, steif und formell, der sich sichtlich unbehaglich fühlte in seiner Rolle als Türhüter an der Schwelle zu seiner toten Verwandten. Nachdem wir uns die Hände geschüttelt hatten, wies er mich in das Schlafzimmer.

Wie oft war ich dort mit ihr gesessen, in jenem Raum, der so stark geprägt war von ihrer Persönlichkeit, an dessen Wänden ein solch exzentrisches Sortiment ihrer Schätze hing: Gemälde von Cranach und Picasso, Zeichnungen von Ingres, Delacroix, Dali, Postkarten von Stierkämpfern und Madonnen, eine Sammlung von Miniaturmandolinen aus Schildpatt, Votivgaben von Nasen, Ohren, Fingern, Zehen, usw., usw. Und dort vor dem Kamin hatten wir endlos lange Gespräche geführt. Sie hatte mir unzählige Geschichten erzählt über ihr Leben, das nun vorüber war. Sie hatte für immer diesen Raum verlassen und war dennoch auf schaurige Weise anwesend, denn ihre Leiche lag ausgestreckt auf dem Bett unter einem steif gestärkten, weißen Laken. Ihre Hände, über der Brust gefaltet, hielten ein schwarzes Holzkreuz. Nur ihr Gesicht war zu sehen unter einem dünnen weißen Schleier. Die Leichenbestatter hatten gute Arbeit geleistet, denn ihre Züge wirkten gefaßt, ruhig, heiter, vermittelten das Bild eines Menschen, der friedlich ins Jenseits hinübergegangen war. Im Zimmer herrschte gedämpftes Licht. Ich setzte mich neben das Bett in einen Lehnsessel und dachte daran, daß nun so viele vergnügliche und spannende und skurrile Ereignisse für immer dem Balsam der Erinnerung anheimgelegt sein würden. Und doch war dieser Augenblick weder rührselig, noch über-feierlich. Das hätte ihr auch nicht gefallen. Ich blieb etwa fünf Minuten, kehrte dann in den Salon zurück, sagte Edmond auf Wiedersehen und ging durch die Galerie zurück in die Eingangshalle.

Dort stieß ich auf Emma, eine große, dürre Frau um die Fünfzig, die viele, viele Jahre lang Marie-Laures privates Hausmädchen gewesen war. Sie und ich standen stets auf gutem Fuße miteinander, und als sie von André erfahren hatte, daß ich im Haus war, wartete sie auf mich, weil sie mir die genaueren Umstände von Mamlavicontez' Tod schildern wollte. Vor allem wollte sie natürlich ihre Trauer mit jemandem teilen, und ihre Verzweiflung war gewiß tief empfunden und aufrichtig. Marie-Laure war nicht immer eine problemlose oder mitfühlende Arbeitgeberin gewesen, aber ihre Bediensteten hatten sie trotzdem gemocht, respektiert, ja, sogar bewundert. André stand dabei, sagte jedoch nichts. Also erfuhr ich von Emma, daß Marie-Laure »Ich will nicht sterben, ich will nicht sterben« gerufen und sich an Emmas Arme geklammert hatte, als hätte sie durch den Kontakt mit einem lebenden Menschen ihr eigenes Leben festhalten können. Um diesen leidenschaftlichen Wunsch zu demonstrieren, schob Emma die langen Ärmel ihres Kleides zurück und zeigte die tiefen Kratzer auf ihren Unterarmen, die die Fingernägel ihrer verzweifelten Herrin dort hinterlassen hatten. Außerdem hatte diese Emma an den Haaren gezogen und ihr Kleid zerrissen. Doch ihr Schreien, Kratzen und Klammern hatte ihr unausweichliches Ende für jeden nur noch schlimmer gemacht. »Wir haben eine großartige Freundin, eine großartige Dichterin, eine großartige Künstlerin verloren«, sagte Emma, und dies zu glauben, tröstete sie wahrscheinlich. In seiner überaus zurückhaltenden Art sagte André schlicht: »Weiter gibt es nichts zu sagen.« Dies stimmte, und so verließ ich das Haus.

Neben respektvollen und belobigenden Nachrufen erschien, im Einklang mit gesellschaftlichen Gepflogenheiten, eine Todesanzeige der Familie in der Presse. Sie überraschte und schockierte viele von Marie-Laures Freunden und lautete wie folgt:

Hiermit verkünden wir das unerwartete Hinscheiden von
MARIE-LAURE BISCHOFFSHEIM
Vicomtesse de Noailles
am 29. Januar in Paris.
Die Begräbnisfeierlichkeiten finden am Montag, dem 2. Februar, statt,
in der Kirche von Saint-Pierre de Chaillot.
Keine Blumen und Kränze.

In Frankreich ist es Sitte, in Todesanzeigen alle Hinterbliebenen aus dem engsten Familienkreis, Ehemann, Kinder und Enkel, aufzulisten. Aber in diesem Fall erschien kein einziger Name. Obwohl die Verblichene fast ein halbes Jahrhundert lang den Titel Vicomtesse de Noailles getragen hatte, kam dieser unterhalb des Geburtsnamens Bischoffsheim zu stehen, ein Umstand, der bewies, daß die Familie sich nun endlich von der peinlichen und skandalösen Marie-Laure befreit hatte. Das war nicht nur schändlich, sondern auch dumm, da sie trotz all ihrer Unzulänglichkeiten als respektable Aristokratin die schillerndste, gebildetste, einfallsreichste und – auf ihre Weise – distinguierteste Person gewesen war in dieser doch eher – zumindest was die nähere Vergangenheit anbelangte – blutleeren Sippe. Aber die Bedeutung, die sie sich schuf, hatte alles zu tun mit Marie-Laure Bischoffsheim, und nichts mit den Noailles, denn sie hatte sich erfolgreich zu einer Persönlichkeit entwickelt, deren Dasein ihre eigene, einzigartige Bühne war.

Das Begräbnis fand statt wie angekündigt. Saint-Pierre de Chaillot war die Kirche von Marie-Laures Diözese und das prächtigste religiöse Bauwerk nach Notre-Dame. Man merkte, welchen Unterschied im Tod der Schein gesellschaftlicher Etikette und aristokratischer Zweideutigkeit machen konnte. Wie dem auch sei, die Kirche war zwar gut besucht, aber bei weitem nicht voll. Aber all ihre Freunde und viele der Freunde und Verwandten ihres Gatten waren anwesend. Der Gottesdienst währte nicht lange. Der Priester sprach von »unserer Schwester Marie-Laure« und empfahl ihre Seele Gott dem Allmächtigen. Musik ertönte. Dann schritten alle Anwesenden nacheinander am Sarg vorüber, um ihn mit Weihwasser zu besprengen. Die Angehörigen standen in einer Reihe zur Rechten des Altars, um die Beileidsbekundigungen entgegenzunehmen und all jenen die Hand zu schütteln, die gekommen waren, der Verstorbenen die letzte Ehre zu erweisen. Ganz außen stand Jean Lafont, und wir alle bewunderten diese einfühlsame Geste des Vicomte.

Es war der ausdrückliche Wunsch der Familie, daß keiner der im Gottesdienst Anwesenden dem Leichenwagen zum Friedhof folgen sollte, und ein jeder von uns deutete dies zuerst schlicht als einen Ausdruck von Besorgnis, der ohnehin traurige Anlaß könne sich über Gebühr in die Länge ziehen. Dies dürfte aber nicht der einzige Grund gewesen sein. Der Morgen war freudlos, kühl und grau. Einige von uns verweilten vor der Kirche, bis man den Sarg herausgetragen und in den Leichenwagen geladen hatte. Der fuhr fort, gefolgt von den Limousinen der Angehörigen. Ich ging darauf mit ein paar anderen die Avenue Marceau entlang zum *café-tabac* an der Ecke der Rue de Chaillot. Wir bestellten Kaffee und saßen dort eine Weile verdrossen, zumal uns bewußt geworden war, daß unser Leben in Paris ohne Marie-Laure niemals mehr werden konnte, wie es war. Sie war nicht nur sie selbst gewesen. Sie war der Angelpunkt des kulturellen und gesellschaftlichen Lebens in Paris, und viel Bedeutsames und Innovatives ihrer Zeit hatte sich irgendwie um sie gedreht. Niemand würde jemals ihren Platz einnehmen können. Wir erkannten das sofort. Seither sind über zwei Jahrzehnte vergangen, und niemand hat je vermocht oder gewagt oder vorgetäuscht, sie zu ersetzen. Der Verlust war unwiederbringlich.

Nach einer Weile dämmerte uns, weshalb wir wahrscheinlich nicht zum Friedhof kommen sollten. Man hatte Marie-Laure nämlich in das Mausoleum ihrer Bischoffsheim-Vorväter gelegt, das sich im achtundzwanzigsten Abschnitt des Friedhofs Montparnasse befand, jener Sektion, die den jüdischen Toten vorbehalten war, inmitten von Blocks, Blums und Lehmanns. Weder ihre Mutter, noch ihr Gatte ruhten dort mit ihr, nur ihr Vater, ihre Großeltern Paine und Oscar Dominguez, den sie auf diese Weise in ihrer Familie Willkommen geheißen hatte, als ihr kein anderes Mittel der Wiedergutmachung mehr geblieben war. Das Schild, das auf die Anwesenheit von Marie-Laures sterblichen Überresten verweist, ähnelt der vorangegangenen Zeitungsannonce.

MARIE-LAURE HENRIETTE ANNE BISCHOFFSHEIM
VICOMTESSE DE NOAILLES
31. OKTOBER 1902 – 29. JANUAR 1970

Vielleicht ist es in Frankreich üblich, die Toten von ihren liebsten und engsten Angehörigen zu trennen. Ich weiß es nicht. Aber ich war nicht als einziger schockiert. Am 5. Juni desselben Jahres begab ich mich an die Place des Etats-Unis, um mit Charles de Noailles zu Mittag zu speisen und ihn bei der Gelegenheit über Giacometti zu befragen, da ich damals gerade meine ermüdenden Nachforschungen für die Biographie begonnen hatte, die ich erst fünfzehn Jahre später veröffentlichen würde. Ich fand einen alten Mann vor mit nach vorne geneigtem Kopf, verformten Fingern, tiefen Furchen und dünnem, weißem Haar. Aber sein Sinn für vornehme Höflichkeit war noch immer unerschütterlich. Wir speisten zu zweit in jenem Speisesaal, wo ich unzählige Male mit Marie-Laure und zehn oder elf weiteren Gästen gespeist hatte. Es war höchst merkwürdig, hier ohne sie zu sein. Der Vicomte wußte interessante Dinge zu erzählen über Alberto, und zu meiner Überraschung sprach er auch über Marie-Laure mit respektvoller und – so empfand ich es zumindest – etwas wehmütiger Erinnerung. Sie würde ihn niemals mehr belästigen, aber vielleicht hatte er zu seinem eigenen Erstaunen herausgefunden, daß sein Dasein ohne sie weniger lebendig war. Sie habe zuerst den Wunsch geäußert, erzählte er, zeitgenössische Kunst zu sammeln, und sie habe fast alle Bilder ausgesucht, während er von Anfang an mehr an Objekten und Statuen interessiert gewesen sei. Schließlich habe er sich dann ganz seinen beiden Gärten gewidmet, der eine in Fontainebleau, der andere in Grasse. Nach dem Essen gestattete er mir, für einen Augenblick Marie-Laures Salon zu betreten. Er war unverändert, wirkte jedoch wie eine Art Vakuum, beunruhigend und trübselig, eine Bühne, auf der niemals mehr eine Aufführung stattfinden würde. Der Vicomte sagte, es sei sehr schade, den Raum leer zu sehen, mit Marie-Laures Tod sei dem Pariser Leben ein bedeutender Bestandteil für immer verloren gegangen, obwohl es für sie an der Zeit gewesen sei zu gehen, zumal ihre Gesundheit sich ernsthaft verschlechtert habe. Er sei froh über ihren schnellen Tod, da sie ein Leben als Invalide nicht ertragen hätte. Ich pflichtete ihm bei und verabschiedete mich. Nach jenem Tag habe ich den Vicomte nicht mehr wiedergesehen, auch das Haus nicht mehr betreten.

Zehn Jahre später, am 29. Januar, dem Todestag Marie-Laures, speiste ich mit zwei Freunden zu Mittag, die Marie-Laure ebenfalls sehr nahe gestanden hatten. Ich hatte mir vorgestellt, im Anschluß an das

Essen den Friedhof Montparnasse zu besuchen, um dort, im Mausoleum der Familie Bischoffsheim ein paar Blumen niederzulegen. Ich hatte angenommen, wir würden nicht die einzigen sein, die sich ihres Todestags erinnerten. Immerhin waren sowohl der Vicomte, als auch die beiden Töchter noch am Leben. Der Tag war heiter und windig. Es war nicht leicht, den Friedhof zu erreichen, da auf dem Boulevard du Montparnasse eine Studentendemonstration vonstatten ging, und wir Mühe hatten, uns einen Weg durch die Menge zu bahnen. Marie-Laure hätte das genossen. Im Blumenladen in der Nähe der Friedhofspforte kaufte ich ein kleines weißes Alpenveilchen. Wir hatten Schwierigkeiten, das Mausoleum zu finden. Über dem Portal standen die Namen Paine-Bischoffsheim. Kein einziger Blumengruß lag auf den Stufen darunter. Wir waren überrascht, da wir an all die Menschen dachten, die ihre Freundschaft, ihren Humor, ihre Intelligenz und Gastfreundschaft genossen hatten. Ganz zu schweigen von den Familienangehörigen. Der kleine Blumentopf mit dem weißen Alpenveilchen machte sich erbärmlich aus auf der Granitstufe unterhalb der zweiflügeligen Eingangspforte. Wir spähten durch die Glasscheiben. An den Seitenwänden im Inneren waren Schilder angebracht, die die Namen derer trugen, die hier bestattet lagen, und dazwischen stand ein Altar mit einem hölzernen Kreuz, darunter eine Schale mit künstlichen violetten Blumen. Wir blieben ein paar Minuten, stiegen dann wieder in mein Auto und fuhren weg.

Da ich es einfach nicht fassen konnte, daß niemand sonst in Paris das Andenken Marie-Laures zehn Jahre nach ihrem Tod auf sichtbare Weise feierte, suchte ich den Friedhof zwei Tage später erneut auf. Nur mein einsames Alpenveilchen stand verloren auf der Stufe vor dem Mausoleum. Die Blüten waren bereits ein wenig welk.

Zweiundzwanzig Jahre sind nunmehr vergangen seit Marie-Laures Tod. Die, die sie kannten, sprechen noch heute oft von ihr, beklagen ihren Verlust und sind sich einig darüber, daß niemand ihren Platz eingenommen hat. Wir finden es traurig, daß man sie vergessen könnte. Schließlich war sie doch weit interessanter als ihre Großmutter, die sich dank des »Langweilers Marcel« Unsterblichkeit errang. Welch ein Jammer, daß Marie-Laure, die sich so sehr nach Ruhm gesehnt hatte, niemals ihrem Proust begegnet war.

Am 25. Juni 1992 suchte ich den Friedhof Montparnasse noch einmal auf. Dies schien mir passend, da ich gerade diese Geschichte beendet hatte, die ich dem Andenken der Freundin zu widmen gedachte, die dort bestattet lag. Es war ein strahlender Nachmittag, die Luft im Friedhof war süß und die Gehwege zwischen den Gräbern menschenleer. Ich fand das Paine-Bischoffsheim-Mausoleum sofort. Sein Portal stand offen. Das Innere war voller Staub und Schutt. Haufen von braunen, welken Blättern hatten sich in den Ecken angesammelt. Ich ging hinein. Alles darin sprach von Vergessen, Vernachlässigung, Gleichgültigkeit, Respektlosigkeit gegenüber der Würde, die den Ahnen auch im Tod gebührt. Marie-Laures Nachkommen haben es kategorisch abgelehnt, denjenigen Einsicht in ihre Papiere und Tagebücher zu gewähren, die sie zu verewigen wünschen. Ich habe erfahren – von seiten einiger Personen, die es wissen sollten –, daß einiges Material für zu skandalös empfunden und daher vernichtet worden war. Nun ... sogar Byrons Tagebuch hat man verbrannt. Aber man kommt nicht umhin, darüber nachzusinnen, daß eben jene Nachkommen inmitten von Schätzen leben, die sie zusammengetragen hat, von jenem Luxus unterstützt werden, den sie ihnen hinterlassen hat, und, ob es ihnen nun gefallen mag oder nicht, aufgrund ihrer Verbindung mit ihr mit lebhafterem Interesse betrachtet werden, als sie normalerweise zu erregen imstande gewesen wären. Ich verließ das Mausoleum und den Friedhof schweren Herzens und war froh, daß zumindest sie nicht mehr mitansehen mußte, welch leichtfertiger Mangel an Sorgfalt in ihrer letzten Ruhestätte herrschte. So mußte also die skandalöse, peinliche Angehörige auf alle Ewigkeit symbolische Ablehnung erdulden. Doch dann fiel mir ein, daß die Leiche ihres berühmten Ahnherrn, des Marquis de Sade, in aller Eile in einem nicht gekennzeichneten Grab verscharrt worden war, daß man seine Überreste dann ein paar Jahre später ohne Zeremonie wieder ausgegraben hatte, woraufhin ein Scharlatan sich mit seinem Schädel davonmachte, und so das Gefäß jenes außerordentlichen Gehirns für immer verloren war. Der Marquis war weit peinlicher und skandalöser gewesen als sie, sein Nachlaß an die Zivilisation weit größer. Doch nachdem nun alles sorgfältig geprüft und gesagt worden ist, mag es durchaus scheinen, daß auch Marie-Laure, die als seine direkte Nachfahrin zu ihrem Charakter stand, ebenfalls unserer Erinnerung wert ist.

Errietas Risiko
Errieta Perdikidi

Nachdem wir vierzehn Tage lang in Südfrankreich und Norditalien herumgereist waren, und unsere Suche nach einem friedvollen Ort für unseren Sommeraufenthalt fruchtlos geblieben war, erreichten Christian und ich am 30. Juni 1959 Triest. Wir hatten geplant, das Auto auf ein Schiff zu verladen und bequem nach Athen zu reisen, wo ich eine Freundin hatte, die uns vielleicht ein ideales Plätzchen auf einer der Inseln verraten konnte. Aber der Hafen von Triest war durch einen Streik lahmgelegt, so daß wir gezwungenermaßen unser Auto in der Garage des Grand Hotels lassen und mit dem Zug reisen mußten, der auch damals noch den Namen Orient Express trug, eine unglückliche Irreführung, zumal die ermüdende und unbequeme Fahrt von Triest nach Athen sechzig Stunden in Anspruch nahm. Ich hatte Aleca ein Telegramm geschickt, und sie erwartete uns mit ihrem alten Citroën am Bahnhof. Die kühlen, süß duftenden Gärten von Ambelokipi, wo ihre Villa stand, befanden sich noch regelrecht außerhalb der Stadt, denn Athen war damals noch nicht der aufgedunsene, lärmende, schmutzige Albtraum urbaner Häßlichkeit, Lärmes und Schmutzes, wie heute. Ganz Griechenland sollte noch ein paar schwelgerische Jahre der Ruhe genießen, ohne die Gefahr zu ahnen, die in seinem blauen Meer verborgen lag, seinen goldenen Gestaden und uralten Traditionen der Gastfreundschaft. Dann würde die Flutwelle des Tourismus innerhalb kürzester Zeit mehr Schaden anrichten, als Römer und Türken in zweitausend Jahren.

Aleca Diamondopoulos hatte sich im Widerstand gegen die Besetzung des Landes durch die Nazis hervorgetan, und noch einmal im nachfolgenden Bürgerkrieg gegen faschistische Umstürzler, wobei sie mehrmals ihr Leben gewagt hatte. Nun lebte sie mit ihrer betagten Mutter, einem Geliebten namens Vico und einer stets unzufriedenen Cousine in ihrem großen, aber ziemlich verwahrlosten Haus inmitten eines duftenden Gartens. Als ich einige Jahre zuvor in Athen krank geworden war, hatte mein Freund, der englische Maler John Craxton, Aleca gebeten, mich bei sich aufzunehmen, damit ich in einer bequemeren und herzlicheren Umgebung genesen könne, als in der meines billigen Hotels. Man behandelte mich dort wie ein Mitglied der Familie. Sie waren allesamt ein wenig exzentrisch. Und daher hatte ich Aleca bedenkenlos telegraphisch mitgeteilt, daß ich mit Christian kommen würde. Sie bestand darauf, daß wir in ihrer Villa bleiben sollten, und wußte uns auch gleich den friedvollsten und schönsten Ort sämtlicher griechischen Inseln zu nennen, da sie die meisten davon bereits kannte. Dort, nur dort, sollten wir unseren Sommer verbringen. Sie würde sich unverzüglich mittels eines Telegramms erkundigen, ob man dort noch Unterkunft fände.

Aleca spielte nur eine unterstützende Rolle in der Geschichte von Errietas Risiko, aber typischerweise war ihre Unterstützung von wesentlicher Bedeutung, da sie sie während einer Zeit höchster Not gewährte. Sie erzählte mir Einzelheiten, die Errieta aus Bescheidenheit nicht erwähnt hätte. Was Christian und mich anbelangte, und die Freunde, die uns später auf die Insel nachfolgten, so spielten wir überhaupt keine Rolle. Wir hörten nur zu.

Nachdem ich nun ein paar Worte über Aleca gesagt habe, möchte ich Christian Davillerd vorstellen. Wir waren uns im Januar auf einer Party begegnet, hatten Gefallen aneinander gefunden und waren schon bald zu Liebenden geworden. Er arbeitete in der Modebranche, war gutaussehend, wohlgestaltet, ein paar Jahre jünger als ich, zeigte nicht das mindeste Interesse an Literatur oder Kunst, war aber gesellig und von unerschütterlicher Gutmütigkeit. Damals war er um die dreißig, und nichts ließ darauf schließen, daß er später dem Alkohol verfallen und wieder davon loskommen würde, sein Heil vergebens im Kloster suchen, sich anschließend eine Weile der Pflege behinderter Kinder widmen, eines Nachts ins Meer hinausgehen und nicht mehr wiederkommen würde.

Aleca erhielt ein Telegramm mit der Nachricht, wir seien willkommen. Es kam von der Insel Skyros und war von Errieta Efstathiou unterzeichnet. Aleca hatte sie während des Bürgerkriegs kennengelernt, im Widerstand gegen faschistische Unterwanderung. Später hatte sie Errieta einige Male in ihrem Haus auf Skyros besucht, in dem sie an gelegentliche Sommergäste Zimmer vermietete. Dies war der ideale Fleck, den Aleca für uns im Sinn hatte. Da ich ihrem Rat vertraute, bat ich sie, ein Telegramm zu senden und unsere Ankunft dort für den 11. Juli anzukündigen. Sie sagte uns, die Dame des Hauses sei eine außergewöhnlich charmante, freundliche und interessante Frau. Wie zutreffend diese Beurteilung war, wurde mir erst so richtig bewußt, als ich nach und nach ihre Geschichte erfuhr, die ich vor der Vergessenheit bewahren möchte.

Von Athen nach Skyros zu reisen, war damals kein leichtes Unterfangen. Das Eiland gehört zu den Inseln der Nördlichen Sporaden, die weit draußen vor der Nordküste Euboeas liegen. Wir mußten Athen schon am frühen Morgen verlassen und die Attische Ebene in einem langsamen, klapprigen Bus durchqueren, der in jedem Dorf Halt machte, selbst dem allerkleinsten, manchmal sogar an Weggabelungen hielt. Nach mehreren Stunden erreichten wir die Meerenge zwischen dem Festland und Euboea, nahmen ein äußerst unbefriedigendes Mahl zu uns und setzten auf einer alten Fähre über auf die Insel Khalkis. Dort bestiegen wir einen weiteren Bus und wurden auf sehr schmalen, kurvenreichen Straßen von einem jungen Burschen quer über die gebirgige Insel kutschiert, der sein Fahrzeug mit halsbrecherischer Rücksichtslosigkeit fuhr und sich lachend über die nervösen Einwände seiner Passagiere hinwegsetzte, von denen einigen übel wurde. Zuletzt erreichten wir den kleinen Hafen von Kimi, wo ein Schiff von beträchtlicher Größe unser harrte, welches uns auf die Insel Skyros übersetzte, die vierzig Meilen weit draußen in der unruhigen See lag. Der erste Blick auf die Insel konnte uns noch nicht für sie gewinnen, zumal das Schiff in dem kleinen Hafen von Linaria anlegte, wo nur wenige Häuser, ein Geschäft und eine Taverne am Fuße des felsigen Hügels standen. Doch ein dritter Bus, noch klappriger als die ersten beiden, wartete auf uns, um uns etwa zehn Meilen über die Insel zu fahren nach dem Ort Skyros. Unterwegs überfuhren wir ein Huhn, zur großen Freude sämtlicher Fahrgäste. Der Bus brachte uns vor ein häßliches, nagelneues Hotel oberhalb des Strands. Unsere Reise hatte zwölf Stunden gedauert.

Skyros schmiegt sich an einen steilen Hügel, und seine Häuser zu beiden Seiten schmaler Gäßchen stehen eng beieinander, allesamt strahlend weiß getünchte Würfel. Ich fand immer, das Dorf gleiche einem kubistischen Gletscher, immer aufs Neue inmitten der Bewegung verharrend. Auf dem Gipfel des Hügels stand ein Gebäude, das ursprünglich einmal eine Festung gewesen sein mochte – ein steinerner Löwe von San Marco bewachte den Eingang –, später jedoch zu einem Kloster umfunktioniert worden war, in dem zu meiner Zeit noch immer ein paar alte, zerlumpte Mönche ein paar unbezahlbare Ikonen und byzantinische Elfenbeinarbeiten hüteten. Im Hotel teilte man uns mit, Mrs. Efstathiou wohne nicht im Ort, sondern ein wenig außerhalb, am Strand. Ihr Haus sei einfach zu finden, da es ein wenig nach hinten versetzt auf einer niedrigen Klippe über dem Strand stehe, unmittelbar an der Stelle, wo ein schmaler Fluß ins Meer münde. Und das Haus sei außerdem leicht zu erkennen, da es sich an einen runden Turm lehne, der ehedem eine Windmühle war. Es sei nur ein paar hundert Meter entfernt. Wir fanden den Weg hinunter zum Strand und schleppten uns mit unseren schweren Koffern vorwärts, während der feine, weiße Sand in unsere Schuhe drang. Glücklicherweise war der Fluß nicht breit, so daß wir einfach hinüberspringen konnten. Nicht weit davon entfernt führte am anderen Ufer ein steiler Pfad zwischen Oleanderbüschen hinauf auf die Klippe, die damals etwa acht oder zehn Meter über den Meeresspiegel hinausragte. Und dort stand vor uns das Haus von Mrs. Efstathiou. Auf den ersten Blick schien es nicht dem zauberhaften Bild zu entsprechen, wie Aleca es uns beschrieben hatte. Geformt wie ein L, mit nur einem Stockwerk, einer mit Weinlaub überwachsenen Pergola zum Meer hin und dem runden Turm auf der Rückseite, der ehemaligen Windmühle, glich es so manch anderem bescheidenen Haus, und man hätte seinesgleichen überall an der mediterranen Küste finden können. Ich war enttäuscht. Aber da wir nun einmal hier waren nach einer ermüdenden Reise, würden wir eben das Beste daraus machen müssen. Jene anfängliche Enttäuschung muß wohl der beste Anfang mit Errieta und Skyros gewesen sein, weil sie einen solch atemberaubenden Gegensatz schuf zu allem, was nun folgte.

Aus dem Haus trat eine schlanke, zierliche, weißhaarige Frau in schlichtem Rock und weißem Hemd, und schritt über den Sand auf uns zu, wobei sie uns mit einem liebenswürdigen Lächeln die Hand entgegenstreckte. Es war Mrs. Efstathiou. Sie begrüßte uns in makellosem Englisch, gesprochen mit einem äußerst gebildeten Akzent. Ich war überrascht. Als ich Christian auf französisch vorstellte, sprach sie in dieser Sprache mit ihm, wenngleich ihr Englisch sicherer wirkte und sich auch bald als ihre eigentliche Muttersprache erwies. Alle anderen Sprachen, sogar das Griechische, sprach sie mit einem kaum merklichen englischen Akzent. Sie führte uns über die von Weinlaub überschattete Terrasse hinein ins Haus. Das Innere war schlicht und bescheiden, verströmte jedoch eine Aura, eine Atmosphäre, einen Charakter, die Überlegung und Geschmack der Gastgeberin bestätigten. Es gab nur drei Haupträume: ein großzügiges, luftdurchflutetes Wohnzimmer, einen großen Schlafraum, dessen Fenster aufs Meer hinausblicken ließen, und einen kleineren Schlafraum, durch dessen eines Fenster man auf die Dünen blickte, ein Badezimmer und eine Küche. Zudem gab es noch den Turm, in dem sich drei übereinanderliegende Schlafräume befanden, mit einer Außentreppe, über die man auf eine breite Terrasse gelangen konnte. Die Möbel waren äußerst schlicht, dabei aber, wie das Haus selbst, sehr ausdrucksstark in all ihrer Schlichtheit. Wer hier wohnte, besaß offensichtlich ein sehr feines Gespür für Ausgewogenheit und Harmonie. Im Wohnzimmer sahen wir viele Bücher, ein großes, aber einfaches Heiligenbild und eine außergewöhnliche Stickerei von Vögeln und wilden Tieren inmitten einer farbenfrohen Landschaft.

Mrs. Efstathiou sagte uns, daß die Zimmer noch alle unbelegt seien, sie erwarte erst später im Sommer noch weitere Gäste. Wir hätten daher freie Wahl. Sie selbst schlafe im Sommer auf einem Sofa im Wohnzimmer, während ihr Gatte die Nacht lieber draußen auf einem Feldbett zubringe, unter einer verkrüppelten Pinie auf halbem Wege zwischen dem Haus und dem Klippenrand. Ich wählte für Christian und mich den großen Raum mit dem Ehebett im vorderen Bereich des Hauses und bat sie, mir auch das kleinere Schlafzimmer zu überlassen, wo ich schreiben konnte. Die Miete war bescheiden. Was die Mahlzeiten anbelangte, so konnten wir im Haus frühstücken und zu Mittag speisen, würden das Abendessen jedoch im Hotel, welches vor kurzem eröffnet hatte, oder in einer der kleinen Tavernen unterhalb der Klippe einnehmen müssen. Im Haus gab es kein elektrisches Licht, nur Öllampen, obschon merkwürdigerweise überall Stromleitungen verlegt waren. Fließend warmes und kaltes Wasser gab es dagegen in Hülle. In dieser Nacht schliefen wir zum Rauschen der Wogen ein.

Christian genoß es, in Sonne und Meer zu baden, mir dagegen genügte ab und zu ein wenig Schwimmen, denn ich verwendete viel Zeit, sowohl morgens, als auch nachmittags auf mein Schreiben. Sobald die Worte nicht mehr so recht fließen wollten, und das geschah nicht selten, setzte ich mich auf die Terrasse, um mich von der pfauenfarbenen Bläue des Meeres betören zu lassen, und während einzelne Blüten des Wisteriaweins auf mich herabrieselten, blickte ich hinaus auf die diesige Fingerspitze der Insel und begriff schon bald, warum Aleca gerade diesen Ort als den berückendsten aller Inseln beschrieben hatte. Unsere Gastgeberin, wie wir sie schon bald insgeheim nannten, leistete mir häufig auf der Terrasse Gesellschaft. Ich genoß es, mich mit ihr in unserer Muttersprache unterhalten zu können, und sie schien dasselbe zu empfinden. Wir verstanden uns schon bald ausgezeichnet und nannten uns beim Vornamen, als hätten wir noch nie etwas anderes getan. Ich erkannte sofort, daß sie mein Verhältnis mit Christian voll und ganz verstand, und nichts Schlechtes darin fand. Über ihren Ehemann sprach sie zu Anfang äußerst selten. Ich traf ihn nur einmal in diesem Sommer. Er war weit jünger als sie, um die vierzig, außergewöhnlich gutaussehend, aber sehr in sich gekehrt, fand ich. Wenn ich manchmal bei Sonnenaufgang aufstand und ins Badezimmer ging, sah ich ihn auf seiner Liege unter der Pinie schlafen, während die morgendliche Brise ihm sein schwarzes Haar aus der Stirn wehte, aber zur Frühstückszeit war er stets verschwunden.

Später gesellten sich uns ein paar Freunde aus Paris zu, Marcel Ribaud, ein Diplomat und Experte des französischen Protestantismus, und sein Freund Bernard Cecillon, Arzt und Romanautor. Man brachte sie im Turm unter, und sie waren, wie ich, sofort hingerissen vom Zauber des Hauses und der Insel. Jacques war lange Zeit Mitglied der Kommunistischen Partei Frankreichs gewesen, war inzwischen ausgetreten, blieb aber nach wie vor sehr interessiert an politischen

Angelegenheiten und war ein überzeugter Idealist. Er und Marcel waren all die Sommer auf Skyros, in denen auch ich meine Ferien auf der Insel verbrachte – es waren nur drei insgesamt –, blieben aber nicht so lange, weshalb sie sich wahrscheinlich nie so tief mit Errieta befreundeten, wie ich. Außerdem hatte sie einige Schwierigkeiten, sich fließend französisch zu äußern. Dennoch mochte besonders Bernard sie sehr, und sie ihn auch. Sie führten lange Gespräche miteinander, und von Jacques erfuhr ich auch Einzelheiten ihrer Geschichte. Ich traf natürlich auch Zaccharoula, obwohl ich mich nicht unterhalten konnte mit ihr. Aber sie teilte sich auch ohne Worte mit, denn sie war Künstlerin. In jenem Sommer kam auch ein griechischer Maler namens Manolis Calliyannis, der mit seiner Ehefrau und zwei Söhnen einige Wochen im Turm wohnte. Seine politischen Überzeugungen waren entschieden linksgerichtet, und da er bald Leute aus dem Dorf kannte, erfuhr er vieles über Errieta und George. Später traf ich ihn kurz in Paris, und er vermochte der Geschichte weitere Einzelheiten beizufügen. Und dann kamen im Sommer 1961, dem letzten Sommer, den ich auf Skyros verbrachte, Jenny und Julia Caracolos, Cousinen Errietas, und ihren familiären Gesprächen konnte ich ebenfalls so einiges entnehmen. Damals war für Errieta alles schiefgelaufen, und das Wesentliche wußte ich bereits. Dann machte ich 1966 die Bekanntschaft des Musikers und kommunistischen Politikers Mikis Theodorakis, der sich aktiv am Bürgerkrieg beteiligt hatte und den man auf Makronisos inhaftiert und gefoltert hatte. Und er beschrieb jene Zeit mit verständlicher Bewegtheit. Mein Freund Michel Déon, der französische Schriftsteller, verbrachte 1965 vier Monate auf Skyros, wohnte auch in dem Haus, das einst Errieta gehört hatte, lernte natürlich auch George kennen, erfuhr viel über ihn und über Errieta und erzählte es mir. In seinem Buch *The Rendezvous of Patmos* beschreibt er den Aufenthalt auf Skyros. 1968 traf ich den Literaten Vassilis Vassilikos und den Regisseur Michael Cacoyannis, die ebenfalls Beiträge lieferten zum Hintergrundwissen. Den Großteil jedoch erfuhr ich von Errieta selbst, und ich möchte versuchen, die Geschehnisse vor dem Grab der Vergessenheit zu bewahren. Ich weiß nicht, warum sie mir soviel erzählte. Das meiste davon kam während jenes letzten Sommers, als sie mich unglücklich sah, ein Umstand, der es ihr erleichterte, mir zu vertrauen. Natürlich gibt es noch vieles, was ich nicht weiß und gerne wüßte. Damals notierte ich vieles in meinem Tagebuch, doch da man ja nicht alles aufschreiben kann, gibt es zu meinem Bedauern hier und da Lücken, fehlende Verbindungsglieder und mutmaßende Randbemerkungen. Zum Beispiel weiß ich so gut wie nichts darüber, was mit George während der Kämpfe in Albanien und später in den Auseinandersetzungen mit den Deutschen in Epirus geschah, Erfahrungen, die seine Anschauungen und sein Wesen entscheidend beeinflußten. Aber ich habe selbst den Krieg in Frankreich und Deutschland im Ansatz miterlebt. Die Gesichter der Toten und ihrer Mörder sind in allen Ländern gleich.

Ich verbrachte insgesamt wohl an die sechs Monate auf Skyros. Was ich über Errieta erfuhr, wurde mir nicht nacheinander berichtet, aber ich will dennoch versuchen, die Geschichte chronologisch zu erzählen, weil die folgerichtige Anordnung von Episoden und Erfahrungen vieles über deren Sinn verrät.

I

Aristides Perdikidi, Errietas Vater, war einer der wohlhabendsten Griechen Smyrnas, Besitzer der größten Gerberei in ganz Kleinasien, ein Familienunternehmen mit Hunderten von Arbeitern, das bis in die frühe Ära Phanariotschem Einflusses zurückreichte. Errieta war die Erstgeborene, mehr als zehn Jahre älter als ihre Schwester Julia, das einzige weitere Kind. Ihr Vater hatte sich natürlich einen Jungen erhofft und ging mit ihr um, als hätte er einen Jungen vor sich, ließ sie zum Beispiel den Tilbury fahren, oder besprach geschäftliche Angelegenheiten mit ihr, die seine Frau als »Männersache« zu bezeichnen pflegte. Myrtle Tanser, das englische Kindermädchen aus Cheltenham behauptete oft, Errieta würde niemals eine richtige junge Lady werden, weil sie viel zu dickköpfig sei. Aber das Mädchen lachte nur. Wenn die Obstbäume blühten, pflegten sie im Landauer nach Bornova zu fahren und unterwegs Lieder von Gilbert und Sullivan zu singen. Mrs. Perdikidi trug Gewänder aus Organza und spielte ausgezeichnet Krocket. Im Sommer segelten sie nach England, veranstalteten Picknicks im Lake District, und Errieta rezitierte lange Passagen aus Wordsworth.

Dann kam der Erste Weltkrieg. Mr. Perdikidi sagte, die Jungtürken seien großspuriger, als ihnen guttue, hätten sich auf die falsche Seite geschlagen, und ihre Eisenbahn würde ihnen noch teuer zu stehen kommen. Oberst Lawrence sollte seine Befürchtungen schon bald bestätigen. Er war unbekümmert. Smyrna, die Geburtsstätte Homers, war seit zweitausendfünfhundert Jahren vorwiegend in griechischer Hand. Es war ein Kommen und Gehen gewesen von Persern, Römern, Mongolen, Kreuzfahrern. Die Griechen waren geblieben. Und nach dem Krieg kam ein griechisches Expeditionskorps, um vom Wrack des Osmanischen Reichs die Vorherrschaft einzufordern, die vor langer Zeit die ihre gewesen war. Die Türken fühlten sich gedemütigt und enteignet und entschieden sich für einen Rückschlag, aber die Kämpfe sollten weit entfernt vom Krocketrasen der Familie Perdikidi stattfinden und liefen zuerst recht günstig für die Griechen. Dennoch war Mrs. Perdikidi besorgt und hielt es durchaus für angebracht, eine Zeitlang nach England zu gehen. Ihr Ehemann und die ältere Tochter vertraten die Ansicht, es sei unehrenhaft, beim ersten Anzeichen von Schwierigkeiten die Flucht zu ergreifen. Dann aber kam Mr. Perdikidi eines Tages aus dem Cercle Européen nach Hause und sagte, er habe schlechte Neuigkeiten. Die Griechen hätten eine schreckliche Niederlage erlitten, ungefähr hundert Kilometer östlich von Smyrna, die halbe Armee sei dahingemetzelt oder gefangengenommen, der Rest, in ungeordnetem Rückzug gen Küste, plündere, morde und brandschatze auf der Flucht. Flüchtlinge und Verwundete seien bereits in der Stadt und verbreiteten gräßliche Schauergeschichten aus dem Inneren des Landes. Der Handel erlahmte. Handelsschiffe im Hafen verschwanden über Nacht, leer. Britische, französische und italienische Kriegsschiffe schaukelten noch immer heiter in der Reede, waren aber auf geheimnisvolle Weise inzwischen mit einem griechischen Schiffslazarett versehen.

Mrs. Perdikidi flehte ihren Mann an, das Land zu verlassen. Die Dienerschaft sei bereits verschwunden. Noch sei Zeit. Sie würden einen Weg finden, im Daimler gen Süden fahren, nach Ephesos, dort ein Schiff mieten, das sie nach Samos übersetzen würde. Aber Mr. Perdikidi konnte den Gedanken nicht ertragen, alles im Stich zu lassen, was seine Väter über Generationen aufgebaut hatten. Immerhin hatten Griechen und Türken jahrhundertelang an der ägäischen Küste miteinander Handel getrieben. Konnte all dies in jenem herrlichen September 1922 zerstört werden?

Es sollte sich schon bald erweisen, daß dies nur allzu möglich war. Über Nacht rotteten die vereinzelten Flüchtlinge sich zu einer wilden Horde zusammen, kampierten in den Straßen der Stadt um Lagerfeuer, über denen sie nichts zu kochen hatten. Dann erreichten die Reste der griechischen Armee in kopfloser Verwirrung die Stadt, strömten unentwegt hinunter zum Hafen, um sich auf neu angekommene Truppenschiffe zu begeben, und in feiger Hast folgten ihnen alle griechischen Beamten und Polizisten. Die Bevölkerung war auf Gedeih und Verderb dem Kriegsschicksal überlassen.

Die ersten Türken kamen zu Pferd, hager und wild, schwangen ihre Säbel, gefolgt von den schwankenden Reihen der Packkamele. Es fanden keine Kämpfe statt. Kemal fuhr am nächsten Tag in Smyrna ein, sein Auto war mit Ölzweigen geschmückt. Das schien ein günstiges Omen. Er verlas eine Verordnung, nach der jeder türkische Soldat, der einen Zivilisten verletzte, zum Tod verurteilt werden sollte. Optimisten meinten nun, daß sich doch noch alles zum Guten wenden würde.

Die ersten Alarmrufe kamen am frühen Morgen. »Feuer!« Ein heftiger Wind blies von Hügeln außerhalb der Stadt schwarze, ölige Rauchschwaden herüber. Mr. Perdikidi sagte seiner Frau und seinen zwei Töchtern, sie hätten genau zehn Minuten Zeit, um einzupacken, was sie zu tragen vermochten, sie sollten aber nicht etwa versuchen, das Silber mitzuschleppen. Ihre Villa stand an der Straße, die am Rande der halbmondförmigen Bucht verlief. Zwischen dieser Straße und dem Wasser hatten seit Tagen Tausende von Flüchtlingen ihre Lager aufgeschlagen. Beim ersten Alarmruf begannen sie ein hysterisches Geschrei und gestikulierten in Richtung der Kriegsschiffe, die sich noch immer in der Nähe hielten, deren neutrale Flaggen sie jedoch als letzte Zuflucht bedrückend unsicher werden ließen. Die Menge drängte in panischer Angst auf die Landungsbrücke, weil sie hoffte, daß man schon bald Boote senden würde, sie zu retten. Die vier Perdikidis hatten sich Ledertaschen umgehängt und waren schlichtweg unfähig, das Ufer zu erreichen. Eingekeilt zwischen Massen von Menschen, die allesamt von panischer Angst befallen waren, blieben sie vierzig oder fünfzig Meter vor der Landungsbrücke stehen. Das rettete ihr Leben.

Bei Einbruch der Dunkelheit stand die ganze Stadt in Flammen. Die Menschenmassen entlang des Wassers wurden immer dichter, die Schreckensschreie lauter, während auf dem nicht weit entfernten englischen Flaggschiff die Marineband Operettenmusik spielte, deren trällernde Klänge als schaurige Ironie herübertönten. Irgendwann nach Mitternacht, als der Hunger, der Gestank, der Lärm schon längst unerträglich geworden waren, ging die gesamte Häuserreihe entlang des Ufers mit vulkanischem Bersten in Flammen auf. Die Menge schrie vor Entsetzen und drängte in einer unaufhaltsamen Flutwelle auf den Kai. Die, die dem Wasser am nächsten standen, wurden entweder niedergetrampelt, oder ins Wasser gestoßen, wo viele von ihnen ertranken, erschöpft, vor Angst gelähmt, oder niedergehalten von anderen, die auf sie fielen. Die Perdikidis, denen man die Kleidung zerrissen, die Habseligkeiten entrungen hatte in der tobenden Menge, wurden bis an den Rand des Kais gedrängt. Doch es gelang ihnen, sich dort zu halten, weil die Angst ihnen Kräfte verlieh. Unter ihnen im Wasser schrien, kämpften und starben Menschen. Das Tosen der Flammen war ohrenbetäubend, aber noch lauter, noch durchdringender und entsetzlicher, klang das Heulen der gefangenen Menge. Nunmehr dehnte das Feuer sich in fünfzig Meter hohen Flammen zwei Kilometer entlang der Küste aus, verbreitete sich immer rasender, entfachte Häuser und Lagerhäuser, Geschäfte, Cafés, Bazare; alles brannte, brennende Giebel stürzten ein, brachen ins Innere der Häuser und schleuderten Wirbelwinde funkenstiebenden Schutts durch die Luft, der brennend auf den Kai und die Menschen niederregnete, während die Meeresoberfläche glänzte wie flammendes Kupfer, und sogar die unbeteiligten Kriegsschiffe im Licht der Flammen gespenstisch glühten.

Gegen Morgengrauen wurden mit einem Male von den Kriegsschiffen Boote ausgesetzt, die sich dem Kai näherten. Blaujacken sprangen heraus, rangen um Ordnung, und begannen, betäubten Überlebenden in ihre Boote zu helfen. Die vier Perdikidis, die dem Rand der Landungsbrücke so gefährlich nah gewesen waren, gelangten in eines der ersten. Hinter ihnen in der Menge begann ein wilder Ansturm auf die Boote. Männer stürzten sich ins Wasser und schwammen. Frauen warfen ihre Kinder in bereits übersetzte Boote. Die Matrosen mußten den Pöbel zurückschlagen. Aber das Boot der Perdikidis war bereits in Sicherheit. Als es sich aufs Meer hinausbewegte, ergriff ein junger Bursche mit langem Schnurrbart die Reling und versuchte, sich an Bord zu hieven, wobei das Boot gefährlich kippte, und einer der Matrosen schubste ihn eilig wieder hinunter. Dennoch kämpfte er in panischer

Furcht und bettelte, an Bord zu dürfen. Da zog ein weißhaariger Mann im Kaftan, der daneben kauerte, ein langes Messer, und trennte mit inem einzigen kräftigen Hieb die vier Finger der linken Hand des Jungen ab, die sich an die Reling geklammert hatten. Er fiel schreiend ins Wasser und wedelte mit seiner verstümmelten Hand, aus der das Blut quoll. Das Boot bewegte sich unbeirrbar weiter. Mrs. Perdikidi verlor die Besinnung. Julia mußte sich übergeben. Der weißhaarige Mann wischte das Messer an seinem Kaftan sauber, steckte es weg, hob die abgetrennten Finger vom Boden auf und warf sie über Bord. Niemand machte ihm einen Vorwurf.

In der rauchschwarzen Dämmerung lagen die Perdikidis zwischen Hunderten anderer Menschen an Deck des englischen Flaggschiffes *Iron Duke*. Errieta sollte den Namen niemals vergessen. Als es den Anker einholte, und heiter aus dem prächtigen Hafen auslief, blickten sie zurück auf die verkohlten Mauern, geschwärzten Kuppeln und versengten Minaretts, auf die glimmenden Ruinen ihrer Geburtsstadt, ihrer Heimat, und wußten, daß keiner von ihnen sie jemals wiedersehen würde.

Da die Perdikidis nicht zu der Million von Flüchtlingen zählen wollten und brauchten, die schließlich nach jener Katastrophe, die als Die Katastrophe in die Geschichte eingehen würde, wieder nach Griechenland heimkehrten, Flüchtlinge, die ohne einen Pfennig in eine Heimat zurückkehrten, wo man ihnen vorwarf, es nicht vollbracht zu haben, die Erhabene Idee panhellenischer Vorherrschaft zu verbreiten, reisten sie nach Frankreich. In Menton mieteten sie sich ein Häuschen und warteten darauf, daß die Zeit sie über den Schock des Verlustes hinwegtrösten würde. Zumindest hatten sie ausreichend Geld, um einigermaßen komfortabel leben zu können, da Mr. Perdikidi im Ausland investiert hatte. Doch er war nicht mehr derselbe. Der Arzt sagte, der Frühling würde ihn heilen. Das tat er nicht, auch nicht der Sommer, und im November hörte er mit einem Mal unmerklich auf zu leben. Die Damen gingen nach England. Mrs. Perdikidi und Julia ließen sich in einem kleinen Cottage in der Nähe einer Stadt in Kent nieder mit dem Namen Tenterden. Errieta wollte sich nicht im Alter von siebenundzwanzig Jahren in die ereignislose Ruhe des Landlebens zurückziehen. Sie mietete sich ein Einzimmerappartement in Knightsbridge, nicht weit entfernt vom Victoria und Albert Museum. Sie besuchte

Konzerte, Vorlesungen, lernte einige Menschen kennen, und da sie Griechin war, fragte sie sich des öfteren, wenn sie sich nach der Melodie der Homerschen See sehnte, weshalb sie eigentlich so weit fort war von jenem Land. Aber sie war sich bewußt, daß Griechenland von heftigen politischen Unstimmigkeiten heimgesucht wurde, von Coup d'Etats und Contrecoups, ein Kampf zwischen liberalen und reaktionären Kräften. Sie hielt sich selbst eher für liberal, denn jede Form der Unterdrückung, die das Recht des Einzelnen, nach eigenen Vorstellungen zu leben, beschnitt, war ihr zuwider. Zu ihren Bekannten zählten ein junger griechischer Maler und seine Frau, die sich noch leidenschaftlicher als sie für die Grundrechte des Einzelnen erwärmten. Sie luden sie ein, an Versammlungen teilzunehmen. Als sie dem Angebot Folge leistete, erkannte sie, daß sie Kommunisten waren, und daß sein Vater Professor war für Politikwissenschaft an der Londoner Universität, ein bekannter Gegner von politischer Korruption in seiner Heimat, weshalb er in England im Exil lebte. Der Maler und seine Frau waren offensichtlich in London, um ihm Gesellschaft zu leisten. In den ausgehenden Zwanzigerjahren war es noch leicht, vor allem aus einer beträchtlichen Distanz, an das kommunistische Ideal des uneigennützigen Kampfes für die Verbesserung der Menschheit zu glauben. Errieta fühlte, daß sie mit diesen Vorstellungen sympathisierte, lehnte es jedoch ab, in die Partei einzutreten. Mitläufer zu sein lag nicht in ihrem Wesen, geschweige denn, sich der Disziplin zu unterwerfen, Meinungen und Überzeugungen zu teilen, die man ihr von oben oder von fern aus oft nicht einsichtigen Gründen auferlegte.

Doch sie konnte jene vier Finger nicht vergessen, die der Mann damals einzeln ins Wasser geschleudert hatte. Sie schienen die bestialische Grausamkeit zu symbolisieren, deren Menschen fähig waren. Das Feuer, den Verlust der Heimat, sogar den Tod ihres Vaters, alles konnte sie als traurigen Beweis akzeptieren, daß ihr Jahrhundert wohl kaum ein friedvolles sein würde. Aber die abgetrennten Finger schienen etwas Schrecklicheres anzudeuten. Sie verfolgten sie in ihren Träumen. Griechin zu sein, bedeutete vielleicht, daß der Glaube an Vorzeichen dem echten Leben gleichkam. Errietas Haare waren kohlschwarz gewesen vor jener Nacht. Im Morgengrauen waren sie von grauen Strähnen durchzogen. Zuerst hatte ihre Mutter gedacht, dies sei Asche von der Feuersbrunst. Aber sie irrte sich. Die Veränderung hielt an. Sie ließ sie altern.

Sie war nie schön gewesen. Sie war eher dürr als schlank, hatte keine ausgeprägten weiblichen Formen, eine hervortretende, gebogene Nase, einen kleinen Mund, drahtige, graue Haare, glich demnach gewiß nicht dem griechischen Ideal weiblicher Anmut. Aber ihre Augen, wenn auch hervorquellend, waren von herrlicher Bläue, ihr Lächeln kostbar, und wenn sie lachte, klang es wie Vogelgezwitscher. Charme besaß sie in Hülle, und er überdauert die Schönheit. Außerdem war sie intelligent und ungewöhnlich mutig, Eigenschaften, die gepaart mit Charme im Schmelztiegel der Erfahrung einen ungemein starken Charakter hervorbringen. Sie blieb nicht unbemerkt. Ob sie in den Jahren, bevor sie nach Skyros kam, romantische Abenteuer hatte, weiß ich nicht. Es scheint wahrscheinlich, zumal es ihr im entscheidenden Moment nicht an Initiative fehlte.

Sie reiste nach Europa, besuchte Frankreich, die Schweiz, Italien und Spanien. Sie betrachtete die Meisterwerke von Kunst und Architektur in jenen Ländern, las die bedeutenden Werke der Literatur, besuchte Konzerte und Opern, kurzum, sie wurde eine überaus gebildete Dame von Welt. Sie dachte oft daran, nach Griechenland zu reisen, tat es dann aber doch nicht, als hätte sie geahnt, daß ihre Zeit noch nicht gekommen war. Welche Vorahnung ihr schließlich den rechten Zeitpunkt verriet, hinsichtlich dessen, was sie dort erwartete, hätte sogar das weiseste griechische Orakel überfordert.

Doch dann, im Frühling 1936, einer Periode unheilvollen politischen Aufruhrs, nicht nur in Griechenland, sondern auch in Spanien und noch unheimlicher im Norden, überredeten Errietas Malerfreund und seine Frau sie, im Sommer mit ihnen nach Griechenland zu reisen. Warum sie schließlich einwilligte, nachdem sie so lange Zeit gewartet hatte, wußte sie nicht. Es war eine Eingebung. Ihre Mutter war nicht einverstanden, gab zu bedenken, die Umstände seien unsicher, besorgniserregend, und als Errieta sich nicht von ihrem Vorhaben abbringen ließ, meinte sie, Miss Tanser hätte ganz recht gehabt: Sie sei dickköpfiger, als ihr bekam. Die drei Freunde reisten per Schiff, ein langwieriges Unterfangen in jenen Tagen. Sie besichtigten die Hauptsehenswürdigkeiten von Griechenlands einstiger Größe, ließen sich sogar von Andritsaina aus auf den Berg fahren, um den einsamen Tempel Bassai zu sehen. Den Großteil des Sommers auf der abgelegenen Insel Skyros zu verbringen, war die Idee des Malers und seiner Frau gewesen, Phaedon und Clio.

Jemand hatte ihnen erzählt, daß das Licht dort besonders gut sei. Sie mußten die ganze Strecke von Piraeus aus im Schiff zurücklegen, eine lange, schmutzige, ermüdende Reise. Als sie um das Kap Sounion segelten, und sich der kargen Insel Makronisos näherten, wies Phaedon auf das Festland und sagte, dort läge Laurium, wo die Silberminen, die das antike Athen zu Wohlstand – und Ruhm – verholfen hatten, einst von zwanzigtausend Sklaven unter ungemein grausamen Umständen bearbeitet worden waren. Sie hatten nackt auf ihren Bäuchen liegend in den Schächten gearbeitet. Und was zahlte ihnen die *Republik* als Lohn für all das Leid? Errieta erzählte mir, Phaedon habe besonders gerne Fragen gestellt, auf die es keine Antwort gab.

Er hatte dem Bürgermeister von Skyros geschrieben, sie würden gerne den Sommer auf der Insel verbringen, und ihn gefragt, ob er nicht ein Haus angemessener Größe in Strandnähe wüßte, das man mieten könnte. Es war bereit, als sie kamen und stand ganz in der Nähe des Ortes, wo man zwanzig Jahre später das Hotel errichten würde. Und ein junges Mädchen aus dem Dorf hielt das Haus für sie in Ordnung. Die Kosten waren unerheblich. Der Bürgermeister höchstpersönlich hieß sie willkommen, ein Mann von gewaltiger Leibesfülle mit Namen Spiro, der ihnen trotz seiner eifrigen Beteuerungen, zu Diensten zu stehen, nicht freundlich erscheinen wollte. Es schien, als könne nichts einem Sommerurlaub ungestörter Ruhe im Wege stehen. In jenen Jahren gab es keine Touristen und nur sehr wenige Reisende. Außerdem hatte Skyros weder Ruinen, noch Hotels, noch modernen Komfort und so gut wie keine Geschichte zu bieten. Errieta und ihre Freunde nahmen zuversichtlich an, in jenem Sommer die einzigen Fremden auf der Insel zu sein, und die Aussicht, mehr oder minder abgeschnitten zu sein von der Außenwelt erschreckte sie durchaus nicht. Daher waren sie überrascht, ja geradezu ärgerlich, als das Hausmädchen ihnen erzählte, daß sie nicht die einzigen »Ausländer« auf der Insel waren. Ein Deutscher war mit seiner Frau bereits einen Monat auf der Insel und wohnte in einem großen Haus mitten im Ort. Diese unerfreuliche Neuigkeit weckte den Entschluß, die Bekanntschaft der Herrschaften zu meiden. Aber es ist nahezu unmöglich auf einer kleinen Insel, seine Privatsphäre zu wahren, und je kleiner der Ort, desto größer die Neugierde seiner Bewohner.

Errieta liebte es, am späten Nachmittag am Strand entlang spazierenzugehen. Und dort war sie natürlich leichte Beute. Der Deutsche trug einen Tropenhelm, einen knittrigen Leinenanzug und eine Kamera. Er schien eher auf dem Sand zu marschieren, als zu spazieren. Man hätte ihm nur mit unverhohlener Grobheit ausweichen können. Er streckte ihr die Hand entgegen, und sie mußte sie schütteln. Sein Name: Reichel, und er machte eine kleine Verbeugung. Sie nannte ihm ihren Namen. Da er ausgezeichnet englisch sprach, verlor er ein paar Bemerkungen über die unerwartete Freude, an solch entlegenem Ort Menschen von auswärts zu begegnen. Errieta stimmte ihm zu und wandte sich zum Gehen. Seine Umgangsart war ihr zuwider, ebenso seine Erscheinung: fleischig, rotgesichtig, transpirierend. Aber er war beharrlich. Er würde sich sehr freuen, wenn sie und ihre Freunde, der junge Künstler und seine Frau, einmal bei ihm zu Mittag speisten. Anständige Nahrung sei auf Skyros nur schwer zu bekommen, aber Frau Reichel vollbrächte mit dem wenigen wahre Wunder. Errieta antwortete, sie könne nicht für ihre Freunde antworten, müsse sich erst mit ihnen beraten, und man könne vielleicht bei der nächsten Begegnung einen Termin festlegen. Sie wußte, daß dies fast einer Absage gleichkam. Der Deutsche sagte, ein jeder Tag im folgenden Monat sei ihm recht, er würde Mrs. Perdikidi auch alleine begrüßen, sollten der Künstler und seine Frau anderweitig beschäftigt sein. Miss Perdikidi, berichtigte Errieta. Nun gut, er würde bereits am nächsten Morgen sein Dienstmädchen zu ihnen schicken, um zu erfahren, welcher Tag ihr, und falls sie einverstanden wären, auch ihren Freunden, angenehm wäre. Woraufhin er sich mit einer weiteren Verbeugung über den Strand entfernte.

Errieta war nicht nur ärgerlich über den teutonischen Mangel an Taktgefühl, sie verstand auch nicht ganz, weshalb der Mann so beharrlich gewesen war. Es schien, als müsse er andere Zwecke verfolgen, als wolle er sie und ihre Freunde nicht nur aus Verlangen nach Geselligkeit kennenlernen. Keiner von ihnen verspürte auch nur die geringste Lust, seine Einladung anzunehmen. Im Gegenteil. Aber Clio und Errieta meinten, es sei einfacher, einer einzigen Einladung Folge zu leisten, dem Gastgeber formelle Höflichkeit, aber keine Freundlichkeit zu bezeigen, ohne an einen zweiten Besuch zu denken, oder den ersten zu erwidern. So könne man den Deutschen gleich loswerden und müsse nicht zulassen, daß seine Ouverture den gesamten Sommer belaste.

Phaedon sagte, es gefiele ihm nicht, willigte aber ein. Als daher das junge Mädchen am folgenden Morgen erschien, um ihre Antwort zu erfahren, sagten sie ihr, sie würden sich freuen, bereits am darauffolgenden Tag bei den Deutschen zu Mittag zu speisen, und ließen sich von der Botin die Lage des Hauses beschreiben.

Der Ort Skyros war, als Errieta ihn zum ersten Mal besuchte, zweifellos so, wie er seit einem oder zwei Jahrhunderten gewesen war, und wahrscheinlich hatte sich auch nach zwanzig Jahren, als ich dorthin kam, nicht viel verändert. Die gepflasterten Gassen, so eng mancherorts, daß man die Mauern im Hindurchgehen zu beiden Seiten berühren konnte, glichen eher gewundenen Gängen, als Straßen. Die weißgetünchten Häuser waren makellos sauber und rein, betonten die Strenge, Schönheit und Schlichtheit des Dorfes. Türen und Fenster standen häufig offen, so daß man in die kleinen Räume hineinsehen konnte mit ihren wenigen Möbelstücken, urtümlichen, mit Ikonen geschmückten Mauern, und Küchengeräten aus Kupfer. Frauen saßen auf den Stufen, grobes Garn mit baumelnden Spindeln spinnend, flickend oder stickend, allesamt schwarz gekleidet, mit schwarzen Tüchern auf dem Kopf. Ob jung, oder alt, schienen all diese Frauen ihr Schicksal mit jener erfinderischen Zähigkeit zu akzeptieren, die von Generation zu Generation ihre Unterlegenheit noch gestärkt hatte. Zur Mitte des Dorfes hin weitete sich die Straße. Hier gab es eine Anzahl Tavernen, Geschäfte, einen Bader und ein Postamt, durch dessen offenstehende Tür man 1936 das allgegenwärtige Porträt von König George bewundern konnte. Uniformierte Polizisten und unrasierte Insulaner in blauen Pantalons saßen rauchend unter Binsendächern vor den Tavernen, gelegentlich an winzigen Tassen oder Gläsern nippend. Keine einzige Frau war hier zu sehen. Als Errieta und ihre Freunde vorübergingen, fielen gewiß unfreundliche Bemerkungen von Seiten der engstirnigen Skyrioten.

Des Deutschen Haus zu finden erwies sich als einfach. Es war größer als die meisten anderen. Er begrüßte seine Gäste, wieder auf englisch, in einem großen Zimmer, dessen Fenster einen Blick auf das Meer weit unten boten. Das Mobiliar war schlicht: ein Tisch aus Holzbohlen und Bänke aus grobem, unbehandeltem Holz, dazu ein paar von den niedrigen, geschnitzten Stühlen, die typisch waren für die Insel. Um den Wohnkomfort ein wenig zu steigern, ließ er zusätzlich ein paar einfache

Regale anfertigen. Der Zimmermann war noch bei der Arbeit, beachtete die Neuankömmlinge nicht. Reichel beklagte sich über die mindere Qualität seiner Arbeit, fügte aber hinzu, er sei billig, weil er noch sehr jung und unerfahren sei, und zudem schlechtes Werkzeug habe. Sie plauderten über England, Mrs. Simpson und den König, wobei Reichel bemerkte, daß die Politik eines Landes, in dem so etwas möglich war, in sehr kränklichem Zustand sein müsse. Dennoch räumte er ein, es sei doch bemerkenswert, wie jemand solche Opfer um der Liebe wegen zu bringen bereit sei, bemerkenswert, aber sinnlos. Errieta bedauerte schon jetzt, gekommen zu sein. Phaedon sagte etwas über Antisemitismus und die erneute Militarisierung des Rheinlandes. Frau Reichel kam aus der Küche und wurde vorgestellt, eine untersetzte, strenge blonde Frau, die nur deutsch sprach. Das Essen war fertig. Als sie sich an den Tisch gesetzt hatten, beendete der Zimmermann sein Hämmern, setzte sich in der entlegenen Ecke des Raumes auf den Boden, entnahm seiner Werkzeugkiste Brot und Käse und eine kleine Flasche Wein. Die Reichels und ihre drei Gäste ließen sich von einer Platte ausgezeichneten Lammbraten und Kartoffeln reichen.

Errieta protestierte, es sei nicht nur peinlich, sondern unhöflich, den Schreiner, während sie am Tisch feine Speisen genießen würden, auf dem Fußboden Brot und Käse essen zu lassen. Reichel entschuldigte sich, sagte aber, die seltsame Situation sei einzig und allein des Jungen Schuld. Der habe ihn nämlich gefragt, ob er in der Ecke essen könne, und Reichel habe zugestimmt, da er doch nicht ahnen konnte, daß die Anwesenheit eines Arbeiters seine Gäste beleidigen würde. Er würde dem Jungen sagen, er solle den Rest seiner Mahlzeit mit hinaus auf die Straße nehmen, und dort zu Ende essen.

Errieta rief, das sei unerträglich. Der Zimmermann müsse an den Tisch gebeten werden, um mit ihnen zu speisen. Sie betrachtete ihn vorsichtig und war überrascht zu sehen, daß er nicht nur sehr jung war, sondern obendrein überaus gutaussehend, ja schön, obschon er schmutzig war und Lumpen trug. Reichel antwortete, das käme überhaupt nicht in Frage, da Arbeiter ihren Platz zu kennen hätten, und man ihnen keinen Gefallen erweise, wenn man vorgab, es könne anders sein. Phaedon sagte, er würde an des Zimmermanns Stelle ebenfalls den Boden bevorzugen, und Errieta dachte, wie töricht sie gewesen war, die Einladung anzunehmen. Aber die Gepflogenheiten höflichen

Umgangs hielten sie und ihre Freunde am Tisch bis zum Ende der Mahlzeit. Danach erhoben sie sich, um mit ihrem eiligen Aufbruch deutlich zu zeigen, daß sie sich nicht amüsiert hatten. Mittlerweile hatte der Zimmermann seine Arbeit wieder aufgenommen, und schien nicht zu bemerken, daß er zwischen dem Deutschen und seinen Gästen Unstimmigkeiten hervorgerufen hatte. Auf der Schwelle meinte Reichel noch, er hoffe sehr, man würde sich möglichst bald wiedersehen. Auf so einer kleinen Insel sei dies wohl nicht zu umgehen, antwortete Errieta.

Phaedon war wütend. Der Mann sei nicht nur ein Schwein, sondern wahrscheinlich ein Nazi und könne sich womöglich als gefährlich entpuppen. Seine Anwesenheit auf der Insel schiene verdächtig. Er sei schon länger als ein Monat hier gewesen und plane offensichtlich, noch länger zu bleiben. Warum? Errieta wußte es nicht, und verspürte auch keinerlei Bedürfnis, es herauszufinden. Aber gerade ihr sollte dies gelingen.

Nicht ganz eine Woche nach jener unerfreulichen Einladung traf sie den Deutschen erneut, wieder am Strand, konnte ihm auch dieses Mal nicht ausweichen, da er plötzlich hinter einem dichten Gebüsch am Fuße der Klippe auftauchte. Sie sei das Opfer ihrer guten Manieren, dachte sie. Reichel beklagte die Langeweile des Lebens auf der Insel. Dies gab ihr die Gelegenheit, ihn zu fragen, weshalb er dann noch bleiben wolle. Er sagte, er schreibe an einer Dissertation über Homer, und wie sie zweifellos wisse, habe Odysseus von Troja aus nach Skyros gesandt um den Sohn von Achilles, Neoptolemos. Dies sei nur ein unwichtiges Detail, aber das eintönige Leben auf der Insel sei zugleich auch sehr förderlich für konzentriertes literarisches Arbeiten. Errieta hegte gewisse Zweifel bezüglich der Wahrheit dieser Geschichte, da sie das gänzliche Fehlen von Büchern in Reichels Haus bemerkt hatte. Vielleicht brauchte er die Regale deshalb. Und der homerische Bezug war zu unbedeutend, um überzeugend zu sein. Nicht, daß es sie auch nur im mindesten interessierte. Es überraschte sie jedoch keineswegs, als er sie fragte, ob sie und ihre Freunde eine weitere Einladung zum Lunch annehmen würden. Sie wollte schon ablehnen, als ihr plötzlich eine Idee kam. Es war zweifellos eine alberne Idee, aber ein romantischer Sinn für Gerechtigkeit ließ sie ihr unwiderstehlich erscheinen. Sie fragte, ob der Zimmermann noch immer bei der Arbeit sei. Ja, sagte Reichel, er komme nur langsam voran, da er unerfahren und nur mit den gröbsten Werkzeugen ausgerüstet sei. Aber er arbeite preisgünstig, falls sie etwa einen Auftrag zu vergeben habe. Nun, sagte sie, ihre Freunde seien im Augenblick zu beschäftigt in ihrer täglichen Routine, um zum Essen auszugehen. Sie dagegen käme gerne. Er war hoch erfreut. Und gewiß sei er auch bereit, fügte sie hinzu, einer weiblichen Laune nachzugeben. Selbstverständlich. Würde er dann freundlicherweise den Zimmermann mit an den Tisch beten, um ihr Mahl zu teilen? Des Deutschen Gesicht wurde noch röter, als es ohnehin schon war. Was sie von ihm verlange, verstoße nicht nur gegen die Gebräuche, sagte er, sondern auch gegen den gesunden Menschenverstand. Errieta antwortete, sie sei noch nie besonders gut bewandert gewesen, was Gebräuche und gesunden Menschenverstand anbelange, doch wie man seinen Mitmenschen Respekt entgegenbringe, das sei ihr bekannt. Wenn er es nicht für nötig erachte, ihrem Wunsch zu entsprechen, dann würde sie bedauern. Die höfliche Implikation von Nötigung war offenkundig. Reichel gefiel das Ganze nicht. Sie würden griechisch sprechen müssen, sagte er. Eine gute Übung für sie beide. Nun gut, der Zimmermann sollte in Gottes Namen mit ihnen essen, stimmte er widerwillig zu, aber es würde nichts Gutes dabei herauskommen. Errieta sagte, sie sei hoch erfreut, erklärte sich bereit, zwei Tage später bei ihm zu erscheinen, und fand, sie hatte einen kleinen Sieg errungen für eine bessere Menschheit.

Ihre Freunde sagten, dies sei absurd, und pflichteten dem abscheulichen Deutschen bei, daß nichts Gutes aus ihrer Laune erwachsen würde, prophezeiten ihr sogar, sie werde es bereuen. Sie lachte und sagte, sie wolle das Risiko eingehen. Als sie auf ihrem Mangel an Menschenkenntnis beharrten, erwiderte sie schroff, sie würde ihre Verabredung einhalten, und Schluß.

Offensichtlich hatte man den Schreiner über den unerhörten Bruch mit den Bräuchen informiert, denn sobald man Errieta hereinführte, legte er seine Werkzeuge fort und wandte sich zu ihr um. Man konnte nicht wissen, was der Deutsche ihm erzählt hatte. Er trat auf sie zu, groß, seine Miene unbeweglich unter dem Wirrwarr schmutziger schwarzer Haare, den Blick gesenkt, schweigend. Reichel stellte sie einander vor. George Efstathiou, Miss Perdikidi. Es lag an ihr, das Eis zu brechen. Lächelnd bot sie ihm die Hand. Nach kurzem Zögern berührte er ihre Finger mit den seinen. Sie sah einen bläulichen Schnitt auf seinem Handrücken und erwähnte ihn. Er errötete, sagte in etwa, Schnitte kämen vor Können, und senkte den Blick. Sie antwortete mit einer belanglosen Bemerkung. Er senkte verdrossen seine schweren Wimpern und erwiderte nichts.

Es schien, als sollte die Begegnung kein Erfolg werden, denn der Gastgeber sprach triumphierend mit Errieta über Europa und über Themen, von denen der Zimmermann nichts wissen konnte. Sie mußte antworten, kam sich ziemlich töricht vor, dachte, Phaedon habe doch so recht gehabt, und Reichel werde ihr Unbehagen gewiß bemerken. Was die Angelegenheit noch schlimmer machte, war, daß der junge Mann annehmen mußte, man habe ihn mit Absicht in eine Situation gebracht, in der er als Person belanglos, ja lächerlich war.

Die Regale waren beinahe fertig. Sie waren zwar plump und roh, paßten jedoch ausgezeichnet in den nüchternen Raum. Errieta bewunderte sie und strich mit den Fingerkuppen über die Bohlen. Der Zimmermann schien sich zu freuen, denn er sagte, er hätte bessere Arbeit leisten können, hätte aber nur seines Vaters schlechtes Werkzeug zur Verfügung gehabt.

Dann wurde das Essen aufgetragen. Wieder Lammbraten und Kartoffeln. George aß mit geräuschvoller Hast, wobei er nur gelegentlich Messer und Gabel benutzte, um seinen Fingern zu helfen, stürzte den Wein hinunter und achtete nicht im geringsten auf seine Tischgenossen. Er war offensichtlich sehr hungrig und sah in der Tat auch nicht gerade wohlgenährt aus. Aber stolz. Und zum ersten Mal hatte Errieta die Gelegenheit, seine bemerkenswerte Schönheit näher zu betrachten. Sie umgab ihn wie ein Leuchten, trotz des Schmutzes und der armseligen Kleidung. Er schien sich dessen gänzlich unbewußt zu sein. Dann erkannte sie zu ihrer Verwunderung, daß sie zutiefst berührt war von dieser jugendlichen Vollkommenheit, die ihre Sinne zu erreichen schien wie Musik, wie das Beben einer Verheißung, das sie seither noch niemals verspürt hatte. Also mußte sie schließlich doch nichts bereuen. Sie und der Zimmermann würden einander zwar nicht verstehen, aber sie fühlte, daß sie ihre Prinzipien verteidigt hatte. Wenn er sie zufällig anblickte, lächelte sie. Worauf er sofort finster wegblickte. Das Essen dauerte länger, als ihr gefiel, weil der Junge so hungrig war. Als es beendet war, verabschiedete sie sich eiligst, ohne Händedruck, um auf diese Weise klar zu machen, daß dies ihr letzter Besuch gewesen war.

Es sei schlicht ein Fiasko gewesen, gab sie vor ihren Freunden zu, sie habe sich wohl auf die Straße gewagt, die mit guten Absichten gepflastert war. Aber die Sache werde kein böses Nachspiel haben. Und alle amüsierten sich prächtig auf ihre Kosten.

In einiger Entfernung schlängelte sich ein kleiner Fluß am Strand entlang, der dieses tief gelegene, ziemlich karge Ende der Insel offensichtlich stetig berieselte und daher eine Art Oase speiste. Oberhalb des Ufers wuchsen ein paar Pappeln, Feigenbäume, Maulbeerbäume, Pinien und Weinranken, und im sandigen Bereich ein hohes Binsengestrüpp. Dieses Rinnsal füllte im Winter ein größeres Bett, und oberhalb dessen Begrenzung führte ein Trampelpfad hinunter zum Strand. Knaben mit Ziegen oder Eseln gingen zuweilen darauf. Und Errieta pflegte von nun an ihren nachmittäglichen Spaziergang darauf zu beginnen, da sie sich dort in Sicherheit wähnte vor dem verhaßten Deutschen.

Am jenseitigen Ufer des Flusses, oberhalb einer Sandbank, stand eine verlassene Mühle, rund, weiß, ihrer Flügel beraubt, mit einem kegelförmigen Dach. Errieta sah täglich zu ihr hinauf. Ihre Verlassenheit schien sie anzulocken, schien die Möglichkeit einer romantischen Begegnung anzudeuten, aber im Moment verspürte sie keinen Drang, zu ihr hinaufzusteigen.

Sie hatte bemerkt, daß von Nachmittag zu Nachmittag die Linie des Wasserstands auffällig unterschiedlich war, je nachdem, wie hoch die Brandung schlug, einmal ziemlich eben, dann wieder eigenartig zerklüftet. Obwohl sie banal war, freute sie die Beobachtung, denn sie schien sie näher an das Leben der Insel zu ziehen. An seinem nordöstlichsten Ende neigte der Strand sich zurück und dehnte sich in einem weiteren lohfarbenen Bogen noch über einen Kilometer.

Sie setzte sich in den Sand. Es war kurz vor Sonnenuntergang. Jenseits der Bucht zog der Berg Dhafni purpurfarbene Schatten aus dem Meer. Die persönliche Aura der Insel begann sie zu überraschen, da sie beständig auf Dinge traf, die sie bereits von anderen ihr teuren Orten kannte, aber schon halb wieder vergessen hatte – Smyrna, Menton, London. Sie zündete sich eine Zigarette an. Schon von weitem erkannte sie den jungen Mann an seinem trotzigen, schlingernden Gang durch den Sand, obwohl sie ihn noch niemals im Freien gesehen hatte. Als er näher kam, den Blick düster auf seine nackten Füße gesenkt, war es bald offensichtlich, daß er nichts sagen würde zu ihr. Sie war erstaunt, aber amüsiert, als sie erkannte, daß sie sich ein wenig eingeschüchtert fühlte, kein vertrautes Gefühl, und genau deshalb rief sie ihm, als er an ihr vorüberging, ein lautes »Guten Abend« zu. Er nickte nur mürrisch. »Ein sehr schöner Abend«, fügte sie hinzu.

Dann antwortete er doch, sagte, sie solle besser nach Hause zurückkehren, zumal es sehr schnell dunkel würde.

Sie bot ihm eine Zigarette an. Um sie anzunehmen, mußte er näherkommen, und er errötete, als er die Zigarette und die Packung Streichhölzer entgegennahm. Sie war sich seines Grolls bewußt, und er rührte sie. Er hatte Schwierigkeiten, in der Brise die Zigarette anzuzünden, also bot sie ihm an, er möge sich doch neben sie setzen. Er weigerte sich. Überrascht fragte sie ihn nach dem Grund. Um ihrer Ehre willen, sagte er. Sie lachte. Wenn die Leute sie hier zusammen in der Dämmerung sitzen sähen, dann sei ihre Ehre verloren, und sie würde niemals mehr einen Ehemann finden. Aber woher er denn wisse, fragte sie, ob sie nicht bereits verheiratet sei? Der Deutsche habe es ihm gesagt, meinte er. Sei er denn noch niemals mit einer Frau alleine gewesen? Noch nie, sagte er. In Skyros war es damals undenkbar für einen unverheirateten Mann, sich alleine mit einer unverheirateten Frau zu treffen. Die Frau würde danach unweigerlich als entehrt gelten.

Also bestand sie darauf, er solle sich neben sie setzen, und zündete seine Zigarette an. Er fühlte sich unbehaglich. Der Vorteil war auf ihrer Seite, aber sie wußte ihn nicht zu nutzen, da seine körperliche Nähe und seine Schönheit zwischen ihnen standen. Sie fragte ihn über seine Arbeit. Er war argwöhnisch, antwortete jedoch, er habe Schwierigkeiten, da sein Vater gestorben sei, bevor er ihn viel habe lehren können, und da er zudem nur minderwertiges Werkzeug zur Verfügung habe. Der einzige andere Zimmermann auf der Insel sei bereits ein alter Mann, und aus diesem Grunde würde er, George, schon bald mit mehr Aufträgen alleine sein, als er zu bewältigen imstande sei. Seine Situation sei ungerecht. Er schleuderte die halbgerauchte Zigarette von sich. Aber er vermochte nicht zu sagen, was er empfand. Sein Groll war zu überwältigend.

Errieta war bestürzt. Für sie waren sein Zorn und seine Bitterkeit äußerst beredt. Sie hörte, wie sich seine Finger neben ihr in den Sand gruben, und plötzlich war die physische Nähe des Jungen wie ein Staunen, wie ein Fieber von Empfindung. Als sie mir dies viel später erzählte, verwendete sie zwar nicht dieselben Worte, aber der Sinn wurde mir klar. Sie fragte ihn, ob er mit irgend jemandem im Dorf über seine Empfindungen sprechen konnte. Er sagte, nein. Es habe einen Lehrer hier gegeben namens Stelio, dem er habe vertrauen, auf dessen Freundschaft er habe zählen können, aber der sei vor zwei Jahren nach Volos aufs Festland versetzt worden. Seine beiden Eltern seien beide tot, und er sei ihr einziges Kind gewesen. Außerdem würden seine Gedanken ohnehin niemanden kümmern, da er arm sei.

Armut sei doch nicht das Entscheidende, meinte sie. Was zähle, seien der Glaube, die Überzeugung, die Gedanken.

Gedanken verwandelten doch altes Werkzeug nicht in neues, rief er.

Nun, Gedanken seien zwar kein materieller Besitz, aber durchaus eine Ware, für die Menschen bereit waren zu zahlen. Und zuweilen könne der Preis dafür ziemlich hoch sein. Damit wolle sie sagen, fügte sie hinzu, daß sie ihm gerne neues Werkzeug kaufen würde.

Ärgerlich schleuderte er eine Handvoll Sand hinaus in die Dämmerung und sagte, wenn er einmal neues Werkzeug haben würde, dann gewiß von seiner Hände Arbeit, und nicht von einer Fremden, die ihn wegen seiner Armut doch nur bemitleide.

Errieta sagte: »Armut ist kein Hindernis, ein Mann kann seinem Land Nutzen bringen, und sei er noch so geringer Herkunft.« Sie fragte, ob er diese Behauptung schon einmal gehört habe.

Er bejahte es verdrossen. Der Lehrer habe ihn Perikles' Grabrede gelehrt.

So setzte sie hinzu: »Niemand darf ausgeschlossen sein aus unserem öffentlichen Leben, wir dürfen nicht argwöhnisch miteinander umgehen, es dem Nachbarn nicht verübeln, wenn er tut, was ihm gefällt; ihn nicht mit mißbilligenden Blicken beäugen, da diese zwar harmlos, so doch unerfreulich sind.« Waren diese Worte nicht noch immer gute Wegweiser?

Worte! Worte! Damit könne man sich nichts kaufen, sagte er, und fügte hinzu, daß er neues Werkzeug nicht so dringend brauche, um sich in seiner Armut vor den Füßen einer fremden Frau winden zu müssen wie ein Hund.

Sie entgegnete, er rede wie ein dummer Junge. Der Stolz der Armen sei schlicht Ignoranz und Vorurteil. Vielleicht habe sie sich zum Narren gemacht, er aber sei ein Feigling.

Er sprang auf die Beine. Er würde nicht auf sie hören. Er beantworte ihr Angebot mit Verachtung. Dann rannte er entlang des Wassers durch den Sand davon, bis seine wilde Gestalt sich in der tiefer werdenden Dunkelheit verlor. Als Errieta zurück zu ihrem Haus und ihren Freunden schlenderte, war sie nachdenklich. An diesem primitiven Ort gab es eine Ausnahme. Wie außergewöhnlich diese Ausnahme war, konnte nur die Erfahrung lehren. Doch es schien, als habe seine edle Schönheit auch seinen Charakter veredelt, und sie war nicht nur gerührt, sondern wollte Näheres über ihn erfahren. Das war beunruhigend. Seine Jugend, seine Einsamkeit, sein Leid waren nicht die einzigen Aspekte seiner Persönlichkeit, die sie beeindruckt hatten.

Als sie am folgenden Nachmittag zum Strand hinunterging, sah sie ihn nicht. Das war keine Überraschung. Sie akzeptierte ihre eigene Albernheit. Wie die Nachwirkungen eines Kinderstreiches, unangenehm wie ein blauer Fleck, aber teuer. Sie zündete sich eine Zigarette an und erwartete nichts. Aber ihre Hoffnung kam wie der Blitz, als sie das Geräusch von Fußtritten im Sand hinter sich hörte. Sie wandte sich nicht um. Er stand neben ihr. Nach einem Augenblick fragte sie, ob er seine Meinung geändert habe. Er warf den Kopf hoch, die griechische Geste für nein. Warum sei er dann gekommen? wollte sie wissen.

Um ihr zu sagen, er lasse sich nicht Feigling schimpfen.

Sie dachte, er habe vielleicht seine Meinung geändert wegen der Werkzeuge, sagte sie. Sie berührte den Sand neben sich, aber er wartete eine Minute, bevor er sich niederließ, umfaßte dann mit beiden Armen seine Knie und runzelte die Stirn. Das Ganze sei doch wirklich absurd, dachte sie, er war doch in Wahrheit noch ein Kind. Achtzehn vielleicht, höchstens, und sie mehr als zwanzig Jahre älter als er. Sie sagte ihm, sie biete ihm kein Werkzeug, sondern eine Gelegenheit, etwas, sagte sie, das sein Leben verändern könne. Sie hielt ein Sandkorn in die Höhe. Sogar so ein winziges Ding könne die Welt verändern, sagte sie, wenn man es an den rechten Platz lege. Wolle er denn gar nichts aus seinem Leben machen?

Doch, meinte er. Der Lehrer habe oft mit ihm darüber gesprochen. Sein Leben solle die Form einer Handvoll frischer Erde haben, die, wenn fest in der Faust zusammengepreßt, deren Gestalt annehme, dann würde man die Kraft seines Lebens in der Form der Erde erkennen, und darauf könnten Dinge wachsen.

Errieta war verdutzt. Also wolle er die neuen Werkzeuge annehmen, sagte sie.

Er neigte den Kopf, um Zustimmung zu bedeuten, sah sie dann an und lächelte und sagte, sie müsse wohl gewußt haben, daß er einverstanden sein würde. Nein, sagte sie. Sie habe gedacht, er sei zu stolz. Aber Gott sei Dank besitze er zudem auch gesunden Menschenverstand. Und als wolle sie noch etwas sagen, legte sie ihre Hand auf seinen Arm. Und bevor sie ihren Fehler erkannte, hatte er sie rauh geküßt.

Ob sie sofort ein Liebespaar wurden, oder erst an den folgenden Nachmittagen, habe ich nie erfahren. Errieta war ungewöhnlich offen, wenn sie über ihr Leben und sich selbst sprach, doch da gab es vertrauliche Bereiche, in die sie niemandem Einblick gewährte. Außerdem ist es nicht von Belang, wann genau sie anfingen, einander zu lieben. Was einzig zählte, war daß sie es eben begonnen. Ebenso wichtig war zweifellos ihre Gleichgültigkeit gegen die Meinung anderer und gegen die Eventualitäten der Zukunft. Wahrscheinlich nahm keiner von ihnen sich die Zeit, über den Impuls oder die Bedeutung dessen nachzusinnen, was mit ihnen geschah. Es würde sich bald auf eigene Weise geltend machen.

Der Kaufmann im Dorf war ein Mann mit Namen Nikos. Man würde die neuen Werkzeuge bei ihm bestellen müssen. Er war ein brutaler, geiziger Mensch, dem es nur um Profit ging, der Georges' Eltern einen Kredit versagt hatte, als sie nahe daran waren, Hungers zu sterben, und er würde erraten, aus wessen Tasche das Geld für die Werkzeuge kam. Der Deutsche würde es ebenfalls erraten. Das ganze Dorf würde es erfahren. Man würde es als Schande betrachten, einen Skandal nennen. Errieta sagte, daß Perikles solch eine Definition von Unehrenhaftigkeit niemals hätte gelten lassen. Eines Tages würde es ein neues Griechenland geben; die alten Vorurteile würden sterben. Der Lehrer Stelio glaube dies auch, sagte George, und er hätte eine kleine Gruppe von Männern im Dorf um sich geschart, die seine Überzeugungen teilten, und aus diesem Grunde habe der Bürgermeister, das verräterische Schwein, Stelio nach Volos versetzen lassen. Errieta sagte, sie würde gerne die Bekanntschaft dieser Männer machen. Das würde nicht so einfach sein, da sie eine Frau war, aber George versprach, es zu versuchen.

Jenseits der fernen Landspitze, wo sich kilometerlange Strände erstreckten, gab es eine Reihe riesiger, stumpfer Felsvorsprünge. Dort habe man, erklärte er ihr, in der Antike Steine gebrochen, um damit die Kastro zu befestigen, die Bauten am höchsten Punkt des Dorfes. Im Windschatten jener Felsen war das Wasser ruhig. Errieta schlug vor, dort zu baden. Er zögerte. Sie hatten keine Badekleidung. Sie machte sich über seine Verschämtheit lustig. Also badeten sie am späten Nachmittag zuversichtlich an jener entlegenen Stelle, wohin niemand aus dem Dorf sich je wagte.

Ihre Freunde bemerkten ihre Veränderung und stellten diskrete Fragen. Sie aber behauptete, die Veränderung sei einzig und allein dem Frieden und der Schönheit der Insel zu verdanken. Es gefiele ihr so gut, daß sie sich ernsthaft überlege, etwas hier zu kaufen, vielleicht die verlassene Mühle, die auf der Sandbank über dem Fluß stehe. Sie sei schon mehrere Male hinaufgeklettert, sie zu besichtigen. Im Innern fielen ein paar Sonnenstrahlen durch die hohen Dachsparren und Piranesi-Schatten baufälliger Maschinen auf die gewaltigen Mühlensteine im schimmernden Staub. Vor der Mühle verliefe ein etwa fünfzig Meter breiter Streifen Sand bis zum Rand der Klippe. Sie würde oft dort stehen und hinausschauen auf das vorgelagerte Inselende, das wie der Arm eines Riesen, oder die Silhouette irgendeines Ungeheuers aus grauer Vorzeit auf dem Horizont lag, während die gekräuselte Bucht unentwegt die Farbe wechselte.

Eines Nachmittags, als Errieta ausgegangen war, erhielten der Maler und seine Frau unerwartet Besuch. Es war der Bürgermeister Spiro, der auf seinem Esel aus dem Dorf heruntergeritten kam. Er entschuldigte sich, uneingeladen zu kommen, sein Eindringen sei jedoch nur von besten Absichten geleitet. Phaedon und Clio baten ihn widerwillig ins Haus und boten ihm ein Glas Wein. Er begann ein belangloses Gerede über die Schönheit der Insel und das herzliche Willkommen, mit dem die Inselbewohner Fremde zu begrüßen pflegten, was ihn auf sein eigentliches Anliegen zu sprechen brachte. Die Insel sei an die Sitten der Außenwelt nicht gewohnt, zumal sie nur selten Kontakt mit ihr pflege, weder Radio noch Strom besitze, und nur dann Zeitungen erhalte, wenn einmal in der Woche das Boot vorüberkam. Daher könne es wohl passieren, daß ein Fremder gegen die Gepflogenheiten der Insel verstoße, und man ihn ersuchen müsse, nicht zu weit zu gehen. Der

Mann war offensichtlich gekommen, eine Art Warnung kundzutun. Phaedon hieß ihn sein Anliegen vorbringen, damit die Sache erledigt werden könne. »Unzucht!« rief der beleibte Beamte. Unsinn, sagte Phaedon, und verlangte eine Erklärung. Spiro gehorchte mit sichtlichem Vergnügen. Er spreche von Miss Perdikidi. Sowohl Phaedon, als auch Clio protestierten empört. Ja, von Miss Perdikidi. Kostandi, der Junge mit den Ziegen, habe sie gesehen, wie sie an einem entlegenen Strand Unzucht getrieben habe. Man habe ihn kräftig verprügelt, damit man auch sicher gehen konnte, daß er die Wahrheit sprach, habe ihn dann noch einmal verprügelt, damit er es nicht im ganzen Dorf herumerzählte. Aber die Leute würden es von selbst herausfinden, und das könne üble Folgen haben, besonders da sie eine Fremde sei. Andere ihrer Sorte waren zufrieden gewesen, in der Türkei zu bleiben, bis die Türken sie nicht mehr hätten haben wollen, und dann hätten sie sich plötzlich ihrer griechischen Heimat erinnert. Doch kein echter Grieche würde jemals vergessen, was man jahrhundertelang von seiten der Türken habe erdulden müssen. Skyros sei kein Ort, der Lüsternheit toleriere.

Phaedon verlangte den Namen des Mannes zu wissen, wenn die Beschuldigung denn stimmen sollte.

Efstathiou, der junge Zimmermann. Und das Schlimmste an der Sache sei, daß die fremde Frau, alt genug, um seine Mutter zu sein, ihn für seine Dienste bezahlte. Er habe erst kürzlich von Nikos, dem Kaufmann, ein neues Sortiment Zimmererwerkzeuge bestellt und bar bezahlt, die besten Werkzeuge, die man kaufen könne, und die er sich selbst niemals hätte leisten können. Miss Perdikidi bezahle gut, doch der Junge war ja auch sehr schön, sehr jung. Allerdings sei er für seinen fragwürdigen Umgang bekannt: Er verkehre mit dem ehemaligen Lehrer und ein paar anderen, die angeblich gefährliche Ideen haben sollten.

Was bezwecke er nun eigentlich mit seinem Besuch, fragte Phaedon den Bürgermeister, außer dem Ausplaudern taktloser Gerüchte?

Ein freundschaftlicher Rat, sagte er. Es sei nur in ihrem eigenen Interesse, und auch in dem der Insel, wenn die Fremde unverzüglich Skyros verließe. Dies sei kein offizieller Befehl, fügte er hinzu, sondern der höfliche Rat eines Mannes, dem das Wohlergehen aller Beteiligten am Herzen läge.

In diesem Fall, sagte Phaedon, bleibe ihm nur, dem Bürgermeister für seine Rücksichtnahme zu danken.

Als er fort war, wußten Errietas Freunde nichts zu sagen. Ihre Achtung vor ihr war so groß, daß sie niemals ihre Motive oder Absichten in Frage gestellt hätten, und nun verstanden sie die Veränderung, die sie beobachtet hatten. Was sie am meisten beschäftigte, war die Frage, ob sie ihnen von dem Besuch des Bürgermeisters und seiner Warnung erzählen sollten. Sie erkannten, daß Skyros ein rückständiger, brutaler Ort war, sogar gefährlich werden konnte. Dennoch beschlossen sie, nichts zu sagen, da sie fühlten, Errieta habe eigene Grundsätze, sei durchaus in der Lage, ihr Verhalten selbst zu bestimmen. Also hörte sie erst später von der Drohung, und damit ließen sich die ersten Vorboten einer fernen Gefahr erahnen.

Von Anfang an hatte Errieta die schwierige Aufgabe übernommen, zwei oder dreimal pro Woche am Vormittag ins Dorf hinaufzusteigen, um die Post zu holen. Dies hätte ein angenehmer, wenn auch zuweilen fruchtloser Botengang sein können, wäre der Mann, dem das Postamt unterstand, nicht so bärbeißig gewesen. Immer wenn sie kam, saß er hinter seinem windigen Schalter und beäugte Errieta mit unverschämter Faulheit. Dann ließ er sie stets ihren Namen und den Phaedons buchstabieren, und verlangte, die Papiere des Empfängers zu sehen, wenn Briefe angekommen waren, die er ihr dann grob entgegenzuschleudern pflegte. Sie hielt sein unverschämtes Gehabe für jene natürliche Arroganz, die kleine Leute an den Tag zu legen pflegten, sobald sie Ämter belangloser Autorität bekleiden, kümmerte sich daher nicht weiter darum und behandelte den Mann mit langmütiger Höflichkeit. Sie lächelte, sprach über das Wetter, stellte Fragen, die Skyros betrafen, und hielt sich länger als nötig im Postamt auf. Vergebens. Der mürrische, schlampige Postmeister musterte sie mit düsterer Verachtung, und beantwortete ihre Fragen, wenn überhaupt, mit unverbesserlicher Grobheit.

Als sie einmal die wesentlichen Papiere vergessen hatte, waren zufällig zwei Briefe angekommen, einer für Phaedon, der andere für sie. Der Postmeister weigerte sich barsch, sie ihr auszuhändigen, ohne die üblichen Dokumente einzusehen. Das sei Vorschrift. Errieta protestierte, sie habe ihm die Papiere bereits mindestens ein dutzendmal gezeigt, er wisse also sehr wohl, wer Phaedon und sie seien. Der Postmeister lachte und sagte, er wisse nicht nur, wer, sondern auch was sie sei. Skyros habe Leute ihrer Sorte schon des öfteren gesehen, Fremde, die sich auf ihrer Insel Vergnügen kaufen wollten. Erst vor zwei Jahren sei eine Jacht mit zwei oder drei Engländern gekommen, und sie hätten die Hälfte der jungen Burschen der Insel auf ihre Jacht geholt, um sie für Geld zu bespringen, dann seien sie wieder weggesegelt. Genauso wie sie, die den Zimmermann für ihr Vergnügen bezahle. Er lachte erneut und schleuderte ihre Briefe zu Boden. Entsetzt, gedemütigt und wütend, beugte Errieta sich hinunter, um die Briefe aufzulesen. Da sie nicht wußte, was sie hätte sagen können, sagte sie nichts, wandte sich zum Gehen und stand dem Menschen gegenüber, den sie in diesem Augenblick von allen am wenigsten zu sehen wünschte: Herrn Reichel. Er verneigte sich, murmelte einen Gruß, aber sie ging wortlos an ihm vorüber.

Die Briefe waren Ursache für ihre Demütigung gewesen, aber die Neuigkeiten, die sie brachten, waren schlimmer. Anfang August, mit dem Einverständnis des Königs, hatte ein General der Armee mit Namen Metaxas einen Staatsstreich ausgeführt, die Verfassung außer kraft gesetzt, die Bürgerrechte abgeschafft und sich diktatorische Gewalt verschafft. Phaedons Vater warnte, die Situation könne durchaus bedrohlich werden für Menschen ihrer politischen Überzeugungen. Er täte gut daran, schleunigst mit seiner Frau nach England zurückzukehren. Errieta sagte, sie werde sie vermissen. Sie waren überrascht. Würde sie nicht mit ihnen heimreisen? Nein. Sie denke, sie wolle hier für unbestimmte Zeit bleiben. Sie fragten sie, was sie dazu bringe, obwohl sie es wußten. Sie war schüchtern, aber die beiden waren ihre Freunde, also erzählte sie ihnen alles. Bislang hatte sie mit George noch nicht von Heirat gesprochen. Der Vorschlag, das wußte sie, müsse von ihr kommen. Es würde nicht leicht sein.

Inzwischen hatte sie die Bekanntschaft dreier junger Männer gemacht, die wie George bevorzugte Schüler des Lehrers Stelio gewesen waren. Sie hatte sie nach Einbruch der Dunkelheit in einem kleinen, ärmlichen Haus an der entlegenen Seite des Hügels getroffen. In die Atmosphäre von Geheimniskrämerei mischte sich zu Anfang äußerste Zurückhaltung, wenn nicht gar Argwohn, was Errieta natürlich dem Umstand zuschrieb, daß sie eine Frau war, und in den Augen der jungen Männer eine Fremde. George mußte mannhaft für sie eingetreten sein.

Dennoch besaß sie die überzeugende Autorität ihres Alters, ihres Vermögens und ihrer Welterfahrung, während die vier jungen Männer, fast noch Knaben, Skyros noch nie verlassen hatten. Sie sprachen von den Zuständen auf der Insel, ihre Rückständigkeit, ihr stures Ablehnen jeglicher Veränderung, die Ungleichheit, Armut und Ignoranz. Sie strebten danach, für ein modernes, gerechtes und reiches Skyros zu arbeiten. Errieta riet ihnen, ihre Meinungen für sich zu behalten, und sich nicht vorschnell Verbesserungen der Bedingungen auf Skyros zu erhoffen, da erst ein radikaler Wandel der politischen Situation in ganz Griechenland eines Tages eine liberalere soziale Gesetzgebung ermöglichen werde. Sie sagte es nicht, aber sie dachte, George und seine Freunde seien Träumer und könnten sich in ernsthafte Schwierigkeiten bringen. Aber sie bewunderte ihren Traum und nannte sie Ehrenmänner. Sie witterte Gefahr. Ihre eigenen Überzeugungen deckten sich völlig mit denen der jungen Männer, und dennoch war ihr, als wäre ihnen und ihrer Insel mehr geholfen, wenn sie sie aufgäben. Aber sie war ja selbst eine engagierte, einfallsreiche Idealistin. Und Skyros war mittlerweile zum Fokus ihres eigenen Traums geworden.

Was George in jenen letzten Wochen des Sommers gedacht und gefühlt haben mag, läßt sich nur erahnen. Er konnte sich wohl kaum vernünftige Fragen über die Zukunft gestellt, geschweige denn passende Antworten gefunden haben. Er war jung, unreif, unerfahren, jedoch von Natur aus leidenschaftlich bis zum Wahnsinn, stolz und kühn. Nahezu mittellos, in nur einem Zimmer lebend, mit einem Stuhl, einem Bett, einer Öllampe, hatte er zu den Ärmsten in Skyros gehört, und die Hierarchie der Insel ließ es nicht zu, daß sich dies ändern konnte. Seine Schönheit war keine Drachme wert, wenn es darum ging, eine Frau zu finden. Doch dann war aus heiterem Himmel Errieta aufgetaucht. Er wußte, sie war nicht schön, war alt, eine Fremde noch dazu, und ihrer beider Beziehung würde von jedermann als unehrenhaft betrachtet werden. Doch an seinen Gefühlen konnte dies nichts ändern. Er mochte wohl glücklich gewesen sein, aber auch ein wenig Angst und Scham empfunden haben. Errieta bot ihm die Aussicht auf eine bislang nicht gekannte persönliche Erfüllung, weil sie an ihn glaubte. Woran sie genau glaubte, wußte er nicht, doch ihr Glaube sollte ihm zur Ehre gereichen. Und allzu ängstlich oder beschämt brauchte er nicht zu sein, da Errieta immerhin die große Welt gesehen hatte, und was auch immer sie an ihm fand, war sein kostbares Geschenk an sie. So war ihm wohl, als schwebte er auf Wolken, wie der antike Gott, der die Seelen begleitete.

Errietas Freunde äußerten Bedenken, ob George sich an die Welt außerhalb von Skyros gewöhnen konnte. Für ihn, sagte sie, existiere keine solche Welt. Seine Heimat sei hier. Hier würde er sich beweisen und ein eigenes Leben aufbauen müssen. Aber die Insel sei doch nicht ihre Heimat, sagten sie. Hier würde doch niemand, außer ihm, sie akzeptieren. Sie, die an Covent Garden gewöhnt war, an die National Gallery, den Lesesaal des British Museum, an die Rue de Rivoli und die Spanische Treppe, sie könne doch unmöglich dieses unbekannte, entlegene und umnachtete Eiland als ihre Heimat erwählen, oder? Errieta sagte, sie dürften nicht vergessen, daß auch sie Griechin war, am Meer geboren, und jeden Ort, der ihrem Herzen gefiel, zur Heimat wählen konnte. Außerdem hatte sie doch bereits London, Paris und Rom liebgewonnen, weshalb sollte sie nicht auch die Heimat dessen lieben lernen, der ihr Herz erfreute? Phaedon nannte sie eine gefährliche Romantikerin.

Sie mußte ihm den Antrag sanft unterbreiten, damit er sich, was äußerst wichtig war, als Mann überlegen fühlen konnte, so, als besäße er die Macht, den Scharfblick und die Stärke, in allen Angelegenheiten die rechte Wahl für sie beide zu treffen. Das war gewiß nicht einfach. Errietas Weitblick und weltgewandte Weisheit bemaßen sich an ihrem Erfolg. Natürlich wurden Worte der Liebe gewechselt, und es ist heute belanglos, ob die Empfindungen, die mit den Worten einhergingen, auf beiden Seiten die gleichen waren. In Liebesangelegenheiten ist das ohnehin nur selten der Fall. Was zählte, war das Pfand für die Zukunft, eine Zukunft, die so ungewiß und vage war, wie das Leben selbst. Und folglich beschlossen sie zu heiraten. Es war klar, daß die Zeremonie und die damit verbundenen Arrangements schlecht auf Skyros stattfinden konnten. War die Affäre bereits ein Skandal gewesen, so hätte die Hochzeit einen Aufruhr entfacht. George war bereits verhöhnt worden von der Dorfjugend, während ältere Männer sich verächtlich abwandten.

Doch das neue Werkzeug kam schon bald aus Athen, und damit war George ohne Konkurrenz, der beste Zimmermann in Skyros. War preisgünstiges Arbeiten im Spiel, dann waren Begriffe von Tugend beiseitegelegt. Er arbeitete hart, war klug genug, noch nicht allzuviel Lohn zu verlangen, und scherte sich nicht um die scheinheilige Wertschätzung des Bürgermeisters, Ladenbesitzers, oder Postmeisters. Er war jung, wie durch ein Wunder plötzlich mit Geld und Zuneigung überschüttet, und konnte somit in aller Seelenruhe die ganze Fülle des Lebens abwarten. Und nicht ein einziges Mal kam es ihm in den Sinn, sie anderswo, als auf Skyros zu suchen.

Da das Dorf Errieta weder willkommen heißen, noch akzeptieren wollte, verspürte sie kein allzu großes Verlangen, sich bei den Menschen dort beliebt zu machen, oder ihnen ihre Gegenwart aufzudrängen. Sie würde außerhalb wohnen, weder Isolation, noch Einsamkeit fürchtend. Sie beriet sich mit George, und da er selbst dem Dorf nicht gerade zu Dank verpflichtet war, war er einverstanden, sich ein wenig außerhalb niederzulassen. Diese Entscheidung sollte ihm sein Leben retten, das heißt, eigentlich rettete Errieta es, im Augenblick jedoch waren sie sich in ihrer Glückseligkeit noch keiner Gefahr bewußt. Sie wählte den Ort, der ihrer beider Zuhause werden würde: die Mühlenruine jenseits des Flusses auf der Klippe. Sie würde die Mühle kaufen – nicht in ihrem Namen natürlich, da ja der Ehemann den Besitz verwaltete – und sie würden ein Haus um sie bauen, ein geräumiges, hübsches Haus mit großen, hohen Räumen, und Fenstern, durch die man auf das Meer hinunter blicken konnte. Die Mühle gehörte, wie sich herausstellte, einer alten Witwe aus dem Dorf, die sie nur allzu gern eintauschte gegen eine bescheidene Summe Bargeldes. George, Errieta und ihre Freunde zeichneten die Pläne und plazierten in säuberlicher Anordnung Steine um die Mühle herum, die die Lage der Räume kennzeichneten. Die Tatsache, daß der zukünftige Ehemann und Hauseigentümer ein Zimmermann war, würde ihm das Bauen seines Heims sehr erleichtern, und es war Errieta eine große Freude, seine kindliche Begeisterung mitanzusehen. Sie würden natürlich allerlei Gerätschaft und Material in Athen beschaffen müssen, da sie das Haus mit moderner Kanalisation, einer Heizung, einem Badezimmer und allem Komfort, den man in der Welt draußen für selbstverständlich erachtete, auszustatten gedachten. Sie würden sogar Stromleitungen verlegen, Steckdosen und Fassungen installieren, obwohl es bis jetzt noch keine Stromversorgung gab auf Skyros. Doch eines Tages würde er kommen, sagte

Errieta, und dann wollten sie gefaßt sein. Skyros konnte nicht für alle Zeit im Morast rückständiger und veralteter Gebräuche einer vergangenen Welt steckenbleiben. Alles schien damals sehr einfach und glücklich. George war überrascht und erfreut über die verständige, selbstbewußte und doch bescheidene Art, in der seine Braut Entscheidungen traf.

Doch sie sollten nicht gänzlich alleine bleiben auf diesem Teil der Insel. Während ihrer Spaziergänge war Errieta auf ein kleines Häuschen gestoßen in einiger Entfernung stromaufwärts, versteckt hinter Feigenbäumen, Weinranken und einer herrlichen Fülle duftender Blumen. Dort wohne nur die alte Zaccharoula, erklärte George, eine Frau, die vor langer Zeit in Schwierigkeiten geraten sei, nun seither dort alleine wohne, und es hieße, sie sei nicht ganz richtig im Kopf. Im Dorf sehe man sie nur selten, da sie den Kontakt mit anderen Menschen vermeide, also würde sie auch sie beide nicht belästigen. Errieta dachte, es könne angenehm – und sehr wahrscheinlich auch nützlich – sein, zumindest eine Nachbarin zu haben, besonders eine, die man im Dorf für verrückt hielt. Außerdem war sie neugierig auf deren vergangene Schwierigkeiten. Ohne sie jemals gesehen zu haben, hieß sie Zaccharoula bereits als Freundin willkommen.

Das Datum ihrer Abreise nach Athen schien nicht dringend. Das Wetter war noch immer schön. Jeden Tag gingen sie schwimmen und aßen Hummer in der kleinen Taverne am Fuße des Pfades, der hinaufführte ins Dorf. Doch eines Morgens erfuhren sie, daß sie der Vorsicht halber die Insel auf schnellstem Wege verlassen sollten. Und dies riet ihnen ausgerechnet jener Mensch, dem sie am wenigsten Sorge um ihr Wohlergehen zugetraut hätten, und dem sie dennoch zu unsäglichem Dank verpflichtet waren, was die Umstände nur noch bitterer machte. Es war Herr Reichel, der deutsche Strandmarschierer, der zu ihrem gemieteten Haus kam und an die offenstehende Türe klopfte. Warum war er noch immer in Skyros? fragte sich Errieta. Sie hatte ihn schon immer als Spitzel verdächtigt, vermutete, die Nazis hatten ihn hierher geschickt, um den Ort für künftige feindliche Aktionen auszukundschaften. Doch Gewißheit sollten sie niemals erhalten, außerdem warnte er sie immerhin. Nach ein paar herkömmlichen Höflichkeitsfloskeln gestattete er sich die Bemerkung, sie dürften wahrscheinlich über gewisse politische Realitäten, die es klugerweise zu beachten gelte, nicht im Bilde sein. Phaedon zeigte sich sofort verletzt, erwähnte Spanien und die dortige verabscheuungswürdige Unterstützung faschistischer Kräfte. Reichel zuckte die Schultern und bemerkte, er gehe offensichtlich recht in der Annahme, sein Gesprächspartner sei der Sohn eines allseits bekannten Exilrevolutionärs, der in London aufrührerische Kommentare in der Presse abgebe. Worauf der junge Mann barsch erwiderte, daß er tatsächlich die Ehre habe. Der Deutsche gab mit ausgesuchter Höflichkeit zu bedenken, daß es klüger gewesen wäre, diese Tatsache zu verheimlichen, die nun allerdings im Dorf bekannt sei, und fügte hinzu, daß Männer – ob sie sich nun darüber im klaren wären oder nicht –, die man kommunistischer Umtriebe verdächtigte, überall im Land verhaftet und auf karge Gefängnisinseln verfrachtet würden. Diese Information habe sein Gewissen ihm zu überbringen geboten, ungeachtet ihrer beider politischer Überzeugungen. Was persönliche Einstellungen anbelangte, so seien sie im Augenblick irrelevant. Daraufhin verneigte er sich steif und machte, ohne jemandem die Hand zu reichen, mit soldatischer Präzision auf dem Absatz kehrt, und ging davon. Keiner von ihnen sollte ihn jemals wiedersehen oder erfahren, was aus ihm geworden war.

Skyros eilig zu verlassen, war nicht leicht. Sie würden Esel auftreiben müssen, ein Schiff, das sicher genug war, sie nach dem mehr als zweihundert Kilometer entfernten Piraeus zu bringen, ein paar Matrosen, ausreichend Nahrung, Wasser, Treibstoff. George kannte den richtigen Mann für das Schiff. Eine beträchtliche Summe Geldes sorgte für den Rest. Achtundvierzig Stunden nach Reichels Besuch verließ George Efstathiou seine Heimat zum ersten Mal. Als er zurückblickte auf die Insel, wie er sie noch niemals zuvor gesehen hatte, ihre Silhouette vor dem flimmernden Horizont, muß er eine gewaltige Erregung verspürt haben, zumal er sich in die Welt hinausbegab, heiraten und ein vermögender Mann werden würde. Zugleich jedoch konnte er sich wohl kaum des Gefühls erwehren, als laufe er davon, ein Problem, das ihn zweifellos beschäftigte. Als Feigling betrachtet zu werden, wäre einem Griechen seines Hintergrunds und seiner Generation als unerträglich erschienen. Phaedon war gewiß weniger naiv und wußte, daß zuweilen ein strategischer Rückzug ebensoviel Mut erfordern konnte, wie der Frontalangriff. Er dürfte sich wohl eher um Errieta gesorgt haben, als um sich selbst. Er wußte, daß die beiden sich im Geheimen mit Georges jungen Freunden getroffen hatten, die sie, hitzköpfig und ignorant wie sie waren, in große Gefahr bringen konnten.

Was Errieta anbelangte, so war ihr, als das Schiff stampfend und spritzend in die offene See hinaussteuerte, als sei dies der entscheidende Moment, zu dem all die Ereignisse, Gefühle, Beschlüsse und Wünsche der vergangenen Monate unweigerlich hingeführt hatten. Nun gab es kein Zurück mehr, keine Reue, kein Bedauern. Nicht, daß sie auch nur die geringsten Vorbehalte hegte. Das hätte ihrem Charakter nicht entsprochen. Sie sah die Dinge genauso, wie sie waren, und entdeckte in ihrem Betragen wohl auch ein Element von Verrücktheit, von Wahnsinn. Doch das hätte sie nicht eingeschüchtert oder gehindert. Nichts vermochte sie mehr zu ängstigen seit jener anderen Bootsfahrt, wo sie von ihrer brennenden Heimatstadt geflohen war, als die abgetrennten Finger eines Mannes, einer nach dem anderen, über Bord geschleudert wurden. Nein. Sie sah sich als häßliche Frau mittleren Alters, die sich in einen Jüngling von leidenschaftlicher Aufrichtigkeit und unvergleichlicher Schönheit verliebt hatte. Und gewiß stellte sie sich grundlegende Fragen, obwohl sie sich klugerweise vor allzu schlüssigen Antworten hütete. Sie würde den Weg, zu dem sie sich entschlossen hatte, zu Ende gehen, und nur ein Narr hätte angenommen, daß dies kein gefährliches Risiko bergen würde. Doch sie war ebenfalls klug genug, um zu wissen, daß, wer große Risiken scheut, im Leben sehr wenig besitzt, was es zu riskieren wert wäre. Folglich hatte sie sich mit dem erregenden Gefühl ihrer eigenen Kraft auf die Unwägbarkeiten der Zukunft eingelassen.

II

Athen war eine unruhige Stadt im Herbst 1936. General Metaxas hatte auf schmerzliche Weise demonstriert, daß seine Diktatur nicht zum Lachen war. Die, die sich ihm widersetzten, wurden kurzerhand erledigt, und man nahm an, seine Widersacher seien vor allem Kommunisten, oder deren Sympathisanten. Verhaftungen waren häufig, wahllos und willkürlich, ebenso anonyme Denunzierungen, während Kellner, Straßenverkäufer, Trambahnschaffner, sogar Bettler als Informanten galten. Es hieß, Maniadakes, der Chef der Polizei, sei ein rücksichtslos brutaler Mensch, und bevorzuge Verurteilungen ohne rechtmäßigen Prozeß. Leute, die man kommunistischer Umtriebe verdächtigte, mußten einen Widerruf unterzeichnen. Alle, die sich weigerten, und viele, auf denen nur scheinbar ein Verdacht lastete, wurden auf Gefängnisinseln verfrachtet, wo es hieß, sie würden sehr rigoros behandelt. Und nur für den Fall, es könne irgendwelche Mißverständnisse geben bezüglich der Gesinnung des Regimes, war ein Restaurant in der Patission Straße, wo unentwegt laute Marschmusik gespielt wurde, Hakenkreuzflaggen die Wände schmückten, und direkt gegenüber dem Eingang ein gewaltiges Konterfei von Adolf Hitler hing.

Phaedon hatte Freunde, die das Risiko eingehen würden, ihn vorübergehend zu verstecken. Sie konnten nicht wissen, ob die Polizei in Skyros nicht die Obrigkeit in Athen von seinem Aufenthalt auf der Insel in Kenntnis gesetzt hatte. Jedenfalls war er fest entschlossen, Griechenland unmittelbar nach Errietas Heirat zu verlassen, so schnell wie möglich nach Spanien zu reisen, um dort im Widerstand gegen die Faschisten zu kämpfen. Seine Frau war verzweifelt, unternahm jedoch keinen Versuch, ihn von seinem Vorhaben abzubringen. George war erstaunt. Es erschien ihm unnatürlich, ja unverständlich, daß ein Mann, noch dazu ein Grieche, so weit fort für ein Land kämpfen konnte, welches nicht seine Heimat war. Errieta versuchte, ihm die idealistischen Gründe zu erklären, aber George sagte, es verstoße gegen den gesunden Menschenverstand.

Die Trauung fand in der Kirche St. Pantaleimon statt, einem häßlichen, riesigen und allzu offensichtlichen Ort für diese Zeremonie, die Errieta, trotz der Ehrerbietung, die sie deren Zweck entgegenbrachte, ein wenig als Zugeständnis an bürgerliche Konventionen empfand. Das göttliche Element in der symbolischen Vereinigung zweier Menschen konnte durch kein orthodoxes Ritual geheiligt werden. Aber sie erkannte, wie ungeheuer wichtig die Feier für George war. Er trug einen schwarzen Anzug, den ersten, den er jemals besessen hatte, und den er tags zuvor in der Hermes Straße gekauft hatte, während sie in schlichtem weißen Kleid vor den Altar trat. Sie standen nebeneinander vor dem Priester mit Kränzen aus Jasminblüten auf ihren Häuptern, gehalten durch ein weißes Band. Die einzigen anwesenden Gäste waren Phaedon, Clio und einige von deren Freunden, im ganzen keine zehn Personen, eine davon eine energische, gutgelaunte Dame namens Aleca

Diamandopoulos. Danach gingen sie zum Hotel Grande Bretagne, speisten ausgezeichnet und tranken mehrere Flaschen Champagner. Und am Morgen darauf fuhren sie in Taxis zum Piraeus, um von Phaedon und Clio Abschied zu nehmen, die sich an Bord eines Schiffes begaben mit Kurs auf Marseille, von wo aus Phaedon alleine nach Barcelona weiterreisen würde. Mrs. Diamandopoulos lud die Neuvermählten in ihre Villa zum Lunch ein, wo sie leichten Weißwein aus Patras tranken und sich bemühten – mit etwas Erfolg – optimistisch in die Zukunft zu blicken.

Errieta war erfreut darüber, wie leicht George sich in das Neue und Fremde fügte, doch sie war nicht erstaunt. Sämtliche Errungenschaften der modernen Welt waren zugleich auf ihn eingestürmt, Elektrizität, Autos, Aufzüge, Radios, Telefone, und er genoß die Entdeckungen. Voller Ehrfurcht stand er vor den glanzvollen Resten der ruhmreichen Vergangenheit seiner Heimat, der Akropolis und dem Parthenon, den goldenen Wundern Mycenaes, den marmornen Abbildern toter Helden und siegreicher Athleten. Es schien, als hätte seine jugendliche Schönheit nahezu über Nacht einen neuen, helleren Glanz erhalten. Errieta war nicht so dumm zu glauben, dies sei einzig und allein dem Umstand zuzuschreiben, daß er nun ein verheirateter Mann war, doch ein wenig hatte es gewiß damit zu tun. Einige Tage nach der Trauung setzten sie sich gemeinsam an den Tisch in ihrem Hotelzimmer, und sie setzte ihm im Einzelnen ihre finanzielle Lage auseinander, erklärte – und sie wußte, daß er dies auch erwarten würde –, daß all ihre Mittel nun auch die seinen waren, und daß er frei darüber verfügen konnte. Und einen Großteil würden sie in den Kauf der notwendigen Ausstattung ihres neuen Zuhauses stecken.

Errieta hatte lange gezögert, bevor sie ihrer Mutter und Schwester ihre Heiratspläne mitteilte, hatte den Brief in der Tat erst am Vorabend der Trauung fortgeschickt. Ihrem Charakter entsprechend war sie vollkommen aufrichtig gewesen, und hatte ihnen nichts hinsichtlich Georges Abstammung, Umstände und Jahre verheimlicht. Die Antworten waren, wie sie sie erwartet hatte. Mrs. Perdikidi bedauerte die Entscheidung ihrer Tochter, hielt sie für irrsinnig, prophezeite ihr ein unweigerlich tragisches Ende, wünschte ihr aber trotz aller bösen Vorzeichen, daß sie glücklich werden möge auf jener unbekannten Insel, auf der sie fortan mit einem Ehemann, der ihr Sohn sein könnte, zu leben gedächte. Wie immer sich die Dinge entwickeln mochten, sie solle doch niemals vergessen, daß zu Hause in Kent stets ein verläßliches und liebendes Heim auf sie warte. Julia dagegen freute sich sehr für ihre ältere Schwester, stellte Braut und Bräutigam ewige Glückseligkeit in Aussicht und bat sie um Photos, was ihre Mutter mit Absicht zu tun vergessen hatte. Es kam natürlich nicht in Frage, daß Mrs. Perdikidi weiter als bis nach Brighton reisen würde, schon gar nicht nach Griechenland, also war Errieta gezwungen, sie so bald wie möglich »daheim« zu besuchen. Sie antwortete, der Bau ihres eigenen Heims würde sie nun längere Zeit auf Skyros halten, sie würde aber ganz gewiß ihre Mutter und Schwester einmal besuchen.

Von den Materialien, die zum Bau ihres Hauses nötig waren, gab es auf Skyros nur die primitivsten. Kein ausgereiftes Bauholz, keine anständigen Nägel und Schrauben aus Eisen oder Stahl, keine Installationsteile für Leitungen, keine Kupferrohre, kein Boiler, keine Badewanne, keine Fliesen, keine fertigen Fenster- und Türrahmen oder sonstige Fertigteile waren dort zu haben. Um all dies zu transportieren, würde ein Schiff von beträchtlichem Fassungsvermögen nötig sein, und das Glück war ihnen hold, denn in Athen fanden sie alles, was sie brauchten. Errieta war entrüstet, daß es in Skyros so wenig Baumaterialien gab. Warum sollte George die Insel fortan nicht beliefern, da er doch immerhin Zimmermann war? Es sei doch unrealistisch, anzunehmen, die Zustände auf der Insel würden für immer so primitiv bleiben. Was man dort brauche, sei eine moderne Zimmerei, ausgestattet mit automatischen Drehbänken, elektrischen Sägen, der modernsten Ausrüstung, importiertem Holz und Stahl, so daß George vorbereitet sein würde, wenn Strom nach Skyros käme, denn dann sei er ohne Konkurrenz. George wurde ganz aufgeregt bei dem Gedanken an diese Möglichkeit. Sofort sah er sich selbst als wohlhabenden Unternehmer. Und könnte solch eine Mühle nicht auch die Möglichkeit bieten, aus dem Weizen der Insel weißes Mehl zu mahlen? Gemeinsam freuten Gatte und Gattin sich an ihren Möglichkeiten.

Als das Schiff, das die beiden samt ihrer Habe von Athen nach Skyros trug, sich dem Strand unterhalb der Mühlenruine näherte, hatte sich eine kleine Menschenmenge versammelt, um das Entladen der Fracht zu beobachten. Solches hatte man auf Skyros noch nie gesehen. Der Stapel aus Stahl, Fliesen, glänzendem Kupferrohr, Heizkessel,

Becken, Tische und Stühle, Schubladenkästen, Fässer, Kisten, Truhen und die Badewanne aus weißem Email auf ihren schimmernden Prankenfüßen im Sand, all dies wirkte recht phantastisch im herbstlichen Sonnenschein. Den Skyrioten wollte es gar nicht gefallen, denn in ihren Augen war dies Größenwahn, und sie prophezeiten grimmig, das Schicksal würde zu gegebener Zeit eine angemessene Strafe einfordern. Einer von ihnen jedoch, was niemanden überraschte, betrachtete diesen entstehenden Haushalt auf alltäglichere Weise. Das war Nikos, der Ladenbesitzer. Er bot Errieta seine Hilfe an und versprach, sie in jeglicher Hinsicht zu unterstützen, worauf sie ihm höflich erwiderte, er möge sich doch an ihren Gatten richten. Er äußerte honigsüße Glückwünsche und bat, ihnen eine Korbflasche Samos überbringen zu dürfen, den besten, den er habe. Sie nahm an.

Es gab genügend Männer, die beim Bau des Hauses der Efstathious mithalfen. George arbeitete mit ihnen und scheute sich vor keiner noch so mühsamen Aufgabe, während Errieta fast jeden Tag vorbeikam, ihnen zuzusehen, Kuchen und Wein brachte und diskrete Fragen stellte. Die Arbeiter nahmen zu Anfang ihre Anwesenheit übel, so wie sie George sein Glück übelnahmen, und das schöne Haus, das sie für ihn bauten. Nach und nach jedoch gewann sie die heitere Bescheidenheit der Dame, ihre Großzügigkeit, die sorglose Ergebenheit des jungen Gatten für seine ältere Frau und die bescheidene Freude, die ihnen der Bau ihres Hauses bereitete. Als es an die Renovierung der alten Mühle ging, bat Errieta, man möge einen der alten Mühlsteine hinaus an den Rand der Klippe tragen. Es wäre ein hübscher Platz, von dem aus man die sich stets wandelnden Ansichten des Meeres beobachten könnte.

Sie war erstaunt, wie leicht ihr gesamtes vergangenes Leben von ihr abfiel in der Gegenwart der täglichen Freude, die sie niemals erwartet hatte, und von der sie nicht einmal geahnt hatte, daß es sie geben könnte. Sie besaß alles, was sie sich jemals erträumt hatte. Das Merkwürdigste in all dem Merkwürdigen war, daß sie nicht zu sagen wußte, was genau das war, und sie erkannte, daß sie es erst am Ende wissen würde.

Kinder würden kommen, dachte sie. Zumindest eines. Ein Junge müßte es sein. Sie wurde nicht jünger, aber es gab genügend Frauen, die noch jenseits der vierzig Kinder bekamen. Und ein Kind würde ihr Glück vollkommen machen. Sie war zuversichtlich, sprach aber nie mit George darüber.

Als man ihnen sagte, daß all die Drähte, Steckdosen und Schalter für den elektrischen Strom gedacht waren, lachten die Arbeiter, weil sie zu wissen glaubten, daß es niemals Strom auf Skyros geben würde. Aber das Haus war fertig gebaut. Errieta und ihr junges Dienstmädchen bereiteten ein Richtfest für die Arbeiter. Ein paar Tage später schliefen George und seine Frau zum ersten Mal im neuen Haus. Es stand näher am Meer, als das, welches sie vorübergehend gemietet hatten. Als sie im vorderen Zimmer im Dunkeln lagen, dort, wo auch ich fast zweihundert Nächte verbrachte, lauschten sie dem Geräusch der Brandung unter ihnen, wunderbar friedlich und einschläfernd. Sie hatten sich ihr privates Paradies geschaffen.

Während des Hausbaus hatte Errieta oberhalb des Flusses des öfteren Zaccharoula verstohlen durch die Büsche spähen sehen, und versucht, sich ihr zu nähern. Doch die andere Frau war mit überraschender Flinkheit entwischt, und Errieta wollte ihr nicht nachlaufen. Sie hatte es George erzählt, doch der meinte nur, sie sei eben verrückt. Sie habe in ihrer Jugend einen Unfall gehabt, sagte er, und der habe ihren Verstand angegriffen. Einen Unfall? Welchen Unfall? Errieta wollte es wissen. Er habe etwas mit ihrer Familie zu tun gehabt, mit ihrem Bruder. George schien auszuweichen. Seine Frau blieb beharrlich. Es sei eine unglückselige Geschichte. Doch so seien eben die Gebräuche auf der Insel. Zaccharoula sei, auch wenn man das mittlerweile kaum glauben könne, einst ein sehr schönes Mädchen gewesen. Folglich hätten zahlreiche junge Burschen auf der Insel ein Auge auf sie geworfen. Und einer von ihnen habe auch dem Mädchen gefallen, das damals um die sechzehn oder siebzehn Jahre alt gewesen sein mochte. Wie er es angestellt habe, mit ihr zu sprechen, wisse niemand, da junge Frauen von ihren Familien streng bewacht würden, und es ihnen verboten sei, mit jungen Männern zu sprechen. Täten sie es dennoch, so sei ihre Ehre für alle Zeit verloren, und damit auch ihre Chance, jemals einen Gatten zu bekommen. Und doch müsse Zaccharoula einen Weg gefunden haben, sich mit ihrem Bewunderer zu verständigen, da die beiden sich eines Nachmittags am Strand unten trafen, um dort eine halbe Stunde lang Hand in Hand spazierenzugehen. Das sei alles gewesen. Man habe sie natürlich gesehen. Sie hätten ja nicht einmal den Versuch unternommen, ihr Beieinandersein zu verheimlichen. Deshalb habe auch die Familie davon erfahren, und Zaccharoulas Bruder, ein junger Mann mit

Namen Demetrios, ein paar Jahre älter als sie, habe beschlossen, sie für ihre verlorene Ehre zu bestrafen. Er habe ihre Handgelenke mit einem Seil gefesselt, das andere Ende am Sattel seines Pferdes befestigt, und sei sodann über das offene Gelände oberhalb des Dorfes galoppiert, seine Schwester hinter sich herschleifend. Nicht sehr weit, aber sie scheine das Bewußtsein verloren zu haben. Sie habe keinerlei ernsthafte Verletzungen erlitten, keine Knochen gebrochen. Doch als sie wieder erwacht sei, habe sie nicht sprechen können. So sei es mehrere Monate lang geblieben. Dann habe sie nach und nach ihre Stimme wieder gefunden, doch habe man schon bald einsehen müssen, daß sie den Verstand verloren hatte. Die Familie habe ein kleines Häuschen am Fluß besessen, wo seit Jahren niemand mehr habe wohnen wollen, dorthin habe man Zaccharoula gebracht. Dies alles sei vor vielen Jahren geschehen. Sie lebe allein, treffe so gut wie keine Menschenseele, und erhalte sich selbst mit dem gelegentlichen Verkauf einer Stickerei, denn sie habe die Nadel schon immer ausgezeichnet beherrscht, und dieser Fähigkeit sei sie trotz alledem nicht verlustig gegangen. Das sei eine ganz schreckliche Geschichte, meinte Errieta. Was sei eigentlich mit dem abscheulichen Bruder geschehen? Weshalb sie frage, nichts natürlich, entgegnete George. Demetrios habe doch nur um die Ehre seiner Familie gekämpft. Errieta fand dies schlichtweg skandalös, sie hätte den Bruder zu vielen Jahren harter Zwangsarbeit verurteilt. Aber er habe doch nichts Böses gewollt, gab ihr Gatte zu bedenken. Und der junge Mann, der mit Zaccharoula am Strand entlang spaziert war, ihm habe man die Strafe wohl erlassen, vermutete Errieta. Das sei richtig, keine Strafe, anwortete George. Armes Skyros, rief Errieta.

Doch schon bald würde vieles sich hier ändern, behauptete sie, und George könne einiges dazu beitragen. Das genau habe auch der Lehrer Stelio gesagt. Doch wie solle er Sitten und Gebräuche ändern, die seit Jahrhunderten bestanden? Indem er reich werde und ein Zeichen setze. Er hatte sich doch bereits geändert, und es hieß, daß jener, der sich selbst zu ändern verstand, ganze Nationen zu ändern vermochte. Nun, da das Haus stand, war es höchste Zeit, an den Bau der Sägemühle zu denken. Und wenn Skyros keinen Strom bekommen würde, dann würden sie sich einen eigenen Generator kaufen. George hatte bereits einen günstigen Standort gefunden für den Bau, am Fuße des Pfades, der zum Dorf hinaufführte, und so kauften sie das Land. Sie würden ein großes Gebäude benötigen für ihre Zwecke. Als sie die Kosten für Bau und Ausstattung sorgsam erwogen hatten, meinte Errieta, diese Ausgabe würde mindestens die Hälfte des ihnen noch verbliebenen Kapitals erfordern. Sie kamen überein, daß die Summe gerechtfertigt war. Die Arbeit an den Fundamenten begann, und in Skyros mochte man erwartet haben, daß George Efstathiou bald hochmütig würde. Doch er blieb stets höflich und freundlich. Bei den alltäglichen Wirtshausgesprächen wußte kein Mann ernsthaft etwas an ihm auszusetzen, ganz gleich, ob er von der Fremden gekauft und bezahlt worden war.

Da es auf Skyros keine Bank gab, gelangte das Geld per Post zu den Efstathious. Zumeist war George es, der es im Postamt entgegennahm, zur Erleichterung Errietas, die die bärbeißige Rohheit des Postmeisters nicht vergessen hatte. Dennoch ging auch sie gelegentlich hin, fand den Mann so beleidigend wie immer, und stellte mit Erstaunen fest, daß er geheiratet haben mußte, weil in einer entlegenen Ecke des Raums eine beleibte Frau ein kleines Mädchen auf ihren Knien schaukelte.

Neuigkeiten über Ereignisse in der Außenwelt pflegten Skyros mit Verspätung zu erreichen, wenn überhaupt, und dann schien es beinahe, als bezögen sie sich auf Geschehnisse auf einem fremden Planeten. Sie erfuhren von Hitlers Angliederung Österreichs und der Tschechoslowakei ans Reich, vom Aufstand gegen Metaxas auf Kreta, der blutig niedergeschlagen wurde. Skyros jedoch ging seinen Geschäften nach, als würde seine isolierte Lage es auch von Blutvergießen und Ungemach abgrenzen. Storchenschwärme flogen über die Insel hinweg, wie sie es immer getan hatten, der Frühling kam und überflutete die Hügel mit kurzlebigen Wildblumen. Die Arbeit an der Sägemühle, die weit mehr Aufwand und Mühe erforderte, als der Hausbau, ging nur langsam voran.

Nachdem sie Zaccharoulas Geschichte gehört hatte, beschloß Errieta, sich mit ihr anzufreunden, ganz gleich, wie schwierig und heikel sich dies Unterfangen gestalten würde. Daher ging sie immer häufiger vorüber an dem kleinen Haus, welches umgeben war von Dahlien, Kosmosblüten und Oleander, um flußaufwärts zu gelangen. Zaccharoula mußte Eindringlingen gegenüber äußerst wachsam gewesen sein, da es Errieta erst nach Monaten hin und wieder gelang, einen flüchtigen Blick auf sie zu werfen, obwohl sie zumeist, wenn sie das Haus erreichte, gerade noch die Türe ins Schloß fallen hörte. Und blieb sie stehen, um den Duft der Blumen einzuatmen, konnte sie hin und wieder die zarten Spitzenvorhänge zittern sehen. Errieta hatte sich aus England verschiedene Bücher senden lassen, darunter eine Reihe von Kunstbänden mit farbigen Abbildungen. Sie erinnerte sich daran, daß Zaccharoula eine hervorragende Stickerin war. Eines ihrer Bücher war zufällig eine französische Studie über mittelalterliche Gobelins, besonders über jene im Musée de Cluny von der Dame mit dem Einhorn, wovon es etliche gelungene Farbdrucke zu sehen gab. Das Buch war keine seltene, kostbare Ausgabe, aber Errieta dachte, auf Skyros habe gewiß niemand auch nur Ähnliches je gesehen, es könne daher genau das Richtige sein, um Zaccharoulas verletzte Seele zu berühren. Und als ihr eines Tages das Zucken der Vorhänge Zaccharoulas Anwesenheit verriet, legte sie das Buch auf ihre weißgewaschene Schwelle und eilte fort. Es verging mehr als eine Woche, in der Errieta sich vorsichtig von Zaccharoulas Haus fernhielt; dann, als sie eines Tages die Türe öffnete, die hinaus in den Hinterhof zwischen Haus und Turm führte, fand sie auf ihrer Schwelle eine Stickarbeit, von einem runden Stein dort festgehalten, die sie sofort, noch bevor sie sie aufnahm, als ein Bild der Dame mit dem Einhorn erkannte. Doch das Bild war verändert, schlichter, aber dennoch phantasievoller, mit leuchtenden Blumengirlanden um das Einhorn gewunden, das auffallende Ähnlichkeit aufwies mit einer Ziege, und auch die Dame zierten Blumen, die, wie Errieta fand, ihr selbst ein wenig glich. Die Arbeit war wunderschön, äußerst zierlich ausgeführt, einfach und doch voller Raffinesse. Errieta hatte Ähnliches noch nie gesehen. Sie war entzückt, dankbar, und erkannte gerührt, daß sie das Werk einer Künstlerin in Händen hielt. Wie erstaunlich, gerade hier an diesem Ort auf das Ergebnis echter Inspiration zu stoßen, wo der Begriff Kunst nicht viel Sinn ergeben konnte. Sie zeigte die Stickerei George, der lächelte und sagte, sie sei lustig, würde im Dorf aber gewiß keinen Käufer finden. Errieta erwiderte, daß dies wohl auch mit einem Gemälde des Douanier Rousseau geschähe.

Am selben Nachmittag noch ging sie zu Zaccharoula und klopfte an ihre Tür. Sie öffnete sich erst nur einen Spaltbreit, dann ganz, ganz langsam weit genug, um eine kleine, dicke, gebeugte und schielende Frau zu zeigen, die ganz schwarz gekleidet war, und deren graues Haar ein schwarzes Kopftuch bedeckte. Errieta lächelte und reichte ihr eine Rose. Zaccharoula verneigte sich, öffnete ihre Türe weit und bedeutete

Errieta, sie möge eintreten. Das Innere war herrlich, denn sämtliche Wände, sogar Teile der Decke, waren mit Stickereien bedeckt. Nicht die traditionellen Muster, die man im Dorf verkaufte, sondern ausgefallene Bilder von Menschen und Tieren und Blumen, einige davon auf dem Kopf stehend, im Meer schwimmend, oder durch die Lüfte schwebend, Esel mit Flügeln, Blumen mit Gesichtern, Menschen mit vier Armen und ohne Füße, eine Welt der Träume und der Phantasie. Errieta war sprachlos vor Verwunderung. Eine Zeitlang ging sie staunend von Wand zu Wand und betrachtete jede Stickerei. Schließlich blickte sie Zaccharoula an, schwieg einen Moment, legte dann ihre Arme um sie und küßte sie auf beide Wangen. Hierauf füllten die Augen der älteren Frau sich mit Tränen, die langsam über ihre welken Wangen tropften. Einander an den Händen haltend setzten sie sich auf eine schmale Bank und schwiegen eine Weile. Endlich sagte Zaccharoula: »Du bist eine Fremde und ich eine Verrückte. Können wir zwei Freunde werden?« Dann lachten und lachten sie, bis sie nach Luft ringen mußten. Zaccharoula brachte winzige Gläser mit Wasser und eingelegten Granatäpfeln, und das war der Beginn ihrer Freundschaft. Sie trafen einander fast täglich, sprachen eifrig von allem und nichts, und waren beide über das Glück erstaunt, welches zwei Frauen so unterschiedlicher Umstände auf so einfache und unerwartete Weise gefunden hatten. Vielleicht war es aber gerade dieser extreme Unterschied, der das Band so innig knüpfte.

Katastrophale Neuigkeiten verbreiten sich schnell, und Skyros erfuhr trotz seiner isolierten Lage bereits achtundvierzig Stunden nach Hitlers Einfall in Polen, daß Europa im Krieg war. Seit dem mißlungenen Aufstand auf Kreta hatte George gelegentlich seine Freunde aus dem Dorf, aufgeschlossenere Männer als die übrigen, in sein Haus eingeladen, um abendliche Gespräche zu führen. Mittlerweile waren es mehr als drei, und sie alle kamen einzeln nach Einbruch der Dunkelheit, weil jeder wußte, daß ihnen ihre Denkweise womöglich gefährlich werden konnte. Es gab Männer auf Skyros, deren Meinungen alles andere waren als liberal. Kein Mitleid war von ihnen zu erhoffen für jene, deren Ansichten sie nicht teilten. Abgesehen von der Gelegenheit, sich ihren leidenschaftlichen Wunsch nach Veränderung und ihren Haß auf Metaxas' Diktatur von der Seele zu reden, bewirkten die nächtlichen Unterredungen im Hause Efstathiou nichts. Errieta war zwar dabei, beteiligte sich aber nur selten an den Gesprächen. Sie wußte, daß nichts bewegt werden konnte, solange die jungen Männer nicht politisch organisiert waren, kein Programm, und vor allem, keinen Führer hatten. Je weniger geheime Treffen unter diesen Umständen stattfanden, dachte sie, desto besser. Aber sie behielt ihre Meinung für sich, selbst vor George. Was Skyros brauchte, war eine kommunistische Organisation. Sie hegte keinerlei Illusionen hinsichtlich des Kommunismus der Sowjetunion, besonders nicht nach den Verurteilungen und all den unheilvollen Gerüchten über Massenunterdrückung, aber Griechenland war nicht Rußland. Der einzig wirkungsvolle Widerstand gegen die griechische Diktatur war der kommunistische Wederstand. Sie hatte Nachricht erhalten von ihrem Freund Phaedon, der nach dem Debakel in Spanien nach Athen zurückgekehrt war, wo er nun unter falschem Namen lebte und versuchte, Oppositionsgruppen zu organisieren.

Im Januar fiel Schnee. Der gemächliche Fluß wurde zum reißenden Strom, den man nicht mehr passieren konnte. Nikos sandte einen Jungen, der Brotlaiber und Fleischdosen ans jenseitige Ufer warf. Das schlammige Wasser führte entwurzelte Schößlinge mit sich und stieg fast bis zur Schwelle von Zaccharoulas Haus. Sie sagte: »Das ist die Apokalypse.« Doch das war sie nicht. Die Frühlingsblumen erblühten wie in jedem Jahr, und Skyros blieb unverändert in seiner schönen Isoliertheit.

Dann konnte man sich eines Tages nicht einmal mehr an einem so entlegenen Ort wie Skyros in Sicherheit wähnen. Italienische Truppen griffen Albanien an. Es gab Gerüchte, denen zufolge ein Angriff auf Korfu kurz bevorstand. Die Albaner leisteten nur bei Durazzo geringen Widerstand, so daß die Eindringlinge mühelos nach Tirana vordringen und dort eine Regierung errichten konnten. Die Machthaber in Athen waren in Sorge, hielten jedoch eine allgemeine Mobilmachung noch für verfrüht. General Metaxas warnte das Land eindringlich, wachsam zu bleiben, auf den Notfall gefaßt zu sein, aber Ruhe zu bewahren. Der italienische Minister versicherte den Griechen, man würde auf alle Fälle ihre territoriale Integrität wahren und die politische Unabhängigkeit ihres Landes unbedingt respektieren. Großbritannien und Frankreich garantierten einseitige Unterstützung.

Errieta erkannte, daß das Ganze nur noch eine Frage der Zeit sein würde. Noch war nicht abzusehen, ob es zum Schlimmsten kommen würde, aber sie meinte, man müsse darauf gefaßt sein. Und so begann sie unverzüglich, Vorräte beiseitezulegen, Zucker und Salz, Kaffee und Tee, Mehl, Öl, Reis, Dosenfleisch und eingelegte Früchte. George wollte nicht wahrhaben, daß die Lage ernst werden könnte. Weshalb auch, sogar im Ersten Weltkrieg hatte sich auf Skyros nichts Bedeutendes ereignet, außer daß irgendein englischer Held, der an Bord eines Schiffes gestorben war, an Land getragen und irgendwo auf der anderen Seite der Insel begraben worden war. Errieta wußte das. Sein Name war Rupert Brooke gewesen. Dieses Mal würde es anders sein. Die Nazis hatten in weniger als zwei Monaten bereits Holland, Belgien und Frankreich erobert. Damit würden sie sich nicht zufriedengeben. Und die Italiener würden ihnen auf dem Fuße folgen. Sie hatten gewiß nicht vergessen, daß ihre Ahnen einst Griechenland erobert hatten, zumal Mussolini doch offensichtlich die Caesaren nachäffte. Mrs. Perdikidi und Julia schrieben von der Bombardierung Großbritanniens, obwohl sie in ihrem entlegenen Ort in Sicherheit waren. Sie drängten Errieta, zu ihnen zu kommen. Sie hatte durch ihre Heirat mit einem Griechen zwar dessen Staatsangehörigkeit erworben, sich aber zudem die britische Staatsbürgerschaft bewahrt, so daß sie nun zwei Pässe besaß. Ihre Mutter und Schwester beschworen sie, nach England zu kommen, auch ihren Mann mitzubringen, wenn sie wollte. Doch Errieta erkannte, in welcher Gefahr Griechenland schwebte, und da sie wußte, daß auch George davon betroffen sein würde, weigerte sie sich, das Land zu verlassen, solange er dort war. Sie schrieb also beschwichtigende Briefe an ihre Mutter und ihre Schwester, ohne ihren eigenen Worten zu glauben.

Zu Anfang gab es nur kleine Zwischenfälle. Italienische Flugzeuge bombardierten griechische Schiffe. Man berichtete, italienische Truppen sammelten sich an der albanischen Grenze. Abschiedsgesuche griechischer Offiziere wurden abgelehnt, und Garnisonen im Norden in Alarmbereitschaft versetzt. In Epirus und Westmakedonien wurden sämtliche Männer zwischen zwanzig und fünfunddreißig Jahren eingezogen. In den Tavernen sprachen die jungen Männer von Skyros von nichts anderem mehr, als vom bevorstehenden Krieg und ihrer Teilnahme darin. George Efstathiou war einer von ihnen. Keiner spottete mehr, er habe sich einer Fremden verkauft, die alt genug war, um seine

Mutter sein zu können. Die Sägemühle war zwar bei weitem noch nicht fertig, würde jedoch eines Tages ein wichtiger Betrieb werden. Dies veränderte Georges Stellung im Dorf gewaltig. Es hieß aber auch, er und noch ein paar andere vertraten gefährliche Ansichten. Niemand jedoch konnte seine patriotische Haltung in Frage stellen.

Eines sonnigen Montagmorgens im Oktober befand Griechenland sich im Krieg. George war bereits zur Mühle gegangen, aber Errieta lag noch im Bett und lauschte dem leisen Geklapper aus der Küche, wo das Dienstmädchen Elpinikia ihr Frühstück bereitete. Plötzlich begannen die Kirchenglocken des Dorfes allesamt gleichzeitig zu läuten, und sie wußte sofort, was dies zu bedeuten hatte. Als daher George vom Strand heraufgerannt kam, war sie bereits angekleidet. Es sei Krieg, rief er. Italienische Truppen hätten im Morgengrauen Epirus angegriffen. Das Dorf habe die Nachricht aus dem neuen Radio im Büro des Bürgermeisters erhalten. Allgemeine Mobilmachung. Alle Männer im kampfesfähigen Alter hätten sich im Musterungsbüro in Volos zu melden. Schiffe würden Linaria noch am selben Tag verlassen. In weniger als einer Woche würden sie wahrscheinlich bereits an der Front sein. Errieta sah, wie freudig erregt er war. Sie wollte sich nicht mit ihm streiten. Doch er müsse auf alles gefaßt sein, es sei denkbar, daß man sich für den Kriegsfall rüste. Sie bat ihn, vorsichtig zu sein. Er versprach es ihr. Er sollte seinen schweren Mantel mit sich nehmen – es würde kalt werden in den Bergen –, ein Paket mit Nahrungsmitteln und einen ansehnlichen Geldbetrag in der Brieftasche. All dies war in weniger als einer Stunde bereit. Er küßte sie eilig und machte sich davon. Sie ging zum Rand der Klippe, wo der Mühlstein lag, von dort konnte sie ihn den Strand entlanglaufen sehen, bis er verschwunden war.

Sie erwartete nicht, von ihm zu hören. Die irrationale Idee des Kampfes hatte ihn verschlungen, so blieb ihr nur das Warten. Es gab nur Neuigkeiten nicht persönlicher Art. Griechische Truppen waren zu Anfang erfolgreich, zwangen die Italiener, bereits eroberte Gebiete wieder zu verlassen, drängten sie bis nach Albanien zurück. Die Kämpfe in den eisigen Gebirgspässen waren gnadenlos. Fünf Monate nach ihrem ersten Angriff wurde die strategische Lage der Italiener allmählich kritisch. Die Deutschen mußten ihnen zu Hilfe kommen, schlugen sich durch Jugoslawien gen Süden und fielen in Griechenland ein. Bis

Ende April war das gesamte Land in der Hand der Nazis. Kreta fiel im Mai.

Während dieser sechs oder sieben Monate hatte Errieta, wie sie befürchtet hatte, nichts von ihrem jungen Ehemann gehört. Nicht einmal in späteren Jahren verriet er ihr allzuviel von seinen Kriegserlebnissen. Sie konnte mir lediglich sagen, es habe ihn am Ende an einen Ort namens Votonasi verschlagen, wo griechische und deutsche Generäle die Bedingungen für eine Kapitulation aushandelten. Dort hatte ein griechischer Leutnant ihm den Rat gegeben, er solle sich schleunigst seiner Uniform entledigen und die Hauptstraßen meiden, dann könne er sicher nach Hause gelangen. Es war sein Geld, das ihn rettete, denn bislang hatte er keine Gelegenheit gefunden, es auszugeben. Er schlug sich nach Volos durch, fand dort Unterschlupf bei seinem einstigen Lehrer, Stelio, der ihn ein paar Tage lang versteckte und meinte, das Schlimmste würde erst noch kommen. Man würde zwar Widerstand leisten gegen die Nazibesatzung, doch keinen einheitlichen. Kommunisten auf der einen, Royalisten auf der anderen Seite. Veränderung und Fortschritt gegen Rückständigkeit und Unterdrückung. Für Stelio war es selbstverständlich, welche Seite George, Errieta und ihre Kameraden auf Skyros unterstützen würden.

Zaccharoula hatte nie daran gezweifelt, daß George unverletzt heimkehren würde. Sie beschwichtigte Errieta täglich. Die beiden Frauen tranken jeden Nachmittag gemeinsam Tee, abwechselnd in Errietas, dann in Zaccharoulas Haus. Sie hatten sich viel zu erzählen. Zaccharoula ging nun oft ins Dorf, um die Vorgänge dort zu beobachten, und um zu belauschen, was die Leute miteinander redeten. Dies gelang ihr ohne weiteres, da man sie für geistig umnachtet hielt, und sie diesen Irrtum wohlweislich pflegte, zum einen, weil sie glaubte, er könne ihr eines Tages von Nutzen sein und auch, weil sie dadurch ihrer Verachtung der Dorfbewohner Nachdruck verlieh. So konnte sie Errieta alles erzählen, was in Skyros vor sich ging, wer mit wem befreundet, wer mit wem verfeindet war, wer im Sterben lag, und wer ein Kind welchen Geschlechtes zur Welt gebracht hatte. Es war eine Geschichte ohne Ende, und sie erzählte sie mit malerischer Ausführlichkeit, ganz so, als ersinne sie ihre ungewöhnlichen Stickereien. »Wozu hätte ich wohl ein Radio gebraucht«, bemerkte Errieta einmal, »da ich mich doch an Zaccharoula wenden konnte?« Sie hatte nicht dieselben Geschichten zu erzählen, wie ihre Freundin, aber dafür kannte sie die Welt, und Beschreibungen von London, Rom, den Alpen, dem Eiffelturm und Venedigs Kanälen verfehlten niemals, ganz gleich, wie oft sie sie erzählte, die Vorstellungskraft jener Frau zu erfreuen, deren eigene Reisen sie niemals weiter geführt hatten, als zwei oder drei Kilometer von ihrem Geburtsort entfernt. Errieta bemerkte auch, daß Zaccharoula in ihren Erzählungen niemals ihre Familie erwähnte, oder das, was vor langer Zeit mit ihr geschehen war.

Die Italiener, wohl als Lohn für ihr Scheitern, erhielten die Anweisung, die Inseln zu besetzen. Ein kleiner Trupp Soldaten kam nach Skyros, beschlagnahmte mehrere Häuser, ein paar Nahrungsmittel, wenn auch nicht viele, und lungerte dann, Weißwein trinkend, in den Tavernen herum. Zaccharoula berichtete, es fehle ihnen gänzlich das Gebaren des Eroberers, sie würden keinen Ärger machen.

Am zweihundertunddreizehnten Tag seiner Abwesenheit, einem blauen Nachmittag im Mai, kehrte George Efstathiou aus dem Krieg heim. Dank Stelio war er in einem Fischkutter von Zagora gekommen, den er nach Einbruch der Dunkelheit bestiegen hatte. Der war ohne Licht gesegelt, hatte sich nach den Sternen orientiert und war nördlich von Alonissos vorübergesegelt, wo feindliche Patrouillen sie weniger wahrscheinlich entdeckt hätten, als im Kanal zwischen Skiathos und Skopelos. Oh, er hatte Glück gehabt. Und sei das nicht auch ihr Glück? Ja! Sie war außer sich vor Freude. Er war in Sicherheit. Für sie beide war der Krieg vorüber. Nun sollte er von anderen ausgefochten werden. Nicht ganz, sagte George. Der Krieg wäre erst dann ganz vorüber, wenn kein Feind Griechenlands mehr auf griechischem Boden sei, und ein jeder Patriot müsse kämpfen, so wie es ihm sein Gewissen und seine Kraft geböten. Errieta erkannte, daß ihr Ehemann nicht mehr der Jüngling war, der sieben Monate zuvor von Zuhause fortgegangen war. Sie war besorgt, pflichtete ihm jedoch bei, weil sie dachte, die unwichtige Insel Skyros würde ja doch niemals zum Schlachtfeld werden. Also gab sie sich einfach ihrem Glück hin, weil der Mann, den sie liebte, sicher zu ihr heimgekehrt war von den Grenzen des Gemetzels. George war auch glücklich. Wieder zu seiner Frau zurückzukehren, danach hatte ein jeder Soldat sich gesehnt.

Überdies gab es genügend Arbeit zu erledigen. Der einzige andere Zimmermann im Ort, der alte Zanettos, war während Georges Abwesenheit verstorben. Nun gab es nur noch einen Zimmermann in Skyros, und der besaß erstklassiges Werkzeug und erhielt bereits viele Aufträge. Das sei günstig, meinte Errieta, zumal aus England wegen des Krieges keine Geldsendungen mehr einträfen, sie jedoch fast all ihr verfügbares Geld für die Vorräte ausgegeben hatte, die ihre Schränke füllten. George versprach ihr, daß sie niemals würde Mangel leiden müssen. Er hatte bereits einen Lehrling eingestellt, einen jungen Burschen namens Vyron, der hart arbeitete und rasch lernte.

Die Sägemühle war, wie George sie verlassen hatte: Die Mauern standen zwar, und einige Dachbalken waren ebenfalls bereits an ihrem Platz, aber noch war das Dach ungedeckt, der Fußboden unfertig, Türen und Fenster leere Löcher, das Ganze eine riesige strukturierte Hülle.

Eines Nachts im Herbst – es muß 1942 gewesen sein – erwachten George und Errieta durch lautes Pochen gegen die Fensterläden ihres Schlafzimmers. George ging zum Fenster und fragte flüsternd, wer dort sei. Ein Bote aus Volos, Stelio Vetsanopoulos habe ihn gesandt, war die Anwort, er habe auch ein geheimes Kennwort. George schlüpfte in der Dunkelheit in seine Hosen und ging an die Vordertüre, um den Boten einzulassen. Errieta blieb, wo sie war, weil dies Männerangelegenheiten waren, hatte jedoch Angst. Stelios Bote blieb nicht lange. Als George in ihr Schlafzimmer zurückkam, fragte Errieta, was der Mann gewollt habe. Das würde sie am Morgen sehen, antwortete George, und als sie es sah, wußte sie, daß ihre Besorgnis nur allzu begründet gewesen war.

Auf dem Eßtisch lagen ein Dutzend Pistolen, ein Stapel Kisten mit Munition und ein dicker Stoß Flugblätter. Der Bote mußte ein kräftiger Mann sein, um soviel tragen zu können. Aber die derzeitige Lage verlange, so George, viele kräftige Männer. Er würde an alle, denen man vertrauen konnte, Pistolen verteilen. Die Flugblätter würden im Dorf herumgereicht, ohne daß jemand in Erfahrung bringen konnte, woher sie gekommen waren. Sie enthielten Forderungen des kommunistischen Lagers, das zum aktiven Widerstand sowohl gegen den Feind aufrief, *als auch* gegen jene, die mit den reaktionären Kräften paktierten und, sobald der Krieg vorüber war, die Wiederkehr des Königs, und damit alter Ungerechtigkeiten, befürworteten. Die Situation der Nazis war inzwischen unsicher geworden. In Nordafrika waren sie auf dem Rückzug, Algerien war angegriffen worden, und in Rußland war ihre

Position allmählich ebenfalls kritisch. Ein neuer Geist hatte Griechenland erfaßt. In jeder Stadt, jedem Marktflecken, jedem Dorf, ob auf den Inseln, oder auf dem Festland, hatten sich organisierte kommunistische Widerstandsgruppen gebildet, deren Armee den Namen ELAS trug. Die reaktionären Kräfte hießen EDES. Zwischen beiden hatte es bereits kleinere Auseinandersetzungen gegeben. Nicht alle Männer – und Frauen – der ELAS waren Kommunisten. Sie umfaßten auch ein halbes Dutzend Bischöfe, an die zwanzig Generäle der regulären Armee und viele junge Offiziere, keine Kommunisten, sondern Patrioten, die sich dem gemeinsamen Ziel verschrieben hatten, für eine neue Nation zu kämpfen. Es durfte kein Zurück mehr geben zum bitteren Fatalismus der Vergangenheit. Errieta verstand und befürwortete diese Organisation. Aber sie hatte auch Angst. Sie erkannte die Gefahr für George. Hehre Gefühle waren eine Sache, Pistolen eine andere. Es galt, Vorkehrungen zu treffen, ein Versteck zu finden. Für ihn. Er durfte es nur noch nicht als solches empfinden. Sie durchsuchte das Haus und fand sofort den geeigneten Ort. In ihrem Schlafzimmer gab es einen schmalen, aber langen Wandschrank, dessen Decke ebenso hoch war, wie die des Badezimmers. Wurde dort eine zweite Decke eingezogen, dann konnte man einen Mann bequem darüber verstecken, und erst recht Schußwaffen und belastende Flugblätter. Errieta war nicht von Natur aus ängstlich, doch hatte sie andererseits keinesfalls die Absicht, tatenlos zuzusehen, wie ihr Mann sich größeren Risiken aussetzte, als nötig. Und sie erkannte, daß Katastrophen im Ausmaß Smyrnas sogar über das entlegene Skyros hereinbrechen konnten. Zum Glück war George Zimmermann. Sie würde ihn lediglich überreden müssen, das Versteck zu bauen, ohne ihm dabei zu verraten, daß es für ihn selbst gedacht war. Unter dem Vorwand, nicht einmal mehr ihren bescheidenen Lohn erübrigen zu können, entließ sie das Dienstmädchen Elpinikia. Dann bat sie George, etwas Bauholz ins Haus zu bringen, Bretter von gleicher Länge, doch immer nur eines. Für Regale, sagte sie. Als er genügend hereingetragen hatte, erklärte sie ihm, was er damit zu tun habe. Er wollte nicht einsehen, wozu dies gut sein sollte, also erklärte sie ihm, es müsse im Haus doch einen sicheren Ort für Waffen, Flugblätter und Vorräte geben. Es sei zu ihrer Beruhigung, meinte sie. Er gab nach, und sobald er mit der Arbeit begonnen hatte, zeigte er ihr stolz, wie dauerhaft, unbeweglich und unbetretbar die falsche Decke wirken würde, während man sie in Wahrheit ganz leicht öffnen konnte, indem man sie an einer gewissen Stelle nach oben oder unten schob.

Eine anonyme Postkarte aus Piraeus hatte ihnen kurz nach Georges Rückkehr aus dem Krieg mitgeteilt, daß Clio, die sich mit Phaedon in Athen versteckte, einen Sohn geboren hatte, den sie nach dem Professor benannt hatten. George und Errieta freuten sich für ihre Freunde, doch schon bald erreichten sie nur noch Schreckensmeldungen aus Athen. Die deutschen Besatzungstruppen lebten auf Kosten der Bevölkerung und beschlagnahmten skrupellos, wonach es sie verlangte, oder was sie benötigten. So blieb für die Zivilbevölkerung immer weniger Nahrung. Zum Teil war dies die Vergeltung für jene Terror- und Sabotageakte, mit denen Freischärler in den Bergen Thessaliens und Epirus Widerstand leisteten. Geiseln wurden erschossen, Dörfer niedergebrannt, Juden deportiert. In der Hauptstadt hungerten die Menschen, bis sie schließlich Hungers starben. Frauen durchwühlten Abfalltonnen, und Kinder balgten sich wild um jedes Apfelgehäuse, jede Brotrinde, die aus den Panzerkampfwägen der Wehrmacht geschleudert wurden. Abgemagerte Leichen, zuweilen von ausgehungerten Hunden wild abgenagt, lagen auf den Gehwegen. Täglich starben hundert, zweihundert Menschen. Bei hereinbrechender Nacht schob man die Handkarren des Beinhauses polternd die Straßen entlang, um die Leichen aufzusammeln. Und nicht ganz ein Jahr, nachdem die erste Postkarte gekommen war, verkündete eine zweite, daß der Sohn des Absenders Hungers gestorben war.

Errieta weinte. Wäre es ihr doch nur möglich gewesen, ihnen etwas von ihren Vorräten zu schicken, die sie in weiser Voraussicht beiseitegeschafft hatte, oder Gemüse aus dem Garten, das sie mit Zaccharoulas Hilfe sorgsam hütete, oder ihre Ziege, oder ein paar Hühner und Tauben. Es war grauenhaft. Für sie und George war – zumindest bislang – noch keine Gefahr, zu verhungern. Aber die Neuigkeit konfrontierte sie mit einer weiteren, noch schmerzlicheren Einsicht.

Keine hoffnungsvolle Illusion konnte nun noch die Tatsache verbergen, daß aus der Vereinigung zwischen George und Errieta niemals ein Sohn entstehen würde. Ihr gemeinsames Leben würde keinem neuen Leben Gestalt oder Sinn verleihen. Beiden muß dies ungefähr zur gleichen Zeit bewußt geworden sein, und wie groß ihr Bedauern und ihr Kummer darüber war, zeigte der Umstand, daß keiner von ihnen jemals darüber sprach. Aber sie wußten es, und das änderte einiges.

Zaccharoula überbrachte den neuesten Klatsch aus dem Dorf. Sie war eine schlaue, einfallsreiche Spionin geworden. Man redete über George. Es hieß, er sei der Anführer der kommunistischen Widerstandsbewegung in Skyros. Aber dies waren nur Mutmaßungen. Einige waren für ihn, andere gegen ihn. Gleichgültig. Noch war der Krieg fern. Die italienischen Soldaten tranken die letzten Weinvorräte und waren ungefähr so kriegerisch, wie träge Hummeln. Doch Gerüchten zufolge lieferten sich auf dem Festland Truppen der königstreuen EDES und die gegnerische Armee der ELAS heftige Kämpfe. Ein regelrechter Bürgerkrieg schien entfacht zu sein, mit entsetzlichen Greueltaten auf beiden Seiten, die denen der Deutschen um nichts nachstanden. Errieta beschwor ihre Freundin, sie möge doch alles, was die Dorfbewohner sagten, eifrig belauschen. Eine zufällige Bemerkung könne entscheidend sein. O ja, Zaccharoula würde gut hinhören, und sie lachte, weil die Leute sich anscheinend verwundert fragten, weshalb man die Verrückte in letzter Zeit so häufig in ihrer Mitte sah.

Von einem Tag auf den anderen war bei den Italienern irgend etwas vorgefallen. Sie wirkten verdrossen und ängstlich. Die Erklärung dafür kam schon bald. Italien hatte kapituliert, und seine Soldaten blickten nun einer höchst unsicheren Zukunft entgegen. Zaccharoula überbrachte George und Errieta eines Morgens in aller Frühe folgende schlechte Nachrichten: Ein Trupp deutscher Soldaten sei am Vorabend in Linaria gelandet und marschierte soeben über die Insel. Die Dorfbewohner hatten Angst, weil sie wußten, mit den Deutschen würde weit weniger gut Kirschen essen sein, als mit ihren einstigen Verbündeten. Errieta bat George, im Haus zu bleiben, bis sie Näheres erfahren würden. Er tat es mit Widerwillen, da es ihn ins Dorf drängte, um nachzusehen, was dort vor sich ging. Aber sie bestand darauf. Zaccharoula erbot sich, statt seiner zu gehen. Ihr würde nichts geschehen, aber George könne man unter Umständen mit dem Widerstand in Verbindung bringen. Also fügte er sich grollend.

Die Deutschen verloren keine Zeit. Ein Feldwebel ging durch das Dorf und kennzeichnete mit roter Kreide die Türen sämtlicher Häuser, die beschlagnahmt werden sollten, insgesamt neunzehn, wobei man den Bewohnern gerade noch eine Stunde zubilligte, um ihre Anwesen zu räumen. Der Bürgermeister wurde aus seinem Büro vertrieben, weil dort der befehlshabende Offizier, ein Hauptmann, Stellung beziehen wollte. Alle waren sehr jung, wirkten feindselig und aggressiv. Die Italiener wurden verhaftet, und mußten auf der anderen Seite der Insel einen Palisadenbau errichten, in dem man sie einsperren würde. Kundgebungen wurden auf dem Dorfplatz befestigt. Jeder, den man bei offenen oder verdeckten Aktionen fassen würde, welche die Widerstandsbewegungen unterstützten, würde unverzüglich hingerichtet. Für jede terroristische Handlung würde man zehn Geiseln erschießen. Man verbot den Inselfischern, sich mit ihren Booten weiter als fünfhundert Meter vom Ufer zu entfernen, anderswo abzulegen, als von den zwei festgelegten Häfen bei Linaria und direkt unterhalb von Skyros, und man verbot ihnen ferner, noch nach Einbruch der Dunkelheit auf dem Meer zu bleiben. Andernfalls würden Torpedoboote ohne vorherige Warnung auf sie feuern. Außerdem befahl man den Inselbewohnern, sich vom Strand fernzuhalten, da dort Tag und Nacht Wachtposten mit Hunden Patrouille gingen. Die Überwachung würde streng sein. Man nahm an, Schußwaffen jeder Art seien bereits den Italienern ausgeliefert worden, als jene die Insel besetzten. Sollten sich trotzdem noch Gewehre in privater Hand befinden, so würde man sie, ohne Vergeltung zu üben, binnen achtundvierzig Stunden entgegennehmen. Danach würde man jeden, der ein Gewehr oder eine Pistole besaß, als Terroristen erschießen.

Zaccharoula hatte Angst. Diese Deutschen seien böse, sagte sie. Sie seien bereits dabei, Männer aus dem Dorf zu befragen, und für ein paar habe dies wohl schlimme Folgen, da man ihr Schreien und Stöhnen aus den geschlossenen Fenstern des Bürgermeisterbüros hören konnte.

Errieta begriff sofort, was dies zu bedeuten hatte, und auch ihr wurde bang. Die Gefahr für George war offensichtlich, und sie mußte unverzüglich handeln. Er sagte, er sei mit seinen Freunden längst übereingekommen, daß sie, falls ernsthaft Gefahr drohen würde, ihre Waffen nehmen, und sich am anderen Ende der Insel an einem Ort treffen würden, den nur entdecken konnte, wer die Insel durch und durch kannte. Er würde sofort dorthin gehen. Nein, sagte Errieta. Es könne bereits zu spät sein, um sich frei, noch dazu bewaffnet, auf der Insel bewegen zu können, ohne sein Leben zu riskieren. Da die Deutschen äußerst gründlich und rücksichtslos waren, stünde zu befürchten, daß sie sich bereits ausgezeichnet zurechtfanden auf der Insel. Er solle sich doch nur an Herrn Reichel erinnern. Sie hätten Hunde, Maschinengewehre. Und was konnten George und seine tapferen Freunde in ihrer entlegenen Höhle bewirken, wo sie Hungers sterben würden, falls man sie nicht vorher finde? George aber meinte beharrlich, er habe doch sein Wort gegeben. Und wozu sei sein Wort gut, fragte Errieta, wenn er, um es zu halten, mit seinem Leben bezahlte? Er würde seine Ehre retten, sagte er. Der Streit wurde durch höhere Gewalt geschlichtet. Zaccharoula besaß ein ungemein scharfes Gehör. Sie rannte hinaus, kam sofort wieder und verkündete, ein Trupp Deutscher nähere sich unten am Strand, habe schon beinahe den Fluß erreicht.

Nun galt es, keine Sekunde zu verlieren. Das Versteck, um dessen Bau Errieta George gebeten hatte, würde nun zum Einsatz kommen. Er wehrte sich nicht. Geschwind nahm man die Kleider heraus, öffnete die falsche Decke, George stellte sich auf einen Stuhl, verschwand in der Dunkelheit droben und schloß die Öffnung hinter sich. Die zwei Frauen hatten gerade noch Zeit, die Kleider wieder in den Schrank zu legen, als man bereits an die Vordertüre klopfte. Errieta öffnete sie, während Zaccharoula sich in der Küche einsperrte.

Der deutsche Hauptmann stand draußen, ein junger Bursche, nicht älter als fünfundzwanzig, mit einer Schirmmütze und nachdenklichen, hellblauen Augen. Er grüßte und sagte auf englisch, er habe erfahren, Errieta sei Ausländerin. Griechin, verheiratet mit einem Griechen. Und Mr. Efstathiou sei ein führendes Mitglied des kommunistischen Widerstands, nicht wahr? Wenn dem so sei, dann ohne ihr Wissen, erwiderte Errieta, nur zögernd englisch sprechend. Griechische Frauen, müssen Sie wissen, mischen sich nicht in die Angelegenheiten ihrer Männer. Und wo sei Mr. Efstathiou im Augenblick? verlangte der deutsche Offizier zu wissen. Sie sagte, das wüßte sie nicht, er sei fortgegangen, während sie noch geschlafen habe. Jedenfalls ersuchte der Hauptmann sie höflich, das Haus durchsuchen lassen zu dürfen. Gewiß, sagte Errieta. Drei Soldaten wurden mit dieser Aufgabe betraut, und sie waren äußerst gründlich. In der Küche fanden sie Zaccharoula, die auf dem Boden saß und murmelnd mit sich selber sprach. Errieta erklärte, sie sei nur eine Nachbarin, die die Dorfbewohner für verrückt hielten, die aber ganz harmlos sei. Der Hauptmann meinte, in Zeiten wie diesen könne Irrsinn ein wahrer Segen sein. Errieta nahm seine Worte zur

Kenntnis, antwortete aber nichts. Im Schlafzimmer kehrten die Soldaten das Bett um und rammten ihre Messer in die Matratze. Sie warfen die Kleider aus dem Wandschrank, klopften mit den Gewehrenden an Wände und Decke, und stellten fest, daß nichts darin verborgen war. George hatte gute Arbeit geleistet. Sie durchsuchten auch den Turm. Als sie ihr Tun beendet hatten, entschuldigte sich der Hauptmann für die Ungelegenheiten. Mr. Efstathious Aufenthalt bleibe jedoch ungeklärt und würde weitere Durchsuchungen erfordern. Seine Anordnungen seien kategorisch. Man habe durch den Widerstand schwere Verluste erlitten an Männern und Ausrüstung, das könne man nicht einfach hinnehmen. Nicht einmal an einem so kleinen Ort wie Skyros. Ja, man habe einen Mann namens Agiris Kampas im Besitz einer Pistole, Munition und kommunistischer Literatur gefunden. Er würde am folgenden Tag hingerichtet werden. Aber Kampas sei doch nur ein armer Schuster, Vater von vier Kindern, rief Errieta, da müsse doch ein Irrtum vorliegen. Er habe keinen der Vorwürfe zurückgewiesen, sagte der Hauptmann. Er dürfe keine Ausnahmen machen. Es sei höchst bedauerlich. Niemand könne sagen, wie der Krieg enden würde, aber vielleicht wisse Mrs. Efstathiou von den deutschen Niederlagen in Nordafrika und Rußland. Was sein müsse, müsse eben sein. Errieta nickte, der Hauptmann salutierte, und das war das Ende ihres ersten Zusammentreffens.

Nachdem die Deutschen fort waren, kam George wieder aus seinem Versteck hervor. Er hatte die Bemerkung über Agiris Kampas nicht gehört, also sagte Errieta ihm nichts. Sie erkannte, daß sie erbarmungslos und selbstsüchtig werden mußte. George würde in seinem Versteck ausharren müssen, solange die Deutschen auf Skyros waren, zumal er offensichtlich von jemandem denunziert worden war. Und er mußte einfach begreifen, welche Alternative er hatte. Er schimpfte und fluchte und stampfte und schlug gegen die Wände. Aber er begriff. Das Versteck mußte stets bereit sein, besonders nach Einbruch der Nacht, denn es stand zu befürchten, daß der Feind ohne vorherige Warnung hier eindringen würde. Außerdem sollten bei Tag und bei Nacht die Läden geschlossen und verriegelt bleiben. Zaccharoula kam aus der Küche, stolz auf ihr gelungenes Täuschungsspiel. Von nun an, sagte sie, würden Errieta und sie auf der Hut sein, da die feindlichen Soldaten zurückkommen würden.

George grämte sich über das Schicksal seiner Freunde, die sich möglicherweise in die Höhle gewagt hatten, weil er meinte, ihr Vertrauen mißbraucht zu haben. Errieta blieb beharrlich. Es sei längst zu spät, ihnen zu Hilfe zu kommen, und niemandem wäre damit gedient, wenn er gefaßt würde. Das könne er kaum verleugnen. Dennoch sei es feige, sich zu verstecken, während andere ihr Leben aufs Spiel setzten. Das, behauptete seine Frau, sei die Sentimentalität eines Schuljungen, und sie sei eines erwachsenen Mannes nicht würdig, der bereits die Schrecken des Krieges miterlebt habe. George fügte sich grollend.

Der nächste Besuch der Deutschen erfolgte eine Woche später, zu Mittag. Schlau hatten sie gehofft, den Flüchtigen beim Essen zu überraschen, oder einen kulinarischen Beweis seiner Anwesenheit zu finden. Aber Errieta hatte diese Möglichkeit eingeplant. Sie und George aßen gemeinsam aus einem Teller und hatten ihre Mahlzeit zum Glück fast beendet, als Zaccharoula aufgeregt hereingelaufen kam, um sie vor dem Anmarsch des Feindes zu warnen. Diesmal entwischte sie durch die Büsche. Bevor an die Tür geklopft wurde, war George bereits sicher in seinem Versteck. Der Hauptmann salutierte und entschuldigte sich für ihr Eindringen. Oh, meinte Errieta, sie habe damit gerechnet. Die Suche war etwas weniger rücksichtslos und gründlich, wie beim ersten Mal. Und habe Mrs. Efstathiou Kenntnis vom Verbleiben ihres Gatten? wollte der Offizier wissen. Nein, antwortete sie. Vielleicht sei er aufs Festland geflüchtet, oder nach Euboea, zumal er doch längst wissen müsse, daß man ihn verfolge. Vielleicht. Vielleicht. Wenngleich die See Tag und Nacht von Torpedobooten überwacht werde, die den Befehl hätten, alles auf Grund zu setzen, was sich jenseits die Fünfhundert-Meter-Grenze wage. Leider sei also noch eine dritte Durchsuchung erforderlich. Militärische Notwendigkeit. Mrs. Efstathiou müsse das verstehen. Natürlich, sie verstehe das, sagte sie, der Hauptmann solle keine Skrupel haben, seine Pflicht zu tun. Gewiß nicht, sagte er, und dann schien, zu ihrer Verwunderung, sein Blick mit einem Male gläsern zu werden. Sollten dies Tränen sein? Doch bevor sie es hätte sagen können, salutierte er und ging.

Es dauerte über einen Monat, bis die Deutschen wiederkamen, diesmal am späten Nachmittag, und Errieta sah von ihrem Versteck zwischen den Oleanderbüschen aus, wie sie sich am Strand unten dem Haus näherten, nur der Hauptmann und ein Soldat. Eilig lief sie ins

Haus und sorgte dafür, daß George sicher in seinem Versteck war, bevor es klopfte. Der Gruß des Hauptmanns, höflich wie immer, leitete eine Überraschung ein, da er sie bat, eintreten zu dürfen. Gewiß, sagte sie. Der Soldat blieb draußen vor der Türe unter den Weinranken, die mittlerweile fast ihr gesamtes Laub verloren hatten. Nachdem er die Türe hinter sich geschlossen hatte, verneigte der Offizier sich leicht und nahm seine Mütze ab. Sie bemerkte zu ihrem Erstaunen, daß sein dunkles Haar vereinzelte graue Strähnen aufwies. Errieta stand ihm gegenüber. Er sei nicht gekommen, um ihr Haus zu durchsuchen, sagte er. Ach? Was sei dann der Zweck seines Besuches? Er wolle ihr lediglich zu verstehen geben, daß er wisse, Mr. Efstathiou verstecke sich irgendwo auf der Insel, und daß sie, soviel sei gewiß, sein Versteck kenne. Wie er denn zu dieser Gewißheit gelangt sei, fragte sie. Er habe sie beobachtet. Sie sei nervös, aber nicht ängstlich. Eine Frau, die um ihres Mannes Leben bange, könne doch nicht solch eine Gefaßtheit vortäuschen. Das wisse er. Was sei also der Zweck seines Kommens? Es gebe Mittel, unfehlbare Mittel, Menschen zu zwingen, alles zu verraten, was man erfahren wolle. Doch er sei nicht geneigt, sie anzuwenden. Kurz, der Zweck seines Besuches sei, sie zu informieren, daß ihr Haus fortan nicht mehr durchsucht werden würde, und daß Mr. Efstathiou nichts zu befürchten habe, solange er sich nicht sehen lasse. Errieta lachte. Der Trick schiene durchschaubar, sagte sie, zumal man doch annehme, sie kenne den Aufenthaltsort ihres Gatten. Der Hauptmann setzte seine Mütze wieder auf und sagte, er wisse besser als sie, wie sehr er ihre Verachtung verdiene. Nachdem er ihr nun jedoch eine Sicherheit gewährt habe, die ihm das Leben kosten konnte, fühle er sich zu einer Bitte berechtigt: Würde sie ihn wieder empfangen, allein? Er würde, um ihrer Sicherheit und ihres Rufes in Skyros willen, nur nach Einbruch der Dunkelheit kommen, nach der Sperrstunde. Habe sie denn eine andere Wahl? fragte sie. Und was sei der Zweck des künftigen Besuches? Er lächelte, und Errieta dachte, sie habe noch niemals den Ausdruck solch unsäglicher Trauer gesehen. Er wolle, wenn möglich, herausfinden, ob die Welt noch existierte oder nicht. In diesem Fall, antwortete Errieta, sei er herzlich willkommen. Er salutierte und sagte ihr, sie könne genau in zwei Wochen mit seinem Besuch rechnen. Woraufhin er ging.

George war argwöhnisch. Errieta hegte selbst Zweifel, erkannte jedoch, daß sie keine andere Wahl hatte. Hielt der Hauptmann sein

Wort, dann hatten sie nichts mehr zu befürchten bis zum Ende des Krieges. Natürlich war es ein Risiko, doch es reizte sie.

Genau zwei Wochen später, nach dem Abendessen, war George bereits wieder sicher in seinem Schlupfloch, das inzwischen dank Kissen und Decken mehr Bequemlichkeit bot, erfolgte das erwartete Klopfen an der Türe. Errieta öffnete und trat erschreckt einen Schritt zurück, weil sie für einen Augenblick den Mann vor ihr nicht erkannt hatte. Es war der deutsche Offizier, nun jedoch in Zivilkleidung, in einem Anzug aus dunkelbraunem Kordsamt und barhäuptig. Um dem inoffiziellen Zweck seines Besuches Nachdruck zu verleihen. Er hatte eine Flasche Brandy mitgebracht. Errieta hieß ihn, Platz zu nehmen, doch er wollte nicht. Sie brachte zwei Gläser. Beide tranken, sie zurückhaltend, er in mehreren hastigen Schlucken. Eine Weile schritt er schweigend im geräumigen Zimmer auf und ab. Schließlich sagte er, er könne nicht mehr an die Zivilisation glauben, in diesem Raum jedoch, in Errietas Gesellschaft, gelinge es ihm fast, die Illusion zu nähren. Wie sei dies zu erklären? Sie antwortete, das wisse sie nicht, obwohl dies nicht stimmte, doch da sie mit einem Male Mitleid fühlte mit dem verstörten jungen Mann, konnte sie es nicht über sich bringen, ihre Meinung zu äußern. Nachdem er noch weiter im Raum auf- und abgeschritten war und einige Gläser Brandy getrunken hatte, murmelte er eine Entschuldigung, sie belästigt zu haben. Er habe dazu kein Recht, sagte er, und würde nicht noch einmal kommen. Errieta sagte ihm, er sei ihr jederzeit willkommen. Er solle ihr lediglich mitteilen, wann sie seinen Besuch erwarten dürfe. So kamen sie überein, daß er, wenn überhaupt, nur nach Einbruch der Dunkelheit kommen würde, immer am letzten Tag eines jeden Monats.

George begann, sein unentwegtes Eingesperrtsein im Haus äußerst verdrießlich zu finden. Manchmal war er deshalb reizbar und ungeduldig. Dann warf er Errieta vor, sie habe ihn gezwungen, sich wie ein Feigling zu verstecken, während sie einen Offizier der feindlichen Armee empfange. Nach solchen Ausbrüchen bat er sie jedoch stets um Verzeihung, da er wußte, daß er ihr sein Leben verdankte.

Der deutsche Hauptmann kam nicht jeden Monat, doch einige Male besuchte er sie, stets in Zivilkleidung, wobei er kaum mitteilsamer war, als bei seinem ersten Besuch. Doch wenigstens war er schließlich bereit, sein Auf- und Abschreiten zu unterlassen, und Platz zu nehmen.

Und Errieta erinnerte sich, daß er einmal gesagt hatte, das Existieren der Welt sei eng verbunden mit dem Verhältnis von gut und böse darin. Ich weiß nicht, ob sie jemals seinen Namen erfuhr. Sie verzichtete darauf, ihm Fragen zu stellen. Er war offensichtlich ein Mann von außergewöhnlicher Intelligenz, dessen Nerven aufs Äußerste gespannt waren. Er hatte stets Brandy dabei und trank viel. Errieta hatte sich vor Ausbruch des Krieges noch ihr altes Grammophon und einen bescheidenen Schallplattenvorrat nachsenden lassen. Eines Abends fragte sie ihn, ob er gerne ein Streichquartett von Beethoven hören wolle. Eher würde er sich umbringen, war seine Antwort. Von ihm erfuhr Errieta, daß Amerikaner und Briten erfolgreich im Westen Frankreichs gelandet waren, daß die Deutschen allerorts auf dem Rückzug seien und Griechenland bald verlassen würden, daß der Krieg bald enden würde. Doch dann, meinte er, kämen wirklich ernsthafte Probleme auf Griechenland zu. Gegensätzliche politische Gruppierungen würden ihre Auseinandersetzungen niemals friedlich lösen.

Am letzten Tag im Juli – es mußte 1944 gewesen sein, etwa zehn Monate nach Ankunft der Deutschen – kam er wieder. Diesmal jedoch in Uniform. Um sie beide an seine wahre Identität zu erinnern, sagte er. Und um Abschied zu nehmen. Seine Truppen würden, mitsamt den italienischen Gefangenen, die Insel binnen weniger Tage verlassen, mit etwas Glück Saloniki erreichen und sicher durch Jugoslawien ziehen. Dann würde Griechenland frei sein. Die Briten hatten bereits Truppen auf Samos und Leros stationiert. Er wolle ihr danken. Wofür? fragte sie. Weil sie ihn fast – fast! – von der Existenz der Welt habe überzeugen können. Er müsse ihr noch etwas sagen. Vor seiner Verwundung sei er in Rußland und Polen stationiert gewesen. Dort habe er Dinge miterlebt, von denen nur wenige wüßten. Nach dem Krieg würde sie entsetzliche Geschichten hören über Greueltaten der Deutschen. All diese Geschichten würden wahr, und doch nicht wahr sein, weil keine Wahrheit jemals jenen grauenhaften Dingen gleichkommen würde. Und so wolle er sich verabschieden. Würde sie ihm die Hand schütteln? Natürlich, sagte sie. Und während sie seine Hand in der ihren hielt, sah sie – und dieses Mal war sie sicher –, daß in seinen Augen Tränen glänzten. Dann trat er abrupt zurück. Anstatt wie sonst den Rand seiner Mütze mit den Fingerspitzen zu berühren, hob er die gestreckte Rechte und flüsterte heiser, fast unhörbar: »Heil Hitler.« Bevor sie antworten konnte, wandte er sich ab und schritt durch die Türe hinaus in die Dunkelheit.

So war also der Krieg für Skyros beendet, hatte nur ein Leben gefordert, nämlich das des Mannes, den die Deutschen kurz nach ihrer Ankunft hingerichtet hatten. Wenige andere Orte waren so glimpflich davongekommen. Mehr als tausend Dörfer lagen in Schutt und Asche. Sämtliche große Brücken waren zerstört, Olivenhaine, Wälder, Weingärten verwüstet. In Yefira hatte man Partisanen verdächtigt, eine Sprengladung unterhalb der Eisenbahnbrücke angebracht zu haben, hatte sie deshalb auf die Schienen gebunden und vom Nachtzug überrollen lassen. In Kalavryta hatte man an einem unheilvollen 13. Dezember achthundert Männer und Knaben ermordet. Frauen waren zu Tode gepeitscht worden, weil sie in den Docks in Volos faulige Kartoffeln gestohlen hatten. Wieviele waren in Athen Hungers gestorben?

Errieta warnte George davor, sich allzu schnell wieder im Dorf sehen zu lassen. Die Leute sollten besser nicht erfahren, daß seine Frau ihn die ganze Zeit versteckt hatte, während seine Kameraden vielleicht ihr Leben aufs Spiel gesetzt hatten, oder in den Bergen verhungert waren. Zaccharoula mußte versuchen, etwas über den Verbleib derer in Erfahrung zu bringen, die sich in der Höhle verabredet hatten. Sie hatten ausgesprochenes Glück gehabt, allesamt überlebt und seien nun, einer nach dem anderen, zurückgekehrt. Sie waren dank des kühnen Einsatzes eines alten Fischers aus Linaria, mit Namen Stefanos, entkommen, der sie in einer stürmischen Novembernacht nach Euboea übergesetzt hatte. Was also sollte George sagen? Es widerstrebte ihm, seine Kameraden zu belügen. Dann würde er ihnen erzählen müssen, was sie hören wollten. Er würde sagen, er habe sich auf Skyros verkrochen, um ein Auge auf die Deutschen zu haben. Sein Versteck? Oh, ein Mann, der nicht verfolgt wurde, konnte ganz leicht ein Versteck finden. Hätte er nicht befürchtet, verraten zu werden, so hätte er sich sogar ins Dorf hineingewagt. Doch im Dorf waren jene, die ihn nur allzu gerne tot gesehen hätten, wie den unglücklichen Argiris Kampas. Zum Beispiel Nikos, der Ladenbesitzer. Der Postmeister Vergottis. Der Bürgermeister. Dies müsse genügen, fand Errieta, und in der Tat war es mehr als genug, zumal Georges Kameraden froh waren, ihn am Leben zu finden. Überdies waren sie so erpicht darauf, die eigenen Abenteuer zu erzählen, daß sie ihn wenig über die seinen befragten.

Im Oktober landete ein Trupp ELAS-Soldaten in Linaria, ein Hauptmann und etwa zwanzig Mann mit Patronengurten um die Schultern und Granaten an den Gürteln. So sollte am darauffolgenden Morgen das gesamte Dorf sich im Schulhaus versammeln. Der ELAS-Hauptmann ließ verlauten, es sei die oberste Pflicht aller Bürger, für ein geregeltes und friedliches politisches Leben im Land zu sorgen. Es würden demnächst Wahlen stattfinden, und wenn es soweit sei, solle ein jeder sich daran erinnern, daß die Partisanen der ELAS sich mehr als alle anderen darum bemüht hatten, ihrer aller Heimat von den Feinden zu befreien. Alle, die als ehrenhafte und loyale Griechen gelten wollten, sollten dies niemals vergessen. Dies scheine nichts Gutes zu verheißen, meinte Errieta.

III

Zwischen zwei Novemberstürmen landete ein britisches Sonderkommando auf Skyros. Der befehlshabende Offizier, ein etwa zwanzigjähriger Feldwebel, suchte Errieta auf, weil man ihm erzählt hatte, daß eine Engländerin auf der Insel lebte. Sie erklärte ihm ihre Situation, bat ihn ins Haus und drückte ihr Erstaunen über seine Ankunft aus, zumal die Deutschen vor drei Monaten abgezogen seien. Er erwiderte schlicht, die britische Befreiung Griechenlands sei in der Tat nur eine formelle Angelegenheit, da der Feind bereits im Rückzug begriffen war, als sie gelandet waren. Sie wollten lediglich für Ordnung sorgen, bis Wahlen stattfinden konnten, und rechtmäßige Sicherheitstruppen die Lage unter Kontrolle hätten. Errieta sagte, sie habe eigentlich erwartet, daß die Befreier des Landes doch auch imstande sein mußten, für Ordnung zu sorgen. Genau hier liege der Hase im Pfeffer, bemerkte der Feldwebel, waren diese ELAS-Burschen nicht allesamt Rote? Sie konnten die Macht im Lande doch binnen einer Stunde an sich reißen. Und das sollen Sie wohl verhindern, meinte Errieta. Nun, im Krieg ging es doch vor allem um freie Wahlen, um den freien Willen des Volkes, nicht wahr? Genau! Die Briten seien ja auch nicht gekommen, um etwas verhindern, oder fördern zu können. Die ELAS hatten immerhin an die fünfzigtausend Männer, während die regierungstreue Mountain Brigade nur ein paar tausend zur Verfügung hatte, die Briten sogar noch weniger. Es würde also kaum eine gerechte Auseinandersetzung werden. Und würden die Anhänger der ELAS nicht ohnehin damit rechnen, daß alles zu ihren Gunsten verlief, würden sie das Land doch sofort in ihre Gewalt bringen, nicht wahr? Der Plan der Briten sei es, alle militärischen Verbände in Griechenland aufzulösen, um dann eine neue nationale Armee zu bilden. Doch die Männer der ELAS schienen ein wenig zu zaudern, ihre Waffen abzuliefern. Was er eigentlich wissen wolle, sei, ob es auf Skyros jemals eine aktive Widerstandsgruppe gegeben habe. Errieta antwortete, daß sie als Frau, Ausländerin noch dazu, wohl kaum in der Position sein konnte, dies zu wissen. Vielleicht sei Skyros zu klein, um etwas verändern zu können, spekulierte der Feldwebel. Ein paar Aktivisten säßen mit Sicherheit im Gebälk, das sei schließlich überall so. Außerdem habe er nur vierzig Männer. Andros sei sein nächstes Ziel. Er dankte ihr für die Mitarbeit, nahm seine Mütze und seinen Stock, salutierte und ging.

George machte sich mit seinem Lehrling in der unvollendeten Mühle mit jenem Feuereifer an die Arbeit, der einen jungen Mann zu befallen pflegt, den man erst kürzlich aus der Haft entlassen hat. Nichts anderes konnte ihn mehr interessieren. Er kehrte in der Dämmerung heim und ging im Morgengrauen fort. Seine Freunde waren enttäuscht über seine mangelnde Anteilnahme am politischen Geschehen im fernen Athen, das sie selbst so sehr beschäftigte. Und die Entwicklungen dort würden schon bald sogar die Unbetroffenen zwingen, sich betroffen zu fühlen.

General Scobie, der Kommandant aller in Griechenland stationierten Truppen, hatte die Berufung des rechtsgerichteten General Vendires zum Stabschef der neuen griechischen Armee erzwungen. Und viele Offiziere der Nationalgarde waren, als sei dies schierer Zufall, Angehörige der sogenannten Sicherheitsbataillons gewesen, deren Männer Seite an Seite mit den Deutschen gegen die ELAS gekämpft hatten. Nun erhielten sie, für den Fall eines Bürgerkriegs, ihre Waffen und ihre Ausbildung von den Briten. Der einzig annehmbare Schritt zur Entmilitarisierung wäre sowohl die Auflösung der ELAS-Streitkräfte, als auch die sämtlicher bewaffneter Truppen und Heeresverbände der Königstreuen gewesen. Doch die Briten weigerten sich, dies zu akzeptieren, und General Scobie verabschiedete ein Gesetz, das binnen zehn Tagen die Entwaffnung aller ELAS-Gruppierungen forderte.

Man organisierte eine Massendemonstration, um gegen die Anweisung zur Truppenauflösung zu protestieren. Man hatte sich die Erlaubnis dafür am Vortag beim Innenminister eingeholt. Doch dann, auf Betreiben der Briten, zog man um elf Uhr nachts die Erlaubnis wieder zurück. Zu spät, um die Demonstration abzublasen, und so kam es, daß sich bereits am frühen Morgen, einem Sonntag, eine große Menge Menschen auf dem Platz der Verfassung eingefunden hatte. Menschen mit Plakaten, Fahnen und Ölzweigen, drängten von den angrenzenden Straßen auf den Platz, an dem sich sowohl das Hotel Grande Bretagne, Hauptquartier der Briten, als auch das Gebäude des Polizeihauptquartiers befand, auf dessen Balkon im zweiten Geschoß eine Reihe von Uniformierten Stellung bezogen hatte, einige davon mit Gewehren bewaffnet. Die Menge schrie und schüttelte drohend die Fäuste gegen das Hotel, eine Gruppe von Mädchen stimmte ein Widerstandslied an, doch keinerlei Anzeichen von Gewalt kam von seiten der Demonstranten. So geschah es also ohne jede Provokation, daß die Polizisten auf dem Balkon plötzlich das Feuer eröffneten, und wahllos in die Menge zu schießen begannen. Sofort entstand ein höllisches Durcheinander, die Menschen schrien und suchten sich in blinder Panik zu retten. Doch das Schießen der Polizei währte eine volle halbe Stunde, erbarmungslos, nicht erwidert, bis der gesamte Platz von leblosen Körpern übersät war. Sobald das Feuer eingestellt worden war, stürmten die, die noch übrig waren, und noch laufen konnten, schreiend und mit erhobenen Fäusten auf das Polizeihauptquartier zu. Doch unverzüglich rollten zwei britische Panzer heran und stellten sich schützend vor das Gebäude, so daß die Menge zurückweichen mußte.

Mehr als hundert Menschen waren tot oder schwer verwundet. Kaum waren Priester und Sanitäter aus dem Krankenhaus herbeigeeilt, als der Wind von jenseits der Akropolis das Krachen von Gewehrfeuer herübertrug. Das mußten X-ler sein, sagte jemand, da sie das nordwestliche Athen jenseits des alten Agora kontrollierten. Dies waren Mitglieder einer ultrakönigstreuen, ultrarechten Organisation, die sich als Gruppe X bezeichnete, und die während der deutschen Besatzung mit der SS im Bunde gewesen waren. Ihren eigenen Gesetzen folgend, streiften diese gewissenlosen Terroristen durch das Land, vergewaltigten, plünderten und mordeten, wie es ihnen gerade in den Sinn kam.

Nach dem sonntäglichen Gemetzel waren die ELAS gezwungen, zwischen Kapitulation und bewaffnetem Widerstand zu wählen. Sie entschieden sich für letzteres, und stellten sich damit gegen die britischen und königstreuen Kräfte. Keine der beiden Seiten war zuerst bereit zu kämpfen. Eine Woche lang war das Vorgehen ziellos, dann begannen die ELAS, die Briten zu bedrängen, zwangen sie auf einen isolierten Streifen in der Mitte der Stadt, der etwa zwei Kilometer lang war und fünf oder sechs Straßenzüge breit. Das Hotel Grande Bretagne stand innerhalb dieses Bereiches, dazu die Infanteriebarracken, die alten und neuen Paläste, und die breiten Alleen vom Platz der Verfassung bis nach Omonia. Die ELAS kontrollierten das restliche Griechenland. Die Kämpfe waren auf beiden Seiten erbittert, blutig, brutal und ergebnislos. In der Zwischenzeit wurden zwei weitere britische Divisionen eingeflogen. Premierminister Churchill besuchte Athen am ersten Weihnachtsfeiertag und ernannte einen Erzbischof zum Regenten, eine politische Notlösung, die natürlich als Zugeständnis an die alte Ordnung empfunden wurde. Die verstärkten Truppen der Briten holten nun zum Gegenschlag aus. Die ELAS konnten sich nicht halten. Nach acht Tagen erbitterter Straßenschlachten war alles vorüber. In einer einzigen Nacht flohen alle Männer der ELAS aus der Stadt und nahmen eine beträchtliche Anzahl von Geiseln aus der Zivilbevölkerung mit sich. Eine Woche später unterzeichneten beide Seiten eine bedeutungslose Waffenruhe.

George und Errieta erlebten von alledem nichts. Aber sie hörten früher als ihnen lieb war, und erfuhren die Einzelheiten später.

Mrs. Perdikidi schrieb einen bestürzten, sorgenvollen Brief aus Kent, der dreiunddreißig Tage gebraucht hatte, um Skyros zu erreichen. Sie war entsetzt über die Vorgänge in jenem Land, das sie noch niemals als ihre Heimat hatte betrachten können. Aber die Engländer, in deren Mitte sie lebte, waren auch darin verstrickt. Konnte es denn stimmen, wie Mr. Churchill im House of Commons unlängst behauptet hatte, daß alle ELAS-Männer »Räuber und Verbrecher« waren, und daß er General Scobie Anweisungen erteilt hatte, er dürfe Athen wie eine eroberte Stadt behandeln? Was sollte man glauben? Es gab Gerüchte von haarsträubenden Verbrechen. Sie beschwor ihre Tochter, sie möge doch, zumal der Krieg ja fast vorüber war, in Sicherheit bleiben, und dann so schnell wie möglich nach England kommen. Errieta behauptete, Skyros sei der sicherste Ort, den man sich nur wünschen konnte. Dies sollte sich erst dann als Irrtum erweisen, als es zu spät war, noch auf einen vernünftigen Ausweg zu hoffen. Die Gruppe X hatte zunehmend Macht und Anhänger gewonnen, sich jene Waffen angeeignet, die nach den Dezemberkämpfen abgegeben worden waren, und machte sich nun daran, das Land zu terrorisieren, um die anstehenden Wahlen zu ihren Gunsten zu beeinflussen. Einstige Mitglieder der ELAS wurden gehetzt, geschlagen, wegen falscher Vorwürfe abgeurteilt und auf Gefängnisinseln verfrachtet. Festnahmen ohne handfeste Beweise gehörten allmählich zur Tagesordnung. Männer wurden ohne reguläres Gerichtsverfahren inhaftiert. Anstatt einzugreifen, waren die sogenannten Ordnungskräfte oft auch noch mit den Übeltätern im Bunde. In Larissa, der Hauptstadt von Thessalien, errichteten Männer der zehnten Kompanie der Nationalgarde ein zweitägiges Terrorregime, zerstörten Zentralen der ELAS, verbrannten sämtliche Bücher der städtischen Bibliothek, stürmten das Hospital, in dem man Verwundete der ELAS pflegte, zerschlugen unersetzliches Inventar und schrien: »Jetzt sollt ihr sterben.« Das taten auch viele. Weder der für das Gebiet zuständige britische Kommandant, noch der örtliche Präfekt schritten ein. Nachdem sie die ELAS besiegt hatten, ließen sich die Briten und die von ihnen kontrollierte Regierung hoffnungslos von jenen unbändigen Leidenschaften übermannen, die bereits vor dem Ausbruch des Krieges eine Neuordnung im Land verhindert hatten. Eines Tages war der Krieg in Europa vorüber. Es war erstaunlich. In Athen versammelten Menschen sich jubelnd just auf jenem Platz, wo sich fünf Monate zuvor ein Blutbad ereignet hatte. Die Flagge der Alliierten schwebte optimistisch am blauen Himmel. In ganz Griechenland läuteten die Kirchenglocken und frohlockten die Menschen. Doch alle fragten sich, ob eine Katastrophe einfach fortgeweht werden konnte, wie der fedrige Pollen der Pappeln in der goldenen Brise. In Saloniki organisierten einige vorschnelle Männer der ELAS eine Siegesparade, allen voran ein paar britische und amerikanische Soldaten, welchen eine Menschenmenge folgte, die patriotische Lieder sang. Männer der Nationalgarde griffen ohne Herausforderung an, erstachen ein junges Mädchen und schossen wahllos in die Parade. Mehrere Menschen starben. Eine friedliche Zukunft war noch in weiter Ferne.

Falls die Menschen sich vom Ende des Krieges schlagartige Verbesserungen in den Lebensbedingungen erhofft hatten, sollten ihre Erwartungen enttäuscht werden. Die Dinge wurden im Gegenteil eher schlimmer. Die Kleidung der Inselbewohner bestand fast nur noch aus

Lumpen. Schuhe und Stiefel waren gänzlich abgetragen. Bei warmem Wetter liefen fast alle barfuß. Die Füße der Kinder umwand man mit Flanellstreifen. Boote aus Kimi oder Volos kamen nur selten, wenn überhaupt. Vorräte kamen noch seltener. Die Regale in Nikos' Laden waren leer gefegt, und sogar seine Hinterzimmer und sein Keller leerten sich zusehends. Zwischen Morgen und Nachmittag konnte der Preis für ein Ei oder ein halbes Pfund Linsen sich mehr als verdoppeln. Der Bürgermeister wandte sich an das Innenministerium um Hilfe. Doch es kam keine. George und Errieta ging es noch am besten von allen. Sie hatten noch immer einen kleinen Vorrat Öl und Dosenfleisch, ihre Ziege, ein paar Hühner und Tauben. Fisch konnte man natürlich von den Fischern kaufen, die ja nun weit hinausfahren durften mit ihren wenigen, noch seetüchtigen Booten. Und Fische bewahrten Skyros auch vor dem ärgsten Hunger. Aber sie waren teuer.

Mit dem Ende des Krieges begann Errietas bescheidenes Einkommen erneut im Postamt einzugehen, unter Georges Namen und sicher vor den Unwägbarkeiten der griechischen Inflation. Als er es holen ging, bemerkte er, daß das Porträt von General Metaxas verschwunden war, während das harte Antlitz des Königs noch immer an der Wand hing. Der Postmeister war abstoßend wie eh und je, und seine dicke Frau saß in ihrer gewohnten Ecke. Aber aus dem Baby war ein außergewöhnlich hübsches kleines Mädchen geworden. George fragte sie, wie sie denn heiße. Sie konnte gerade noch sagen, ihr Name sei Angela, als ihre Mutter sie bereits grob am Arm schüttelte, und ihr zu schweigen gebot.

George und Vyron arbeiteten weiter an der Mühle. Sie kamen schnell und gut voran. Schon bald würde das Gebäude zwar fertig sein, aber leer. Die nötigen Maschinen, und vor allem der elektrische Strom, um sie anzutreiben, fehlten noch. Und nur der Himmel wußte, wann dies alles zu bekommen war. Und der Himmel war zu gnädig, es ihnen zu sagen.

Die bevorstehenden nationalen Wahlen, die voraussichtlich Ende März stattfinden sollten, beunruhigten das ganze Land. In den Tavernen gab es heftige Auseinandersetzungen. Männer, die ihr Leben lang Freunde gewesen waren, begannen nun, einander argwöhnisch zu beäugen. Die Hälfte aller Mauern in Griechenland waren beklebt mit Kronen und Lobsprüchen für den König, begleitet von wüsten Verunglimpfungen der Demokratie, die man mit dem Kommunismus gleichstellte. Überdies verhieß die Einschüchterung der Bevölkerung durch extreme Gruppierungen wie der Gruppe X, welche Unterstützung fanden von der Nationalgarde, der Polizei und den Briten, eine Verfälschung der Wahlergebnisse. Die X-ler zogen von Dorf zu Dorf, um jeden zu quälen, der im Verdacht stand, mit den ELAS im Bunde zu sein. Männer wurden an den Daumen an Olivenbäume gehängt, oder nackt und auf allen Vieren durch die Straßen gescheucht. Inzwischen hatten sich Freischärler in den Bergen wieder zu Verbänden zusammengeschlossen, weil man sie gereizt hatte bis zur Grenze des Erträglichen, hatten bereits Städte im Westen Makedoniens überfallen, und drohten nun, Saloniki anzugreifen. Britische Truppen und Späher durchkämmten das Land und waren ratlos, da ihre Vorgehensweise allem widersprach, woran sie glauben mußten, um an sich selbst glauben zu können.

Ein britisches Patrouillenboot legte in Linaria an und ließ eine Kompanie Soldaten von Bord, die ein älterer Major kommandierte. Sie waren gekommen, um ein gerechtes und ordnungsgemäßes Vorgehen bei den baldigen Wahlen zu gewährleisten, und errichteten ihre Zelte am Fuße des Hügels nicht weit von Georges Mühle. Der Major suchte Errieta auf, überreichte ihr eine Dose Tee und versicherte, es werde keine Störungen geben.

Doch wieder warnte sie Zaccharoula. Sie habe eine Altardecke zum Kloster tragen wollen, als plötzlich eine Bande Plünderer über das Dorf hergefallen sei, geschrien und wie wild mit den Gewehren herumgefuchtelt habe. Mindestens fünfzig Mann. X-ler, habe jemand gesagt; sie suchten nach ELAS-Männern, wobei es sie herzlich wenig zu kümmern schien, wen sie belästigten. Mit ihren Gewehrkolben hätten sie einen Alten geschlagen mit Namen Nikolaos, obwohl der nie etwas mit dem Widerstand zu schaffen gehabt habe, und als eine Frau ihm zu Hilfe habe eilen wollen, da hätten sie sie geschlagen, bis ihr Gesicht blutüberströmt gewesen sei. Zaccharoula war geflüchtet, als sie die Füße eines jungen Burschen zusammengebunden und das andere Ende des Seils am Schwanz eines Esels befestigt hatten. Aber sie habe gehört, wie sie sich nach dem Haus von Efstathiou erkundigt hatten. George fluchte. Er würde seine Pistole nehmen und ins Dorf gehen, sagte er, und dann ein paar dieser gesetzlosen Burschen abknallen. Oh, mein lieber Freund, tu das nicht, ich flehe dich an, protestierte Zaccharoula, es sind zu viele. Und außerdem sind die Briten da, um für Ordnung zu sorgen, fügte Errieta hinzu, du mußt wieder in dein Versteck, beeile dich. Wieder wie ein Feigling, sagte George. Seine Frau bestand darauf. Und als er weiter zögerte, befahl sie es ihm, was sie noch niemals getan hatte. Verdrießlich murrend, tat er, was sie von ihm verlangte. Keinesfalls zu früh rannte Zaccharoula durch die Hintertüre hinaus, Hühner und Tauben aufscheuchend.

Errieta öffnete die Vordertüre weit und setzte sich an den Eßtisch. Sie kamen fast unmittelbar danach, vier Männer, die zur Tür hereinstürzten, mit ihren Gewehrläufen in alle Richtungen zielten, allesamt düstere Gestalten in undefinierbaren Uniformen. Der Bärtige schien das Kommando zu haben. Wo ist der Kommunist Efstathiou? fragte er. Errieta antwortete, das wisse sie nicht, da sie ihren Gatten seit dem frühen Morgen nicht mehr gesehen habe, und nun sei es später Nachmittag. Er könne überall auf der Insel sein. Es stünde ihnen frei, das Haus zu durchsuchen. Das taten sie, wobei sie Steingut zertrümmerten und Möbel umwarfen. Was die Deutschen lediglich enttäuscht hatte, brachte diese Raufbolde in Rage. Der Bärtige zielte mit der Mündung seines Gewehrs auf Errietas Kopf. Du weißt ganz genau, wo dein Kerl sich verkriecht, Fremde, sagte er. Sag's mir, oder ich puste dein Gehirn gegen die Wand. Errieta schob sein Gewehr beiseite, als sei es nichts als eine lästige Mücke, und sagte dem Mann, er möge auf sein Benehmen achten, sonst würde sie mit dem britischen Kommandanten sprechen. Das sind doch unsere Verbündeten, Frau, sagte der X-ler. Was wir hier tun, ist Sache der Griechen, wir schaffen Ordnung, und die Briten kümmern sich um ihre Angelegenheiten, sie verteilen Tabletten und Schokolade. Wir werden ihn schon finden, den Kommunisten Efstathiou, wenn er aus seinem Loch gekrochen kommt wie eine Ratte. Errieta protestierte, ihr Mann sei kein Kommunist, sondern ein loyaler griechischer Bürger. Wo sei denn dann, versetzte der andere, das Porträt des Königs? Der König, antwortete Errieta, der in London gemütlich Tee trinke, während sein Volk hier Hungers sterben müsse. Nun gut, wir werden gehen, aber wir werden wiederkommen, verkündete der Anführer, weil wir nicht die Absicht haben, Skyros am Montag zu verlassen, und wenn wir doch gehen, dann kommen wir wieder, außerdem wird die königstreue Polizei im Dorf ihre Augen offen halten, um den Kommunisten Efstathiou zu fassen, wenn er aus seinem Rattenloch kriecht. Ja, wir werden Griechenland von der Fäulnis des Widerstands reinwaschen. Und fort waren sie.

George kam langsam aus seinem Versteck, setzte sich auf die Bettkante und ließ Arme und Kopf hängen. Er sagte Errieta, er wisse, was sie von ihm verlangen würde: Er solle sich erneut verstecken. Ja natürlich, sagte sie, bis der Ärger vorüber sei. Aber er wisse nicht, ob er es noch einmal ertragen würde, ständig in Furcht vor Entdeckung zu leben, nie das Haus verlassen zu können. Es würde gewiß nicht so lange dauern, dieses Mal, beschwichtigte ihn seine Frau, obwohl sie dies nicht glaubte. Sie würden sich einen Wachhund anschaffen, und dann sobald wie möglich die Insel verlassen, bis sich die Situation in ganz Griechenland wieder normalisiert haben würde. Er war ebenfalls der Ansicht, daß sie fliehen mußten, weil die Gefahr für sie dieses Mal fast so groß war wie für ihn. Er mußte schließlich erkannt haben, daß sie, um sein Leben zu retten, das ihre riskiert hatte. Was er dabei wohl empfunden haben mochte, wissen wir nicht, aber er muß begriffen haben, daß ihre Entschlossenheit, ihn zu beschützen, ebenso groß gewesen sein mußte, wie ihre Angst vor der Gefahr.

Errieta gelang es, mit einer halben Büchse Fleisch einen wilden schwarzen Hund herbeizulocken, und der schien sich auf dem Hinterhof wohl zu fühlen, solange er gefüttert wurde. Erschien ein Fremder, pflegte er wütend zu bellen, zu knurren, und überzeugend seine Zähne zu fletschen. Aber Errieta hegte den Verdacht, daß er zwar bellte, aber nicht biß. Sie ging häufig ins Dorf, nicht nur um möglichst viele Vorräte zu kaufen, sondern auch um das Gerücht zu verbreiten, daß ihr Ehemann die Insel verlassen habe.

Die X-ler verließen die Insel im Januar, nachdem sie die Dorfleute daran erinnert hatten, daß ihre Entscheidung bei den bevorstehenden Wahlen zeigen würde, wer es verdiene, ein Grieche genannt zu werden. Acht Tage später brachen auch die Briten ihre Zelte ab und hielten sich zur Abreise bereit. Der Major suchte Errieta auf, um sich bei ihr zu verabschieden, war ein wenig in Furcht vor dem grimmigen Hund, und überließ ihr mehrere Dosen gepökeltes Rindfleisch. Die Dorfleute atmeten erleichtert auf. Zu früh. Ein Stoßtrupp der Nationalgarde kam bereits nach vierzehn Tagen, beschlagnahmte Georges Mühle – was Errieta ihrem Gatten verheimlichte –, und malte Kronen auf jede

Mauer, die man bislang übersehen hatte. In den Bergen um den See Vegorritis und im hohen Pindusgebirge, wo sich bekanntlicherweise neue Freischärler-Verbände gesammelt hatten, hatten Kämpfe stattgefunden, und auf die Eisenbahn von Athen nach Saloniki hatte man mehrere Sprengstoffanschläge verübt. Es war Bürgerkrieg. Die Wahlen sollten am letzten Tag im März stattfinden. In der Schule wurden Ansprachen gehalten, aber sehr wenige Dorfleute hörten zu, da niemand den geringsten Zweifel über den Ausgang der Wahlen hegte. Fünf Amerikaner kamen auf die Insel, um ein etwaiges Einschüchtern der Bewohner zu verhindern. In den Tavernen grinsten die Männer der Garde nur höhnisch und musterten sie verächtlich. Keiner von ihnen sprach auch nur ein Wort griechisch. Niemand war erstaunt, und nur wenige bestürzt, als das Wahlergebnis der königstreuen, aber sogenannten populistischen Partei eine große Mehrheit sicherte. Im Dorf wurde gefeiert, aber ausgelassene Freude zeigten vor allem die Nationalgardisten, die Polizei, und ein paar andere, die von dem Ergebnis nur profitieren konnten, wie der Ladenbesitzer Nikos, der Postmeister Vergottis, und der alte Bürgermeister Spiro. Sie rechneten mit der baldigen Rückkehr des Königs, über die eine Volksabstimmung entscheiden würde, deren Ausgang niemand bezweifelte. Die Amerikaner schienen es zufrieden und verließen die Insel. Errieta bezeichnete die Wahlen als eine geistige Schmach. George, müde und entmutigt von seiner langen Haft, sagte nichts.

Eines Tages war an der Wand des Bürgermeisterbüros eine Kundgebung angebracht, mit der Überschrift: »Außergewöhnliche Maßnahmen zur öffentlichen Ordnung.« Die Maßnahmen beinhalteten ungenehmigte, nötigenfalls gewaltsame Hausdurchsuchungen, erklärten Streiks für ungesetzlich, ermächtigten die Polizei, ein Ausgehverbot zu verhängen, und führten die Todesstrafe ein für jede Aktion, die die Behörden für staatsgefährdend erachteten. Sogar die moralische Anstiftung zu solcherlei Aktionen war der Todesstrafe unterworfen, die kurzerhand von speziellen Kriegsgerichten ausgesprochen werden konnte.

Errieta kehrte nach Hause zurück und teilte ihrem Mann mit, sie müßten nun so schnell wie möglich die Insel verlassen. Es war abzusehen, daß die X-ler zurückkommen würden, und dieses Mal könne man nicht wissen, was sie tun würden. Womöglich steckten sie das Haus in Brand. Dies Wagnis durften sie nicht mehr länger eingehen.

Auf welchem Wege konnten sie fliehen? Errieta erinnerte sich des alten Fischers Stefanos in Linaria, der den deutschen Torpedobooten getrotzt hatte, um Georges Freunden das Leben zu retten. Eines Nachts würde sie quer durch die Insel nach Linaria gehen müssen, um herauszufinden, ob er ihnen helfen würde, und eventuell einen Zeitpunkt zu vereinbaren. Sie würde dies bald tun. Glücklicherweise hatten sie noch etwas Geld, außerdem besaß sie noch eine diamantenbesetzte Brosche, die einst ihrer Mutter gehört hatte. Der Volksentscheid würde bereits in wenigen Wochen stattfinden. Es galt daher, keine Zeit zu verlieren. Sie ging im Licht der Mondsichel nach Linaria und suchte den Fischer auf. Georges Vater hatte einst den Boden seiner Hütte ausgebessert und nur einen roten Schnapper als Bezahlung entgegengenommen. Das hatte er nicht vergessen. Er würde sie nach Kimi übersetzen, wenn der Mond untergegangen war.

Die Nacht darauf, als sie gerade das wenige, was sie mit sich nehmen konnten, zusammenpackten, hörten sie wütendes Bellen, dann eine Gewehrsalve, klägliches Japsen, Winseln, dann Stille. George hatte gerade noch Zeit, in sein Versteck zu kriechen, als bereits die Vordertüre krachend eingeschlagen wurde. Errieta eilte den Eindringlingen entgegen. Es waren sieben oder acht an der Zahl. Sie nannte sie Räuber und Feiglinge, weil sie einen unschuldigen Hund erschossen hatten. Sie schoben sie beiseite und durchsuchten das Haus, wobei sie Möbel umstießen und Steingut zertrümmerten. Als sie die Nahrungsmittel im Küchenschrank fanden, freuten sie sich und steckten sie ein. Sie nahmen auch die Bettdecken. Und wo war der Verräter Efstathiou? fragte einer. Errieta sagte, sie seien Narren, da sie offenbar nicht wüßten, daß ihr Mann die Insel bereits vor mehr als einem Jahr verlassen habe. Aber sie müsse doch wissen, wo er sich aufhalte. Man könne sie auch zum Reden zwingen. Sie blieb ruhig, sagte, sie wisse nichts. Dann ergriff ein anderer das Wort, sie könnten sie zumindest zu einem kleinen Vergnügen zwingen, zumal doch alle Welt wisse, daß Kommunistinnen Huren seien. Damit schritt er auf sie zu und fuchtelte mit seiner Taschenlampe vor ihrem Gesicht herum. Die übrigen lachten. Errieta tat einen Schritt zurück, aber der Angreifer folgte ihr und griff mit einer Hand nach ihren Brüsten, wobei sie den Schmutz zwischen seinen Fingern sehen konnte. Bleib mir vom Leibe, rief sie, komm mir bloß nicht zu nahe, ich bin krank, Schwindsucht. Sie warnte ihn vor der Ansteckungsgefahr, aber er entgegnete, alle Frauen klagten über Krankheit, das habe nichts zu bedeuten. Wie Errieta mit einem Mal wußte, was sie zu tun hatte, vermochte sie mir nicht zu sagen. Sie sog das Innere ihrer Wangen heftig zwischen ihre Zähne, biß kräftig hinein, würgte, als sie dies tat, und spuckte eine Mundvoll Blut auf den Mann, der sie bedrohte. Dann hustete und spuckte sie noch einmal. Sie keuchte, sie seien zwar allesamt Diebe und Vandalen, sie wünsche ihnen aber dennoch keinen langsamen, grausamen Tod. Murrend und grollend marschierten sie nacheinander hinaus in die Dunkelheit. Das nächste Mal, drohte einer noch, würden sie vielleicht das hübsche Haus niederbrennen.

George war außer sich vor Zorn. Da könne man nichts machen, meinte Errieta, außerdem sei sie glimpflich davongekommen. Ihr Mund würde ein paar Tage lang schmerzen, das sei alles. Nun war klar, daß sie ihre Abreise nicht mehr länger verschieben durften.

Sie reparierten die Vordertüre, verriegelten die Läden, vernagelten die Fenster. Die Ziege, die Hühner und Tauben überließen sie Zaccharoula, die weinte. Sie küßten sie und machten sich davon.

Der Fischer hielt sein Wort. Als Skyros hinter ihnen verschwand, blickten sowohl George, als auch Errieta auf die schwarze Silhouette. Es war das zweite Mal, daß sie die Insel als Flüchtlinge verließen, und sie hatten Jahre der Gefahr durchlebt. Es mußte ihnen zumute gewesen sein, als habe ihnen ausschließlich ihre Zuneigung füreinander das Leben bewahrt.

Von Kimi aus mußten sie fast ganz Euboea zu Fuß überqueren, kamen nur sehr langsam voran, weil George, dem es verständlicherweise an Ausdauer mangelte, schnell ermüdete und immer wieder pausieren mußte. Aber sie hatten Glück. Die Dorfleute, die sie trafen, waren freundlich. Die alte Tradition der Gastlichkeit gegenüber Fremden wurde in jenen entlegenen Gegenden damals noch eifrig gepflegt. Außerdem besaßen sie etwas Geld. An einigen Orten blieben sie zwei oder drei Tage lang, bis George wieder zu Kräften kam. Sie brauchten fast drei Wochen, um nach Athen zu gelangen. So hatten sie genügend Zeit, darüber nachzudenken, was sie nach ihrer Ankunft dort unternehmen wollten. In ein Hotel zu gehen, schien nicht in Frage zu kommen, da man nie wissen konnte, ob nach George offiziell gefahndet wurde oder nicht, und seine Verhaftung, sogar durch die reguläre Polizei, nicht durch X-ler, war ein Risiko, das sie nicht eingehen durften.

Sie würden einen sicheren Ort finden müssen, waren hier jedoch weit weniger ausgesetzt, als auf Skyros. Wie man dies bewerkstelligen sollte, war die Frage. Irgendwo in Athen lebte Phaedon unter falschem Namen. Sie hatten ihn seit zehn Jahren nicht gesehen und hatten daher kaum Hoffnung, ihn zu finden. Doch dann erinnerte sich Errieta plötzlich an eine von Phaedons Freundinnen namens Aleca Diamondopoulos, die sie damals in ihre Villa in Ambelokipi eingeladen hatte. Vielleicht lebte sie noch immer dort und wußte, wo man Phaedon finden konnte.

Sie hatten Schwierigkeiten, die Villa ausfindig zu machen. Aleca war natürlich noch da, und sie erinnerte sich sowohl Errietas, als auch ihres jungen Ehemanns, fand, daß die beiden sich dramatisch verändert hatten, sagte aber nichts. Ja, sie wisse wohl, wo Phaedon wohnte, und wie man Kontakt zu ihm aufnehmen konnte. Aber es sei gefährlich. Athen mochte zwar friedlich wirken, aber an jeder Straßenecke lauere Gefahr für einen Feind der Regierung. Für den Augenblick konnten Errieta und George in Ambelokipi bleiben. Oh, sie hätten einander soviel zu erzählen vom Krieg, vom Bürgerkrieg, all die schrecklichen und absonderlichen Ereignisse der zehn Jahre, in denen sie einander nicht gesehen hatten.

Zwei Tage später kam Phaedon nach Einbruch der Dunkelheit in die Villa. Errieta erkannte ihn nur deshalb wieder, weil nur er kommen konnte. Sie küßten sich, und sie sagte, er habe sich nicht ein bißchen verändert. Er sagte dasselbe. Dann lachten sie. Das Sprechen fiel nicht leicht. Zuviel war mit ihnen beiden geschehen, was sich nicht einfach im Gespräch übermitteln ließ. Also plauderten sie über alte Zeiten in London, über die Menschen, die sie dort beide gekannt hatten, über Konzerte in Wigmore Hall, Ausstellungen in der Galerie Zwemmer. Ein anderes Leben. Und der Professor? Er sei 1942 von einer Bombe getötet worden, und so sei ihm das Schlimmste erspart geblieben. Das Schlimmste? Es würde erst noch kommen, prophezeite Phaedon. Was könne denn um Gottes willen noch schlimmer sein, als das, was sie bereits durchgestanden hatten? Aleca und Phaedon zuckten die Schultern. Nach ein paar Monaten auf Makronisos, erzählte Phaedon, sei einer seiner trautesten Freunde ein Polizeispitzel geworden, und habe versprochen, ihn anzuzeigen, falls sie sich jemals wieder begegnen würden. Makronisos? Ja, das sei das Insel-Konzentrationslager vor Kap Sounion. Verdächtige würden dorthin verfrachtet, und das Festland erhalte schaurige Berichte von Folterungen. Sie waren an der Insel vorübergekommen, als sie in jenem ersten Sommer nach Skyros gesegelt waren. Nun war dies ein Name, der die Bevölkerung mit Grauen erfüllte. Dann wäre es vielleicht am besten, meinte Errieta, das Land zu verlassen, bis die Lage sich einigermaßen normalisiert hätte. Um Himmels willen, riefen Aleca und Phaedon, das dürften sie auf gar keinen Fall versuchen, es sei das Gefährlichste überhaupt. Und sogar dieses Haus sei nicht gänzlich sicher. Sie hegten den Verdacht, daß es gelegentlich von der Polizei überwacht wurde, da Alecas aktive Rolle im Widerstand gegen die Deutschen bekannt war. Man würde für Errieta und George einen sichereren Unterschlupf finden müssen. Je eher, umso besser. Aleca, wie immer einfallsreich, wußte auch gleich einen passenden Ort.

Er war in Chalandri, einem nur acht Kilometer entfernten Vorort Athens. Dort fand Aleca mit Hilfe einer vertrauenswürdigen Freundin ein kleines, unbequemes Häuschen in einem überwucherten Garten weit ab von der Straße. Überdies besaß die Freundin drei große Hunde, die allesamt fleißig bellten, und war gerne bereit, einen davon ihren Mietern zu leihen, obwohl sie sie nicht kannte. Der Mietpreis war unerheblich, und die Bezahlung konnte auf unbestimmte Zeit verschoben werden. Errieta und George ließen sich erleichtert in ihrer Zuflucht nieder, und sorgten schon bald für größere Bequemlichkeit. Dennoch sehnten sie sich nach Skyros, vermißten das Meer und sorgten sich um das Haus und die Mühle, die sie zurückgelassen hatten. Doch sie hofften, nicht allzu lange im Exil ausharren zu müssen. Gewiß würde die Lage sich schon bald stabilisieren, und man die reguläre, gesetzmäßige Ordnung wiederherstellen. In ihrer neuen Umgebung, wo keiner sie kannte, wagten sie sich hin und wieder hinaus, gingen oft nach Ambelokipi. Aleca war von unschätzbarem Wert, sorgte für Nahrung, gute Laune und gelegentliche Abendgesellschaften mit teilnehmenden Freunden, ein Luxus, den George und Errieta schon beinahe vergessen hatten. Geldsendungen von Errietas Bank in London würden vorübergehend an Aleca gehen. Phaedon, der verbittert war und pessimistisch, sahen sie selten, Clio nie, da sie sich weigerte, den Raum zu verlassen, in dem ihr Sohn Hungers gestorben war.

Der Volksentscheid fand an einem strahlenden Septembertag statt. Britische Truppen, Nationalgardisten und Polizisten patrouillierten vor den Wahllokalen. Doch in den thrakischen und makedonischen Bergen warteten bewaffnete Freischärler, angeführt von kommunistischen Verbänden wie zur Zeit der Nazibesatzung. Und jedermann wußte, daß die Armee der ELAS sich nicht aufgelöst hatte. So ging die Abstimmung friedlich vonstatten in einer Atmosphäre von Fatalismus und Furcht. Fünf Tage später wurde verkündet, daß siebzig Prozent der Bevölkerung sich für eine Wiederherstellung der Monarchie entschieden hatten.

Also kehrte der König in seine Hauptstadt, in seinen Palast und zu seinem Volk zurück. Feierlichkeiten fanden statt. Der Monarch verkündete, daß die Regeln einer demokratischen Verfassung gleichberechtigt, ohne Bevorzugung, in kraft treten würden. Phaedon lachte und bemerkte, das habe er bereits vor zehn Jahren gesagt, und nach sechs Monaten die Diktatur Metaxas' unterstützt.

Binnen Jahresende gab es zehntausend Freischärler in den Bergen. Das ganze Land war von Kämpfen heimgesucht. Makedonien, Thrakien, der Peloponnes und sogar ein paar Inseln. Stoßtrupps kamen wiederholt herunter und befestigten Sprengsätze an den Schienen der Eisenbahnstrecke Athen–Saloniki. Regierungstruppen hatten keine Handhabe dagegen, weil die Freischärler dieselbe Taktik anwandten, die ihnen bereits gegen die Deutschen Erfolge gesichert hatte, so sank die Kampfesmoral. Viele desertierten, es fanden Massenverurteilungen statt von Soldaten, die sich weigerten zu kämpfen, und wiederholte Säuberungsaktionen im Offizierskorps.

Die Wahlen, die Volksabstimmung, die Rückkehr des Königs hatten nichts verändert, nichts bewirkt. Korruption breitete sich aus wie Fäulnis. Übergriffe durch reaktionäre Gruppierungen wie den X-lern blieben ungeahndet, während man kein Programm erstellte für Reform und Wiederaufbau des Landes. Die persönliche Sicherheit war nicht mehr gewährleistet. Sogar die Briten, die diese Situation heraufbeschworen hatten, räumten ein, keine gute Arbeit geleistet zu haben und plädierten für drastische Reformen: Straffreiheit für politische Gefangene, Wiederherstellung persönlicher Freiheiten laut Verfassung, eine Garantie für Neuwahlen. Danach kündeten sie heuchlerisch an, noch vor dem Frühling sämtliche Truppen aus dem Lande abzuziehen. Doch ohne die britischen Bataillone und Pfunde konnte das Regime nicht überleben. Im Foyer des Hotels Grande Bretagne löste die Nachricht höchste Besorgnis aus. Sie war von kurzer Dauer. Kaum hatte das erste Kontingent abziehender Tommies die Schiffe bestiegen, als bereits die USA mit Truppen auszuhelfen versprachen, und sich zudem bereit erklärten, dreihundert Millionen Dollar zu spenden für die Unterstützung britischer Politik.

In Athen fanden keine Kämpfe statt, doch Tag für Tag wurden die Menschen unruhiger. Auf den Straßen beäugten die Leute sich mißtrauisch. Täuschung und Verrat waren an der Tagesordnung. Willkürlich nahm man Verhaftungen vor in Hotels, Tavernen, Geschäften, Straßenbahnen, Kinos und öffentlichen Toiletten. Es kursierten gräßliche Gerüchte über das Schicksal derer, die man einsperrte.

Eines Abends wandte Errieta sich vom Herd ab, trat auf einen am Boden liegenden Löffel und fiel rückwärts gegen den brennenden Ofen, wo sie einen Moment lang ob des unerträglichen Schmerzes unbeholfen gestikulierte, bevor sie zu Boden stürzte. George eilte ihr zu Hilfe. Sie stöhnte, behauptete jedoch hartnäckig, sie sei lediglich gestolpert, dies sei kein Grund zur Besorgnis. Dennoch vermochte sie nur mit Mühe, sich ihrer Kleidung zu entledigen, und zu Bett zu gehen. Am Morgen war ihr Rücken bläulich und wies schwarze und dunkelrote Flecken auf, und sie konnte sich nur mit Mühe ein wenig aufrichten. George entschied, man müsse einen Arzt kommen lassen. Sie wollte nicht. Ihr Nein war kategorisch. Kein Arzt, sagte sie, kein Fremder, kein widriger Zwischenfall im anonymen Rhythmus ihrer Tage, keine unbeantwortbaren Fragen. Nur wegen eines ungeschickten Fehltritts würde sie kein Risiko eingehen. Vielleicht konnte Aleca Aspirin holen. Sie würde schon wieder gesund werden mit der Zeit. Sowohl Aleca, die in der Tat Aspirin brachte, als auch Phaedon versuchten, sie zu überreden, einen Arzt zu konsultieren. Sie wüßten einen, dem man vertrauen konnte. Doch Errieta ließ sich nicht überzeugen. »Nach all den Gefahren, die wir durchmachen mußten«, erzählte sie mir, »wollte ich kein einziges unnötiges Risiko eingehen.« Im Bett las sie laut Homer. Erst nach Wochen konnte sie wieder vor dem Haus in der Sonne sitzen.

Inzwischen verstarb der alte König und wurde von seinem Bruder Paul und Königin Frederika abgelöst, einem ehemaligen Mitglied der Hitlerjugend. Und nichts änderte sich, Athen ähnelte mehr und mehr einer Stadt im Kriegszustand. Auf seinen Straßen sah man jeden Tag mehr amerikanische Soldaten und Fahrzeuge. Es war kein Geheimnis, daß die Freischärler Hunderte von Kindern entführt hatten und in den Bergen festhielten. Manche, hieß es, hätten sie sogar bis nach Jugoslawien und Bulgarien verschleppt. Sie brannten Städte nieder, erhängten Bürgermeister, entführten gewaltsam Ärzte und plünderten Bauernhöfe. Regierungstruppen kreuzigten Freischärler an den Maulbeerbäumen in Kanalia. Anderen fesselten sie Hände und Füße und warfen sie in den See Kastoria, wieder andere übergossen sie mit Benzin und verbrannten sie bei lebendigem Leibe. Doch anscheinend vermochten all die Greuel nicht den Konflikt einzudämmen oder die trennenden Leidenschaften zu beruhigen. Königin Frederika schenkte den öffentlichen Parks mehrere Pfauen, und die Regierung Sophoulis garantierte Freischärlern, die ihre Waffen ablieferten, Straffreiheit. Von der Gefängnisinsel hieß es, Gefangenen würden dort aufs Geratewohl, ohne Betäubung, Hände und Füße abgeschlagen.

Mrs. Perdikidi schrieb ihre Briefe zu Händen Alecas und übermittelte ihre elterliche Kritik in Worten, die den acht Jahre währenden Verbrechen noch mehr Schärfe verliehen. Es sei absurd, schrieb sie, daß Errieta zu einer Zeit in Griechenland bleibe, da Recht und Ordnung in diesem ohnehin gesetzlosen und unordentlichen Land auf dem tiefsten Stand seit Menschengedenken seien. Überdies hätte man legitimerweise erwarten können, daß die Sorge um die Mutter sie nach zehn und mehr Jahren einmal heimführen würde, zumal sie nicht jünger wurde, wenngleich ihr Gesundheitszustand derzeit leidlich zufriedenstellend sei. Die britische Presse berichte von grauenhaften Verbrechen von seiten der Kommunisten, und Mrs. Perdikidi hoffte, die Amerikaner würden mit Waffengewalt endlich Ordnung schaffen. Mr. Churchill teilte ihre Hoffnung. Der Brief enthielt noch ein paar liebevolle Zeilen von Julia, die sich den Hoffnungen ihrer Mutter und Mr. Churchills anschloß, aber sich vor allem ein baldiges Wiedersehen mit Errieta wünschte. Der Brief war leicht zu beantworten.

Der Bürgerkrieg tobte unaufhörlich weiter. Regierungen wurden gebildet und scheiterten wieder, änderten ihre Politik nicht im geringsten, trotz eines neuen Namens und einer fortschrittlichen Aussage. Binnen eines Jahres verdoppelten sich die Lebenshaltungskosten. Ein Drittel der Bevölkerung war im wahrsten Sinne des Wortes mittellos. Spekulanten kauften in Athen das gesamte Olivenöl auf und verdreifachten den Preis. Kommandanten der Armee agierten auf eigene Faust und weigerten sich, Berichte an Athen weiterzuleiten. X-ler und andere königstreue Verbände terrorisierten noch immer die Provinzen und Inseln, da sie direkt oder indirekt von der regulären Armee unterstützt wurden, die ihrerseits von den Vereinigten Staaten unterstützt wurde. Auf militärischem Wege konnten die Freischärler nicht besiegt werden. In politischer Hinsicht jedoch waren die Jahre gegen sie. Die Bevölkerung hatte den Krieg satt. Dann schloß sich die jugoslawische Grenze, da Marschall Tito von der Cominform abgelehnt worden war, die von den Freischärlern unterstützt wurde. Und Gerüchte waren im Umlauf, nach denen Stalin angeblich versprochen hatte, seine Truppen aus Griechenlands westlichem Einflußbereich abzuziehen. Die lange erwartete Offensive gegen die Grammos-Festung der Freischärler begann im August, nachdem die schreckliche Dürre von 1949 bereits seit Frühling gedauert hatte. Auf dem Schlachtfeld standen sich 197000 Armeesoldaten, unterstützt von Flugzeugen mit Raketen und Napalm, und 17000 Freischärler gegenüber. Dennoch waren die Kämpfe wild und blutig und währten sieben Wochen. Ende September kapitulierten die Kommandanten der Freischärler. Die ausgezehrten Überlebenden wurden in Gefängnissen zusammengepfercht. Athen frohlockte. König und Königin beglückwünschten ihre Untertanen, und die Amerikaner waren zufrieden, sich das östliche Mittelmeer sichern zu können.

Aleca, Errieta und George hatten geahnt, daß es irgendwann dazu kommen würde. Wenn sie auch nicht geradezu erleichtert waren, so hatten sie doch Gefahr, Blutvergießen und Hunger satt. Es schien unglaublich, aber sie hatten vier Jahre in dem kleinen Haus in Chalandri zugebracht. Nun bot sich ihnen die Aussicht auf eine Neugestaltung ihres Lebens. Dies würde all ihren Mut und ihre Phantasie erfordern. Der Bürgerkrieg war zwar vorüber, aber vereinzelte Gewalttaten waren noch immer weit verbreitet. Von Makedonien bis auf den Peloponnes ließen Nationalgardisten und X-ler im Namen des Königs Menschen willkürlich auspeitschen. Jeder, der einmal mit den ELAS sympathisiert hatte, tat gut daran, dies für sich zu behalten. Im Laufe der Zeit würde die Angelegenheit vergessen, oder, falls man an Wunder glaubte, verziehen werden.

IV

Einer von ihnen würde nun möglichst bald nach Skyros zurückkehren müssen, um nachzusehen, was aus ihrem Eigentum geworden war. Und dies würde Errieta sein. Denn wer vermochte zu sagen, wie man George nach so langer Zeit aufnehmen würde? Die Leute im Dorf hatten ihn etwa sieben Jahre lang nicht mehr gesehen, und man konnte unmöglich wissen, wie sie sich seine lange Abwesenheit erklärt hatten. Oder wie sie auf die Rückkehr des Flüchtlings reagieren würden. Errieta war noch nicht wieder ganz bei Kräften seit ihrem Unfall. Sie würde sich nie mehr ganz erholen. Doch es lag nicht in ihrer Art, dies zu erwähnen. Aleca arrangierte die Reise. Sie war ein weit geringeres Wagnis, als die erste.

Als ihr Boot in Linaria anlegte, überkam sie ein Gefühl, das sie staunen ließ: die Freude, heimzukommen, und es war ihr, als hätte sie sich ihre Gefühle all die Jahre seit der Katastrophe einzig für diesen einen Augenblick aufbewahrt. Sie staunte noch mehr, als sie ein altes Automobil neben dem Anlegesteg stehen sah, auf dessen Vordertüren das Wort Taxi gemalt war. Sie nahm es. Der Fahrer war ein junger Bursche, den sie als Kind im Dorf gesehen zu haben meinte, der sie aber nicht zu erkennen schien. Und der Eselspfad über die Insel war nun eine holprige, aber passable Straße. Als sie um die letzte Landzunge unterhalb des Dorfes bogen, war die Dämmerung hereingebrochen, und als sie aufblickte, staunte sie erneut, weil bis zum Kastro hinauf elektrisches Licht im Dorf blinkte. Sie äußerte einen Ruf der Verwunderung. Der Fahrer sagte, sie hätten schon seit langem Strom. Errieta dachte sofort an Georges Mühle und an all die schönen elektrischen Geräte, die er nun einbauen konnte.

Die Straße endete oberhalb des Strands. Es war fast dunkel, aber sie hatte wohlweislich eine Taschenlampe mitgebracht. Alles sah aus wie früher: Strand, Fluß, Klippe. Sie schleppte ihre schwere Tasche den Pfad empor. Und da stand das Haus. Seine Vorderfront war vollständig von Wein überwuchert. Bäume und Pflanzen waren allesamt größer, als sie sie in Erinnerung hatte. Läden, Fenster und Türen waren eingeschlagen worden. Das Innere lag voll von zertrümmertem Glas und gesplittertem Holz, umgestürzten Möbeln, verstreuten Büchern, zerrissenem Stoff. Aber das Haus selbst war intakt. Intakt. Die angerichtete Verwüstung hatte sie vorausgesehen. Schlimmeres befürchtet. Doch hier stand intakt der Ort ihres Lebens. Inmitten der Trümmer im Schlafzimmer schleppte sie die Reste ihrer Matratze auf das Bett und legte sich vollständig gekleidet darauf, um der sanften Melodie des Meeres zu lauschen, während das Haus sie sicher umgab.

Am Morgen ging sie flußaufwärts zu dem Häuschen, das verborgen hinter Blumen und Oleander stand. Die Türe tat sich auf, und da stand Zaccharoula und schrie auf vor Freude. Die beiden Frauen umarmten einander und weinten. Sie weinten lange Zeit, bevor sie fähig waren zu sprechen. Dann erzählten sie einander ihre Geschichten. Errietas Haus war mehrere Male verwüstet worden, aber das letzte Mal lag nun weit zurück. Nach der ersten Verwüstung war es Zaccharoula gelungen, ein paar Gegenstände zu retten, die sie für wertvoll erachtet hatte. Ein paar Lampen, Küchengerätschaft, einige Bücher, Leinen, einen Stuhl und das alte Grammophon mit den Schallplatten. Die Ziege hatte überlebt, auch ein paar Hühner und ein oder zwei Tauben. Der Schaden am Haus schien nicht so schlimm. Der junge Vyron, Georges Lehrling, war mittlerweile ein geübter Zimmermann und konnte die nötigen Ausbesserungsarbeiten unverzüglich vornehmen. Inzwischen könne Errieta bei Zaccharoula wohnen, das sei zwar nicht so bequem, dafür aber warm und trocken. Was Georges Sägemühle anbelange, so benutze sie jedermann als Unterstand für seine Ziegen, doch sonst sei auch sie intakt. Und im Dorf, wollte Errieta wissen, spreche man dort noch immer feindselig über sie? Drohe ihr Gefahr? Zaccharoula habe dort den Namen George Efstathiou schon lange nicht mehr gehört. Und was die Gefahr anbelange, so sei sie doch immer ihre Wegbegleiterin gewesen, nicht wahr? Das war das einzige Mal, daß Errieta Zaccharoula eine Andeutung auf ihre eigene Tragödie machen hörte. Errieta würde sich im Dorf zeigen müssen, um die Reaktionen zu prüfen, die ihr Wiedererscheinen auslösen würde.

Am Morgen schritt sie den schmalen Pfad hinauf und bemerkte, wie steil er war. Das hatte ihr früher nicht zu schaffen gemacht. Auf halbem Wege zum Dorf mußte sie sich, um Luft zu schöpfen, auf eine niedrige Mauer setzen, ärgerlich und ungeduldig. Ihren fünfzigsten Geburtstag hatte sie zwar bereits in Chalandri gefeiert. Doch was bedeuteten denn schon die Jahre? Sie stieg weiter auf. Das Dorf unverändert zu finden, war so natürlich, wie der Sonnenschein. Die schwarzgekleideten

Frauen in den Eingängen erwiderten höflich ihren Gruß, aber das war Tradition. Die Männer, die vor den Tavernen saßen, musterten sie gleichgültig. Sie betrat den Laden. Nikos war älter und fetter geworden. Er war zuvorkommend, wenn nicht gar freundlich. Skyros habe sich schon gefragt, ob sie eines Tages wiederkommen würden. Und weshalb auch nicht, um alles in der Welt? wollte Errieta wissen. Oh, Ereignisse, Ereignisse, Ärger. Wer konnte sagen, welche unvorhersehbaren Konsequenzen daraus erfolgen würden? Und ihr Ehemann? War er schon heimgekehrt? Noch nicht, dringende Geschäfte hielten ihn noch in Athen. Nun, räumte Nikos ein, es wäre nicht übel, wenn George Efstathiou wieder nach Skyros käme. Seine Sägemühle und die Möglichkeit, Mehl zu mahlen, würde der Insel sehr zugute kommen. Dann habe er nichts mehr zu befürchten? fragte Errieta. Nur den Neid der Leute, sagte Nikos. Sie ging auch ins Postamt, fand es wie eh und je verstaubt und voller Fliegen, der schmuddelige Postmeister saß hinter dem Schalter, seine schlampige Frau in einer Ecke, und die außergewöhnlich schöne Tochter – eine Laune der Natur, zumal sie solch unansehnliche Eltern hatte – blickte gedankenverloren aus dem Fenster. Natürlich war keine Post für sie gekommen, doch sie wollte auch nur Bescheid geben, daß sie welche erwartete, und daß man sie nicht an den Empfänger zurücksenden solle. Und Mr. Efstathiou? Er sei nicht hier, antwortete Errieta. So, grinste der Postmeister, hat er dich endlich verlassen, das nenne ich vernünftig. Durchaus nicht, versetzte sie ruhig, durchaus nicht. Er wird schon bald in sein Heim und zu seiner Arbeit zurückkehren. Dann soll er gefälligst Ruhe geben, warnte der Postmeister, Skyros braucht keinen Ärger mehr. Gewiß, meinte Errieta, die den Mann haßte, zugleich aber die unwiderstehliche Macht der Höflichkeit kannte. Als sie sich zum Gehen wandte, bemerkte sie zu ihrer Überraschung ein Telefon am anderen Ende des Schalters, ein schwarzer, buckliger Apparat, und erkannte, daß nach und nach die moderne Welt in Skyros Einzug hielt. Sie war nicht sicher, ob ihr dieser Hinweis, daß es auch ein Morgen geben würde, gefiel.

Vyron brachte eine Gruppe junger Burschen mit, die das Haus reparierten. Der Wein um die Terrasse wurde zurückgeschnitten. Sämtliche zertrümmerte Türen und Fenster zu ersetzen, würde ein wenig mehr Zeit in Anspruch nehmen. Allmählich begann das Haus auszusehen wie zuvor. Glücklicherweise waren die Rohre nicht beschädigt. Man würde einiges vom Festland kommen lassen müssen, doch war dies mittlerweile einfacher, als vor dem Krieg. Errieta setzte sich auf den Mühlstein am Rande der Klippe und ließ den Blick über die Bucht schweifen bis hin zum vorgestreckten Arm der Insel, und mit einem Mal wußte sie, warum sie sich während ihrer Exiljahre in Athen so oft nach diesem Ort gesehnt hatte. Er sagte ihr die Wahrheit. Sie erkannte, weshalb sie scheinbar soviel geopfert hatte, um in Skyros heimisch zu werden. Georges Jugend und Zuneigung, seine Armut hatten ihr von Anfang an die andere Errieta zurückgegeben, das junge Geschöpf voller Flausen und Träume, an dessen mädchenhaften Wünschen sie stets die Erfüllung der Zeit messen würde. Weder das brennende Smyrna, noch das sichere London waren hier wichtig. Dies hier war wie eine Geburt gewesen, die einzige, die sie jemals erfuhr.

Inzwischen hatte George seine Zeit in Athen nicht sinnlos vergeudet. Er besichtigte Säge- und Holzverarbeitungsmühlen, nahm bei einigen vorübergehend Arbeit an, ging mit neuesten Werkzeugen um und erprobte, welche Techniken man in Skyros am besten umsetzen könnte. Als Errieta zurückkam, hörte er sich die Neuigkeiten aus dem Dorf an, stellte viele Fragen und erwog die beste Zeit für eine Heimkehr. Ein paar Monate würde es noch dauern, bis die Maschinen kamen, die er für die Mühle bestellen wollte. Die Kosten dafür würden nicht nur das halbe, sondern das gesamte Kapital verschlingen, das Errieta noch verblieben war. Das sei gleich, meinte George. Sobald die Mühle in Betrieb sei, würde man genügend Geld verdienen, um noch Ersparnisse beiseitezulegen. Zu ihrer eigenen Überraschung verspürte Errieta ein wenig Widerwillen, fast den gesamten Rest ihres Erbes kurzerhand in Drehbänke und Bandsägen umzuwandeln. Natürlich war es genau das, was sie selbst einst gewollt, und worauf sie stets gedrängt hatte. Dennoch konnte sie sich einer eigenartigen Traurigkeit nicht erwehren.

Mrs. Perdikidi wurde mit zunehmendem Alter nicht weniger anspruchsvoll. Sie schrieb, um Fragen zu stellen und ihre Meinung kundzutun, und war schon längst zu der Erkenntnis gelangt, daß die Abwesenheit ihrer Tochter, nun bereits eine Zeitspanne von fünfzehn Jahren umfassend, auf deren verbohrte Verschrobenheit weise, oder auf geistige Umnachtung, oder auf beides. Julia fügte hinzu, ihre Mutter habe zwar noch immer kraftvolle Ansichten, würde jedoch in ihrem achtundachzigsten Jahr etwas schwächlich, so daß sie ein Besuch ihrer Erstgeborenen sehr aufheitern würde. Errieta antwortete mit aufrichtigem Bedauern, daß sie im Augenblick Griechenland nicht verlassen könne. Phaedon reiste mit seiner Frau nach England, deren geistige Verwirrung endgültig schien. Er sagte, sie würden wiederkommen, nach Skyros, sobald es Clio besser gehe. Doch sie wußten alle, daß sich dieser Wunsch nicht erfüllen würde.

Schließlich waren sämtliche Maschinen beisammen, die George bestellt hatte, und auch Möbel und Haushaltsware, die Errieta hatte kaufen müssen, um ihre zertrümmerte oder gestohle Habe zu ersetzen. All dies würde per Schiff nach Linaria segeln, während sie auf der schnelleren, leichteren Strecke über Land nach Kimi fuhren. Wie lange war es her, seit sie beide dieselbe Reise zu Fuß unternommen hatten?

Man entfernte die Ziegen aus der Mühle, installierte die Maschinen, und holte Stromleitungen aus dem Dorf. George arbeitete hart, da von Anfang an viel Nachfrage bestand für die glatt geschliffenen Bohlen, das gedrechselte Holz und die fertigen Bauteile, die seine Maschinen schnell und kostengünstig herstellen konnten. Er vereinbarte mit den Bauern, das gesamte Korn aus den Weizenfeldern im Westen zu mahlen, und als Bezahlung einen Anteil Mehl anzunehmen. Aus den Pinienwäldern im Zentrum der Insel kaufte er Bäume, die von Eseln zur Mühle gezogen wurden. Schon bald mußte er noch zwei Helfer einstellen. Die Leute im Dorf hatten seine Rückkehr zuerst etwas reserviert, wenn nicht gar argwöhnisch zur Kenntnis genommen, doch als sie sahen, daß er schon bald ein wohlhabender Mann sein würde, änderten sie ihr Verhalten und wurden herzlicher. Man lud ihn in den Tavernen zu Kaffee und Ouzo ein, die Männer scherzten, und niemand stellte Fragen, wo er gesteckt hatte während der gefährlichen Jahre.

Errieta bemerkte, daß George ihr nicht mehr alles erzählte, sie nicht mehr um ihren Rat, ihre Meinung fragte. Das war natürlich, versuchte sie sich selbst zu beruhigen, nach fünfzehn Jahren Ehe, sie würde die Veränderung hinnehmen müssen. Es lag wohl auch an ihr. Ihr Haar war nach dem Unfall gänzlich weiß geworden, und ihr Fleisch hing lose an den Knochen. Man hätte sie zehn Jahre älter schätzen können, als sie in Wirklichkeit war. Die Schmerzen im Rücken kamen und gingen. Sie erwähnte sie nie, aber Zaccharoula, die zu aufmerksam war, als daß ihr dies hätte entgehen können, erriet, wie es um sie stand. George bemerkte nichts. Errieta hatte ein kräftiges, gewissenhaftes

Mädchen eingestellt, die fast die gesamte schwere Hausarbeit für sie erledigte. So kehrte also das Leben zurück, wie sie es vor dem Krieg auf Skyros geführt hatten, nur, daß nichts mehr wie damals war. Errieta sprach mit mir niemals über ihr Intimleben mit George, obwohl sie über fast alles sprach, und auch sonst wies niemand darauf hin. Doch es mußte ein entscheidender Wandel vonstatten gegangen sein. Der Ehemann war ein kräftiger junger Mann, während seine Frau dem Greisinnenalter nahe schien. Sie war lebhaft, gesprächig, ernsthaft, intelligent, amüsant, aber sie war nicht jung.

George bemerkte, ihr Haus sei nun eines der wenigen Häuser auf der Insel ohne Strom. Das sei nicht einzusehen, sagte er, zumal die Leitungen bereits beim Bau des Hauses verlegt worden seien, und die Verwaltung die Drähte bezahlen würde, wenn er für die Pfosten aufkäme. Sie würden nicht mehr als ein Dutzend benötigen, allerhöchstens fünfzehn. Errieta sagte nein. Sie wolle keinen Strom, brauche auch keinen. Öllampen hätten doch bislang auch genügt. Und würden auch jetzt genügen. Annoula füllte sie auf, stutzte die Dochte und wusch die Zylinder. George wies auf die Kabel, die Schalter, die leeren Anschlüsse, die von der Decke hingen, doch Errieta sagte, es sei zu spät. Er bestand nicht darauf, weil er inzwischen nur noch zum Essen und zum Schlafen nach Hause kam. Im Dorf, sagte er, sei die Rede davon, ein Hotel für Touristen zu bauen. Für ihn bedeute dies viel Arbeit, für die Insel Wohlstand. Touristen in Skyros, bemerkte Errieta, das sei das Ende einer Ära. Sie sei doch bereits zu Ende gegangen. Es habe schon immer gelegentliche Besucher gegeben. So wie sie selbst, Phaedon und Clio vor langer Zeit. Und Herrn Reichel. George erinnerte sie daran. Errieta könnte Zimmer an Touristen vermieten. Das würde ihr ein wenig Geld einbringen und die Eintönigkeit ihres Daseins beleben. Er sah ja, daß es langweilig für sie sein mußte, den ganzen Tag allein zu sein. Es sei nicht langweilig, antwortete sie. Sie habe Zaccharoula. Und eine streunende Katze.

Mrs. Perdikidi schrieb weiterhin. Mit der Verbitterung des Alters gestattete sie sich die Frage, ob sie ihre ältere Tochter wohl jemals wiedersehen würde. Errieta beantwortete ihren Brief mit malerischen Neuigkeiten von der Insel und Berichten der zeitraubenden Aktivitäten, die sie und ihren Mann beschäftigten. Viele davon erfand sie, um ihre Mutter und sich selbst zu beschwichtigen.

Da er bemerkt hatte, daß Taxifahren ein ganz einträgliches Unternehmen war, kaufte der Ladenbesitzer sich in Volos einen gebrauchten Opelbus, holte ihn nach Skyros und setzte ihn auf der Strecke zwischen Linaria und dem Dorf ein. Man begann den Bau des Touristenhotels, der George in der Tat sehr in Anspruch nahm, so daß er häufig nicht zum Abendessen nach Hause kam, einen Jungen zu Mrs. Efstathiou schickte, ihr dies mitzuteilen, und zuweilen sogar in der Mühle schlief, wo er sich in einem kleinen Hinterzimmer ein Feldbett aufgestellt hatte. Im Frühling des Jahres 1957 erfuhr George endlich, was mit seinem alten Freund Stelio Vetsanopoulos geschehen war, dem einzigen Menschen, der ihn vor Errieta mit Respekt behandelt hatte. Stelio war 1947 verhaftet worden. Man hatte ihn auf eine der Gefängnisinseln verschleppt, Makronisos oder irgendeine andere, niemand wußte Genaueres, und er war dort gestorben. An Lungenentzündung, behauptete der Bericht, den man zu seiner Familie sandte. George trauerte um ihn. Errieta war überrascht über die Intensität seiner Gefühle.

Große weiße Schiffe gingen nun zweimal die Woche in der Bucht von Linaria vor Anker. Touristen wurden in kleinen Booten an Land gebracht, und der Bus fuhr sie über die Insel zu dem mittlerweile fertigen Hotel. Zu Anfang kamen nicht viele Menschen, aber das griechische Fremdenverkehrsamt rührte eifrig die Werbetrommel. Von den verfügbaren Zimmern standen wenige lange Zeit leer. Errieta ließ die Hotelführung wissen, sie sei gerne bereit, Besucher aufzunehmen, die keine Unterkunft fänden. Schon bald hatte sie gerade so viele, wie sie noch bequem verpflegen konnte, manchmal auch mehr. Da sie außergewöhnlich gastfreundlich war, erzählten Leute wie Aleca ihren Freunden davon, die es wiederum anderen erzählten. Und auf diesem Wege kamen Christian und ich im Juli des Jahres 1959 zu ihrem Haus auf Skyros. Wir blieben bis Mitte September.

Im Laufe des Sommers schien es mir, als würde in unserer Gastgeberin eine Veränderung vonstatten gehen. Es war schwer zu beschreiben. Ich kannte sie ja noch nicht sehr gut. Ich hatte erst die Grundzüge der Geschichte gehört, von der ich nun, bis auf den Schluß, alles berichtet habe, was ich weiß. Die Einzelheiten, Nuancen, Annahmen und Vermutungen sollte ich erst noch erfahren. Die erste Veränderung, denke ich, konnte man Anfang August bemerken. Errieta wurde mit einem Mal verschlossen. Unsere Gespräche waren nicht mehr so spontan, interessant und fröhlich. Sie saß stundenlang auf dem Mühlstein am Rand der Klippe, wo sie unentwegt auf die Bucht hinausstarrte, als erwarte sie ein Zeichen, oder horche auf ein Signal. Ich erinnerte mich, daß sie mir erzählt hatte, heftige Winterstürme würden manchmal große Klumpen der Klippe hinwegspülen, und daß während der ersten Jahre auf der Insel ihr ein uralter Mann einmal gesagt hatte, daß einst ganz am Rande der Klippe eine Kapelle gestanden hatte, die jedoch eines Nachts von einem schrecklichen Sturm verschlungen worden war. Und manchmal, sagte sie, stelle sie sich vor, sie könne ihre versunkene Glocke läuten hören, wie in dem Klavierstück von Debussy. Vielleicht, dachte ich, lauschte sie dem Läuten in den Wogen. Ich war sechsunddreißig Jahre alt in jenem Sommer. Und dennoch trieb es mich fast jede Nacht ins Badezimmer, eine Verdrießlichkeit, für die ich noch ein wenig jung war damals. Eines Nachts trat ich auf eine tote Ratte, die Errietas Katze als Zeichen ihrer Eherbietung auf die Schwelle des Raumes gelegt hatte, der normalerweise ihrem Frauchen gehörte. Und so bemerkte ich, daß George Efstathiou nicht mehr unter der Pinie schlief.

Da Christian und ich unsere Abendmahlzeiten nicht bei Errieta einnahmen, speisten wir für gewöhnlich im Hotel, wo das Essen eintönig, aber zumindest genießbar war, oder aber in einer der kleinen Tavernen am Rande der Klippe oberhalb des Hotels, vor allem in einer, die einem liederlichen alten Burschen namens Kokalenia gehörte, dessen Kochkünste weniger eintönig, dafür aber auch weniger genießbar waren, und sein Wein war grauenhaft. Dieser Kokalenia war, wie viele seiner Landsmänner, nach Amerika ausgewandert, brachte es dort zu Wohlstand und Reichtum, kehrte dann in reiferen Jahren in seinen Heimatort zurück, um dort sein Geld zu genießen. Er hatte mehr als zwanzig Jahre in Chicago verbracht, und sprach folglich leidlich verständliches Englisch. Es war einfach herrlich, am Ende eines Tages auf Kokalenias Terrasse zu sitzen, den Sonnenuntergang zu beobachten, dabei aus kleinen Gläschen Ouzo zu nippen, die schwarzen Oliven des Landes zu essen und die Kerne über den Rand der Klippe zu spucken. Christian hatte noch niemals in seinem Leben so eine unbeschwert glückliche Zeit erlebt, zumal er seit seinem vierzehnten Geburtstag gezwungen war, hart zu arbeiten für wenig Lohn, weder für seine Arbeit, noch für die sexuellen Dienste, die er, um sie zu behalten, gewähren mußte. Jene zwei Monate waren wohl die vergnüglichsten in seinem ganzen Leben.

Es fiel mir damals noch gar nicht auf, daß er exzessiv trank. Seine größte Freude war es, durch die Weingärten ans andere Ende der Insel zu schlendern, nackt im funkelnden Wasser zu schwimmen, und danach stundenlang im Sand zu liegen.

Kokalenia war stolz auf seine Fähigkeit, englisch sprechen zu können, und er prahlte gerne damit, indem er mir mit seinem banalen Geschwätz zusetzte, während ich versuchte, seine Neigung nicht allzu sehr zu ermutigen. Doch ausgerechnet von Kokalenia erfuhr ich, was den Wandel in Errieta hervorgerufen hatte. Er wußte natürlich, daß wir bei ihr wohnten. Bernard Cecillon und Marcel Ribault hatten uns mittlerweile Gesellschaft geleistet und wohnten im Turm. Als wir eines Abends zufrieden auf seiner Terrasse Platz genommen hatten, meinte Kokalenia, wir wüßten doch gewiß, daß Mrs. Efstathiou nicht mehr Mrs. Efstathiou war? Nein, das wußten wir nicht. Oh ja, versicherte der Wirt ziemlich schadenfroh, denn George Efstathiou habe sich von ihr scheiden lassen, um das begehrenswerteste Mädchen des Dorfes zu heiraten, die Tochter des Postmeisters, eine Schönheit im heiratsfähigen Alter, die ihm viele Kinder gebären würde. Die alte fremde Frau wäre doch niemals fähig, ihm Kinder zu schenken, und jeder normale Mann wollte Nachkommen, besonders wenn er wohlhabend war und gut für seine Familie sorgen konnte. Außerdem habe die fremde alte Frau ihn sich ohnehin als Ehemann gekauft und zwanzig Jahre lang an sich gebunden, also ausreichend Leistung erhalten für ihr Geld. So redete man im Dorf.

Die unflätige Deutung der Lage durch den Wirt machte sie nur umso bedauerlicher. Errietas Ergebenheit für ihren Gatten, ihre Aufgabe einer völlig anderen Existenz, ihre entscheidende Rolle bei der Rettung seines Lebens und dem Aufbau seines Vermögens, all dies wußte ich bereits. Daß er sie nach allem, was sie gemeinsam durchgestanden hatten, zurückweisen und vor aller Welt demütigen konnte, schien mir unsäglich gefühllos und verletzend. Ich ließ sie nicht merken, daß ich die Ursache für ihren Sinneswandel kannte. Doch erst im folgenden Sommer sollte ich erfahren, wie es dazu gekommen war.

Ein weiterer Grund zur Schwermut kam Ende August. Ein Telegramm aus Athen besagte, daß Aleca an Herzschlag verstorben war. Sie konnte nicht älter als sechzig gewesen sein. Doch sie hatte sich niemals geschont, hatte großen Gefahren getrotzt und war zumindest einmal von den Nationalgardisten streng ins Verhör genommen worden. Ein heldenhafter, einfühlsamer und idealistischer Mensch war von uns gegangen. Es gab nicht viele Frauen wie sie. Wir trauerten um sie. Ich denke, dieser Schmerz lenkte Errieta vorübergehend von ihrem eigenen Kummer ab.

Der Pfad ins Dorf war steil und ermüdend, besonders in der Mittagshitze, und deshalb stieg ich ihn in diesem ersten Sommer nur selten hinauf, etwa um gelegentlich im Postamt meine Briefe entgegenzunehmen. Dort fand ich den Postmeister ebenso bärbeißig und grob, wie man ihn mir beschrieben hatte. Und nachdem ich von George Efstathious Absichten erfahren hatte, unterzog ich die Tochter genauerer Betrachtung. Sie besaß wohl ein hübsches Gesicht und glänzendes Haar, doch ihre Miene war verdrossen, und ihre Figur, nun noch angenehm rund und vollbrüstig, versprach, einmal sehr in die Breite zu gehen. Gebärfreudig schien sie jedoch tatsächlich.

Ende August waren Bernard und Marcel nach Paris zurückgekehrt. Es gab einen oder zwei Regentage. Der Wein über der Terrasse hatte seine Blüten fast allesamt abgeworfen. Der Wind trug den Geruch des Herbstes in sich, und Errietas Traurigkeit war offenkundiger denn je. Es war allmählich an der Zeit, Abschied zu nehmen. Christian hatte sich nur deshalb so ausgedehnte Ferien erlauben können, weil der Strickwarenfabrikant, für den er arbeitete, sein Geschäft umstrukturierte. Wie sich bald herausstellte, sollte diese sogenannte Umstrukturierung Christian seinen Arbeitsplatz kosten, doch noch wußten wir davon nichts. Der Abschied von Errieta und der Insel war bewegend und fiel uns schwer. Wir versprachen, im darauffolgenden Sommer wiederzukommen. Erst in der letzten Septemberwoche gelangten wir nach Paris zurück. Wir waren dreieinhalb Monate fort gewesen.

Ich schrieb ihr im Oktober, wobei mein Brief hauptsächlich Pläne für den Sommer enthielt. Sie antwortete am ersten November, bestätigte meine Zimmerreservierungen für Juli und August 1960, und erwähnte, sie wolle demnächst nach England reisen. Ihr Brief war unterzeichnet mit »Harrie Perdikidi«. Ich wußte zwar mittlerweile, daß sie ursprünglich Perdikidi hieß, erfuhr aber erst später, daß man sie als Mädchen Harrie gerufen hatte. Dies war das einzige Mal, daß sie einen Brief mit diesem Namen unterzeichnete. Es folgte ein Postskriptum:

P. S. Ich habe meinen Namen geändert, weil mein Mann sich von mir hat scheiden lassen. Die Angelegenheit war bereits während Eures Aufenthaltes hier im Gange, was ihr zweifellos dem Geschwätz der Dorfleute entnehmen konntet. Es ist traurig, daß es so mit uns enden mußte, nachdem wir so viele Jahre glücklich miteinander gelebt hatten, doch der Altersunterschied zwischen uns beiden war einfach zu groß. Das konnte auf die Dauer nicht gutgehen mit jemandem, der die Vitalität meines Mannes besitzt.

Was ich ihr darauf antwortete, weiß ich nicht mehr. Es war schwierig, wenn nicht geradezu unmöglich, die angemessenen Worte zu finden, also schrieb ich Belanglosigkeiten. Kurz vor Weihnachten erreichte mich erneut ein Brief von ihr. Sie war noch nicht abgereist, weil es Schwierigkeiten gegeben hatte mit der Bearbeitung ihres Passes, und weil sie an einer Grippe erkrankt war, die sie so geschwächt hatte, daß sie die Reise hatte verschieben müssen bis nach Neujahr. Anfang März erhielt ich einen Brief aus England. Hier ein Auszug:

Meine Mutter und meine Schwester sind beide wohlauf – meine Mutter sieht sehr viel jünger aus als damals, als ich sie das letzte Mal sah, doch abgesehen von der Freude, die ich empfand, die beiden wiederzusehen, ist mir hier elend zumute. Ich war unentwegt krank, konnte weder aus dem Haus gehen, noch irgendetwas tun. Ich habe mich erst jetzt wieder etwas erholt und sollte nun allmählich wieder nach Skyros zurückkehren, werde die Reise jedoch noch aufschieben bis nach dem achtzehnten März. Ich bin zwar traurig, meine Familie wieder zu verlassen, freue mich aber auch, nach Skyros heimzukehren. Ich habe große Sehnsucht danach. Und ich frage mich, wie es meinem Kätzchen wohl ohne mich ergehen mag.

Errieta erreichte Skyros erst am 23. April. Wie ich später nach und nach erfuhr, hatte sie in England einen Nervenzusammenbruch erlitten, verursacht sowohl von ihrer Verzweiflung über die Scheidung, als auch von der Notwendigkeit, die Nörgelei ihrer Mutter über sich ergehen lassen zu müssen, die der Ansicht war – auch wenn sie dies nie ausdrücklich sagte – daß die Heirat von Anfang an eine Torheit war, die nicht anders hatte enden können. Die liebevolle Zuwendung ihrer jüngeren Schwester war ihr Trost und Balsam. Doch feststand, daß sie niemals mehr die Errieta sein konnte, wie ich sie in den ersten Wochen auf Skyros kennengelernt hatte.

Mitte November ging ich für fünf Monate nach Amerika. Als ich zurückkam, hatte Christian seinen Arbeitsplatz verloren und begonnen, heftig und beständig zu trinken. Er konnte auf keinen Fall im Sommer mit mir nach Skyros reisen. Bernard und Marcel jedoch planten im August zu kommen, und ein paar andere Freunde gedachten ebenfalls, dort ein paar Wochen zu verbringen.

Ich kam am fünften Juli in Skyros an, fand Errieta verändert, auch wenn sie oberflächlich heiter wirkte. Meine Zimmer waren so, wie ich sie verlassen hatte, so daß ich sofort mit dem Schreiben beginnen konnte.

Nach und nach wurde offensichtlich, daß die Veränderung in Errieta tief und dauerhaft war. Sie plauderte und lachte und bewältigte ihren Haushalt wie zuvor, doch stets war ein düsterer Unterton zu spüren, wie ein fernes Beben in der Erde, das vor der Möglichkeit einer Katastrophe warnt. Keine Gefahr für heute oder morgen, sondern für einen unbestimmten Zeitpunkt in der Zukunft, vernichtend und endgültig. Schrittweise, aus verschiedenen Bemerkungen, stillen, vertraulichen Gesprächen am späten Nachmittag, Andeutungen und Rückschlüssen, wurden mir die Umstände der Scheidung mehr oder minder verständlich.

Errieta war keineswegs zartfühlend auf diese Möglichkeit vorbereitet worden. George hatte eines Tages gesagt, er wolle nicht, daß seine Söhne und Töchter die Kinder eines alten Mannes würden. Sie hatte sofort begriffen. Eine erneute Heirat war der einzige Weg zur Vaterschaft. Ja. Das würde Scheidung bedeuten? Unweigerlich. Nach so langer Zeit und so vielen Gemeinsamkeiten? Es gebe keinen anderen Weg. Und als George ihr den Namen seiner künftigen Braut verriet, durchfuhr Errieta ein Stich der Entrüstung, sie rang nach Luft. Und George senkte den Kopf. Doch hätte sie ihm nicht soviel gegeben, hätte er dies wohl nicht von ihr verlangen können. Hätte er, wäre sie jemals selbstsüchtig gewesen, diesen letzten Beweis ihrer Großmut verlangen können? Sie mußte ihn ziehen lassen. Wäre sie dieser Situation nicht gerecht geworden, dann hätte sie nicht nur jenen und alle kommenden Tage verraten, sondern auch jeden einzelnen in den vergangenen zwanzig Jahren. Hatte sie nicht von Anfang an gewußt und in Kauf genommen, daß ihr Risiko so enden würde? Nur indem sie ihn im Guten gehen ließ, konnte sie auch am Ende noch für ihn tun, was sie stets für ihn zu tun gehofft hatte. So hatte sie ganz einfach in die Scheidung eingewilligt. Er küßte sie und ging. Ein paar Tage später kam Vyron, um Georges Kleider und persönliche Dinge mitzunehmen, darunter seine unbenützte Pistole und die Schachteln Munition, die Flugblätter waren schon lange verbrannt. Nichts Materielles blieb ihr, sie an ihn zu erinnern, bis auf das Haus selbst und die Bedeutung eines jeden seiner Bestandteile, und sei er noch so winzig, denn seine Hände hatten sie alle berührt.

Zaccharoula meinte schluchzend, das könne doch nicht wahr sein. Errieta mußte sie trösten, dies sei eben der Lauf der Welt, es müsse geschehen, damit das Versprechen der menschlichen Natur erfüllt werden könne. Als eine Künstlerin, sagte sie, müsse Zaccharoula doch verstehen, daß der Drang zu schöpferischem Tun nicht einfach mißachtet werden könne, nur um persönliche Gefühle zu befriedigen. Nun gut, das sei schon möglich, sagte Zaccharoula, aber sie verspüre gute Lust, jede einzelne ihrer letzten Stickereien zu verbrennen, um damit zu zeigen, daß persönliche Gefühle nicht unbedingt Befriedigung verdienten. Errieta schalt sie, so töricht zu sein. Dann tranken sie gemeinsam Kräutertee und saßen lange Zeit schweigend beisammen, während sie dem Plätschern des Flusses lauschten. In jenem Sommer brachte Errieta mich zu Zaccharoula, um mich ihre Stickereien bewundern zu lassen. Sie besaßen eine einzigartige, verzauberte Schönheit, eine Mischung aus dem Douanier Rousseau und dem frühen Chagall in deren besten Zeiten verspielter Farbenpracht. Ich hätte gerne eine gekauft, wagte aber nicht, ihre geheimnisvolle Schönheit durch unsensible Fragen oder Preisvorschläge zu beleidigen.

Bernard, Marcel und die übrigen kamen. Wir amüsierten uns prächtig, und Errieta genoß es sichtlich, uns bei sich zu haben. Sie bereitete uns köstliche Mahlzeiten, Hummer, Lammbraten, Tauben und verschiedenste Sorten Fisch. Am späten Nachmittag pflegten wir unter den Weinranken Tee zu trinken, und über das Weltgeschehen zu plaudern. Vieles von dem, was ich bereits erzählte, erfuhr ich in jenen bezaubernden zwei Monaten. Nicht einmal bekamen wir George Efstathiou zu Gesicht, aber wir erfuhren von Kokalenia, daß er die Tochter des Postmeisters geheiratet hatte, und diese bereits ein Kind erwartete.

Errieta hatte sich nie mehr ganz erholt von ihrem Rückenunfall. Sie litt fast ständig unter Schmerzen, behauptete jedoch hartnäckig, sie habe Rheumatismus. In Skyros pflegte man Rheumatismus und viele andere Übel zu behandeln, indem man sich auf den Strand legte, den Körper im heißen Sand vergrub, um dann in dieser Stellung wie in einem Backofen mehr als eine halbe Stunde auszuharren. Auf dem Streifen Strandes zwischen dem Hotel und dem Fluß waren Menschen, von denen nur der Kopf unter Sandhügeln hervorlugte, ein gewohnter Anblick. Da Bernard Arzt war, ließ Errieta sich von ihm untersuchen, doch es war schwierig, ohne die Ausrüstung einer Klinik oder Praxis, eine verläßliche Diagnose zu stellen. Er hegte jedoch die Befürchtung, Errietas Schmerzen könnten ernstere Ursachen haben, als Rheumatismus.

Die anderen reisten vor mir ab, doch auch ich verließ die Insel bereits am dritten September. Der Abschied von Errieta war bewegend und traurig, denn da ich nun bereits den zweiten Sommer in ihrem Haus verbracht hatte, war ich so vertraut geworden mit ihrer Geschichte, daß mir beinahe zumute war, als sei ich ein Teil davon. Wir mochten einander sehr. Ich versprach, im folgenden Sommer wiederzukehren, und küßte sie auf die Wange. Sie weinte. Auch meine Augen waren nicht trocken, daher wandte ich mich rasch ab, um dem Jungen zu folgen, der meine Taschen hinunter zum Strand trug. Doch am jenseitigen Ufer des Flusses blickte ich zurück, und wie ich erwartet hatte, stand Errieta am Rand der Klippe und winkte, und ihr weißes Haar umwehte ihren Kopf in der Brise wie eine leuchtende Aureole.

Von Athen aus begab ich mich nach Hyères in Südfrankreich, um dort meine Freundin Marie-Laure de Noailles zu besuchen. Und von dort schrieb ich Errieta, sandte ihr Glückwünsche zu ihrem Geburtstag – am 15. September, wie ich wußte – und verriet ihr, wo sie das Geburtstagsgeschenk finden würde, das ich vor meiner Abreise im Haus versteckt hatte. Es war eine Anthologie zeitgenössischer amerikanischer und englischer Dichtung, die ich stets bei mir zu tragen pflegte. Ich hatte sie selbst vor zehn oder zwölf Jahren zum Geburtstag geschenkt bekommen. Ich hatte eine Widmung für Errieta hineingeschrieben, »mit all meiner Zuneigung«, und sie in einer Schachtel auf das oberste Regal eines ihrer Schränke gestellt. Als ich bis zum Monatsende keinen Brief von ihr erhalten hatte, schrieb ich ihr erneut meine Glückwünsche zum Geburtstag und verriet ihr, wo ich das Buch versteckt hatte. Mitte Oktober erhielt ich folgenden Brief:

Liebster James,

ich war sehr glücklich über Deinen Brief, aber es war der erste, den ich erhalten habe, seit Du die Insel verlassen hast. Den Brief aus Hyères, den Du erwähnt hast, habe ich niemals erhalten. Was mag wohl mit ihm geschehen sein? Bislang ging noch nie ein Brief verloren. Ich kann nicht verstehen, weshalb gerade dieser nicht angekommen sein sollte. Und ich hätte mich so darüber gefreut, weil ich nie erwartet hätte, daß Du Dich an meinen Geburtstag erinnern würdest. Und natürlich hatte ich auch den Gedichtband nicht gefunden, den Du im Schrank versteckt hattest. Das Suchen nach Deiner Überraschung erinnerte mich so angenehm an meine Kindheit, ich mag es sehr, wenn Erwachsene noch ein wenig das Kind in sich bewahrt haben. Über das Geschenk war ich wahrhaft zu Tränen gerührt, besonders, als ich sah, welches Buch es war. Du hast dies Buch doch stets wie einen Schatz gehütet, hast es immer bei Dir getragen, und es, wie ich sehe, selbst einmal zum Geburtstag geschenkt bekommen. Und nun schenkst Du es mir! Lieber James, ich bin Dir ja so dankbar für Deine liebevolle Aufmerksamkeit. Ich bin wirklich sehr glücklich heute.

Mach Dir bitte keine Sorgen, daß ich hier alleine bin. Das ist schon in Ordnung. Ich war nur traurig wegen des Abschieds, und weil ich Dinge hätte tun sollen, die ich nicht getan habe, und mich plötzlich das eigenartige Gefühl befallen hatte, daß etwas zu Ende war. Und ich fürchte, dies ließ mich unnötigerweise ein wenig überfließen.

Doch im Großen und Ganzen geht es mir hier besser, denke ich. Ich bin schon so sehr mit dieser Insel verwachsen, wie eine Schnecke mit ihrem Gehäuse. Und vielleicht leistet mir eine Freundin über den Winter Gesellschaft. Sie fragte mich in einem Brief, ob ich sie aufnehmen würde, und ich schrieb ihr zurück, was sie im Winter hier erwarten würde. Ich weiß noch nicht, ob sie das abgeschreckt hat.

Heute bläst ein böser Sturm. Ich fürchte, wir werden ein oder zwei Tage keine Post mehr bekommen.

Ich nehme an, Du bist bereits eifrig dabei, Dein Manuskript zu tippen. Wirst Du es erst in New York an einen Verleger senden? Und wie lange mußt du warten, bis es gedruckt wird? Als Schriftsteller braucht man wohl sehr viel Geduld – alles dauert so lange. Könntest du Bernard und Marcel für ihre Briefe danken – beide schwärmen von ihrem Aufenthalt hier. Aber auch ich habe sehr genossen, sie hier zu haben, sie sind ja so charmant und freundlich. Könntest

Du ihnen liebe Grüße von mir übermitteln? Und Dir, lieber James, wünsche
ich alles Liebe und denke stets mit tiefer Zuneigung an Dich.

Errieta

Anfang November erhielt ich einen weiteren Brief aus Skyros, von
dem ich hier nur den ersten Abschnitt anführen möchte, da der Rest
nicht so viel zur Sache beiträgt.

Skyros
26.10.60

Lieber James,
es war schön, einen Brief von Dir zu erhalten. Mir gefällt, daß Du diesen
Ort hier als Paradies bezeichnest, als stillen Aufschub, bevor Du wieder fort-
segelst in dein größeres, volleres Leben. Hoffentlich führt Dein Weg Dich bald
wieder hierher! Und ich will Ausschau halten nach den Lichtern Deines
Schiffs, wenn es von fern kommt, um mir glückliche Tage und Harmonie und
Liebe und angenehme Erinnerungen für den Winter zu bringen. Und, mein lie-
ber Kapitän, entlade nur soviel als möglich von Deiner Fracht, fürchte nicht,
Du seist zu dreist, wenn Du mit solch wertvollem Gut Handel treibst. Für den
alten Hafenmeister, der traurig ist und halbverhungert, ist es gewiß sehr kostbar.

Ich glaube nicht, daß Errieta es ironisch meinte, als sie mein Leben
als größer und voller bezeichnete, als das ihre. Gewiß nicht. Doch die
Größe und Fülle eines Lebens bemißt sich nicht an seinem Ereignis-
reichtum, seinen Reisen, seiner Vielschichtigkeit, sondern eher an der
Ausbildung geistiger Werte und dem Geflecht seiner persönlichen und
gesellschaftlichen Verpflichtungen. Hinsichtlich dieser primären Krite-
rien schien es mir, als sei Errietas Leben größer und voller gewesen, als
das meine. Und das denke ich noch immer, sonst hätte ich nicht versucht, die Erinnerung daran zu bewahren. Ich war erstaunt über ihre
Wortwahl, ich solle »nicht fürchten, zu dreist zu sein«, denn im Laufe
unserer ausführlichen Gespräche fürchtete ich wirklich manchmal, allzu dreist zu sein, wenn ich Fragen stellte oder Themen anschnitt, die so
persönlicher Natur waren, daß sie sie aufzuwühlen oder zu beleidigen
drohten. Manchmal, das stimmt, antwortete sie etwas zögernd, nur in
Andeutungen, doch niemals warf sie mir vor, die Grenzen der Freundschaft überschritten zu haben. Und ich ging weit, wie aus meiner
Erzählung hervorgeht. Doch sie spürte wohl, daß meine Neugierde ein
Zeichen meiner Wertschätzung und Zuneigung für sie war.

Arlette als Garance in dem Film *Kinder des Olymp (Roger Forster, Paris)*

Arlettes Haus auf Belle-Ile

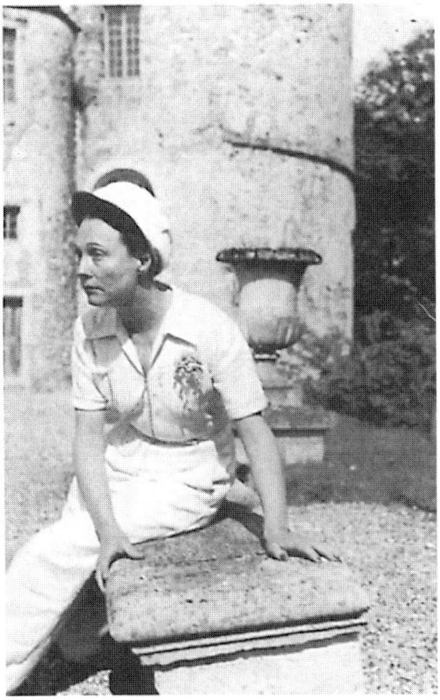
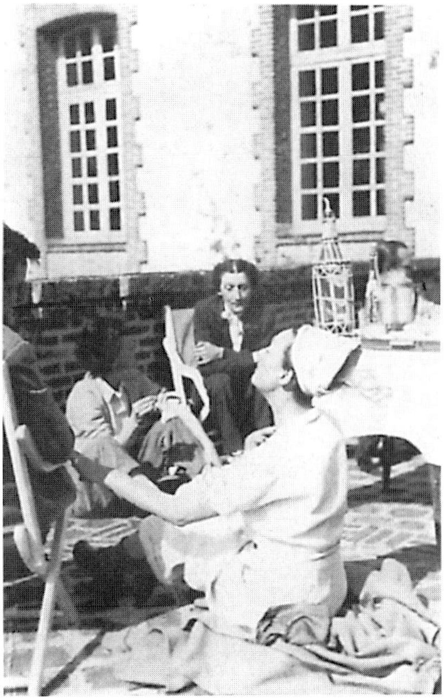
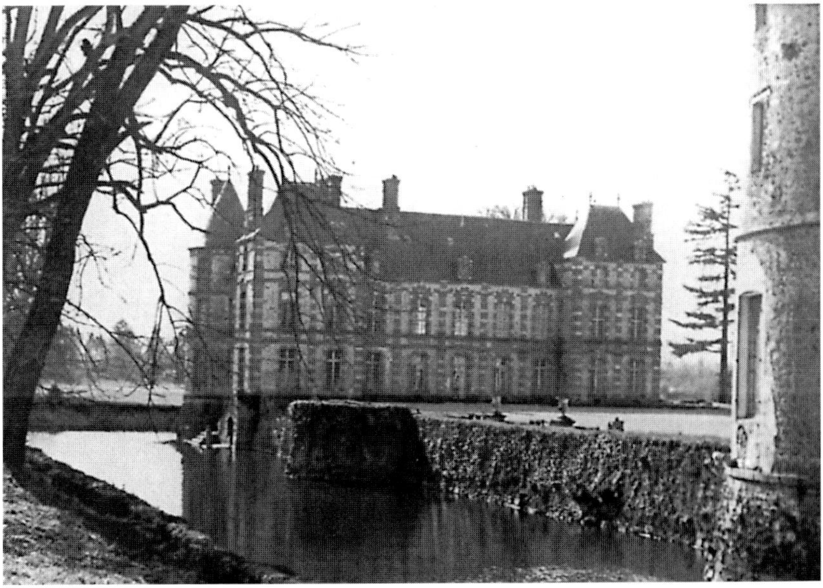

Porträt von Marie-Laure
de Noailles, von Pablo
Picasso, ca. 1923 *(Samm-
lung von Nathalie Perrone)*

Porträt von Marie-Laure,
gemalt von Balthus, 1936
*(Sammlung von Nathalie
Perrone)*

Treppenaufgang zur ersten Etage von Marie-Laures Villa in Paris, mit einem der »verbannten« Goyas und dem Ausschnitt eines Gemäldes von Van Dyck.

oben links: James und Claus von
Bülow auf dem Rasen vor Saint-
Bernard, 1954 *(Ned Rorem)*
oben rechts: James auf dem Schoß
von Francis Poulenc, 1961
(Marie-Laure de Noailles)
rechts: Marie-Laures Grabstätte,
1992 *(James Lord)*

Seite gegenüber:
oben links: Marie-Laure und Oscar
Dominguez auf Saint-Bernard
vor einer von Oscar entworfenen
schmiedeeisernen Katze
(James Lord)
oben rechts: Marie-Laure auf Saint-
Bernard, 1960 *(James Lord)*
unten: Schloß Saint-Bernard
(James Lord)

oben: Mutter und Vater des Autors, zur Zeit von James' Geburt
unten links: James, aufsässig und launisch, im Alter von achtzehn Jahren
rechts: Mutter im hohen Alter

Im Dezember reiste ich nach Amerika, und während meines Aufenthaltes dort verstarb meine Großmutter im Alter von siebenundneunzig Jahren. Und aus Paris erhielt ich merkwürdige Neuigkeiten. Christian Davillerd war in ein Kloster irgendwo in der Normandie eingetreten und beabsichtigte, die Gelübde abzulegen und den Rest seines Lebens nur noch geistigen Zwecken zu widmen. Ich war traurig und bestürzt über die Nachricht und erwähnte sie in meinem nächsten Brief an Errieta. Sie sandte mir folgende Antwort zurück:

Skyros
11.2.61

Lieber James,

vielen Dank für Deinen Brief. Mit Bedauern lese ich, daß Du Deine Großmutter verloren hast. Wenn sie immer bei Euch gelebt hat, dann wirst Du sie gewiß vermissen, aber wir können eben nicht erwarten, unsere Großeltern stets um uns zu haben, und wenn sie sterben durfte, ohne zu leiden und von der Zuneigung derer umgeben, die sie liebte, ist das doch ein beneidenswertes Ende.

Ich mache mir in letzter Zeit große Sorgen. Was sind das für Neuigkeiten von Christian? Er ist ins Kloster eingetreten, um Mönch zu werden! Ich bin darüber sehr, sehr traurig. Wußtest Du, daß er mit diesem Gedanken spielte? Warum hast Du mir nichts über ihn erzählt? Wir hätten uns gemeinsam etwas für ihn ausdenken können – etwas, um ihm aus seinen Schwierigkeiten zu helfen. Er hatte gewiß schreckliche Probleme und war sehr unglücklich, der arme Junge. Wie bin ich niedergeschlagen! Ich habe niemals bemerkt, daß er in Schwierigkeiten steckte. Was mag ihn nur so gequält haben? Hat ihm seine Arbeit nicht gefallen? Eine oberflächliche Umgebung kann unerträglich werden für jemand, der ein tiefgründiges, ernsthaftes Wesen besitzt oder von Sorgen geplagt wird, und in der Jugend lassen manche Dinge sich so schwer ertragen.

Hatte er diesen Schritt schon länger geplant? Kam er deshalb letzten Sommer nicht nach Skyros, oder konnte er sich womöglich die Reise nicht leisten? Ich hoffe sehr, daß nicht letzteres der Grund war, und ich nicht zu schwer von Begriff war, an solch eine Möglichkeit zu denken. Ich hätte ihn doch wissen lassen, daß er hier kein Geld benötigte. Du sollst wissen, James – und das gilt für Euch alle – daß ich jederzeit einen Gast ohne Bezahlung hier aufnehmen kann, und das mit Freuden. Doch jetzt hat er sich aus unserer Reichweite entfernt, und wir können nichts mehr für ihn tun. Ich kann ihm nur noch den zärtlichsten Platz in meinem Herzen bewahren und beten, er möge Trost und

Zufriedenheit finden, und all das, wonach er sich sehnt. Und obwohl ich Insti-
tutionen nicht schätze, die uns unsere Freiheit nehmen und uns zwingen, ein
unnatürliches Leben zu führen, so bin ich doch der Meinung, daß der Schritt an
sich, alles aufzugeben, sehr schön ist, und angenehm auffällt in einer Welt, wo
ein jeder nur versucht, soviel als möglich zu erhaschen. Aber ich hasse den
Gedanken, daß er in einem Kloster eingesperrt ist. Er ist doch noch so jung!
Hat er die Gelübde bereits abgelegt, oder gewährt man ihm eine Bedenkzeit?
Und wieviel Freiheit haben die Mönche seines Ordens? Kann er Dich besu-
chen, oder das Kloster eine Weile verlassen? Schreibe mir bitte alles darüber,
und auch, wann du nach Paris zurückkehren wirst.

Alles Liebe, Errieta

Glücklicherweise hat sie nie erfahren, was am Ende mit Christian geschehen ist.

Nicht alle Briefe Errietas übermittelten Traurigkeit, Bedauern oder Mitgefühl. Sie besaß das Talent, lebhaft und warmherzig über Belanglosigkeiten zu schreiben, weil sie sich spontan zu äußern vermochte. Wie sie selber sagte: »Ich bevorzuge es, in meinen Briefen ein wenig zu plaudern, als unentwegt Neuigkeiten zu vermitteln.« Und Ende März, nach meiner Rückkehr nach Paris, erhielt ich einen Brief, aus dem ich einen Abschnitt zitiere:

Ich freue mich sehr darüber, daß nun wieder Frühling wird, und die Knospen
schon bald aufbrechen. Der Winter war zwar kurz, aber ich habe ihn dennoch
satt. Wir hatten sogar Schnee, der einen Tag lang liegen blieb, und schreckliche
Stürme und endlosen Regen. Der Fluß war zum reißenden Sturzbach gewor-
den, der Bäume entwurzelte und sie hinunter ins Meer schwemmte und über-
haupt viel Schaden anrichtete. Es war für jedermann mehrere Tage lang
unmöglich, ihn zu überqueren. Man warf mir einen Laib Brot herüber an seiner
schmalsten Stelle. Was die übrige Nahrung anbelangte, so mußte ich mit mei-
nen Vorräten hier im Haus zurecht kommen. Nun, da der Fluß wieder weniger
Wasser führt, hat man ein paar große Steine in die seichteste Stelle gelegt, aber
sie sind etwas zu weit voneinander entfernt und auch nicht flach genug. Man
muß schon sehr gelenkig sein, um hinüberzugelangen, ohne ins Wasser zu fal-
len. Ich erwarte Ostern den deutschen Botschafter und seine Familie und hoffe
sehr, daß sie gelenkig sind. Das nächste Problem ist, wie ich sie wohl am gün-
stigsten zu mir hoch bringe. Die hohe Brandung und der Fluß haben den unter-

sten Teil des Pfades fortgespült, so daß man plötzlich eine etwa zwei Meter
hohe Klippe entstanden ist. Ich denke, ein Korb und ein Seilzug werden ange-
sagt sein. Oder hast Du vielleicht eine bessere Idee? Deine westliche Gesin-
nung wird Dich womöglich an Rolltreppen und Aufzüge denken lassen. Aber
mir gefällt die Vorstellung, den Botschafter im Korb heraufzuziehen. Das
wäre doch einmal eine hübsche Abwechslung für ihn.

Ich traf einen sechsundzwanzigjährigen Amerikaner mit namen
Larry Hager, zu dem ich mich sofort hingezogen fühlte, meine einzige
Erfahrung von Liebe auf den ersten Blick. Zwei Wochen nach unserer
Begegnung zog er bereits zu mir in meine kleine Wohnung. Ich hatte
schon seit langem mit Errieta vereinbart, den Sommer wieder bei ihr
auf Skyros zu verbringen. Bernard und Marcel sollten wie üblich ein
paar Wochen im August kommen. So lud ich Larry ein, sich uns anzu-
schließen, und wir flogen Ende Juni nach Griechenland. Er war noch
niemals in diesem Land gewesen, und war aufgeregt, bald die Sehenswürdigkeiten antiken Ruhms zu besichtigen, obwohl ich später die
wahre Ursache seiner Aufregung erfahren sollte. Wir bereisten eine
Woche lang das Festland und fuhren am ersten Juli nach Skyros. Errieta
brachten wir ein Teeservice aus *Limoges* mit, welches ich in einem
Laden unmittelbar neben dem Athénée Palasthotel erstanden hatte.
Errieta erschien mir niedergeschlagener und kränklicher, als im Jahr
zuvor, doch wie gewöhnlich verbarg sie ihre Verfassung hinter strahlender Laune, und für jeden, der sie nicht gut kannte, war sie in ausgezeichneter Verfassung. Larry und Errieta mochten sich vom ersten
Augenblick an. Ich war glücklich, zwei Menschen, die ich ungemein
schätzte, einander so zugetan zu sehen.

Zwei oder dreimal die Woche stieg ich hinauf ins Dorf, um mich bei
dem verhaßten Postmeister nach etwaigen Briefen zu erkundigen.
Ungefähr vierzehn Tage nach unserer Ankunft stellte ich zu meiner
Überraschung fest, daß ein Brief für Larry angekommen war. Er trug
den Stempel von San Diego, Californien. Als ich ihn ihm überreichte,
las er ihn kommentarlos, und ich widerstand der Versuchung, ihn nach
dem Inhalt zu fragen. Ich sollte ihn bereits am nächsten Morgen herausfinden. Als wir zusammen am Strand lagen, erklärte mir Larry, er
habe, bevor er nach Paris gekommen sei, mehrere Jahre mit einem
anderen Mann in San Diego zusammengelebt, in einem Haus, das ihnen

gemeinsam gehörte. Ironischerweise war dieser Mann Grieche, war in Athen geboren und bei Ausbruch des Krieges nach Amerika ausgewandert. Er habe ihm geschrieben, daß er ihn noch immer liebe, und ihn angefleht, wieder nach Hause zu kommen. Er habe die ganze Nacht mit sich gerungen, sagte Larry, und nun habe er beschlossen, nach Californien zurückzukehren, um zu entscheiden, ob er das Leben mit seinem vorherigen Geliebten wieder aufnehmen wolle oder nicht, und je eher er sich aufmache, dies herauszufinden, desto besser. Ich fiel aus allen Wolken nach dieser Enthüllung, auf die er mich mit keinem Wort vorbereitet hatte. Als ich Larry fragte, wo ich denn bei der Sache bleibe, sagte er, das wisse er nicht. Es täte ihm leid, wenn die Situation mich verletze, aber er sei es seinem Freund einfach schuldig, eine gemeinsame Zukunft mit ihm zu versuchen. Und wenn sich der Test als negativ erweisen sollte, fragte ich, was dann? Nun, sagte Larry, wenn ich zu warten gewillt sei, wie die Dinge in Californien sich entwickeln würden, dann würde er, falls sie sich nicht positiv entwickelten, und ich ihn immer noch genug liebte, um ihn wiederhaben zu wollen, nach Paris zurückkehren, um mit mir zu leben. Ich sagte ihm, ich würde warten.

Ein paar Tage später reiste er ab. Ich stand am Rand der Klippe und blickte ihm nach, wie er am Ufer entlang davonging. Er hatte sich das Taxi bestellt, um sich nach Linaria fahren zu lassen. Ich beobachtete, wie es wie ein riesiger Käfer heraufgeklettert kam, um die Landzunge unterhalb des Dorfes bog und verschwand. Und ich konnte nicht glauben, daß wirklich geschehen war, was geschehen war. Das heißt, ich konnte es nicht akzeptieren. Weder geistig noch physisch konnte ich es akzeptieren. Ich schrieb endlose Klagen in mein Tagebuch, wiederholte immer wieder dieselben Sätze, dieselbe Unfähigkeit, Larrys Abreise zu akzeptieren, dieselbe Sehnsucht nach seiner Rückkehr. Aber er war fort, und ich blieb alleine mit meinem Leid wie ein Opfer und ein Idiot. Doch ich war nicht alleine.

Am Ende des Tages, als Errieta und ich unter den Weinranken saßen und Tee schlürften, sagte sie nach längerem Schweigen: »Ich verstehe schon.« Schluchzend wandte ich das Gesicht ab und war unfähig zu sprechen. Sie erwähnte nie wieder, was sie Tag für Tag beobachten mußte, aber durch die Gewißheit, daß sie mich verstand, fühlte ich mich zutiefst getröstet, wenn auch nicht erleichtert. Ich habe noch niemals solche Qualen erlebt. Und in jenen Tagen erzählte Errieta die intimsten und persönlichsten Dinge über sich und über ihr Leben. Ich glaube, sie muß wohl geahnt haben, daß die Geschichte ihrer eigenen Nöte und Sorgen mich von den meinen ablenken würde.

Abgesehen von den Erinnerungen aus Errietas Leben und der steten Wiederholung derselben Sätze über Larry in meinem Tagebuch war es mir unmöglich, zu schreiben. Also malte ich. Ich pflegte damals stets einen Kasten Wasserfarben bei mir zu tragen, samt Pinseln und Skizzenbuch. Die Konzentration auf Formen und Farben meines Motivs schien meinen Schmerz zu betäuben, und so zwang ich mich dazu, an jedem Tag wenigstens ein Bild zu malen.

Schon bald nach Larrys Abreise kam George Efstathiou den Pfad vom Strand heraufgestiegen, als ich mich gerade aufmachte, im Hotel zu Abend zu speisen. Wenn mich sein Erscheinen schon verblüffte, wieviel überraschter mußte Errieta dann gewesen sein. Ihre Miene war undurchdringlich, als sie ihn begrüßte. Als er fragte, ob er sich setzen dürfe, wies sie auf einen Stuhl. Ich ließ sie beide in der Dämmerung allein.

Tags darauf erzählte sie mir, weshalb er gekommen war. Seine Heirat mit der Tochter des Postmeisters hatte bereits ein Kind hervorgebracht, einen Sohn. Er wollte den Säugling zu Errieta bringen, ihr seinen Sprößling zeigen, ihn ihr in die Arme legen. Sie habe ihn gefragt, weshalb er sich das wünsche. Er hoffe, sie würde sich freuen, die lebendige Verkörperung seines Glücks in Armen zu halten, lautete seine Antwort, und daß er dies Glück in dem einzigen Zuhause segnen lassen wolle, das er jemals gekannt habe und jemals kennen würde. Solchem Ansinnen mußte Errieta natürlich ihre Zustimmung geben. Seine Frau, versicherte er eilig, würde nicht heraufkommen, sondern am Strand unten warten, während er mit seinem Sohn bei Errieta sei.

Er kam am folgenden Spätnachmittag mit dem Kind, einem acht oder neun Monate alten Säugling, rund und rotwangig mit einem pechschwarzen Haarschopf wie sein Vater. Ich sah sie durch das Fenster meines Schlafzimmers. Die Frau war, wie George es versprochen hatte, am Strand unten geblieben. Sie kauerte am Flußufer, und in dieser merkwürdigen Haltung schien Feindseligkeit und Groll zu liegen. Das interessierte George offensichtlich nicht im geringsten. Errieta wiegte das Kind in ihren Armen und redete leise auf es ein. Ob sie im Körperkontakt mit dem Sohn ihres ehemaligen Mannes Vergnügen oder

Befriedigung empfand, war unmöglich zu entscheiden, da ihre Miene vollkommen unbewegt blieb. Und ich hätte sie niemals gefragt. Vielleicht war es für sie eine Art Erfüllung und Versöhnung. Ich weiß es nicht. Ich frage mich auch, was Georges wahre Motive waren, sein Kind der Frau in die Arme zu legen, die er verlassen hatte. Wollte er Errieta eine Freude bereiten, ihr das Gefühl vermitteln, sie verkörpere noch immer das pochende Herz seines Lebens? Oder war er ungewollt grausam, indem er sie zwang, einen Säugling zu halten, zu segnen und zu umarmen, der das väterliche Glück symbolisierte, das sie ihm nicht zu geben vermocht hatte, sie, die ihm doch alles gegeben hatte, was sie besaß. Er trug das Kind noch oft zu ihr hinauf, während ich in jenem Sommer auf Skyros war.

Ein marxistischer Philosoph namens Kostas Axelos, hervorragender Ausleger der Werke Heideggers, kam Ende Juli mit seiner Frau und blieb zehn Tage lang im Turm. Eines Abends, als ich von meinem einsamen Abendessen im Hotel zurückkam, fand ich die beiden in der Wohnstube vor, wo sie mit Errieta plauderten. Sie fragte uns, ob wir gerne ein wenig Musik hören würden. Alle sagten ja. Ich hatte das alte Grammophon schon des öfteren auf seinem Regal im Vorratsraum gesehen, es jedoch niemals spielen gehört, auch nicht darum gebeten, da ich elektrischen Geräten und Langspielplatten größeres Vertrauen entgegenbrachte. Errieta trug die hölzerne Maschine mit dem großen Trichter herein, stellte sie auf einen niedrigen Tisch in der Mitte des Raumes, und holte ein paar Schallplatten. Sie habe Beethoven, sagte sie, eines seiner letzten Quartette, Nr. 13 in B-Dur, gespielt von Adolf Busch mit seinem Bruder Hermann und zwei weiteren. Die Aufnahme war älter als ein Voertel Jahrhundert. Sie drehte die Kurbel aus Mahagoniholz, befestigte eine Stahlnadel an der Spitze des Führungsarms, legte eine Schallplatte auf den Drehteller, schob den Arm über die Platte und senkte ganz vorsichtig die Nadel auf den äußeren Rand der Scheibe. Die Musik erschallte metallen aus dem Trichter, ungleichmäßig und scharrend. Die Schallplatte war abgenutzt, die Maschine reparaturbedürftig. Und doch war es Beethoven, ehrfurchtgebietend und erhaben. Wir saßen still im Lichtkegel der Lampe, die auf dem nahen Bücherregal stand, und lauschten. Und in solch einer Melodie versöhnten Freiheit und Notwendigkeit sich wieder miteinander, löste das Leid sich vom Schmerz. Vielleicht konnte man, wenn man zu erhöhter

Bewußtheit gelangte, jegliche Enttäuschung, jegliche Verzweiflung von Verrat und Schmutz reinwaschen. Und in solch einer Bewußtheit mochte sich sogar ein Hinweis verbergen, wie das Problem des Bösen zu lösen war, nur ein Hinweis, einer, den glücklicherweise wenige Menschen jemals erwägen müssen. Ich entsann mich der Bemerkung des deutschen Soldaten, er würde sich eher umbringen, als dieser Musik lauschen, und ich dachte, ein Mann, der, anstatt sich trösten zu lassen, den Tod vorzog, müsse wahrhaftig die absolute Lebensverneinung erfahren haben. Beethoven zu lauschen in diesem einsamen Haus am letzten Zipfel Europas schien anzudeuten, daß die Zivilisation, auch wenn sie enden würde, auch wenn die Sonne verkohlt sein würde, nicht vergebens war, und daß Errieta eine kostbare Repräsentantin davon war. Sie wendete und wechselte vorsichtig die Schallplatten, wobei sie vor jeder Seite, die sie spielte eine frische Nadel befestigte. Das Stück in B-Dur, eine von Beethovens letzten Schöpfungen, ist sehr lange. Als es zu Ende war, wußte keiner mehr etwas zu sagen. Wir bedankten uns bei unserer Gastgeberin und begaben uns auf unsere Zimmer.

Bernard und Marcel kamen im August. Ich fühlte mich ein wenig erleichtert, mit ihnen über Larry sprechen zu können. Jacques sorgte sich um Errietas Gesundheit, die ihm sehr angegriffen, ja, geradezu besorgniserregend schien, doch sie meinte beharrlich, dies sei nur Rheumatismus, sie werde bald wieder bei Kräften sein. Nach drei Wochen beschlossen meine Freunde, Skyros zu verlassen und die Zykladen zu bereisen. Ich schloß mich ihnen an.

Der Abschied von Errieta war wie immer schwierig und traurig, dieses Jahr jedoch besonders. Weder sie, noch ich fanden die rechten Worte. Wir verstanden einander auch so. Ich überließ ihr meinen Farbkasten und meine Pinsel, da ich dachte, das Malen könne sie ein wenig ablenken, so wie es mich abgelenkt hatte. Sie stand am Rande der Klippe und winkte, als wir am Strand entlang auf das wartende Taxi zuschritten, und als wir um die Landzunge bogen, konnte ich sie noch immer sehen, eine winzige Gestalt mit leuchtend weißem Haar in der blauen Ferne.

Wir reisten um die Kykladen. Dann besuchte ich eine Zeitlang meine treue und verständnisvolle Freundin Marie-Laure de Noailles in Hyères. Schließlich hörte ich von Larry, der endlich doch beschlossen hatte, nach Paris zurückzukehren. Im Dezember reisten wir gemeinsam in die Schweiz, nach Deutschland und Österreich, besichtigten Museen, Klöster, Schlösser, besuchten die Oper und Konzerte. Im Januar fuhren wir nach London. Während dieser Zeit war ich etwas nachlässig im Briefeschreiben an Errieta, schrieb außer meiner Mutter niemandem. Doch nach unserer Heimkehr aus London sandte ich endlich einen Brief nach Skyros, in dem ich unsere Reisen beschrieb. Mitte Februar erhielt ich folgende Antwort:

Skyros
11.2.62

Lieber James,

es war nett, Deinen Brief zu erhalten, in dem Du mir soviel von Deiner Reise an Weihnachten erzählt hast. Es muß sehr vergnüglich gewesen sein, besonders mit so einem netten Kameraden wie Larry. Und welch hübsche Art, Kunst zu studieren: sie anzusehen, anstatt immer nur über sie zu lesen. (Denn das ist es doch, was Larry studiert, nicht?)

Wie ich sehe, schreibst Du wieder. Das freut mich. Woran arbeitest Du gerade? Und was hältst Du von all den entsetzlichen Vorgängen in Frankreich? * *In den griechischen Zeitungen, die ich lese, klingt das alles fürchterlich bedrückend, und jeder scheint zu denken, es gebe kaum eine Möglichkeit, den Bürgerkrieg zu verhindern. Allein der Gedanke daran läßt mich schaudern. Ich habe mir große Sorgen um euch alle gemacht, und war sehr froh, als ich gestern erfuhr, daß die Lage sich ein wenig entspannt hat. Ich habe auch gelesen, daß man auf den Kultusminister, – Michels Arbeitgeber, nicht wahr? – einen Anschlag verübt hat.*

Die Werbung für Griechenland im Time Magazine war sehr deprimierend. Ich war ziemlich entkräftet nach der Grippe, und danach fühlte ich mich noch weit niedergeschlagener. Stell dir nur einmal vor, wenn die Fußabdrücke von zehntausend Touristen den Sand umpflügen, von denen ein jeder ein tragbares Radiogerät bei sich trägt und vergebens nach einem einsamen Fleckchen sucht!! Unser Zeitalter birgt so viele Gefahren: die Gefahr von Diktaturen, Bomben, Lärm, und nun – die des Tourismus.

Heuer hatten wir einen ziemlich trübsinnigen Herbst und Winter. Keine lieblichen Herbsttöne. Vielleicht, weil es Ende des Jahres so trocken war. Und auch keinen dieser schönen Himmel mit den gewaltigen, ziehenden Wolken,

---

* *Krieg und Aufstand in Algerien.*

die sich über den Bergen zusammenballen, und die nur gelegentliche Lichtstrahlen durchlassen. Anfang des Jahres begann es dann zu regnen, und seither regnet und stürmt es ununterbrochen.

Unsere einzige Neuigkeit ist, daß der ekelhafte alte Postmeister in Rente gegangen ist und ersetzt wurde von einem jüngeren Mann, noch ekelhafter, dümmer und unfähiger, als er. Du denkst bestimmt, das ist unmöglich. Dann komm und überzeuge Dich ...

Ich hoffe sehr, daß die Lage in Frankreich sich entspannt. Grüße bitte Larry von mir.

Und alles Liebe Euch beiden

Errieta

Im darauffolgenden Sommer fuhren Larry und ich nicht nach Skyros, sondern nach San Diego in Californien, wo Larry nunmehr das Häuschen alleine besaß, das er sich zuvor mit seinem griechischen Geliebten geteilt hatte. Ich muß nicht erwähnen, daß die luftige Lieblichkeit von Skyros in San Diego so fern war, daß sie fast unwirklich schien. Ich schrieb an Errieta und erhielt Mitte des Sommers ein kleines Paket, das einige Aquarellskizzen enthielt, ein Stilleben mit Früchten, eine Meeresansicht und ein Porträt des Dienstmädchens Annoula. Sie waren ihr ziemlich gut gelungen. Sie hatte auch einen Brief beigelegt:

Skyros
(nicht datiert)

Liebster James,
hier sende ich dir die ersten Skizzen, die ich gemacht habe. Ich konnte mich nicht entscheiden, welche ich dir schicken sollte, also habe ich sie alle geschickt. Sei nicht zu vernichtend in Deinem Urteil, mein lieber Kritiker — ich habe keinen Pinsel mehr angerührt, seit ich zwanzig Jahre alt war, und ich sende Dir die Bilder auch nur, um Dir zu zeigen, wieviel Vergnügen Du mir mit Deinen Farben bereitet hast. Während ich male, bin ich so versunken, daß ich glatt die Zeit vergesse. Ich vergesse sogar, daß ich traurig bin! Ich habe auch das Buch, das Du mir hier gelassen hast, sehr genossen, Ein Sterbefall in der Familie. Es ist wirklich sehr schön, so zärtlich, so kindlich. Welch hübsche Dinge hast Du Dir ausgedacht, um mir eine Freude zu bereiten! Du bist wirklich lieb, James. Ich mag Dich sehr. Auch Deine Freunde, nur nicht ganz so gerne wie Dich. Ich hoffe, Du fühlst, wie sehr ich Dir für alles dankbar bin, besonders für

deine Zuneigung. Ich glaube, Du fühlst es – Du bist ja so sensibel. Es war
schön, Dich hier zu haben, aber jetzt bin ich schrecklich, schrecklich traurig –
viel trauriger als letztes Jahr. Als hätte ich mich für immer verabschiedet.
(nicht unterzeichnet)

Dies war der letzte Brief, den ich von Errieta erhielt. Ich schrieb ihr, um mich für die Aquarelle zu bedanken, bekam jedoch keine Antwort.

Ende September, als Larry und ich aus San Diego nach New York kamen, erhielt ich einen Brief von Bernard, der eine zittrige Botschaft von Errieta enthielt. Ihre Handschrift war verzerrt, so als hätte sie kaum genug Kraft, um den Stift zu halten, wie jemand, der im Sterben lag. Bernard hatte bereits einen Brief erhalten, in dem sie ihm die Ergebnisse einiger vager Untersuchungen zusandte, und er hatte daraus geschlossen, daß sie an Leukämie erkrankt war. War dies die Folge jenes Unfalls vor vielen Jahren, als sie sich mit George in Chalandri verstecken mußte? Unmöglich zu sagen.

Noch am selben Tag schrieb ich ihr einen ausführlichen Brief. Ein paar Wochen später kam er wieder zurück mit dem schwarz gedruckten Wort VERSTORBEN auf dem Umschlag.

Die Prüfung einer Mutter
Louise Bennett Lord

I

Daß Gertrude Stein, Alice B. Toklas, Arletty, Marie-Laure de Noailles und Errieta Perdikidi außergewöhnliche Frauen waren, steht außer Frage, denke ich. Meine Mutter dagegen, Louise Bennett Lord, hätte sich heftig dagegen verwehrt, in ihre Gesellschaft eingereiht zu werden, zumal sie in aller Aufrichtigkeit stets von sich zu behaupten pflegte: »Ich bin doch ein recht fader, prosaischer Mensch.« Ich jedoch, ihr Lieblingssohn – ohne Ben beleidigen zu wollen – bin entschieden anderer Meinung. Nun existiert ja jenes banale Vorurteil, daß Lieblingssöhne, zumal homosexuell, ohnehin dazu neigen, ihre Mütter für außergewöhnlich zu halten. Schreibe ich also über die meinige, so will ich damit nicht nur meine Meinung rechtfertigen, sondern auch zeigen, daß es vor allem ihr zu verdanken ist, wenn mir dies gelingen sollte. Ist mein Erfolg also wahrhaftig der ihrige, so muß ich ihn, um mein Leben und Tun zu rechtfertigen, leider ausführlicher schildern, als normalerweise angebracht wäre, zumal meine Überzeugungen in meinen Erfahrungen wurzeln.

Louise Bennett hatte Glück mit ihren Eltern. Sie waren wohlhabende, gutmütige Menschen, ohne herausragende Eigenschaften, aber Familien entstammend, die sich bereits vor 1700 in den britischen Kolonien niedergelassen hatten. Sie lebten in Indianapolis, Indiana, heirateten dort im Jahre 1890, und fünf Jahre später, am 3. Januar, erblickte meine Mutter das Licht der Welt. Mein Großvater war der Besitzer eines großen und gewinnbringenden Unternehmens, welches Küchenherde und Heizöfen herstellte. Als Kinder besuchten meine Mutter und später auch ich mit Vorliebe die Gießerei, um hingerissen in die siedenden Tiefen der Schmelzöfen zu spähen. Meine Großeltern mütterlicherseits hatten zudem einen Sohn, Edward, zwei Jahre älter als meine Mutter. Sie verlebte eine ungewöhnlich glückliche Kindheit, umgeben von einer gehorsamen Dienerschar, lebenslustigen Verwandten und Freunden, erlebte Parties, Picknicks, Scharaden und Ausflüge ins Grüne. Und im Sommer begab die Familie sich nach Harbor Point im Norden, zu den höheren Regionen des Michigan-Sees. Als sie vierzehn Jahre alt war, sandte man meine Mutter auf ein Internat in Greenwich, Connecticut, Rosemary Hall, wo sie sehr unglücklich war. Ihre Jugendjahre waren schwierig, traumatisch. Sie wurde scheu, unsicher, und zog sich in die tröstliche Gesellschaft ihrer Bücher zurück. Ihr Leben lang las sie unermüdlich, in jungen Jahren vorzugsweise Lyrik und Geschichte. Die großen Romane der Weltliteratur folgten später. Für Mutters höhere Schulbildung, die sie anstrebte, obwohl kein Elternteil ihr dies nahegelegt hatte, wählte man das Sweet Briar College in Virginia, ein verhältnismäßig modernes Institut, nicht Radcliffe oder Vassar, weil meine Großmutter mehr auf ein mildes Klima Wert legte als auf geistige Bestrebungen. Mutter bestand ihre Abschlußprüfung 1916, kehrte nach Indianapolis zurück und wurde in die Gesellschaft eingeführt, eine harte Belastungsprobe, obgleich sie eine außergewöhnlich anmutige und gute Tänzerin war. Zwei Jahre später traf sie einen Offizier mit Namen Albert Lord, aus Connecticut stammend und zwölf Jahre älter als sie, der sich sogleich in sie verliebte. Sie heirateten am 2. Mai 1920 in Indianapolis und ließen sich in New Jersey nieder, da mein Vater an der Wall Street arbeitete, wohin er per Eisenbahn und Fähre reiste. Ihre Ehe war bemerkenswert glücklich und heiter, auch wenn ihr weder Sorgen noch Kummer und Vorlust erspart blieben. Mein Vater war ein praktischer Mensch, puritanisch erzogen, besaß, zumindest in jungen Jahren, wenig Sinn für die schönen Künste, mochte Tennis und Golf, Bridge und Schach, genoß Geselligkeit und ab und zu ein Gläschen über den Durst. Ich entsinne mich so manch geheimer Lieferung der Schwarzhändler während des Alkoholverbots. Er hatte einen wohltuenden Einfluß auf meine Mutter, heilte sie von ihrer Schüchternheit und pflegte ihren geselligen Charme. Sie bekamen vier Kinder, allesamt Jungen, Bennett, geboren im April 1921, ich, geboren im November 1922, Edward, geboren im Dezember 1925 und Peter, auch im April geboren, aber 1929.

Meine frühe Kindheit war unbeschwert und heiter. Ich war ein gehorsames, lebendiges, fröhliches Kind, kam gut zurecht mit meinen beiden Brüdern und scheine keinerlei Anlaß zur Sorge gegeben zu haben. Im Alter von sechs Jahren jedoch ging in mir eine jähe Veränderung vonstatten. Ich wurde reizbar und mürrisch, ungehorsam, verschlagen und hochnäsig. Meine Mutter fragte sich oft nach den Ursachen dieses unvorhersehbaren Wandels. Er fiel mehr oder minder mit der Geburt meines jüngsten Bruders Peter zusammen, und ich habe lange darüber nachgedacht, was sein Erscheinen für mich bedeutete. Vielleicht war mir, als beraube man mich meines ungebührlich großen Anteils an der liebevollen Aufmerksamkeit, mit der meine Mutter mich seither bedacht hatte. Sie schien nie an solch eine Erklärung gedacht zu haben. Im Hinblick auf Peters tragisches Los glaube ich jedoch nicht, daß ich ihn jemals feindselig behandelte, oder daß meine Eltern ihm weniger Fürsorge und Zuneigung angedeihen ließen als ihren drei anderen Söhnen.

Dann kam die Schulzeit. Ich war ein Simulant, Schwindler und Unruhestifter, noch dazu ein schlechter Schüler, sogar in den Fächern, die ich am meisten mochte, nämlich Englisch, Geschichte und Französisch. Da ich zu Hause aufmüpfig und streitsüchtig war, sandte man mich im Alter von neun Jahren in ein Internat mit soldatischer Disziplin. Ich haßte es und wurde nach zwei Jahren hinausgeworfen. Darauf verbrachte ich drei schwierige Jahre in einer Tagesschule auf dem Land, die ich zu Fuß erreichen konnte. Aus dieser schalen Fabrik für die Herstellung von Börsenmaklern, Predigern, reichen Tunichtguten und geschäftstüchtigen Durchschnittstypen wurde ich ebenfalls entfernt. Im Alter von dreizehn Jahren, nachdem meine besorgten Eltern fleißig drittklassige Internate abgegrast hatten, die während der Wirtschaftskrise Schüler benötigten, nahm man mich in der Williston Academy auf, im westlichen Massachusetts, wo es mir auf wunderbare Weise gelang, nach intensiven Nachhilfestunden und einem zusätzlichen Jahr verdrossenen Büffelns, meine Abschlußprüfung zu bestehen. Dies alles verursachte, wie man unschwer erraten wird, meinen Eltern größte Besorgnis. Mich machte es auch nicht gerade glücklich. Kummer und

Sorgen wurden schließlich meine täglichen Begleiter, als ich im zweiten Jahr auf Williston erkannte, daß es nicht etwa Heldenverehrung war, die ich für besonders gutaussehende Schulkameraden hegte, sondern fleischliche Begierde. Die Tagebücher jener Zeit troffen von weinerlichen Ergüssen tiefster Enttäuschung und Trübsal. Im Jahre 1938 wäre die bloße Vorstellung einer »Schwulenbefreiung« ein wahrhaft verabscheuungswürdiger Einfall gewesen. Es überrascht daher nicht, daß meine Schulleistungen litten. Mein einziger Trost war das Schreiben. Konnte ich schreiben, ein Schriftsteller werden, ein Künstler durch das Medium Sprache, dann schien es mir, dem fünfzehnjährigen Knaben, als würde meine Schuld und Schmach am Ende getilgt werden. Zu Anfang schrieb ich fast ausschließlich Gedichte, denn wenn man deren Tücken nicht kennt, dann scheinen sie einfältigen Aspiranten das passende Ausdrucksmittel. Ich versuchte mich auch dilettantisch im Malen. Und natürlich narrte ich mich selbst mit Tagträumen von Rimbaud. Meine Schulkameraden trieben ihren Spott mit mir.

1936 verstarb mein Großvater mütterlicherseits, der reiche Ofenfabrikant. Sein Vermögen wurde auf seine Frau und die beiden Kinder verteilt. Da mein Vater zu Beginn der Wirtschaftskrise sowohl seine Stellung, als auch seine Ersparnisse verloren hatte und nur noch gelegentlich Arbeit fand, stellte das Erbe seiner Frau etwas wie einen unverhofften Glücksfall dar, andererseits aber auch einen demütigenden Schicksalsschlag für einen Gatten und über fünfzigjährigen Vater, dem man die Überzeugung eingetrichtert hatte, daß alle Männer imstande sein sollten, für die Bedürfnisse der Familie alleine aufzukommen. Seine Hauptbeschäftigung bestand fortan darin, die Investitionen seiner Frau zu verwalten, und er bewältigte diese Aufgabe so hervorragend, daß das ursprüngliche Erbe sich schon bald vervielfachte. Meine Großmutter, die nun alleine in ihrem großen Haus in Indianapolis lebte, wurde einsam, und da sie unter keinen Umständen mit der zänkischen Ehefrau ihres Sohnes unter einem Dach wohnen wollte, kam sie 1939 in den Osten, um bei uns zu leben, wobei sie unseren Luxus beträchtlich mehrte und ein unabdingbarer Bestandteil unserer Familie blieb, bis sie zweiundzwanzig Jahre später, im Alter von siebenundneunzig Jahren, verstarb. Ich mochte sie, und sie mochte mich, fand mich unterhaltsam, obwohl sie weder mich noch mein Tun billigte. Während meiner Schulzeit korrespondierten wir gelegentlich, und irgendwann im Jahre 1940, nachdem ich einen Brief von ihr erhalten hatte, sandte ich ihr impulsiv ein morbides, von Selbstmitleid triefendes Schreiben, in dem ich behauptete, meine ganze Energie würde von der Anstrengung, am Leben zu bleiben, aufgesogen usw., usw. Sie erwiderte meinen Brief und schrieb mir folgendes:

Lieber Jimmy,

ich möchte, daß Du Deinen Brief noch einmal liest und Dich fragst, ob Du Dich Deiner nicht schämen solltest.

Von allen Jungen in der Familie tun wir für Dich doch am meisten und bekommen am wenigsten zurück, aber Du scheinst nicht zu erhalten, was wir Dir zu geben versuchen.

Deine Schularbeiten sind natürlich wichtig, aber bei weitem wertvoller ist die Erfahrung, etwas erfolgreich zu Ende zu bringen, was man nicht gerne tut. Ich fürchte, Du neigst dazu, Dich von Deinen Gefühlen überwältigen zu lassen – und Dich allzu wichtig zu nehmen – kein sehr kluger, männlicher Zug – und zudem eine überaus schlechte Angewohnheit.

Das hier soll keine Strafpredigt sein, Du sollst lediglich wissen, wie Deine Einstellung auf mich wirkt.

Nimm Dich zusammen und trage die Dinge wie ein Mann, nicht wie ein Schwächling ...

Schreib mir einen netten, fröhlichen Brief und erzähle mir, weshalb Du mir diesen trübseligen schicken mußtest.

Von den zahlreichen Briefen, die ich in Auszügen zu zitieren gedenke, habe ich zuerst den von meiner Großmutter gewählt – ich möchte mich nicht weiter damit befassen –, weil er schonungslos die verzwickte Lage andeutet, mit der meine Familie unglücklicherweise konfrontiert war. Von meinem Vater und meiner Mutter kamen viele mehr oder minder ähnliche Ermahnungen. Von meiner Mutter zum Beispiel, ungefähr aus derselben Zeit:

Lieber Jim,

Dad, Großmutter und ich haben das Problem einer Nachhilfe in Geometrie besprochen und beschlossen, daß es keinerlei Sinn hat, noch mehr Geld in das scheinbar bodenlose Faß zu schütten, das dein offensichtlicher Unwille, Dich zu bilden, geschaffen hat. Es scheint uns nicht der Mühe wert, die Zeit Deines

Lehrers und unser Geld zu vergeuden für solch ein sinnloses Unterfangen, Dir etwas beibringen zu wollen, was Du offenkundig gar nicht lernen willst. Es ist wirklich ein Jammer, und wir alle sind sehr enttäuscht, daß Du nicht bereit bist, eine unangenehme Aufgabe anzugehen, von der Du doch weißt, daß sie Dir nicht erspart bleibt.

Sie war jedoch nur selten so streng und fühlte oft mit mir:

Liebster Jim,
ich wollte Dich gewiß nicht in solch trübe Stimmung stürzen mit meinem letzten Brief. Ich hatte lediglich gehofft, er würde Dich zu größerer Anstrengung anspornen. Ich wünschte, ich hätte Einsicht und Klugheit genug, Dir helfen zu können. Ich habe oft darum gebetet, aber vielleicht fehlt mir der nötige Glaube. Doch die Hoffnung möchte ich nicht aufgeben. Ich weiß, Du hast viele gute Eigenschaften und brauchst nur einen Funken Interesse und Begeisterung, der Dir das stumpfsinnige, uninteressante Lernen erträglicher werden läßt, damit Du ein Ziel erreichen kannst, das Dir doch am Herzen liegt. Aus irgendeinem Grund – ich weiß auch nicht, warum – scheint dieser Funke Dir zu fehlen, doch vielleicht kommt er Dir ja ganz unerwartet zugeflogen. Meine Kenntnisse in Psychologie sind begrenzt, aber so wie ich es verstehe, brauchen die Menschen ein inneres Bedürfnis – einen Antrieb – um etwas erreichen zu können. Wir sind wie Maschinen, deren körperliche und geistige Kräfte auf ihren Einsatz warten, benötigen jedoch Feuer, Strom oder irgendeine Form von Energie, um uns in Bewegung zu setzen. Und aus irgendeiner mir unerfindlichen Ursache scheint diese Energie bei Dir blockiert zu sein.
Vielleicht solltest Du einen Psychologen aufsuchen und mit ihm darüber sprechen. Womöglich läßt sich auf diese Weise herausfinden, warum Du nicht mehr Antrieb und Ehrgeiz hast. Was hältst Du davon? Im allgemeinen bin ich nicht dafür, daß junge Leute sich zu intensiv mit der eigenen Person beschäftigen, aber in Deinem Fall könnte es doch Gutes bewirken. Und in der Zwischenzeit solltest Du Dich nicht gar so entmutigt fühlen. Du weißt, daß uns einzig und allein daran gelegen ist, Dir dabei zu helfen, ein Mann zu werden. Schließlich hast Du alle Voraussetzungen dafür.
Alles Liebe, Mutter

Doch es scheint, als hätten in dieser Zeit die elterlichen Sorgen kein Ende nehmen wollen:

Ich hoffe, Du wirst irgendwann lernen, (1) keine Schwierigkeiten mit Deinen Vorgesetzten zu haben, und (2) Dich nicht mit anderen Jungen zu prügeln. Ich könnte noch eine ganze Reihe anderer Punkte anfügen, aber all die moralischen Vorhaltungen würden meinen Brief nicht gerade angenehm werden lassen, fürchte ich – und auch nicht viel bewirken. Ich hoffe, Du wirst eines Tages Deine Trägheit abschütteln und die Dinge in Angriff nehmen – mit Entschlossenheit und Ehrgeiz.

Was ich mit Entschlossenheit und Ehrgeiz angehen wollte, war mir inzwischen klar geworden. Ich hatte nicht den Eindruck, es fehle mir am zündenden Funken, um mich in Bewegung zu setzen. Ich wollte Schriftsteller werden. Ich wollte es mit der ganzen unbedarften Leidenschaft meiner Jahre, träumte nur noch von Glanz und Ruhm, ohne mir im mindesten darüber im klaren zu sein, daß das Leben eines Schriftstellers einsam und selbstbezogen ist, seine Verdienste, falls es überhaupt welche gibt, flüchtig sind und schal. Wie hätte ich das auch wissen sollen? Und natürlich wußte ich nicht genug, um meine Bestrebungen für mich zu behalten. Meine Mutter antwortete:

Was Deine Lebensaufgabe anbelangt – ich nehme sie nicht auf die leichte Schulter, doch ich weiß, daß die besten Absichten von uns Menschen uns häufig zu nichts führen –, und was Du zu tun gedenkst, ist womöglich gar nicht machbar. Doch wenn Du partout kein Geschäftsmann werden willst, der hinter seinem Schreibtisch sitzt, dann mußt Du Dir eben die größte Mühe geben, Dich für das tauglich zu machen, was Du tun willst. Doch unglücklicherweise gibt es für Menschen in uninteressanten Beschäftigungen mehr freie Stellen, als in den interessanteren und aufregenderen Betätigungen. Also muß man natürlich doppelt so gut sein, um es darin zu etwas zu bringen. Doch auch eine stumpfsinnige Arbeit kann anregend sein, wenn man Phantasie und Witz hineinlegt. Doch über diese Brücke brauchst Du jetzt noch nicht zu gehen. Deine momentane Aufgabe kennst Du ja wohl.

Ich kannte sie, fand jedoch wenig Gefallen daran und konnte mich auch sonst für nichts begeistern. Ich las Poe und fand, ›surcease of sorrow‹ klinge einladend, schrieb imaginäre Selbstmordbotschaften und brütete über Van Goghs kühne Tat. Einen Winter spazierte ich ohne Mantel umher, legte mich hin und wieder in Pfützen eisigen Matsches, weil mir dies als der beste Weg erschien, mir eine Lungenentzündung zu holen, an der ich zu sterben gedachte. Also lief ich stundenlang in meinen nassen Kleidern durch die Kälte, mit dem Ergebnis, daß ich in jenem Winter keine einzige Erkältung einfing. Meine Mutter mußte dies geahnt haben.

Ich hoffe, Deine Stimmung hat sich in der Zwischenzeit ein wenig gebessert, so daß Du nun nicht mehr ganz so niedergeschlagen bist, wie Du es eine Zeitlang zu sein schienst. Mach Dir nicht allzu viele Sorgen. Es haben schon mehrere Leute die Mathematik nicht begriffen und sind dennoch ganz brauchbare, zufriedene Menschen geworden ...

Und wieder:

Wie kommst Du mit dem Lernen voran – in Geometrie vor allem? Ich habe in meinem College-Tagebuch geblättert und aus den Einträgen ersehen, daß ich nicht einmal im gesetzten Alter von zwanzig Jahren die ernsthafte Schülerin war, die ich gewesen zu sein glaubte. Ich möchte allerdings nicht, daß Du es mir gleichtust – meine Fußstapfen könnten Dich vom Weg abbringen – aber ich fand zu guter Letzt ein wirkliches Interesse an meiner Arbeit und überstand meine College-Zeit mehr oder minder erfolgreich. Vielleicht gelingt Dir Ähnliches.

Außerdem erhielt ich gute Ratschläge:

Ich muß mich sehr wundern, daß man euch nicht mehr von den alten Klassikern lesen läßt – Dickens, Scott, Thackeray, usw. Wenn Du sie jetzt nicht liest, wirst Du es wahrscheinlich niemals tun. Und ich verstehe nicht, wie man irgendeine Grundlage für das Studium der englischen Literatur bekommen soll, wenn man die Standardwerke nicht kennt. Neuere Bücher sind gewiß interessant und sollten daher auch nicht gänzlich vernachlässigt werden (zu meiner Schulzeit ignorierte man Werke der Gegenwartsliteratur), doch gewiß ist es ebenso einseitig, ausschließlich moderne Autoren zu lesen. Doch vielleicht tue ich Dir ja unrecht, vielleicht hast Du ja bereits viele Standardwerke gelesen, sie nur noch nicht erwähnt.

Das hatte ich nicht, und ihre Prophezeiung über Dickens, Scott und Thackeray sollte sich prompt erfüllen. Dennoch schrieb ich weiterhin Gedichte und besaß sogar die Kühnheit, eines davon an eine kleine Zeitschrift zu senden. Das unvermeidliche Ablehnungsschreiben erreichte mich schon nach kurzer Zeit und wurde versehentlich von meiner Mutter geöffnet.

Ich fürchte, Du wirst sehr ärgerlich auf mich sein, weil ich versehentlich beigelegtes Schreiben geöffnet habe. Ich nahm an, es sei nur eine Werbesendung, die man nicht weiterzuleiten brauchte. Dein kleines Gedicht hat mich jedoch sehr interessiert und begeistert. Obwohl ich ein sehr fader und prosaischer Mensch bin, habe ich doch stets gerne Poesie gelesen. Und ich hätte mir nichts sehnlicher gewünscht, als selber Gedichte schreiben zu können, habe aber, was ich wohl nicht erwähnen muß, nicht das mindeste Talent dafür. Daher freue ich mich sehr, daß Du Dich darin versuchst, und hoffe, eine Ablehnung wird Dich nicht allzu sehr entmutigen, denn für einen ersten Versuch (oder sollte es bereits der zweite oder dritte sein?) ist das doch nicht überraschend.

Sie mag kein Talent zum Gedichteschreiben gehabt haben, empfand jedoch große Hochachtung vor geistigen Leistungen. So hatte sie den Entschluß gefaßt, sich nun, da ihre vier Söhne in Internaten untergebracht waren und ihre Aufgaben als Mutter sie somit weniger in Anspruch nahmen, wieder mehr intellektuellen Inhalten zuzuwenden.

Ich habe beschlossen, an der Columbia-Universität an einem Kursus teilzunehmen, damit mein Gehirn nicht völlig einrostet, und sitze daher gerade im Hörsaal, um auf den Professor zu warten. Da ich mich noch nicht endgültig entschieden habe, was ich gerne belegen möchte, höre ich mir verschiedene Vorlesungen an, bevor ich meine Entscheidung treffe. Diese hier trägt den Titel »Politische Einrichtungen Europas«. Letzte Woche war ich in einer Vorlesung über das »Moderne europäische Theater«.

Als die Zeit meiner Abschlußprüfung näherrückte, so unglaublich das scheinen mochte, war man bei mir zu Hause nicht nur überrascht, sondern höchst zufrieden.

Du hast in den vergangenen zwei Jahren wirklich gewaltige Fortschritte gemacht – in schulischer, aber auch in so manch anderer Hinsicht. Großmutter hat neulich gemeint, Du könntest gar noch der Stolz der Familie werden.

Ich habe meiner Großmutter nicht ein einziges Mal Anlaß gegeben, auf mich stolz zu sein. Meine wenigen Veröffentlichungen vor ihrem Tode waren ihr, denke ich, eher peinlich als angenehm. Egal. Sie besaß nicht das mindeste Verständnis für künstlerisches Streben, schätzte ihren Freund und Nachbarn Booth Tarkington nur deshalb, weil seine Bücher ihm Geld einbrachten, und die einzige intellektuelle Leistung ihres Lebens war es, Henry James bei dem Empfang nach seinem Vortrag in Indianapolis im Jahre 1905 die Hand geschüttelt zu haben. Sie hatte gewiß keines seiner Bücher gelesen. Ihr Gatte las O. Henry und die *Saturday Evening Post*.

Mittlerweile hatte natürlich der entsetzliche Krieg in Europa begonnen, und Polen, Dänemark, Norwegen, Holland, Belgien, Frankreich, Jugoslawien und Griechenland waren von den scheinbar unbesiegbaren Nazis eingenommen worden.

Von meinen drei Brüdern war Peter der einzige, zu dem ich als Kind ein inniges Verhältnis hatte. »Er scheint dich sehr zu bewundern«, schrieb meine Mutter. Er war das einzige Familienmitglied, das meine Leidenschaft für klassische Musik teilte, obgleich meine Eltern in späteren Jahren eine große Vorliebe für die Oper entwickeln sollten, und so überredete ich ihn, Klavierstunden zu nehmen wie ich. Im Sommer unternahmen Peter und ich lange Radtouren, saßen auf Bergesgipfeln und teilten Träume von Taten, die die Welt in Erstaunen versetzen würden. Obgleich wir an verschiedenen Schulen waren, hielten wir Kontakt, und Peter sandte mir lange Listen von den Symphonien, Konzerten und Sonaten, die er besonders mochte. Er lernte, Beethovens *Appassionata* zu spielen, richtig zwar, aber ohne Gefühl, denn schließlich war sie nicht gerade die einfachste seiner Sonaten. Im Rückblick scheint unser inniges Verhältnis eigenartig, weil Peters wahre Leidenschaft der Mathematik galt, meine der Literatur. Jedenfalls bemerkte ich nach zwei oder drei Jahren eine plötzliche Reserviertheit auf seiner Seite, und da ich mir seinen jähen Sinneswandel nicht zu deuten vermochte, verlangte ich eine Erklärung von ihm. Als ich offenbar gerade den heftigen Schmerz unerwiderter Bewunderung für einen meiner gutaussehenden

Schulkameraden durchlitt, hatte ich gesagt: »Du darfst Dich niemals zu sehr an einen anderen Menschen verlieren, sonst wirst du unweigerlich verletzt.« Das hatte Peter sich zu Herzen genommen. Er mochte damals zehn oder elf Jahre alt gewesen sein. Wenn ich nun, mehr als ein halbes Jahrhundert später, an jene verhältnismäßig kurze, aber glückliche Zeit unserer brüderlichen Kameradschaft und deren jähes Ende zurückdenke, stelle ich mir unweigerlich die Frage, ob sie nicht vielleicht von größerer Bedeutung war, als ich damals glaubte und mir nicht einmal heute eingestehen kann. Natürlich erwähnte ich dies nicht meiner Mutter gegenüber, obwohl wir recht häufig von Peter sprachen.

Damals war es üblich, und ist es meines Wissens auch heute noch, daß sich junge Männer im Collegealter während ihrer Sommerferien um Arbeit bemühten. Sie sollten dadurch Einblick in die Arbeitswelt erhalten, damit sie sich später, nach dem College-Vorspiel besser einfügen würden. Diese Aussicht gefiel mir nicht im geringsten. Ich wollte meinen Sommer in der anmutigen Stadt Paris, Maine, verbringen, Gedichte schreiben und hie und da ein Bild malen. Meine Eltern waren sich diesbezüglich nicht einig. Meine Mutter schrieb mir folgenden Brief:

Ich bin dafür, daß Du diesen Sommer Deine künstlerischen Bemühungen pflegst, aber Dad meint, du solltest Dir Arbeit suchen, die Dich zumindest ein wenig auf die Hierarchie vorbereiten wird, die im Beruf oder in der Armee auf Dich wartet. Wir haben daher beschlossen, Du solltest wirklich hart arbeiten, allerdings innerhalb Deiner Interessen. Wenn wir sicher wären, daß Du bei einer Deiner Beschäftigungen wirklich angestrengt arbeiten würdest, wäre Dad wohl anderer Meinung, denke ich – aber die Vorstellung, Du könntest den Tag verbummeln und vielleicht ein oder zwei Stunden auf Dein Schreiben und Malen verwenden, läßt gewiß wenig Hoffnung auf Selbstvervollkommnung – und wenn Du schließlich Deinen Charakter und Deine Willenskraft nicht genügend stärkst, Dich nicht zwingst, Mühe auf das zu verwenden, was Du gerne tun möchtest, wie willst Du dann später etwas in Dir haben, das lohnte, ausgedrückt zu werden? Der Satz ist verdreht, was ich jedoch meine, ist, daß eine vage, unreife Liebe zur Schönheit nicht genügt, um Schriftsteller oder Maler zu werden. Ein Künstler sollte auch Reserven von Kraft und Ausdauer und Festigkeit in seinem Charakter haben, sonst wird sein Ausdruck nichts sein als oberflächliche Rührseligkeit.

Gertrude Stein, die wußte, wovon sie sprach, wenn von einem literarischen Leben die Rede war, bemerkte einmal, ein Schriftsteller müsse unbedingt eine geraume Weile mit Nichtstun verbringen. Dies gilt, denke ich, in besonderem Maße für die Jahre der Ausbildung, aber meine Eltern sahen die Dinge eben anders als Gertrude. Was aber die nötige Plackerei, die Reserven von Kraft, Ausdauer und Festigkeit anbelangt, so entdecken alle guten Schriftsteller – und leider auch die weniger guten – schon allzu früh, daß ihr Los lebenslange Knechtschaft ist. Jedenfalls bekam ich meinen Willen in jenem Sommer. Es war der letzte, den ich in meinem geliebten Paris meiner Kindheit verbrachte, bevor ich Bekanntschaft machte mit dem geliebten Paris meiner Mannesjahre. Im Herbst 1941 schrieb ich mich in der Wesleyan University ein, verabscheute sie wie alle Bildungsinstitute, fiel unangenehm auf und fühlte mich elend. Ich verwendete auf mein Studium keinen Deut mehr Mühe als auf das Lernen an der Schule, aber ich erzielte ausgezeichnete Zensuren, und dies unerwartete Resultat verdankte ich dem Umstand, daß ich nach und nach das Schreiben lernte. Da ich notgedrungen zumindest ein naturwissenschaftliches Fach belegen mußte, hatte ich Geologie gewählt, und erreichte sogar in diesem langweiligen Fach gute Erfolge, da ich lange Aufsätze schrieb über die Schönheit der Schichtungen, den unerklärlichen Treibsand und die übermenschliche Dramatik von Erdbeben und Vulkanausbrüchen, die allesamt herzlich wenig mit dem Thema an sich zu tun hatten, aber der gutmütige Professor war gerührt und gab mir eine gute Beurteilung. Diese Strategie erwies sich in anderen Gebieten als noch weit wirkungsvoller. Meine Eltern waren zweifellos überrascht, vor allem jedoch erleichtert und höchst zufrieden.

Dad und ich haben uns mehr gefreut über Dein Zeugnis, als ich Dir sagen kann. Es ist herrlich, daß Du so gut vorankommst, und obwohl Du in Deinem letzten Brief geschrieben hast, daß Du nur »herumsitzt und nicht viel tust«, kann ich nicht glauben, daß Du jetzt nicht zufriedener mit Deinem Leben bist, als damals in der Schule, als Du so schlechte Zensuren bekamst. Du kannst nicht nur herumsitzen, sonst könntest Du doch kein so gutes Zeugnis bekommen ...

Ich habe mich sehr gefreut, Dich mit meinem Brief ermuntert zu haben. Meine Briefe sind normalerweise fade – es gibt ja so wenig hier, was Dich

interessieren könnte. Ich frage mich häufig, was euch Jungen meine Briefe
eigentlich geben können. Also macht es mich glücklich zu wissen, daß Dir
ein Brief von mir Freude macht. Sei nicht zu niedergeschlagen, Jim. *Dad*
und ich sind nicht im mindesten enttäuscht Deinetwegen. Im Gegenteil,
wenn ich daran denke, daß Du am College die besten Noten schreibst und
ausgezeichnete Arbeit leistest im Englischen, dann bin ich stolz wie ein
Pfau.

Inzwischen hatte man Pearl Harbor bombardiert, hatten die Vereinigten Staaten Japan, Deutschland und Italien den Krieg erklärt, und
war der bevorstehende Militärdienst die Hauptsorge aller jungen Amerikaner geworden. Diejenigen jedoch, die das College besuchten, wurden nicht als erste eingezogen.

Meiner lieben Mutter hätte es gewiß nicht gefallen, auch wäre sie
nicht stolz gewesen wie ein Pfau, wenn sie gewußt hätte, daß ich mit
der Beschreibung meiner akademischen Bemühungen, jenem untäti-
gen Herumlungern, die Wahrheit gesagt hatte, zumindest weitgehend.
Natürlich verwandte ich einige Zeit auf mein Schreiben, hatte mich
nun auch an Kurzgeschichten gewagt. Was mich außerdem beschäftigte, während ich bei meinem Plattenspieler saß und der *Eroica*-Sym-
phonie lauschte, war das Trinken. Einsam, ohne Freunde und hoffnungslos verliebt in einen älteren Jungen, an den ich lediglich ein halbes
dutzendmal das Wort zu richten gewagt hatte, war ich jämmerlich ver-
zagt. Mit Hilfe des Alkohols hatte ich das Gefühl, mein Schicksal in
Händen zu halten, Herr meiner Seele zu sein. Ich bevorzugte die Marke
Four Roses, und trug zuweilen, wenn ich es besonders bitter nötig zu
haben glaubte, in einer Papiertüte eine Halbeliterflasche auf dem Cam-
pus mit mir herum. Ich hatte Glück, daß die damalige Jugend noch
kein Heroin oder Kokain kannte. Meine Mutter muß meinen Zustand
irgendwie geahnt haben.

Ich hoffe, Du versuchst, ein paar Freunde zu gewinnen. Du brauchst Dich
ja nicht gleich Hals über Kopf in jede Freundschaft zu stürzen, solltest aber
auch nicht so eigenbrötlerisch sein, sonst lernst Du nie jemand kennen. Mit der
goldenen Mitte fährst Du am besten. Du weißt ja, welch angenehme Gesell-
schaft Du sein könntest, wenn Du den Leuten nur die Chance geben wolltest,
dies herauszufinden. Und Du wirst die Gesellschaft von verwandten Seelen

genießen können, wenn Du Dir die Mühe machst, sie aufzuspüren und ihre
Bekanntschaft zu pflegen.
Danke, daß Du Dir die Haare hast schneiden lassen. Kämme sie doch glatt
nach hinten – wie ein Gigolo, wie Du es nennst.

Mich Hals über Kopf in eine Freundschaft zu stürzen war mein sehn-
lichster Wunsch. Doch der Freund, auf den ich mich gerne gestürzt
hätte, nahm mich kaum zur Kenntnis, und die Art Freunde, nach der
ich mich wirklich sehnte, war gewiß nicht dieselbe, die meine Mutter im
Auge hatte. Verwandte Seelen gab es in einer Studentenschaft von siebenhundert Jungen, allesamt im Alter zwischen siebzehn und zwanzig
Jahren, zweifellos eine Menge, doch ich war leider außerstande, auch
nur einer einzigen habhaft zu werden, zumal sie nicht minder ängstlich
waren als ich, sich zu verraten. Ich konnte mir die Haare schneiden lassen und wie ein Gigolo aussehen, doch zu meiner Enttäuschung wollte
keiner mich haben. Von alledem ahnten meine Eltern nichts, und von
mir erfuhren sie auch nichts. Meine Briefe ließen nur sehr vage Rück-
schlüsse auf mein Befinden zu. Mutter machte sich ihre Gedanken.

Ich hoffe, Du wirst die Zeit finden, uns einen wirklich detaillierten Bericht
über Dein Tun und Deine Erfahrungen dort oben zu schicken. Du weißt doch,
wie sehr uns daran gelegen ist, allerdings können wir uns mit Hilfe Deiner
Aussage »Hier ist alles abscheulich« kein allzu gutes Bild über Deine Lage
machen.

Diese elterliche Neugierde wäre schlecht belohnt worden, hätte ich
ihnen in der Tat einen detaillierten Bericht über mein Tun und meine
Erfahrungen geschrieben. Es war alles abscheulich, und irgendwann
mußten sie auch herausfinden, weshalb. Ich brauchte ein wenig Mut, es
ihnen zu sagen, hatte jedoch keine andere Wahl und erhielt auch ein
wenig Unterstützung. Sogar in einer Menge von siebenhundert Jungen
sticht ein Einzelgänger ins Auge, außerdem gab ich mir nicht sonderlich Mühe, unauffällig zu sein. So zitierte man mich also gegen Ende
des Sommersemesters – man hatte den regulären Lehrplan wegen des
Krieges verlängert – vor den Dekan. Dieser war ein freundlicher, einfühlsamer, schlauer Mann namens Victor Butterfield. Ihm war zu
Ohren gekommen, daß ich trank, er ahnte den Grund, ließ mich aber

selbst erzählen, wie es um mich stand. Er riet mir, ich möge mich einer psychiatrischen Behandlung unterziehen, und als ich ihm zu bedenken gab, daß ich meinen Eltern solch eine Notwendigkeit unmöglich plausibel machen könne, erbot er sich, persönlich mit meinem Vater zu sprechen und ihm nahezulegen, mich ärztlicher Betreuung anzuvertrauen. Ich müsse meinem Vater lediglich die näheren Umstände erklären, die solch eine Behandlung erforderlich machten.

So ließen mein Vater und ich uns im Hochsommer des Jahres 1942 im Wohnzimmer unseres Hauses nieder. Es war sehr heiß. Wir waren allein im Haus, da der Rest der Familie bereits nach Maine abgereist war. Die Läden waren geschlossen und die meisten Möbel mit Tüchern bedeckt, die sie vor Staub schützen sollten. Mein Vater fragte mich, was ich auf dem Herzen hätte. Ich antwortete, mein Problem sei bei Jungen meines Alters mehr oder minder verbreitet. Es müsse demnach etwas mit Mädchen zu tun haben, meinte mein Vater. Nun, nicht ganz, und stockend erzählte ich ihm mein Problem, welches darin bestünde, daß ich jene Empfindungen, die die meisten Jungen für Mädchen hegten, für andere Jungen hegte. Mein Vater gab keinerlei Kommentar von sich, sagte lediglich: »Ich verstehe.« Nach einer Weile fügte er hinzu, er sei sicher, daß dies nur eine vorübergehende Phase sei, ich solle aber auf alle Fälle einen Psychiater zu Rate ziehen – er würde das Nötige in die Wege leiten –, dann würde sich gewiß alles bald wieder zum Guten wenden. Damit war unsere Unterhaltung beendet, und das Thema sollte in den folgenden einunddreißig Jahren nicht ein einziges Mal mehr zur Sprache gebracht werden.

Wie die Wahl meines Vaters ausgerechnet auf jenen Psychiater fiel, der mit meiner Behandlung betraut wurde, weiß ich nicht, doch ich nehme an, er folgte einer Empfehlung seiner Freunde an der Wall Street. Der Name des Mannes war Irving H. Pardee. Er war mittleren Alters, besaß joviale Umgangsformen, verströmte eine Aura sanfter Selbstsicherheit, war gut gekleidet und betrieb eine luxuriöse Praxis in der Park Avenue. Es mag irrelevant erscheinen, ist es aber nicht, daß ich damals ein wohlduftendes Aftershave mit Namen Old Spice zu verwenden pflegte, welches ich auch am Morgen meines ersten nachmittäglichen Treffens mit Dr. Pardee aufgetragen hatte. Nachdem ich mich in seiner Praxis eingefunden, ihn höflich begrüßt und ihm gegenüber Platz genommen hatte, blickte er mich über seinen Mahagonischreibtisch hinweg an, lehnte sich nach vorne und sagte: »Richtige Männer benutzen kein Parfum, weißt du.« Von diesem Augenblick an, das versteht sich wohl von selbst, haßte ich ihn. In jenem Sommer trafen wir uns dreimal die Woche, und ich achtete darauf, kein Old Spice zu benutzen, bevor ich mich in seine Praxis begab. Die Therapie, die er in meinem Fall offensichtlich für angebracht hielt, erschöpfte sich in endlos langen Schwelgereien über die Anmut der Frauen, über die wollüstigen Freuden, die sie uns Männern zu bereiten vermochten, und über die herrlichen Genüsse in den Tiefen der Vagina. Zuweilen ließen seine Reden mich an einen Zuhälter denken, und ich fragte mich unwillkürlich, ob er mir wohl eine Prostituierte beschaffen würde. Gleichzeitig beharrte er mit besonderer Abscheu auf der Schlechtigkeit, Unmoral und Ungesetzlichkeit von Fellatio, Sodomie und jeder Art sexueller Berührung zwischen Männern. Kurzum, Dr. Pardee war ein Dummkopf, ein Betrüger und ein elender Seelenklempner, und ich bin fast geneigt, an eine Hölle zu glauben, nur um des Vergnügens willen zu wünschen, er möge dort unten für alle Zeit rösten. Als ich glaubte, genügend Sitzungen in seinem schädlichen Einfluß verbracht zu haben, um ihn täuschen zu können, gab ich vor, mich weit besser zu fühlen, und erklärte ihm überzeugend, daß meine homoerotischen Phantasien letztendlich nur ein Rest pubertärer Uneindeutigkeit waren. Er stimmte mir zu, schien äußerst zufrieden mit seiner Methode, riet mir jedoch, zumal ich in Kürze aufs College zurückkehren würde, in Hartford einen Psychiater mit Namen Dr. Gosselin aufzusuchen, den er schriftlich benachrichtigen wollte.

Meine Eltern waren wohl über all dies informiert, da sie sich mit Pardee trafen, seine gewiß unverschämt hohen Rechnungen bezahlten, und sich sogleich nach Hartford begaben, um dort mit Gosselin zu sprechen. Dieser Mann war zwar lange nicht so grob wie der Trottel in der Park Avenue, doch reichte seine Kompetenz nicht über Freundlichkeit und gute Absichten hinaus. Auch er war der festen Überzeugung, er könne mich kurieren, indem er an meinen gesunden Menschenverstand appellierte. Als ich meinte, dies würde zu nichts führen, äußerte er die Absicht, mir in der folgenden Sitzung Hormone zu spritzen, die meine Männlichkeit stimulieren sollten. Dr. Gosselin sah mich niemals wieder. Meine Eltern waren enttäuscht, vermieden es jedoch tunlichst, die Ursache meiner psychiatrischen Behandlung anzusprechen.

Dad und ich waren enttäuscht zu hören, daß Du Dr. Gosselin nicht sympa-
thisch fandest. Wir mochten ihn sehr. Dad telefoniert heute mit Dr. Pardee, um
seinen Rat einzuholen. Wir lassen Dich sofort wissen, was er meint.

Das letzte, was ich wollte, war ein Rat von diesem Scharlatan, zumal
ich befürchtete, ihn auch befolgen zu müssen. Ich haßte das College
auch weiterhin, und natürlich auch mich selbst, und fragte mich
betrübt, wie ich wohl jemals ein erträgliches Dasein führen sollte.
Sogar Four Roses verschaffte mir nicht mehr die nötige Linderung,
also gab ich das Trinken auf und versuchte, einen radikalen Weg aus
meiner selbstgemachten mißlichen Lage zu finden. Meine Mutter
sandte mir Briefe zärtlicher Anteilnahme.

Es tut mir sehr leid, daß Du Dich so niedergeschlagen fühltest. Du hast
recht, wenn Du sagst, daß Jungen Deines Alters und Deiner Gemütsart oft
Phasen großer Entmutigung durchleben. Wenn sie sich jedoch zusammenneh-
men und genügend Charakterstärke und Willenskraft besitzen, oder was immer
sie brauchen, um sich über ihre Empfindungen zu erheben, und lernen, die
Ursachen ihrer Schwermut zu sublimieren (das ist, denke ich, das psychologi-
sche Wort), dann werden sie oft weit einfühlsamere, gesündere Menschen, als
die, die immer nur auf der Oberfläche des Lebens dahinschlittern. Die Gefahr
besteht natürlich darin, in den eigenen Gefühlen zu versanden, und ein selbst-
bezogener, sehr stark in sich gekehrter Mensch zu werden, dessen Denken
immer nur um die eigene Person kreist, und der sich um niemanden sorgt. Des-
halb bereitet es mir Kummer, daß Du Dich nicht um Freunde bemühst. Wie
fade und oberflächlich Du die anderen Jungen auch finden magst, so bin ich
doch ganz sicher, daß Dich der Versuch, mit einigen von ihnen Freundschaft
zu schließen, voll und ganz für die anfänglichen Schwierigkeiten entschädigen
wird. Willst Du nicht wenigstens versuchen, vor Weihnachten noch ein paar
Freunde zu finden?

Der Krieg war in aller Munde. Nach drei Jahren unentwegter Siege
der Achse Berlin-Rom-Tokio schien im Herbst 1942 plötzlich der Wendepunkt gekommen, als Rommel von Montgomery in El Alamein
ausgehoben worden war und die Amerikaner erfolgreich in Algerien
einmarschiert waren. Kriegstaugliche junge Amerikaner wurden zu
Millionen in Armee, Luftwaffe und Marine eingezogen, und mir war

klar, daß die Reihe auch an mich kommen würde, obwohl ich, zumal als erfolgreicher College-Student, noch einen beträchtlichen Aufschub hätte bewirken können. Ich wußte überdies, daß ich den Wehrdienst ganz hätte umgehen können, da Homosexuelle nicht in die Armee aufgenommen wurden. Dr. Pardee hatte erklärt, diese wesentliche Prüfung meiner Männlichkeit würde mir bevorstehen. Doch es fiel mir gar nicht ein, mir noch mehr Schuld und Schande aufzuladen, indem ich mit meiner Andersartigkeit hausieren ging und mir den Ruf eines Drückebergers zulegte. Da ich sicher war, daß die Armee unmöglich abscheulicher sein konnte als das College, beschloß ich, dem Wesleyan zu entfliehen und mich freiwillig zu melden. Meine Eltern reagierten, wie zu erwarten war, unterschiedlich auf diese Entscheidung. Meine Mutter schrieb:

Meine Gefühle ob der neuen Lage sind sehr gemischt. Einerseits freue ich mich und bin auch stolz auf Dich, doch gleichzeitig kann ich mich einer gewissen Besorgtheit nicht erwehren. Ich weiß jedoch, daß Deine männliche Entscheidung, Dich freiwillig zu melden, richtig war, und ich bin sehr, sehr stolz auf den Mut, den Du damit beweist, zumal ich weiß, daß dies nicht gerade leicht für Dich ist. Ich hoffe nur, der ganze elende Krieg ist bald zu Ende, damit Du Deine Ausbildung abschließen kannst.

Mein Vater schrieb:

Meine »Reaktion« auf Deinen Entschluß ist (1) daß es Dir zur Ehre gereicht, der Situation so männlich ins Auge zu blicken, (2) Bedauern, daß man Dir eine solch harte Wahl auferlegt, bevor Du Deine Ausbildung beendet hast, und (3) die Überzeugung, daß Du in einer sehr kritischen Phase deines Lebens die rechte Entscheidung getroffen hast, eine Entscheidung, die Dir in späteren Jahren eine Quelle der Genugtuung sein wird. Davon bin ich überzeugt.

Beide waren liebe Menschen und hatten offensichtlich keinen Schimmer von meinen wahren Motiven. Der letzte Satz meines Vaters sollte jedoch auf geradezu unheimliche Weise prophetisch wirken. Dies war definitiv eine kritische Lebensphase, und meine Entscheidung sollte mir tatsächlich all die Genugtuung verschaffen – und das tut sie noch heute –, wie ich sie mir immer erhofft hatte. Hätte ich auf den Einzugsbescheid gewartet, so hätte ich gewiß niemals jene militärische Karriere machen können, sofern man sie denn als solche bezeichnen kann, die es mir aufgrund des heillosen Durcheinanders in der Armee erlaubte, länger als sechs Monate in Frankreich zu verbringen, im Grunde als ein Zivilist, Freunde zu finden und schließlich heimisch zu werden in jenem Land. Als ich am 5. November 1942 im New Yorker Musterungsbüro erschien, mußte ich mich natürlich einer körperlichen Untersuchung unterziehen, die auch ein Gespräch mit einem Armeepsychiater beinhaltete. Dieses bestand aus einer einzigen Frage: »Mögen Sie Mädchen?« »Ja«, antwortete ich, und das war nicht einmal gelogen.

Im Dezember 1944, nachdem ich ein Mitglied des Militärischen Nachrichtendienstes geworden war, sandte man mich in die malerische, uninteressante Kleinstadt Quimper an der äußersten Spitze der bretonischen Halbinsel, wo ich den leitenden Arzt der dortigen Irrenanstalt für Männer kennenlernte, einen gutmütigen und gastfreundlichen Mann um die vierzig, mit Namen Paul Mondain. Seine Freunde nannten ihn allerdings ausnahmslos bei seinem Spitznamen Pluto, den er sich selbst ausgesucht hatte, weil er fand, er ähnele ein wenig dem Hund gleichen Namens aus den Trickfilmen Walt Disneys. Ich freundete mich bald an mit Pluto und seiner Familie, und er kam mir später zu Hilfe, als ich ein zweites Mal dem College entfliehen wollte. Meine Eltern hatten mittlerweile drei Söhne in der Armee. Mein älterer Bruder Ben war bei der Marine, mein jüngerer Bruder Teddy bei den Fallschirmjägern. Ihn betreffend erhielt ich von meiner Mutter einen Brief aus Paris, Maine, der mich erst Anfang Juni 1945 in Deutschland erreichte, fast einen Monat nach Kriegsende.

Ich habe leider eine sehr traurige Nachricht für Dich, Jim mein lieber Junge. Teddy ist gefallen. Ich kann es einfach noch nicht glauben. Ich meine noch immer, er müsse jeden Augenblick zur Tür hereinkommen. Das ist das Schlimmste, was Dein Dad und ich jemals ertragen mußten. Unser Leben war seither so glücklich. Der Kummer schien immer an uns vorüberzugehen. Ich nehme an, der Gedanke an all das Schöne, was uns noch geblieben ist – wir haben ja einander und drei wohlgeratene Söhne –, sollte es mir leichter machen, aber das macht den einen, der von uns gegangen ist, nicht weniger teuer und den Verlust nicht leichter zu ertragen.

Wir erhielten das Telegramm vorgestern, als wir auf der Fahrt hier herauf bei

einem Gasthaus in Massachusetts Halt machten. Es enthielt lediglich die Nach-
richt »Gefallen beim Einsatz in Luzon«, und als Datum gab man uns den
3. Mai an. Ich hatte noch ein Telegramm von ihm zum Muttertag am 7. Mai
erhalten, aber wahrscheinlich hat er das ein paar Tage früher losgeschickt. Er
hatte den gesamten April in einem Hospital verbracht, und in einem Brief vom
ersten Mai hieß es, er sei in seine Kompanie zurückgekehrt, die sich gerade im
Ruhelager befinde. Er muß kurz nachdem sie wieder angefangen hatten zu
kämpfen, getötet worden sein. Im Telegramm war von einem Brief die Rede,
der noch folgen würde, wo man uns wahrscheinlich über die Einzelheiten infor-
miert. Das wird natürlich nichts mehr ändern, ich hoffe nur, sein Tod war kurz
und schmerzlos.

Wir wollen am nächsten Dienstag mit dem Nachtzug von hier fortfahren.
Ich weiß nicht, wann wir wieder zurückkommen.

Alles Liebe, Mutter

Teddy war fraglos der gutaussehendste und vielversprechendste der
vier Söhne, so wie ich am wenigsten versprach und auch am wenigsten
gut aussah. Er war schön, gefiel den Mädchen, die wiederum ihm außerordentlich gefielen, war ein hervorragender Schüler und Sportler und
besaß ein für einen so jungen Mann bemerkenswertes gesellschaftliches Verantwortungsbewußtsein. Er war gerade neunzehn als er fiel.
Am Princeton College, das alle meine Brüder besuchten, hatte er sich,
obwohl sein Stundenplan mit anderer Arbeit bereits gedrängt voll
war, freiwillig gemeldet, unentgeltlich an einem Programm mitzuar-
beiten, das sich um Bildung und Unterhaltung von schwarzen Kindern
aus den Slums der nahegelegenen Stadt Trenton bemühte, eine höchst
unkonventionelle Initiative für damalige Verhältnisse. Er war ohne
Frage der Lieblingssohn meines Vaters. Als ich sechs Monate später
heimkam, fand ich Vater vollkommen verändert. Obwohl erst zwei-
undsechzig Jahre alt, schien er nun ein Greis. Das Photo, welches
Teddy in Uniform zeigte, stand stets auf dem Tischchen neben seinem
Sessel, und meine Mutter trug es bis zu ihrem Tod mit sich herum. In
ihr spürte ich jedoch keinen derartigen Wandel. Sie besaß eine optimi-
stischere, fröhlichere Natur als mein Vater. Dennoch pflichtete sie mir
bei, daß Teddy der vielversprechendste und hübscheste ihrer Söhne
war, und wir fragten uns oft, was wohl aus ihm geworden wäre, wenn
der Krieg zwei Monate früher geendet hätte.

Ich kehrte ans College zurück, wo ich nun ein paar Freunde fand, und überraschte weiterhin mich selbst und meine Eltern mit guten Studienerfolgen. Bald zählte ich zu jenem erlesenen Kreis derer, die für einen Abschluß mit Auszeichnung in Frage kamen, und in dieser Position konnte ich nahezu tun und lassen, was mir beliebte. Aber Middletown, Connecticut, schien mir im Vergleich zu Paris, Frankreich, ziemlich öde, und am Wesleyan gab es niemanden, der sich auch nur im entferntesten mit Picasso und Gertrude Stein hätte messen können, ja nicht einmal mit Pluto. Während der vorlesungsfreien Zeit im Sommer 1946 zog ich mich auf Kap Cod zurück und schrieb den ersten meiner zahlreichen unveröffentlichten Romane, wobei ich sieben Wochen lang zehn oder zwölf Stunden am Tag arbeitete. Ich hatte keine Angst vor Plackerei, auch wenn man sie mir als Nachgiebigkeit gegen mich selbst hätte auslegen können. Doch jeder schöpferische Mensch ist gezwungen, jenem Selbst nachzugeben, das sein Bestreben bestimmt.

Als ich im Herbst aufs Wesleyan zurückkehrte, begann ich darüber nachzusinnen, wie angenehm es doch wäre, wieder nach Frankreich zu gehen und mich dort ganz der Schriftstellerei zu widmen, einer Beschäftigung, die man dort drüben als durchaus ehrenwert achtete, ob sie nun zu Reichtum und Ruhm führte oder nicht. Hierfür mußte ich jedoch auf meinen Abschluß verzichten, weil ich zum Ende des Herbstsemesters erst drei Jahre College absolviert haben würde. Es war mir jedoch gänzlich einerlei, ob ich den Titel B. A., Bachelor of Arts, führen durfte oder nicht, zumal ich glaubte, daß mir ein akademischer Abschluß ohnehin nicht viel nützen würde. Und er hätte mir auch nichts genutzt. Meine Eltern waren da anderer Meinung, besonders mein Vater, dem eine College-Ausbildung verwehrt geblieben war, weil er seine verwitwete Mutter und seine unverheiratete Schwester hatte unterstützen müssen. Meine Mutter, die eine akademische Leistung an sich respektierte, und noch in ihrem Alter ihr Studium in Columbia wieder aufgenommen hatte, bei solch herausragenden Professoren wie Jacques Barzun und Lionel Trilling, teilte seine Meinung. Ich aber blieb stur. Wir führten lange Gespräche – es wäre unfair, sie Streitereien zu nennen – über meine finanzielle Lage, meine künstlerischen Bestrebungen und meinen Entschluß, sie zu erfüllen. Merkwürdigerweise vertraten alle meine Professoren am Wesleyan, einschließlich des stets hilfreichen Victor Butterfield, die Ansicht, daß ich intellektuell wohl mehr profitieren würde, wenn ich mich ganz dem Schreiben widmete und nach Frankreich übersiedelte, anstatt in Middletown zu verharren. Ich war vierundzwanzig Jahre alt, und meine Eltern räumten ein, auch wenn es ihnen nicht behagte, daß ich Entscheidungen, die meine Zukunft anbelangten, selbst zu treffen hätte. Sie betonten jedoch alle beide, ich dürfe mich keinen trügerischen Hoffnungen hingeben, was ihre Bereitwilligkeit anbelangte, ein Wagnis finanziell zu unterstützen, das sie mißbilligten. Ich war darüber jedoch nicht allzu sehr beunruhigt, erstens, weil ich es ohnehin nicht ganz glaubte, und zweitens, weil ich selbst fähig war, mir durch den Verkauf von ein paar Skizzen und Zeichnungen, welche ich in Paris erstanden hatte, eine ansehnliche Summe zu beschaffen. Überdies würde ich für Nahrung und Unterkunft kein Geld benötigen, da ich mit Pluto seit unserer letzten Begegnung in Paris in stetem Briefkontakt stand, und er mir wiederholt versichert hatte, ich könne in seiner großen Wohnung innerhalb der Mauern des Irrenhauses in Quimper wohnen und schreiben, solange ich wollte. So ging ich also, recht selbstgefällig und zufrieden, am 22. März 1947 an Bord der *Queen Mary*.

Kurz nach meiner Ankunft in Quimper erhielt ich einen Brief von meiner Mutter, der mit folgenden Sätzen endete:

Am Dienstag ist Peters achtzehnter Geburtstag, man glaubt es kaum, und am kommenden Sonntag wird Ben sechsundzwanzig. Ich kann mich einfach nicht an den Gedanken gewöhnen, daß Ihr alle erwachsen seid. Und manchmal (nicht immer), wünschte ich mir, ich hätte noch immer eine Bande schmutziger, lärmender und streitender kleiner Jungen um mich. So sind die Menschen: Immer sehnen sie sich nach der guten alten Zeit!
Wir vermissen Dich sehr.

In Liebe, Mutter

Meine Briefe an Mutter enthielten allesamt langatmige Passagen, in denen ich immer und immer wieder meine schöpferischen Überzeugungen und Bestrebungen verkündete. Allmählich mußte sie sich an derlei Botschaften, wie auch an Gespräche dieser Art, gewöhnt haben, da sie sich immerhin seit etlichen Jahren damit auseinanderzusetzen hatte. Ich muß wohl im Innersten gefühlt haben, daß auf diesem Haufen Humus irgendwann Verständnis und Unterstützung in Fülle wachsen würden. Gerechterweise muß ich jedoch entschieden bestreiten, daß diese Aussicht auch nur im entferntesten etwas zu tun hatte mit meinem Entschluß, nach Frankreich zu gehen. Jedenfalls war ich kaum ein Monat in Quimper, als mich ein Brief meiner Mutter erreichte, den ich fast ganz zitieren möchte.

Liebster Jim,

ich mache mir in letzter Zeit viele Gedanken über Dich und Deine Arbeit. Es ist doch recht merkwürdig (man könnte es sogar einen Wink des Schicksals nennen), daß ich gerade jetzt, da mich das Problem mit Dir und Deinem künftigen Unterhalt beschäftigt, ausgerechnet eine Vorlesung über europäische Kultur belege. Ich habe viel darüber gehört, mich außerdem noch zusätzlich aus Büchern informiert, wie der Künstler Leib und Seele zusammenhalten kann, während er seiner Kunst nachgeht. Und ich habe dabei folgende Erkenntnisse gewonnen, die Dad, das muß ich Dir leider sagen, nicht allesamt teilt. Nämlich a) daß Kunst wichtig ist, b) daß Du vielleicht tatsächlich ein Künstler bist und etwas Wichtiges zu sagen hast, c) daß niemand, schon gar nicht eine so ungebildete, kulturell unbedarfte Person wie ich, sagen kann, ob ein junger Mensch den künstlerischen Funken besitzt oder nicht, d) daß es aber in jeder kulturellen Epoche für jedes erstklassige Talent Dutzende minder Begabter gibt, e) daß diese Mittelmäßigen ihr Talent entfalten müssen, um so das Interesse, den Hintergrund und das kulturelle Klima zu schaffen, in dem die Besten gedeihen können, f) daß Du, ganz gleich, ob Du, wie Du behauptest, ein neuer Shakespeare bist, oder nur ein minder bedeutender elisabethanischer Stückeschreiber, auf jeden Fall den Versuch wagen solltest, zu sagen, was Du zu sagen hast, ob man sich nun in hundert Jahren noch Deiner erinnert oder nicht, und g) daß dieses Projekt finanziert werden muß. Und wenn ich es finanzieren helfe, wird mein Geld ebenso gut angelegt sein als in, sagen wir, atkomatischen Ventilen*. Ich bin bereit, dieses künstlerische Unternehmen innerhalb vernünftiger Grenzen zu unterstützen, werde jedoch darüber entscheiden, was mir als vernünftig erscheint.

Meine Antwort:

---

* Meine Mutter und mein Onkel besaßen gemeinsam eine Fabrik, die solche Ventile herstellte.

Liebste Mutter,

gleich zu Anfang möchte ich Dir sagen, daß es mir nicht leicht fällt, Deinen Brief vom 4. Mai zu beantworten, den ich heute morgen erhalten habe, Du weißt schon, in dem Du ausführlich über meine Gegenwart und Zukunft als Künstler reflektierst. Es ist immer schwierig, auf ein zutiefst bewegendes Ereignis hin die rechten Worte zu finden, und doch fühlte ich mich unbehaglich, würde ich Dir nicht sofort zurückschreiben. Wenn ich sage, ich fühle mich Dir zu großem Dank verpflichtet, weiß Dein Angebot zu schätzen und stehe tief in Deiner Schuld, dann klingt das doch recht armselig, doch was ich empfinde, ist zunächst schlicht Dankbarkeit. Ich glaube nicht, daß Du Dir vorstellen kannst, wie beruhigend es für mich war, Deinen Brief immer und immer wieder zu lesen, zu erkennen, daß Du genügend an mich glaubst, um mir dies zu schreiben. Und es ist nicht nur, weil Du mir die nötige Sicherheit gewährleistest für mein Arbeiten. Es ist die Erkenntnis, daß Du mich verstehst, wenn ich Dir, wie ich das schon oft getan habe, sage, daß Schreiben, ob gut oder schlecht, mein Leben ist. Auch wenn Du mir keine finanzielle Unterstützung angeboten hättest, hätte Dein Brief mich sehr glücklich gemacht, da Dein Vertrauen mir unsäglich viel bedeutet. Das Vertrauen von Pluto und meinen wenigen anderen Freunden ist natürlich auch sehr kostbar, aber da gibt es doch einen Unterschied. Keinem anderen Menschen fühle ich mich so verbunden wie Dir, so wie mir nichts soviel bedeutet, wie meine Arbeit, und wenn diese beiden Dinge sich vereinen, ist es unvergleichlich schön. Ich bedaure nur, daß Dad nicht verstehen kann, was mir so selbstverständlich erscheint, doch irgendwann wird auch er es begreifen, da bin ich ganz sicher.

Was den Inhalt Deines Briefes anbelangt, so ist darin alles so gut und einleuchtend gesagt, daß mir keine spezielle Antwort nötig scheint. In einer Sache muß ich Dir jedoch widersprechen, ich bin keineswegs der Ansicht, daß Du kulturell unbedarft bist. Ich möchte sogar behaupten, daß Du eine ausgesprochen hohe Sensibilität für kulturelle Werte besitzt. Der Beweis dafür ist in dem Brief zu lesen, den ich hier vor mir liegen habe, auch in den Studien, die Du im Alter von zweiundfünfzig Jahren begonnen hast, während Deine Freunde Jahr und Tag nur an Bridge denken (ich weiß, daß auch Du das Spiel magst – und immer gewinnst!).

Ich habe Deinen Brief Pluto vorgelesen, und als ich zu Ende war, sagte er: »So ein Brief erhellt den ganzen Raum.« Das stimmt. Und nicht nur der Raum ist heller geworden, sondern auch meine Aussichten für die Zukunft. Unsere Zukunft, sollte ich eigentlich sagen, weil wir von nun an doch Partner

sind bei meinem Bestreben. Wenn Du mir Frieden, Hoffnung und Zuversicht
schenken und außerdem mein Verantwortungsgefühl mehren wolltest, dann ist
Dir das wahrhaft gelungen.

Ich fürchte, dies alles ist ein recht unbefriedigender Ersatz für das, was ich
Dir hätte persönlich sagen können, wäre ich nun bei Dir statt hier, schicke es
jedoch stellvertretend für Besseres mit all meiner Liebe, Bewunderung, Hoch-
achtung und Demut.

Dein Dir ergebener Sohn Jim

Es dauerte über einen Monat, bis ich Antwort erhielt auf diesen
Brief, doch ich nahm nicht an, der Grund dafür sei mangelnde Aufmerksamkeit. Ich wußte, Mutter war beschäftigt mit ihren Prüfungen
am Columbia-Institut und hatte inzwischen meinen Vater nach Maine
begleitet. Außerdem schickte sie eifrig Pakete mit Lebensmitteln, Kaffee, Seife und Zigaretten nach Quimper, alles Dinge, besonders die
Zigaretten, die von der Familie Mondain sehr geschätzt wurden. Ich
hatte damals noch nicht die schädliche Angewohnheit des Rauchens,
der ich später sporadisch verfallen würde. Das Leben in der Irrenanstalt
war durchwegs angenehm und friedlich. Mitte Juni erreichte mich ein
Brief meiner Mutter, der folgenden Abschnitt enthielt:

Habe ich Dir eigentlich schon gesagt, wie sehr mich Dein Brief freute, den
Du mir als Antwort auf meinen schicktest, Du weißt schon, in dem Du über
Dein Gefühl von Frieden und Sicherheit schriebst, das Dir mein Verständnis
für das, was Du zu erreichen trachtest, vermittelt? Dein Brief erreichte mich
unmittelbar vor unserer Abreise nach Maine, so habe ich es womöglich ver-
säumt, Dir zu schreiben, wieviel er mir bedeutete. Ich habe ihn gerade vor mir
auf meinem Schreibtisch liegen, und er macht mich unsäglich glücklich.

Unweigerlich stellte sich das Problem des Geldes. Meine Mutter
beschloß, mir eine monatliche Unterstützung von fünfzig Dollar zu
gewähren, was im Jahr 1947 gerade ausreichte, meine Ausgaben zu
decken, solange ich im »asile« zu Gast blieb. Wäre ich allerdings
gezwungen gewesen, anderswo zu wohnen, so hätte die Summe wohl
kaum genügt. Mein möglicher Aufenthaltsort wurde immer häufiger
Thema in den Briefen, die zwischen Quimper und Amerika hin und
hergingen. Mutter schrieb:

Ich freue mich, daß Du so glücklich und zufrieden bist, doch ich hoffe, Du wirst Frankreich nicht so sehr liebgewinnen, daß Du nicht mehr nach Hause kommen möchtest.

Sie nahm natürlich an, ich würde früher oder später wieder heimkehren, und fragte mich daher, ob ich dann zu Hause wohnen wollte. Ich schrieb, dies sei keine Frage des Wollens, ich würde natürlich gerne in Englewood bei meiner Familie wohnen, fände jedoch, damit meiner Arbeit nicht gerecht zu werden. Es komme für jeden die Zeit, sagte ich, da man symbolisch und psychologisch sein Heim verlassen müsse, und meine Zeit, dies fühlte ich, sei jetzt gekommen. Wie ich die nötigen Mittel beschaffen würde für solch einen Abschied, war ein noch ungelöstes Problem. Klar schien nur, daß ich das Geld nicht selbst verdienen würde. Briefe wurden ausgetauscht, die dieses Problem von allen Seiten beleuchteten und verschiedene Standpunkte aufzeigten. Die meinen waren häufig anmaßend und selbstgefällig, doch in einigen brachte ich ganz neue Ansichten zum Ausdruck, wobei dieser Sinneswandel beeinflußt war von meinen Lektüren, oder nach längerem Grübeln zustandekam. Einmal lohnte mir dies eine frohe Antwort meiner Mutter:

Liebster Jim,
Dein letzter Brief bereitete mir mehr Freude als alle, die ich bislang von Dir erhalten habe. Du äußerst darin eine Meinung, die ich Dir nun schon seit Jahren vergeblich zu vermitteln suche, nämlich, daß »Erfolg« eine Sache des Charakters ist. Es pflegte mich stets zu erschrecken, wenn Du sagtest, Charakter und Persönlichkeit eines Künstlers seien unwichtig. Wenn er nur gekonnt zu malen, schreiben, komponieren verstünde, dann wäre das bereits genug, sein Charakter sei ohne Belang. Also stelle ich mit Freude fest, daß Du endlich anderer Ansicht bist. Je größer die Begabung, desto größer die Verantwortung. Ich erwarte nicht etwa von Dir, ein die Konventionen befürwortender Konformist zu werden. Das verstehe ich gewiß nicht unter höchster Moral, doch ich sehe, Du stimmst mir zu, daß Selbstlosigkeit und Selbstzucht wichtige Eigenschaften sind.
Und bislang dachte ich, Du würdest derlei verachten. Ich habe über den Brief nachgegrübelt, den Du mir schreibst, Deine »Zukunft« betreffend. Ich stimme voll und ganz mit Dir überein, daß Du unabhängig sein solltest, was jedoch

eine gewisse finanzielle Unterstützung nicht unbedingt ausschließen muß. Es ist doch niemand ganz und gar unabhängig. Mir scheint Unabhängigkeit eher eine Sache des Gemütes als des Geldes zu sein. Was ich für Dich in finanzieller Hinsicht tun möchte, soll Dir und Deiner Entwicklung zugutekommen. Zugleich möchte ich aber auch Ben und Peter gegenüber gerecht sein. Die große Frage, die mir auf der Seele lastet, ist, ob es gut oder schlecht für Dich sein wird, wenn wir Dir, wie Du es gerne möchtest, eine jährliche Unterstützung gewähren, und wenn ja, wie groß diese Summe sein soll? Man kann dieses Problem von zwei Seiten betrachten, wie mir scheint: 1) Dies ist eine Zeit des Ausprobierens für Dich, nach der Du selbst imstande sein wirst, für Deinen Unterhalt aufzukommen, oder 2) wenn Du jetzt nicht lernst, für Dich selbst zu sorgen, dann wirst Du es womöglich niemals lernen, und wenn man die derzeitige Weltsituation betrachtet, scheint es höchst fragwürdig, ob man von ererbtem Reichtum leben kann. Die Tendenz geht hin zu steigenden Erbschaftssteuern und wachsenden Lebenshaltungskosten, so ist es unwahrscheinlich, daß ein Drittel von dem, was Dein Vater und ich Euch bei unserem Tod hinterlassen, Dir nach den zu leistenden Zahlungen ausreichen wird, um davon zu leben. Dies alles mag Dir recht niedrig und kleinkrämerisch erscheinen, aber es ist nun einmal unsere Hauptsorge. Nicht, daß Vater und ich nicht bereit wären, schon jetzt mit Dir zu teilen, oder Dir zu helfen und Dir die Möglichkeit zu bieten, Dich so zu entwickeln, wie Du es gerne möchtest. Doch der Gedanke, Du könntest mit fünfzig oder sechzig Jahren alt, mittellos und verbittert sein, verfolgt mich geradezu. Das ist kein Mangel an Vertrauen in Dich. Eher ein Mangel an Vertrauen in die Welt. Oft wird man nicht wertgeschätzt. Wahrscheinlich kann ich nichts dagegen tun. Aber die Briefe, die Du neulich schriebst über die Wichtigkeit, den Charakter zu bilden, und auf ein Ziel hinzuarbeiten, sind sehr beruhigend. So will ich also versuchen, obige böse Ahnungen in den Wind zu schlagen, und mich für Ansicht 1) entscheiden. Es wird nicht einfach sein, weil Vater und Großmutter meinen Entschluß nicht billigen werden, und Du mußt zugeben, daß ihnen Dein Wohlergehen ebenso am Herzen liegt, wie mir. Sie beurteilen die Dinge nur anders, und es kann durchaus sein, daß ich völlig falsch liege. Doch ich möchte die Wette, Dir eine Unterstützung zu gewähren, annehmen, kann aber noch nicht sagen, wie groß sie sein wird. Wir werden über die Einzelheiten sprechen, wenn Du zurückkommst ...

Ich habe keinen Augenblick befürchtet, meine Mutter könne ihre »Wette« verlieren. Trotz Ablehnungen und Enttäuschungen in meiner beruflichen Karriere, so man sie überhaupt als solche bezeichnen kann, blieb ich, wie auch meine Mutter, optimistisch und sorgte mich auch nicht darum, daß ich im Alter arm und verbittert sein könnte. Soviel Zuversicht mag töricht gewesen sein, aber sie garantierte mir ein angenehmes Leben von einem Tag zum anderen. Inzwischen hatte meine Mutter andere Sorgen. Sie mußte sich ein Thema für ihre Magisterarbeit wählen, da sie den Abschluß an der Columbia-Universität machen wollte. Und sie entschied sich, über das Leben und die Bedingungen im Virginia des siebzehnten Jahrhunderts zu schreiben. Mein Vater fand es exzentrisch von seiner Frau, soviel Zeit auf ihre Studien zu verwenden, und ermutigte ihr Bestreben folglich in keinerlei Hinsicht. Dies war, soweit ich mich erinnere, das einzige Mal, wo er ihr die Unterstützung versagte. Außer natürlich, wenn es um mich ging. Ich war jedoch nicht der einzige Sohn, der Anlaß gab zur Sorge. Der Jüngste, Peter, zeigte Anzeichen von neurotischen Störungen. Mutter schrieb:

Du fragtest mich, wie es Peter ginge. Ich mache mir große Sorgen um ihn. Er ist noch immer so grob und böse, besonders gegen Vater und oft auch gegen Großmutter. Ich nehme an, der Fehler liegt in seiner frühen Erziehung. Warum seine Familie ihn so verstimmt, weiß ich nicht.

Was meine Abreise von Quimper und meine Heimkehr letztendlich herbeiführte, war mein Blinddarm. Ich hatte seit meinem dreizehnten Lebensjahr an chronischer Blinddarmreizung gelitten, und es schien mir angebracht, den unnützen Fetzen Haut entfernen zu lassen, damit er nicht eines Tages platzen und Bauchfellentzündung verursachen würde. Meine Eltern waren sehr darauf bedacht, daß diese Operation zu Hause vonstatten ginge. Ein enger Freund, einer von Amerikas bedeutendsten praktischen Ärzten, Dana Atchley, hatte ihnen eingeredet, daß die Chirurgie in Frankreich seit der Erfindung des Schafotts noch kaum Fortschritte gemacht hatte, und daß ich nur daheim die richtige Behandlung erhalten konnte. Die nötigen Mittel für eine Flugreise wurden mir unverzüglich zugesandt. Meine Mutter schrieb: »Ich hoffe, Du bist nicht enttäuscht, wieder nach Hause zu kommen, zu Deiner Familie.« Ich landete am 14. November 1947 auf dem Flugplatz La Guardia.

Meine Mutter hätte allen Grund gehabt, ihre Hoffnung umgekehrt zu formulieren. Schließlich galt es zu entscheiden, ob meine Familie nicht von mir enttäuscht war. Die Blinddarmoperation ergab keine Komplikationen, und ich ließ mich ohne Widerrede daheim nieder. Obwohl ich davon geschrieben hatte, mein »Heim zu verlassen«, bestand ich nicht darauf, und wäre wirklich töricht gewesen, es zu tun. Mein Zimmer belegte den größeren Teil der zweiten Etage meines Elternhauses, enthielt nebst einer mächtigen Bettstatt einen herrlichen Flügel, zwei geräumige Anrichten, ein bequemes Sofa, mehrere Stühle, Bücherregale und einen Schreibtisch. Ich hatte ein Automobil zur Verfügung, konnte nach New York fahren, wann immer ich wollte, und hörte kaum Kritik, wenn ich sehr spät nachts heimkam und bis in die Vormittagsstunden schlief. Ich machte mich daran, einen langen Roman zu schreiben und stützte mich dabei auf die Notizen aus Quimper. Außerdem begann ich eine langwierige Affäre mit der Frau des Sohnes guter Freunde meiner Eltern. Dies gab Anlaß zu »Gerede« in Englewood. Doch niemand sagte etwas zu mir. Ich verbrachte den Sommer in Maine, arbeitete an meinem Roman, und es sollte der letzte Sommer werden, den einer von uns dort verbrachte. Meine Eltern fanden das Haus dort, nun, da ihre Kinder erwachsen waren, zu groß und auch zu weit entfernt. Mein Vater, der am Meer aufgewachsen war, wünschte sich ein Sommerhaus am Wasser, wo er segeln konnte, und so kauften sie sich ein Haus auf Mason's Island in der Nähe von Mystic, Connecticut. Maine zu verlassen tat mir und meiner Mutter sehr weh, doch die Entscheidung war klug und bereitete einer noch klügeren den Weg.

Im Herbst begann ich die heterosexuelle Affäre erneut. Die Frau hieß Gina, rebellierte gegen ihr bürgerliches Milieu, war intelligent, aber pervers, und überdies der festen Überzeugung, wie viele Frauen, die von fleischlicher Eitelkeit getrieben werden, ihre körperlichen Reize seien Grund genug, einen fehlgeleiteten Mann von seiner Homosexualität zu kurieren. Ihre enervierenden Predigten zu diesem Thema ärgerten und deprimierten mich. Meine Stimmung wurde nicht besser, als der Roman, mit dem ich mich seit mehr als einem Jahr abgemüht hatte, von dem einzigen Verleger abgelehnt wurde, von dem ich mir erhofft hatte, er würde ihn annehmen. Und nach einer Weile war die Atmosphäre zu Hause auch nicht gerade dazu geschaffen, meine Stimmung zu heben. Wenn zum Beispiel meine Großmutter mich hin und wieder fragte, wie ich meinen Tag zu verbringen gedachte und ich antwortete: »Mit Arbeiten«, erwiderte sie nicht nur einmal: »Daß ich nicht lache!« Mein Vater verhielt sich mir gegenüber zwar freundlich, doch für mich war es offenkundig, daß er seine Mißbilligung nur nicht äußerte.

Ich wurde schwermütig, führte ein vertrauliches Gespräch mit meiner Mutter und legte ihr nahe, es könne nichts schaden, wenn ich einen Psychiater aufsuchte. Sie stimmte mir zu, hielt es jedoch für angebracht, vorerst meinem Vater nichts davon zu erzählen. Sie bat Dr. Atchley, ihr einen kompetenten Mann zu empfehlen. So brauchte ich mich dieses Mal nicht mit einem Scharlatan wie Pardee herumzuärgern. Der Psychiater, den ich konsultierte, war ein höflicher, charmanter Mann mit Namen Dr. Z. A. Piotrowski, der mich sofort beruhigte. Ich schilderte ihm meinen Fall ausführlich, erklärte ihm meine Sorgen, meine Pläne, meine Interessen und Hoffnungen. Aber wir sprachen nicht nur über mich. Dr. Piotrowski war hochgebildet, also unterhielten wir uns viel über Literatur, Musik, Malerei, und er war besonders neugierig zu erfahren, ob es irgendeinen Hinweis darauf gebe, daß Delacroix der uneheliche Sohn von Talleyrand gewesen war. Ich betrieb ein paar Nachforschungen und fand tatsächlich einen schlüssigen Beweis, der dies Gerücht bestätigte.

Nach ein paar angenehmen Monaten angenehmer Gespräche fragte mich meine Mutter, ob ich etwas dagegen hätte, wenn sie mit dem Doktor meinen Fall bespräche. Das hatte ich nicht, zumal sie ja schließlich für meine Behandlung aufkam. Also begab sie sich eines Nachmittags nach New York, während ich etwas ungeduldig auf ihre Rückkehr wartete, da ich ahnte, daß einiges davon abhängen würde, welche Überlegungen meine Mutter im Anschluß an die Unterredung mit Dr. Piotrowski anstellen würde. Ich täuschte mich nicht. Als sie zurückkam, ging sie auf ihr Zimmer, und ich folgte ihr. Dort pflegten wir fast immer unsere persönlichen Gespräche zu führen, zumal uns dort niemand belauschen konnte. Ich fragte sie, was der Arzt ihr gesagt hatte. Das sei sehr einfach, meinte sie. Er habe gesagt, ich sei homosexuell, habe ein einigermaßen ausgeglichenes Verhältnis zu dieser Anomalie gefunden und solle die Affäre mit Gina besser beenden, da sie sich negativ auswirke. Außerdem könne sie als Mutter seiner Meinung nach nichts Besseres tun, als meinen Unterhalt zu erhöhen, damit ich in

Europa schreiben und ein einigermaßen bequemes, wenn auch nicht unbedingt luxuriöses Leben führen könne. Und genau das würde sie nach reiflicher Überlegung auch tun, sagte Mutter. Es war das erste und einzige Mal, daß zwischen uns das Wort »homosexuell« fiel. In späteren Jahren fragte ich mich zuweilen, ob sie es vergessen hatte, obwohl ich annehme, daß eine Mutter diese Tatsache wohl schwerlich vergessen kann. Unglücklicherweise, fügte sie hinzu, werde ihre Entscheidung keine Zustimmung finden bei meinem Vater und meiner Großmutter, doch sei sie bereit, sich ihrem Widerstand zu stellen.

Leider muß ich sagen, daß ihre Erwartung sich als zutreffend erwies. Es kam in meiner Gegenwart zu einer Auseinandersetzung zwischen meiner Mutter und meinem Vater. Er sah keinen Grund, warum ich nicht zu Hause weiterarbeiten sollte, und bezeichnete meine Reise nach Europa als ungerechtfertigte Verschwendung. Worauf meine Mutter entgegnete: »Wofür sollen wir denn unser Geld ausgeben, wenn nicht für unsere Kinder?«

»Nun, es ist ja ohnehin dein Geld«, bemerkte mein Vater steif, »und du kannst es ausgeben, wie du es für richtig hältst«, woraufhin er den Raum verließ. Es war ein gespannter, unangenehmer Moment. Meine Mutter schien weniger beunruhigt, als ich dachte, und ich muß hinzufügen, daß dies in all den Jahren ihrer langen Ehe das einzige Mal war, daß ich sie Worte wechseln hörte, die man als unangenehm bezeichnen konnte. Dies schien mir so einzigartig, daß ich sie nach vielen Jahren, als mein Vater schon einige Jahre tot war, fragte, ob sie denn niemals richtig gestritten hätten. Sie überlegte kurz und sagte dann: »Doch. Nur einmal. Wir wollten auf einen Ball gehen. Es schneite draußen. Ich trug Tanzschuhe und dein Vater meinte, ich solle Stiefel darüberziehen. Ich weigerte mich, er aber bestand darauf. Wir haben uns richtig gestritten. Doch das war, soweit ich mich erinnere, das einzige Mal. Und ich habe die Stiefel nicht angezogen.« Natürlich seien sie häufig verschiedener Meinung gewesen, was die Kinder anbelangte oder Politik. Aber sie hätten ihre Auseinandersetzungen stets freundschaftlich gelöst.

Am 17. März 1949 segelte ich auf der Queen Mary nach Frankreich. Meine Mutter und mein Vater begleiteten mich beide zum Hafen. Zehn Tage später war ich wieder glücklich in meinem Zimmer innerhalb der Irrenhausmauern. Dieses Mal war ich fast eineinhalb Jahre fort gewesen.

Schon bald kamen Briefe meiner Mutter. Sie war sehr zuverlässig im Schreiben, und nicht alle ihre Briefe betrafen meine Probleme, meine Arbeit, meine Zukunft. Oft schrieb sie mir lediglich über Neuigkeiten von zu Hause, über Parties mit ihren Freunden, Golf, ihren Garten, ihre politischen Aktivitäten und natürlich über das Wetter. Sie tun hier jedoch nichts zur Sache, zeigen lediglich, welch ein geselliger Mensch sie war, wie gerne sie Leute um sich hatte, um mit ihnen Bridge zu spielen, zu Mittag zu speisen, oder in den Country Club zu fahren. Sie war keine ausgezeichnete Golferin, aber sie genoß das Spiel. »Viel vergnüglicher als ein Spaziergang«, sagte sie. Ihre Gärten, sowohl der in New Jersey, als auch der auf Mason's Island gehörten zu ihren größten Leidenschaften, und so fanden sich in ihren Briefen häufig Passagen wie die folgende:

Lilien und Tulpen sind in voller Blüte. Das ist die schönste Zeit im Jahr. Bald wird der Rhododendron blühen, dann die Rosen. Mein Garten macht mir dieses Jahr viel Freude. Die Flammenden Herzen sind einfach herrlich.

Meine Mutter glaubte fest an eine gesellschaftliche Verantwortung. Sie war viele Jahre lang Mitglied der League of Women Voters, einer Organisation, der sie viel Zeit und Geld widmete. Sie besuchte gewissenhaft ihre Versammlungen und war eine Weile Vorsitzende der Organisation in New Jersey. Senatoren und Kongreßabgeordnete erhielten viele Briefe von ihr, in denen sie sie auf Probleme hinwies, die sie für wichtig erachtete. Und überdies studierte sie weiterhin eifrig an der Columbia-Universität. Im Juli erhielt ich einen Brief, aus dem ich folgenden Abschnitt zitieren möchte:

Ich freue mich wie ein Kind über einen Brief von Professor Krout, meinem Geschichtsprofessor. Und ich bin schrecklich aufgeregt. Er entschuldigt sich, so lange mit dem Lesen meines Referates gebraucht zu haben (seit März), sagte aber: »Ich beglückwünsche Sie zu der Gründlichkeit ihrer Forschung und der Klarheit Ihrer Darstellung.« Ist das nicht nett? Jetzt bin ich gerüstet für die Abschlußprüfung nächsten Dezember. Ich hätte gute Lust, im Herbst noch ein paar Kurse zu belegen. Eventuell möchte ich sogar promovieren.

Ich war wahrscheinlich ebenso erfreut über das Lob, das sie wegen ihrer hervorragend formulierten Arbeit erhalten hatte, wie sie, gratulierte ihr und schrieb: »Da siehst Du es, mein Hang zur Schriftstellerei kommt nicht von ungefähr, ich habe ihn von *Dir!*« Auf eine Promotion verzichtete sie dann jedoch, teilweise wohl deshalb, weil mein Vater sie zu wenig ermutigte. Er fand wahrscheinlich, daß sie sich überarbeitete. Und wenn man an ihre zahlreichen Aktivitäten denkt, läßt sich nicht leugnen, daß er vielleicht sogar zurecht besorgt war. Aber sie belegte noch mehrere Jahre Vorlesungen in Literatur und Geschichte bei den Professoren, die sie am interessantesten und herausforderndsten fand. Ihre Briefe enthielten häufig Kommentare zu ihren Studienfächern. Zum Beispiel Anfang September des Jahres 1949:

Ich habe gerade den zweiten Band von Parringtons Main Currents in American Thought *zu Ende gelesen. In der Tat sehr interessant. Er hielt nicht viel von Hawthorne. Er gründet seine Behauptungen mehr auf ethische, als auf ästhetische Überlegungen. Keine Kunst um der Kunst willen.*

Dennoch fand sie auch die Zeit, sofern es ihr angebracht schien, mich zu kritisieren und zu tadeln. So schrieb sie mir nach meiner Reise nach Italien und Paris im Mai und Juni:

Ich war enttäuscht darüber, daß Dir hundert Dollar im Monat nicht genügen. Meiner Meinung nach hättest Du die Reise nach Italien aufgeben und die Reisekosten einsparen müssen, als Du in Quimper feststelltest, daß das Geld Dir nicht genügen würde. Es sieht mir fast danach aus, als würdest Du jeden Pfennig ausgeben und, soviel Du auch von uns bekommst, immer noch mehr wollen. Als wir Deinen Unterhalt verdoppelten, dachte ich, nun hättest Du gewiß ausreichend Geld zur Verfügung, und wenn man bedenkt, daß manche Familien von weniger leben, als Du für Dich alleine ausgeben kannst, dann kann man doch erwarten, daß Du Dich zumindest bemühst, mit Deinen Mitteln auszukommen. Du mußt ja schließlich Marian Anderson, oder Heifetz, oder Kirsten Flagstad nicht unbedingt zweimal hören.

Sie hatte recht. Ich sollte mich schämen, dies zugeben zu müssen, aber das tue ich nicht. Ich gab heiter aus, was ich bekommen konnte, und forderte tatsächlich viele Jahre lang, ganz gleich, wieviel man mir gab, immer noch mehr. Und ich bekam auch stets, was ich wollte. Ich hatte auch nie den Eindruck, verschwenderisch zu sein, wurde es auch erst, als mein Vater und meine Mutter es mir allmählich ermöglichten, scheue Versuche in diese Richtung zu wagen. Und wie erstaunt, wenn auch nicht gerade begeistert, wären sie wohl, wenn sie wüßten, daß ich es mir nun, im Alter von siebzig Jahren, leisten kann, mich meinen Freunden gegenüber großzügig zu bezeigen, jederzeit teure Kunstwerke zu kaufen, und in beinahe luxuriöser, wenn auch durchaus meinen Mitteln angemessener Umgebung zu wohnen. Endlich habe ich es nicht mehr nötig, mehr zu wollen, als ich habe.

Mit einem Mal hatte ich den Eindruck, ich dürfte die Gastfreundschaft von Pluto und seiner Familie nicht mehr länger in Anspruch nehmen, daher packte ich meine Siebensachen zusammen, nahm Abschied von ihnen und bestieg den Zug nach Paris. Das Leben in der Hauptstadt war natürlich kostspieliger als das in Quimper. Meine Mutter war besorgt:

Ich habe über Deine finanzielle Lage nachgedacht und mit Dad darüber gesprochen. Ich möchte nicht, daß Du Deinen letzten Pfennig ausgeben mußt. Du solltest für Notfälle etwas auf die hohe Kante legen können. Ich überweise Dir zweihundert Dollar. Damit kannst Du die Kosten für Ärzte, Zahnärzte und dergleichen Notfälle abdecken.

Ich genieße meine Seminare sehr. Ich habe soeben Whitmans Democratic Vistas *gelesen. Kennst Du es? Wenn nicht, dann hat Dich gewiß sein Gedanke inspiriert: daß große Literatur die Krönung einer jeden Gesellschaft ist. Ich weiß jedoch nicht, ob Du der Ansicht zustimmst, es müsse eine erkennbar demokratische Literatur geben, die sich von der europäischen, aristokratischen Tradition abheben sollte.*

Im Oktober reiste ich zwei Wochen nach London, wo eine Geschichte, *The Boy Who Wrote NO,* die ich im vorigen Sommer geschrieben hatte, in der angesehenen Monatszeitschrift *Horizon* veröffentlicht wurde, herausgegeben von Cyril Connolly. Ich hatte Glück, da die Geschichte in der letzten Ausgabe erschien, aber Connolly mußte sie wohl für gut befunden haben, da er sie mehrere Jahre später in seine Anthologie aufnahm, die die besten Beiträge während des zehnjährigen Bestehens der Zeitschrift sammelte. Meiner Mutter hatte die Geschichte nicht gefallen, sie fand sie »zu negativ und hoffnungslos«. Es war kein Wunder, daß sie mit ihrem positiven und optimistischen Wesen die Erzählung nicht mochte, die aber dennoch das einzig annehmbare Stück Fiktion ist, das ich jemals geschrieben habe. Und obwohl Mutter die Geschichte nicht mochte, war sie doch begeistert, als sie veröffentlicht werden sollte.

Liebster Jim,

ich gratuliere Dir! Ich finde es einfach herrlich, daß eine Deiner Geschichten veröffentlicht werden soll, noch dazu in so einem erstklassigen Blatt! Ich frage mich, wo ich hier eine Ausgabe ergattern kann. Vielleicht frage ich Professor Trilling. Er sollte das wissen. Ich habe Dir doch gesagt, daß ich außerstande bin, Literatur im allgemeinen, und die Deine im besonderen, zu beurteilen. Trotzdem freue ich mich ungemein und bin sehr stolz. Ich werde nicht auf die Hauptstraße hinausrennen und schreien: »Hört alle her, ihr dummen, bourgeoisen Amerikaner! Mein Sohn veröffentlicht eine Geschichte in einem todliterarischen Blatt in London!« Aber vielleicht lasse ich mich zu einer klitzekleinen Prahlerei hinreißen, wenn ich die Gelegenheit dazu habe. Es ist lieb von Dir, mir die Freude zu gönnen, und ich verspreche, ganz diskret zu sein. Ich weiß, meine Freude darüber, daß der große Gott Erfolg sich ein wenig sehen läßt, ist überaus bourgeois und amerikanisch, und ich mag dich deshalb auch nicht lieber als zuvor. Es ist einfach nur selbstsüchtige Genugtuung, weil ich mich nicht getäuscht habe in Dir, und weil ich Dich, als ich Dir die Gelegenheit bot, in Europa zu schreiben, nicht verhätschelt oder Dir die Chance verdorben habe, jemals unabhängig zu werden, wie Dad befürchtete. Auch Großmutter freut sich und wünscht Dir alles Gute. Dad ist in Detroit, aber ich bin sicher, daß auch er sich freuen wird.

Ich weiß nicht, ob sie sehr viel prahlte, ein wenig mit Sicherheit, was mir ungemein schmeichelte. Als die Zeitschrift *Horizon* endlich in den New Yorker Buchläden erhältlich war, schrieb meine Mutter:

Ich habe vier Exemplare gekauft, und als der Verkäufer erstaunt fragte, weshalb ich so viele wollte, konnte ich der Versuchung nicht widerstehen und bemerkte: »Mein Sohn hat eine Geschichte in dieser Ausgabe.« Und es war wirklich aufregend, Deinen Namen fett gedruckt auf dem Umschlag zu lesen!

Obwohl ich in Europa vor den gehässigen Angriffen und Beschuldigungen meiner einstigen Geliebten Gina sicher war, so erfuhr ich doch, was aus ihr wurde. Und zwar dank einer unerwarteten Quelle, meiner Mutter. Sie hatte unsere Affäre gewiß nicht gebilligt und mit Freuden Dr. Piotrowskis Rat befolgt, mir dabei zu helfen, sie zu beenden. Doch als ich fort war, trafen sie und Gina sich gelegentlich, sprachen über die Qualitäten oder Mängel der Geschichten, die ich nach Hause schickte, und beiden Frauen mochten es sogar genossen haben, über den fernen, dickköpfigen Möchtegern-Schriftsteller zu reden, der ihnen beiden sehr am Herzen lag. Mutter unterstützte Gina sogar gelegentlich, indem sie ihr den Auftrag gab, ihre Seminararbeiten zu tippen. Ich empfand dies als Beweis ihrer großmütigen Freundlichkeit und ihres herzlichen Interesses an Menschen, die völlig anders waren als sie selbst. Gina trennte sich schließlich von dem Sohn der Freunde meiner Eltern und ließ ihr gemeinsames Kind bei ihm. Eine Affäre mit Dylan Thomas machte sie vorübergehend berühmt, dann traf sie sich mit einem gutaussehenden homosexuellen Vagabunden, dem sie im Sixth Avenue Automat in Greenwich Village begegnet war, wurde schließlich ein Mitglied der Seventh-Day-Adventisten und befragte die Leute in der Lower East Side, ob sie gerettet waren.

Der erste schwache Hoffnungsschimmer literarischen Erfolges, den die Veröffentlichung im *Horizon* darstellte, löste in den Büros der Verleger keine große Aufregung aus. Dennoch erhielt ich ein paar interessierte Anfragen, über die ich gerne berichtete, weil ich wußte, wie wohlwollend derlei Neuigkeiten aufgenommen wurden.

Ich lese mit Freuden, daß Verleger sich bei Dir meldeten. Du machst Dich. Es war – und das ist es noch – ein langer, beschwerlicher Weg, und ich bewundere Deine Entschlossenheit und Deinen Mut, ihn trotz aller Hindernisse weiterzugehen. Und ich erkenne zu meinem großen Bedauern, daß ich zu den Hindernissen gehört habe.

Meine Antwort:

Ich finde, daß ich unerhörtes Glück hatte, nahezu keine Hindernisse überwinden zu müssen, bis auf die in meinem Innern. Ich fühle mich schuldig, wenn Du mich entschlossen und mutig nennst. Mir kommt es nicht so vor, als hätte ich das sein müssen. Was Dich als Hindernis anbelangt, so wehre ich mich in aller Entschiedenheit gegen diesen Gedanken und würde es keinesfalls dulden, wenn irgendein anderer so etwas behaupten würde. Wenn Du es selber behauptest, dann tut es mir nur leid. Deine anfänglichen Bedenken waren doch nur natürlich. Ich habe sie immer noch!

Gelegentlich sandte mir meine Mutter, trotz ihrer Vorbehalte gegen Verschwendungssucht, zusätzlich Geld:

Ich hoffe, Du hast den Brief mit dem Überweisungsbeleg erhalten. Falls nicht, ich habe Dir, als Weihnachtsgeschenk, hundert Dollar überwiesen, die fünfundzwanzig Dollar von Großmutter und in etwa (ich erinnere mich nicht an die exakte Summe) zweihundertsiebzig Dollar, die ich noch in Maine auf dem Konto liegen hatte und einfach auf Dich übertragen ließ. Ich muß gestehen, daß ich Dad nichts davon erzählt habe. Also erwähne es bitte nicht in Deinen Briefen. Bedanke Dich nur für unser Weihnachtsgeschenk. Ich lüge nicht gerne, aber vielleicht ist es manchmal das beste Mittel, um Streitereien zu verhüten.

Ich schrieb ihr meine Dankbarkeit und versicherte ihr, daß ich ihr meine Wertschätzung zeigen wollte, indem ich so hart arbeitete, wie ich nur konnte, um ihr Vertrauen in mich zu rechtfertigen. Sie arbeitete selbst sehr hart:

Heute ist ein regnerischer Morgen, ein guter Tag, um mich auf die Klausur vorzubereiten, die am Donnerstag stattfindet. Ich weiß eigentlich gar nicht, weshalb ich sie mitschreibe. Ich habe nur so ein Gefühl, daß ich es eben tun sollte, wenn ich schon das Seminar besuche. Außerdem bin ich ein klein wenig neugierig, wie sie sein wird, und ob ich sie bestehen kann. Das sollte ich natürlich, schon weil ich keine Vorlesung versäumt und sicherlich mehr gelesen habe, als jeder durchschnittliche Student im Kurs, aber mein armer, alter Kopf ist nicht mehr so gewandt wie der eines jungen Menschen, weshalb ich leise Zweifel hege, ob ich mein Wissen auch in angemessener Weise zu Papier bringen kann.

Im nächsten Semester möchte ich mich mehr auf Trillings Seminar konzentrieren als auf das von Commager, werde aber wieder beide belegen. Ich denke wirklich, daß für allgemeine Zwecke die Kenntnis der amerikanischen Literatur interessanter und (um ein abgedroschenes Wort zu verwenden, das ich hasse) »lohnender« ist als die Geschichte der Verfassung.

Ich war mittlerweile seit über einem Jahr hier in Europa und hätte eigentlich wissen müssen, daß das Thema meines ausgedehnten Aufenthaltes hier und der Unterstützung desselben durch meine Mutter unweigerlich wieder zu Auseinandersetzungen führen würde. Diese kamen auch nach und nach. Im April schrieb sie:

Es wäre toll, wenn Harper's Deinen Roman veröffentlichten, aber ich werde nicht zu enttäuscht oder beunruhigt sein, wenn sie ihn nicht nehmen, auch nicht, wenn er nicht sofort einen Verleger findet. Ich bin ganz sicher, daß Du es bald schaffen wirst, und ein oder zwei Jahre Aufschub sind kein Grund zur Besorgnis. Nachdem ich gerade über F. Scott Fitzgerald lese, bin ich gar nicht mehr so sicher, ob ein schneller Erfolg überhaupt wünschenswert ist, obwohl Du natürlich älter und viel stabiler bist als er. Aber ich kann mir vorstellen, daß echter Erfolg immer gefährlich ist.

Und wieder:

Ich lese gerade einige der frühen Kritiken zu Balzacs Werken. Eine stach mir dabei ins Auge. Sie stammt von Henry James. Er kritisierte, daß Balzac, vor allem in seiner Jugend, viel zu hastig schrieb, ohne Überlegung, weil er keine Muße hatte. Vielleicht hat dies Balzac nicht geschadet, aber ich glaube, wirklich gute Arbeit ist nur zu leisten, wenn die Umstände nicht allzu widrig sind. Mag sein, daß dies falsch ist, aber ich möchte auf keinen Fall, daß Du finanzielle Schwierigkeiten hast. Ich werde Dir von Zeit zu Zeit ein wenig zusätzliches Geld überweisen. Nicht überaus viel, aber doch genug, um Dich vor allzu großer Bedrängnis zu bewahren. Keine Sorge, ich werde mir nichts vom Mund absparen, nur damit Du Dich mit Luxusartikeln versorgen kannst. Wenn ich Dir zusätzlich Geld sende, wirst Du später ganz einfach weniger erben – obwohl es nach Abzug der Erbschaftssteuer wohl gar nicht um soviel weniger sein wird. Du brauchst nicht in Dankbarkeit zu zerfließen, wenn wir Dir Geld schicken. Das ist ein scheußliches Gefühl und macht einen nur ärgerlich auf den Spender, ein Argument der besten Psychologen.

Im Herbst jedoch bemerkte ich mit einem Mal einen entschiedenen Sinneswandel, der wohl durch den Druck verursacht worden war, den mein Vater und meine Großmutter auf ihre Meinung ausübten.

Dad ist nach Detroit und Indianapolis gefahren, deshalb konnte ich noch nicht mit ihm über Deinen Entschluß, in Frankreich zu bleiben, sprechen. Er ist aber gewiß auch der Meinung, daß es für Dich nun allmählich an der Zeit wäre, nach Hause zu kommen. Ich habe viel über die Sache nachgedacht. Du hast nicht erwähnt, ob Du Zusagen von Verlegern hast oder nicht. Hat man

Deinen Roman angenommen, freue ich mich natürlich für Dich, dann kannst Du es Dir leisten, in Frankreich zu bleiben, wenn Dir soviel daran liegt. Wurde er aber abgelehnt, solltest Du Dir allmählich Gedanken machen, wie Du selbst für Deinen Unterhalt aufkommen kannst. Nicht etwa, daß ich Dir Deine Unterstützung mißgönnte, oder nicht alles für Dich tun möchte, was in meiner Macht steht. Aber ich glaube, es wäre einfach nicht fair, wenn ich Dich weitermachen ließe wie bisher. Du hattest vier Jahre, in denen Du Dich bewähren konntest, und ich bin davon überzeugt, daß die Erfahrung, Dich selbst erhalten zu müssen, das Beste für Dich wäre. Du könntest doch Französisch und/oder Englisch lehren, eine Aufgabe, die Dir noch genügend Zeit zum Schreiben ließe. Vielleicht müßtest Du zurückkommen und das College beenden. Ich weiß, diese Pläne werden Dich wütend machen, doch irgendwie habe ich das ungute Gefühl, als sei ich dafür verantwortlich, daß Du so lange tun durftest, was immer Du wolltest, und ich bin nicht länger bereit, dieses Treibenlassen zu dulden.

Es tut mir sehr leid, Jim, wenn dieser Brief Dich verletzen sollte. Du weißt, daß ich Dich sehr liebe und nur äußerst ungern enttäusche. Aber ich bin davon überzeugt, daß mein Entschluß richtig ist.

Der Brief ärgerte mich in der Tat, und ich machte auch keinen Hehl daraus. Die Aussicht, Lehrer zu werden, schien undenkbar, zumal meine Verachtung für fast alle Mitglieder dieses Berufsstandes noch frisch war, weil ich mich unglücklicherweise ihrer Mittelmäßigkeit zu beugen hatte – am Wesleyan gab es keine Barzuns oder Trillings, und am Williston empfand ich nur für einen einzigen Professor respektvolle Zuneigung. Ich ließ den Mut jedoch nicht sinken, da ich keinen einzigen Augenblick lang glaubte, mein Entschluß, das Leben schreibend zu verbringen, könne ernsthaft gefährdet sein. Meine Mutter aber schien fest entschlossen, denn zwei Wochen später schrieb sie mir noch eindringlicher.

Es ist schwer für mich, meine Meinung über Dich und Deine Arbeit deutlich auszudrücken. Ich glaube nicht, daß ich meinen Standpunkt geändert habe. Ich möchte noch immer, erwarte dies sogar von Dir, daß Du schreibst. Ich bin auch noch immer zuversichtlich, daß Du irgendwann Erfolg haben wirst. Wahrscheinlich wirst Du nicht gerade ausgesprochen populär, aber Du willst ja offensichtlich ohnehin keine »Bestseller« schreiben. Darum geht es mir auch gar nicht. Es geht mir nämlich um folgendes:

1. *Du bist fast dreißig Jahre alt und noch immer nicht imstande, selbst für Deinen Unterhalt zu sorgen. Wenn Du so weitermachst, wirst Du mit vierzig Jahren Deinen Lebensunterhalt noch immer nicht selbst verdienen können – außer, Du kannst Dich mit Schreiben über Wasser halten, was wir Dir natürlich alle herzlich wünschen. Es scheint mir weder kleinkrämerisch noch materialistisch, wenn man möchte, daß der eigene Sohn nötigenfalls auf sich selbst aufpassen kann. Dad, Großmutter und ich leben von Zinsen. Ihr Kapital wird irgendwann in zwei Teile geteilt, das unsere in drei. Einkommens- und Erbschaftssteuern werden immer höher. Wieviel Du erhalten wirst, weiß ich nicht. Wie die Dinge jetzt stehen, könntest Du ganz angenehm davon leben. Doch in zehn Jahren kann die Lage sich drastisch verändert haben. Dad verwaltet unser Vermögen gut, aber Du weißt natürlich nichts von Geschäften und Investitionen, willst auch gar nichts wissen. Deshalb wären für Dich sichere, zinsgünstige Aktien das Beste. All dies läßt mich zum springenden Punkt kommen: Du kannst Dich nicht auf die Erbschaft als Lebensunterhalt verlassen. Auch wenn wir weit wohlhabender wären, wäre es schlicht töricht, sich im Hinblick auf die derzeitige Weltsituation immer darauf zu verlassen, genügend Geld zu haben, um davon leben zu können. Deshalb machen Dad und ich uns große Sorgen um Deine Zukunft. All dies soll nicht heißen, daß wir kein Vertrauen in Dich haben, oder außergewöhnlichen Erfolg von Dir erwarten. Mit zunehmendem Alter werden Menschen wohl ängstlicher, immer weniger gewillt, ein Wagnis einzugehn, besonders dann, wenn es um ihre Kinder geht, da deren Wohl ihnen sehr am Herzen liegt.*

2. Ich halte es für keine gute Idee, daß Du Dich in Paris niederlassen willst. Ich bin nun einmal der Ansicht, daß ein amerikanischer Schriftsteller in Amerika leben müßte. Ich spreche immer wieder mit Gina darüber, seit ich zurück bin, und auch sie war der Meinung, Du solltest heimkommen. Natürlich wollen wir Dich alle gerne wiedersehen, aber es ist nicht nur der selbstsüchtige Wunsch, Dich daheim zu haben.

Ich hoffe, daß Du diesen Brief nicht mißverstehst, oder etwa glaubst, ich sorge mich um Dich und Deine Zukunft, weil es mir an Zuneigung fehlt und ich Dir nicht helfen möchte. Im Gegenteil.

Es schien mir offensichtlich, daß die Ansichten meines Vaters und meiner Großmutter vieles von dem, was meine Mutter schrieb, beeinflußt hatten. Daß sie die Angelegenheit mit Gina besprach, die damals noch nicht geschieden war, mißfiel mir sehr, da ich auf keinen Fall wollte, daß sie in irgendeiner Weise an Beschlüssen teilhatte, die meine Zukunft betrafen. Mir war schließlich klar – und meine Mutter hätte dies eigentlich wissen müssen –, welche Erwägungen ihr Urteil leiteten.

Nur wenige Tage nach jenem letzten Brief erhielt ich noch einen, mit folgendem Absatz:

Ich habe viel gegrübelt, wie Du meinen letzten Brief wohl aufgenommen hast, und wie Du Dich entscheiden wirst. Es fällt mir, wie Du weißt, nicht leicht, Dir etwas abzuschlagen und Dir das Gefühl zu vermitteln, daß ich keinen Anteil nehme an Deiner Arbeit. Ich fürchte, mein Brief hat Dich schokkiert. Ich bin noch immer voller Hoffnung, daß Du Deine Schriften bald veröffentlichen kannst. Aber wenn ich sicher sein könnte, daß Du Dich nötigenfalls selbst versorgen könntest, wäre ich sehr erleichtert. Nachdem Du nun Zeit hattest, darüber nachzudenken, hoffe ich, daß Du mir zumindest zugutehältst, daß ich nur das Beste wollte für Dich, Deine Zukunft und Deine Entwicklung. Natürlich hätten wir Dich gerne wieder bei uns, aber wir drängen Dich nicht nur aus egoistischen Gründen zur Heimkehr.

Meine arme Mutter! Sie hatte in der Tat eine grausame Marter zu bestehen, denn sie war gefangen in einem Schraubstock unversöhnlich widersprüchlicher Ideen und Ideale. Sie wand sich hin und her, um sich aus ihrer quälenden Lage zu befreien. Doch es gelang ihr nicht. Ich antwortete ihr, so gut ich konnte:

Ich erhielt Deinen Brief heute morgen und beeile mich, Dir zu antworten. Ich habe meine Kabinenreservierung auf der Ile de France am 23. Oktober nicht abgesagt, obwohl ich eigentlich nicht so früh reisen wollte. Vielleicht kann ich per Flugzeug kommen. Ihr könnt jedenfalls in der zweiten Novemberwoche mit mir rechnen, vielleicht schon früher. Aber ich möchte betonen, daß ich nur zu Besuch komme. Ich möchte heimkommen und Euch alle wiedersehen. Aber ich möchte keine gespannte Atmosphäre vorfinden. Natürlich verstehe ich Deinen Standpunkt, Mutter, weiß Deine Empfindungen zu schätzen und bin mir darüber im klaren, daß Dir nur mein Wohlergehen am Herzen liegt. Mir ist auch durchaus bewußt, daß ich ein Risiko eingehe. Aber so ist es nun einmal. Es ist zu spät, um aufzugeben oder auszuweichen. Siehst Du das nicht ein? Ich könnte es nicht. Ich müßte mich ja als gescheitert betrachten. Möchtest

Du das? Irgendwann werde ich das ohnehin müssen. Glaubst Du, daß für
mich, wenn es soweit ist, noch irgendetwas anderes zählt? Außer vielleicht
meine Reue, Dich gezwungen zu haben, das Wagnis mit mir einzugehen, und
Dich am Ende enttäuscht zu haben? Es geht nicht einmal darum, daß ich an
mich selbst glaube. Meine Überzeugung und meine Entschlossenheit sind wie
die Luft, die ich atme, und ich kann das nicht ändern. Aber ich möchte dies jetzt
nicht länger ausführen. Wir werden darüber sprechen, wenn ich zu Hause bin,
und Du kannst sicher sein, daß ich mich aufrichtig darauf freue, meine Familie
wiederzusehen. Liebste Mutter, sorge Dich bitte nicht. Es macht mich traurig,
wenn ich sehe, wie sehr ich Dich belaste. Sobald meine Pläne feststehen, werde
ich sie Dich wissen lassen. Inzwischen kannst Du ruhig aufatmen.

Doch das konnte sie nicht. Ich segelte auf der *Ile de France* gen
Heimat und erreichte am 30. Oktober New York. Während meines
Aufenthaltes führte ich zahlreiche Gespräche mit meiner Mutter und
meinem Vater, was ich und sie hinsichtlich meiner Zukunft unternehmen sollten. Dies alles führte jedoch zu nichts. Mein Vater war gegen
meinen Entschluß, meine arme Mutter schwankte. Doch keines der
Gespräche war unangenehm. Ich hatte Glück. Meine Eltern waren
beide würdevolle, großherzige und freundliche Menschen. Es war
keine Rede davon, mir meinen Unterhalt zu streichen. Nur meine
Großmutter trug eine gewisse Note altmodischer Strenge bei und tat
barsch ihre Mißbilligung kund, daß ich durch mein leichtsinniges und
unverantwortliches Verhalten meiner Mutter soviel Sorgen bereitete.
Oma hatte ihr Testament neu verfaßt, in dem sie ihren sechs Enkelsöh-
nen das gesamte Kapital überschrieb, das ihr nach den beträchtlichen
Geschenken an ihren Sohn und ihre Tochter noch verblieben war,
wobei sie mir die gleiche Behandlung hatte zuteil werden lassen, wie
meinen Brüdern und Vettern, also blieb ich ruhig und ließ sie schelten.
Außerdem mochte ich sie leiden, genoß ihre Geschichten über das
Leben im neunzehnten Jahrhundert und las ihr häufig laut Artikel aus
dem Reader's Digest vor, zumal ihr Gehör sich immer mehr verschlechterte, je weiter sie auf die neunzig zuschritt.

Da ich klar und deutlich betont hatte, mein Aufenthalt daheim sei
nur als Besuch zu betrachten, erwog ich schon bald, nach Europa
zurückzukehren. Meine Eltern fuhren im Februar nach Californien und
ließen mich mit Großmutter und der Dienerschaft allein. So beschloß

ich, am 23. Februar an Bord der *Queen Mary* zu gehen, exakt vier Monate nach meiner Abreise aus Le Havre. Meine Mutter schrieb mir aus Santa Barbara:

Falls Du noch immer vorhast, am Freitag abzureisen, ist dies mein letzter Brief in den USA – und ich wünsche Dir eine angenehme Reise. Natürlich bin ich nicht ärgerlich, daß Du fährst, sondern enttäuscht, daß Du Dich nicht an das Leben zu Hause gewöhnen konntest. Ich verstehe, daß es nicht gerade nach Deinen Träumen ist. Doch wer könnte das von seinem Leben wohl auch behaupten?

Nach zwei Monaten in Paris fuhr ich mit einem Freund gen Süden. Auf Capri mieteten wir uns eine prachtvolle Villa mit einem großen Garten und einem herrlichen Blick auf die blaue Bucht und den erloschenen Vesuv. Dort machte ich mich in einem weitläufigen Salon an einen weiteren Roman, mit dem – prophetischen – Titel *No Traveler Returns, Kein Reisender kehrt zurück*. Nicht lange danach erhielt ich einen Brief von meiner Mutter.

Ich bin froh, daß Du Dich endlich niedergelassen hast, und hoffe, das Leben auf Capri wird Dich zum Arbeiten inspirieren, nicht etwa zu den romantischen Liebeleien, für die es berühmt ist. Ich weiß nicht so recht, was ich auf Deinen Brief aus Paris antworten soll, in dem Du mir schreibst, wie sehr Du Dich mir verpflichtest fühlst, und daß Du Erfolg haben möchtest, um mein Vertrauen zu rechtfertigen. Ich möchte natürlich sehr, daß Du Erfolg hast, doch das ist mir bei weitem nicht das Wichtigste. Am meisten wünsche ich mir, daß Deine Gesinnung ein wenig stabiler wird. Die Eigenschaften, die mich an Dir stören, sind Deine Ruhelosigkeit, Deine Nachgiebigkeit gegen Dich selbst und Deine Egozentrik. Wie oft habe ich dies bereits ohne den mindesten Erfolg gesagt! Weshalb also sollte ich es noch einmal wiederholen? Wie sehr ich daran die Schuld trage, hat mich immer beunruhigt. Gewiß werden viele denken, ich hätte Dir schon viel eher sagen sollen, Du müßtest selbst Verantwortung für Dich übernehmen. Ob ich dies versäumte, weil es mir an Mut fehlte, weil ich Dir vertraute, oder einfach nur aus Wunschdenken, weiß ich nicht. Ich bin noch immer bereit, Dich zu unterstützen, aber es beunruhigt mich, und es bringt mich in eine sehr unangenehme Lage, wenn Du einfach umherreist, gewaltige Summen ausgibst für Kleidung, von der ich kaum glauben kann, daß Du sie brauchst. Das alles erinnert mich sehr an den Verlorenen Sohn, und Dad und ich machen uns große Sorgen. Natürlich arbeiten wir nicht zwölf Stunden am Tag, wie Du sehr wohl weißt, um das Geld zu verdienen, das Du ausgibst, aber anstatt Dich schuldig zu fühlen – und Gott weiß, daß ich das nicht möchte –, solltest Du eher versuchen, ein stabileres, sinnvolleres Leben zu führen. Ich weiß, Du denkst, und glaubst es gewiß auch aufrichtig, daß die Schreiberei Dein Lebenszweck ist, aber dazu mußt Du gewiß nicht in aller Herren Länder umherreisen und auch nicht immer die Gesellschaft und Umgebung haben, die Dir am angenehmsten und anregendsten erscheint.

Du magst diesen Brief für sehr unfreundlich und gefühllos halten, das ist nicht meine Absicht, glaube mir. Aber ich mache mir Sorgen um Dich, und frage mich, was wohl aus Dir werden soll, wenn Dad und ich nicht mehr länger da sind, um uns um Dich zu kümmern.

Sie hatte einen Scheck beigelegt. Ich antwortete sofort:

Dein Ostergruß erreichte mich heute. Danke für den Scheck. Obwohl mich Deine Worte natürlich bestürzen, finde ich Deinen Brief nicht unfreundlich oder gefühllos. Ganz im Gegenteil. Er hat mir Deine Anteilnahme bewiesen und erneut gezeigt, wie sehr Du Dir wünschst, daß ich das Leben führte, von dem Du glaubst, es sei am besten für mich. Auch mir läge viel daran, wenn sich mein moralisches Gerüst versteifen würde, und ich bin ganz Deiner Meinung, daß meine Nachgiebigkeit mir selbst gegenüber sehr schädlich ist. Ich kenne meine Fehler und Schwächen und strebe danach, sie zu besiegen. Es wird eine Lebensaufgabe werden, und ich bin Dir dankbar für Deinen Rat und Deine Sorge. Ich kann Dir nicht versprechen, daß ich Dir noch beweisen werde, daß ich nicht der Verlorene Sohn bin, aber ich glaube zumindest daran.

Du wirst Dich freuen zu hören, daß ich hier sehr emsig arbeite und innerhalb von zwei Wochen bereits über sechzig handschriftliche Seiten verfaßt habe. Ich habe das Gefühl, dieser Roman hat größere Chancen als die ersten, und hoffe, ihn beenden zu können, bevor ich im Herbst nach Hause komme.

Nachdem ich Capri verlassen hatte, reiste ich nach Rom und Florenz, von dort aus nach Wien und Salzburg, wo ich mit einem Freund einen Monat lang blieb, meine Arbeit am Roman fortsetzte und in einer

Zweizimmerwohnung neben einem Schönheitssalon lebte. Im Hotel, wo wir jeden Tag zu Mittag speisten, bediente uns ein gutaussehender blonder Kellner, eifriger Nationalsozialist, der sich bereits im Alter von sechzehn Jahren freiwillig in die Armee gemeldet, in Frankreich, Italien und Rußland gedient hatte und fünfmal verwundet worden war. Das Soldatenleben sei hart gewesen, sagte er, aber er habe zum Ausgleich gute Kameraden gefunden. »Die Amerikaner haben nur ihre Dollars als Kameraden«, setzte er hinzu. Von Salzburg aus fuhren wir nach Paris, wo ich mir ein Auto kaufte, von dort nach Südfrankreich, wo wir den August in einem gemieteten Appartement in Villefranche-sur-Mer verbrachten. Anschließend reisten wir quer durch Frankreich nach Biarritz, wo wir bei einem Freund wohnten. Er begleitete uns für eine Woche durch Nordspanien, auch nach Madrid und Toledo. Noch bevor wir nach Paris zurückkehrten, roch die Luft bereits nach Herbst, und auf der Heimfahrt besichtigten wir noch die herrlichen Höhlenmalereien in Lascaux. Diese Reisen, die natürlich unnötig, aber höchst vergnüglich und bildend waren, kosteten Geld, mehr als mein Unterhalt mir auszugeben gestattete, aber ich hielt mich nicht an die Anweisung meiner Mutter, das Reisen sein zu lassen, und die Folge davon war, daß ich mich schon bald mit der Bitte um einen Zuschuß an meine Eltern wenden mußte. Unverschämterweise tat ich dies mittels eines Telegramms, was meinen Vater nicht ohne Grund verärgerte, weil ich ihn damit vor vollendete Tatsachen stellte. Meine Mutter war entrüstet, erinnerte mich daran, daß ich ohne ihre Zustimmung ins Ausland gereist war, und argumentierte, ich könne ohne weiteres mit meinem Unterhalt auskommen, wenn ich es nur versuchen wollte. »Ich bin mir sicher, daß ich es könnte«, setzte sie hinzu. Und außerdem müsse ich ja nicht unbedingt im Ausland leben. Ich war anmaßend genug, sie auf das Urteil und Beispiel Henry James' zu verweisen, der ebenfalls die Europäer für ihre intellektuellen Bemühungen und ihre traditionsreiche Kultur bewunderte, die, wie auch ich fand, in Amerika fehlten, bat sie um mehr Geld und beteuerte mein Schuldbewußtsein, es zu nehmen. Während dieser Zeit und noch einige Jahre danach, gelang es mir, durch den Handel mit Kunstwerken meine Mittel ein wenig aufzustocken. Damals war es leicht, zu einem verhältnismäßig niedrigen Preis den einen oder anderen Delacroix, Courbet oder Monet zu finden, und ihn anschließend in New York um einiges teurer zu verkaufen.

Doch sogar dies gelegentliche Zubrot genügte nicht, um meine ständigen Schulden zu tilgen.

Sowohl mein Vater, als auch meine Mutter hatten mir geschrieben und mich dringend gebeten, mich zu Hause niederzulassen, und ich hatte angedeutet, daß sie mich im Herbst in Englewood erwarten dürften. Doch ich verschob meine Heimreise, weil ich zuvor meinen Roman beenden wollte. Auf der Suche nach einem ruhigen, angenehmen Ort für meine Arbeit fuhr ich nach Heidelberg, ein Städtchen, das ich bereits aus meiner Soldatenzeit kannte, fand eine hübsche Pension und schrieb tatsächlich innerhalb eines Monats mehrere Kapitel des Buches, das ich sieben Monate zuvor auf Capri begonnen hatte. Im Winter war die elterliche Geduld erschöpft. Meine Mutter schrieb:

Wir müssen einige Entscheidungen treffen, also denke bitte über folgende Vorschläge nach: 1. Wir bestehen darauf, daß Du Dir irgendeine Arbeit suchst. Ich bin nicht mehr länger gewillt, ständig durchsetzen zu müssen, daß Du Deine ganze Zeit dem Schreiben widmen darfst und/oder anderen Beschäftigungen, die Dich interessieren, während wir Dich unterstützen. Dad findet, dies sei sehr schlecht für Dich, und ich bin dann gezwungen, Entscheidungen gegen seinen Willen zu treffen. Ich bin nicht mehr länger bereit, diese Last zu tragen. 2. Wir werden Deinen Unterhalt am 1. März bereitlegen, aber Du mußt ihn Dir zu Hause abholen. Richte also Deine Pläne danach. 3. Denke darüber nach, was Du tun willst, wenn Du zurückkommst.

Ich hoffe, dieser Brief wird Dir nicht allzu lieblos erscheinen. Glaube mir, das ist er nicht.

Ich empfand meine Mutter niemals als lieblos. Es war in der Tat offensichtlich, daß gerade ihre innige Liebe zu mir ihr Furcht und Konflikte bereitete, und daß sie mutig mit ihrem inneren Selbst für mich rang. Nur fünf Tage, nachdem sie das obige Ultimatum gestellt hatte, beendete sie einen anderen Brief mit den Worten: »Mach Dir keine Sorgen wegen meiner letzten beiden Briefe. Wir können uns etwas ausdenken, wenn Du nach Hause kommst.«

Auch wenn mich eigensinnige Zügellosigkeit und das Unbehagen, mich eventuellen Unannehmlichkeiten zu Hause stellen zu müssen, länger in Paris hielten als nötig, führte meine Anwesenheit dort Mitte Februar zu einer zufälligen Begegnung, die letztendlich jene Erfüllung bringen sollte, die meine Mutter und ich so brennend herbeigesehnt hatten: Ich machte damals die Bekanntschaft von Alberto Giacometti, der mein Leben verändern sollte.

Was die unmittelbare Zukunft anbelangte, so präsentierte sich gerade zur rechten Zeit ein allmächtiger deus ex machina in Form einer Rockefeller-Stiftung. Einer meiner Freunde in Paris, ein Mann, dessen wohlwollende Großzügigkeit mir gegenüber bis zum heutigen Tag ungebrochen ist, kannte die Direktoren der Stiftung und war von ihnen bereits mehrmals kräftig unterstützt worden. Er erdachte sich die Strategie, einen anderen Freund, den Schriftsteller André Fraigneau, ein paar Monate lang durch die USA reisen zu lassen, damit er das Arbeiten amerikanischer kultureller Einrichtungen studierte – Universitäten, Büchereien, Museen – und dann entschied, welchen Nutzen man zu beiden Seiten des Atlantiks aus einer engeren Zusammenarbeit mit ähnlichen Einrichtungen in Frankreich ziehen konnte. Ich sollte ihn als eine Art Fremdenführer und Dolmetscher begleiten, weil er kein Wort Englisch sprach. Da die Qualifikation Fraigneaus, solch eine Studie vorzunehmen, unverschämt niedrig war, hegte ich von Anfang an den Verdacht, daß die Reise sich als erholsame Spritztour erweisen würde, finanziert vom Vermögen der Rockefellers. Diese Vermutung behielt ich meinen Eltern gegenüber natürlich für mich. Sie waren ziemlich beeindruckt von der Vorstellung, ihr Sohn gelte für gebildet und scharfsinnig genug, um das magische Prestige einer Förderung durch die Rockefeller-Stiftung zu verdienen. So war, als ich am 14. April mit Fraigneau an Bord der *Queen Mary* ankam, keine Rede mehr davon, daß ich mir Arbeit suchen müßte.

Mein Verdacht, was den ernsthaften kulturellen Zweck der von Rockefeller unterstützten Reise anbelangte, wurde von Anfang an bestätigt, denn Fraigneaus erste Sorge war es, nachdem wir das Stiftungsgebäude aufgesucht hatten, einen üppigen Spesenscheck in Empfang genommen und die Gesellschaft der Direktoren genossen hatten, einen teuren Koffer zu erstehen, und ihn mit einer luxuriösen Kleiderkollektion zu füllen, aus Brooks Brothers. Unsere Reise durch die Vereinigten Staaten und Teile Kanadas dauerte zwei Monate, war ein Jux, auch wenn wir Museen und Universitäten besuchten. Was die Direktoren der Rockefeller-Stiftung von unserer Wanderschaft hielten, wußte ich nicht, habe es auch niemals erfahren. Es lohnt, die Reise hier zu erwähnen, nicht nur, weil sie die Sorge meiner Mutter ein wenig linderte, sondern auch, weil wir zufällig drei außergewöhnliche Frauen kennenlernten. Fraigneau wußte, daß ich eine amerikanische Malerin namens Eleanora Kissell kannte, die fünfundzwanzig Jahre lang in Taos, Neumexiko, gelebt hatte, und dort befreundet war mit allen drei Frauen, die um die Gunst von D. H. Lawrence in seinen späten Jahren wetteiferten. Dies waren seine Witwe Frieda, Mabel Dodge Luhan, welche unermüdlich schöpferische Berühmtheiten feierte, und die ehrenwerte Dorothy Brett, deren Leidenschaft für Lawrence sie dazu brachte, ihm in die damals sehr entlegene Wildnis des Südwestens zu folgen. Aus Gründen, die ich nie ganz begriff, war Fraigneau mehr an diesen Damen interessiert, als an irgendetwas sonst in Amerika, und drängte darauf, ich möge mich mit meiner Bekannten in Verbindung setzen, damit diese ein Treffen in die Wege leite. Das tat ich, und Miss Kissell versprach uns freundlicherweise, das Nötige zu veranlassen. So fuhren wir nach Taos, wo man uns einer Dame nach der anderen vorstellte.

Mabel Dodge und ihr indianischer Ehemann, Tony Luhan, waren am wenigsten interessant. Ihr Haus, aus Luftziegel gebaut wie die übrigen, war ein sehr durchdachter Bau, aber das Innere war gänzlich modern und so unmexikanisch wie ein Reißverschluß, obwohl ein gewöhnlicher Haushaltsbesen, der an einer Schnur von der Mitte der Woohnzimmerdecke herabhing, und dessen Bedeutung man uns nicht erläuterte, dem Raum einen gewissen okkulten Anstrich verlieh. Da unser Besuch am späten Nachmittag erfolgte, wurden wir mit großen Mengen Bourbon versorgt, wobei Gastgeber und Gastgeberin, wie ich beobachtete, sich freizügiger bedienten als ihre Gäste. Mabels Konversation war unzusammenhängend und irgendwie kindlich, so als habe sie Schwierigkeiten, länger einem Gedanken zu folgen. Miss Kissell erzählte uns später, daß »die maßgeblichen Leute« in Taos ihr keine große Beachtung schenkten. Tony sprach fast kein Wort, sondern fixierte einen jeden von uns abwechselnd mit einem Blick, der entweder Verachtung oder stoischer Gleichmut auszudrücken schien. Wir kamen unweigerlich auf Europa zu sprechen. Mabel sagte, sie würde den Ozean nicht mehr überqueren, weil Pässe und Visas ihr zuviel Aufwand wären, und weil ihr überdies Leo Stein aus Florenz geschrieben hätte, daß Spaghetti mittlerweile maschinell hergestellt würden.

Brett war eine plumpe kleine Frau in Blue Jeans. Sie trug ein Hörgerät und zeigte uns bereitwillig ihr unordentliches Haus und ihre vielen Bilder, wovon einige ganz beeindruckend waren, darunter vierzehn Porträts des extravaganten Dirigenten des Symphonieorchesters, Leopold Stokowski. Sie schien sehr einsam und redete gerne, besonders über ihre Familie. Eine ihrer Schwestern, sagte sie, sei verheiratet mit Sir Charles Brooke, dem »weißen Rajah« von Sarawak, und ihre Urgroßmutter habe auf dem Schlachtfeld bei Waterloo das Licht der Welt erblickt, während der Kämpfe. Dieses Detail erinnerte an Stendhal und begeisterte Fraigneau. Obwohl Brett damals bereits in den USA eingebürgert war, zeigte sie uns stolz, als wir uns verabschiedeten, das gewaltige Wappen, das sie auf das Garagentor gemalt hatte.

Die letzte der drei Damen beeindruckte uns am meisten, und zwar dank ihrer eigenen Persönlichkeit, und nicht weil sie die Witwe des weltberühmten Literaten war. Sie war ein prachtvolles Geschöpf, alt aber robust, eine unverkennbare Aristokratin, auch wenn sie eher wie eine Bäuerin wirkte. Sie war mir vom ersten Augenblick an sympathisch, weil sie so warmherzig und bereitwillig über sich, das Leben mit ihrem Ehemann, und über dies und jenes mit uns sprach. Ihr Akzent war schwerfällig, hatte jedoch einen reichen, warmen, nicht im mindesten harten Klang. Sie führte uns durch ihr großes, geschmackvoll eingerichtetes Haus und wies auf ein Dutzend abstoßend häßlicher, leicht erotischer Gemälde von Lawrence. Sie sagte, er habe erst mit vierzig Jahren ernsthaft zu malen begonnen, als er in Florenz an *Lady Chatterley's Lover* schrieb, seinem Lieblingswerk, weil es ihm so viele Sorgen bereitet hatte. Sie sprach freimütig, ohne das mindeste Zögern von Lawrence und meinte, für sie sei er noch immer am Leben, denn ihre Gefühle für ihn seien niemals erloschen. Er hätte so gerne die Welt sehen, reisen, über Afrika und Asien schreiben wollen, sei jedoch zu früh verstorben. Ich horchte auf, als sie sagte, es habe ihm schöpferisch nicht geschadet, seine Heimat zu verlassen. »Seine Auswanderung«, bemerkte sie, »war eigentlich eine Befreiung.« Als wir uns verabschiedeten, gab sie mir ein Photo von der Kapelle oben in den Bergen, wo seine Asche begraben lag. Sie war von ihrem gegenwärtigen Ehemann, einem Italiener namens Angelino, auf der San Cristobal Ranch erbaut worden, die Mabel der Familie Lawrence für das Manuskript von *Sons and Lovers* geschenkt hatte. Ich hätte Frieda gern häufiger gesehen.

Von Taos aus fuhren wir nach Cleveland, von dort zu den Niagara-fällen, nach Montreal und Quebec. Ich war erleichtert, als Fraigneau Anfang Juni nach Frankreich zurückkehrte und eine Gelegenheit ver-schmähte – damals äußerst schwer zu bekommen –, die Barnes-Stif-tung zu besuchen.

Meine Eltern waren inzwischen in ihr Sommerhaus am Meer in Connecticut gezogen. Ich blieb alleine in Englewood zurück, arbeitete an meinem Roman, war zugleich in einer Affäre mit einem arbeitslosen Schauspieler involviert, und wurde gelegentlich von meinem Bruder Peter besucht, der reichlich überspannt wirkte. Er war noch immer in Princeton, aber das gesellschaftliche Leben dort, das seine beiden älte-ren Brüder so sehr genossen hatten, wollte ihm nicht so recht gefallen. Er war wortkarg und barsch, behielt seine Gefühle hartnäckig für sich, und hing wie ein Geizkragen an seinem Geld. Irgendetwas stimmte ganz und gar nicht mit ihm, aber ich wußte nicht, wie ich ihm hätte helfen können, und war außerdem mit meinen eigenen Problemen beschäftigt.

Noch vor Ende des Sommers wurde meine Zukunft wieder zum dringlichen Thema. Meine Mutter schrieb aus Connecticut:

Ein Elternteil kann nur schwer beurteilen, ob sein eigenes Kind eine Bega-bung besitzt, für die es sich lohnt, daß man sie fördert, indem man das Kind bei einer Tätigkeit unterstützt, die für andere bloße Zeitvergeudung scheinen mag. In unserer Gesellschaft gibt es keine »Schicht des Müßigganges«, wenn man einmal von ein paar wohlhabenden Playboys absieht, die gewiß nicht gerade Achtung verdienen. Es scheint mir allerdings ein Hohn, daß niemand an den Athleten Anstoß nehmen will, die ihr ganzes Leben dem Sport widmen, der doch eigentlich nicht als ernste Lebensaufgabe betrachtet werden kann – oder soll ... Du hast ja nicht vor, das Leben eines Verbrechers zu führen, oder gegen moralische Regeln zu verstoßen – außer man wollte die Regel »Jeder sollte seinen Lebensunterhalt selbst verdienen« als moralische Norm auffassen, wie dies manche Leute gewiß auch tun. Ich nicht.

So sehe ich das Problem. Ist es wirklich das Beste für Dich, weiterzumachen wie bisher? Ich weiß, daß Dad glaubt, es könnte Dir ernsthaft schaden. Er ist der festen Überzeugung, daß es falsch wäre, Dich weitermachen zu lassen. Du weißt hoffentlich, daß sowohl Dad als auch ich nur das Beste für Dich wollen. Der Unterschied zwischen uns beiden besteht lediglich darin, daß er glaubt,

wenn Du selbst für Dich sorgen mußt, wird Dein Charakter sich auf wunder-
bare Weise wandeln. Da täuscht er sich, denke ich. Und außerdem will ich im
großen und ganzen gar keinen Wandel. Du bist ein sehr netter, liebenswerter
Mensch, und ich mag Dich sehr. Du bist einfach so wie Du bist, im Guten wie
im Schlechten. Wenn wir bei Deiner Erziehung ein paar entsetzliche Fehler
begangen haben, und das haben wir mit Sicherheit, dann ist dies nicht mehr zu
ändern. Deshalb ist es das Beste, wenn wir Dich und uns so akzeptieren, wie
wir sind, und nicht dauernd vergeblich wünschen, anders zu sein.

Ich hoffe, Du bist mit Deinem Wunsch zu schreiben auf dem richtigen Weg.
Ich möchte vor allem, daß Du Deine großen inneren Kräfte verwirklichst. Die
wichtigste Frage ist: Wird Dir Deine Lebensweise helfen, dies Ziel zu errei-
chen? Ich weiß es einfach nicht.

Ich wußte es schon. Ich zog meine Gewißheit nicht aus einer vernünftigen Entscheidung oder Entschlossenheit. Ich besaß einfach jene
manische Besessenheit, die das Bestreben eines jeden schöpferischen
Menschen bestimmt. Ob seine Schaffenskraft sich als dauerhaft oder
flüchtig erweist, ist leider unerheblich. Ich habe das damals noch nicht
verstanden. Meine Jugend mochte mir Zuversicht geben. Ich war
sicher, daß die Zeit meinen unerschütterlichen Entschluß, meiner
Berufung zu folgen, rechtfertigen würde. Dafür mußte ich die Sorgen
und Konflikte meiner Mutter in kauf nehmen. Das bereitete mir natürlich Kummer, und ich versuchte, ihr meine Gefühle zu vermitteln.

Es tut mir wirklich sehr leid, daß Du meinethalben eine Entscheidung treffen
mußtest, die, wie ich weiß, ohnehin schwierig genug ist, und nun auch noch
Dein Privatleben beeinträchtigt. Ich weiß, wie unangenehm es für Dich sein
muß, gegen Vaters und Großmutters Mißbilligung anzukämpfen. Ich bedaure
dies wirklich sehr. Doch würde es Dir andererseits gefallen, wenn ich nach all
den mühevollen Jahren, den Tausenden scheinbar vergeudeten Seiten und all
den fruchtlosen Bemühungen, sagte: »Gut, ich gebe zu, das Ganze war ein
Fehler, ich werde von nun an keinen Gedanken mehr darauf verschwenden, ein
erfolgreicher Schriftsteller zu werden.« Das wäre Dir doch auch nicht recht.
Du müßtest mich ja für rückgratlos, weichlich und unverantwortlich halten,
womit die, deren Namen ich nicht erwähnen muß, in ihrer Meinung von mir
bestätigt würden. Wir sind, wie Du sagst, eben wie wir sind, Du und ich, und
nichts kann uns verändern. Wer einen lebenswichtigen Teil seiner selbst verän-

dert, lehnt doch eigentlich den ganzen Menschen ab. Ich bin meiner Natur, so gut ich es vermochte, treu geblieben, und habe mich bemüht, das zu sein und zu werden, wozu meine Natur mich befähigte. Ich glaube nicht, daß diese Mühen mir geschadet haben – im Gegenteil, ich glaube, sie waren zu meinem Besten – und ich kann nur hoffen, daß sie Dir nicht allzusehr schaden, Dir irgendwann Freude bereiten, und Dich eines Tages sogar mit Stolz erfüllen. Und sollte dieser Tag irgendwann kommen, wird er Deine Geduld belohnen, liebste Mutter.

Dies Warten schien sich in der Tat ins Unbestimmte zu dehnen. Ich war im Juni 1952 nach dem Rockefeller-Ausflug nach Englewood zurückgekehrt und verbrachte den größten Teil des Jahres unter dem Dach meiner Eltern und auf ihre Kosten, während ich noch immer an dem Roman schrieb, den ich auf Capri begonnen hatte. Es gab gelegentliche Auseinandersetzungen über meine Lage, meine Aussichten, meine Erfordernisse, aber ich muß betonen, daß keine davon in einen regelrechten Streit mündete. Niemals erhielt ich offene Vorwürfe oder Drohungen. Die Mißbilligung meines Vaters war augenscheinlich, und ich wußte, daß er sie privat meiner Mutter zum Ausdruck brachte. Trotz ihrer bösen Ahnungen muß sie aber weiterhin die Verantwortung für mein Bestreben auf sich genommen haben, da man mir gestattete, auch in Zukunft nach meinen Vorstellungen zu leben. Während ich an meinem Roman arbeitete, glaubte ich noch stolz, das autobiographische Element vermieden zu haben, doch dem war nicht so, denn die Geschichte handelte von einem jungen Amerikaner, der sich seiner Bestimmung nicht sicher war, und daher ziellos in Europa umherreiste. Das Ganze war, wie ich später fand, eine ziemlich geistlose Mischung aus *Tender is the Night* und *The Beast in the Jungle*. Obwohl ich mir meiner Ziele sicher war und optimistisch in die Zukunft blickte, sehnte ich mich auch danach, wieder in Europa umherreisen zu können. Meine Eltern waren gewiß nicht bereit, mich noch einmal gehen zu lassen, nachdem sie mich nur mit Mühe wieder nach Hause zurückgeholt hatten.

Ich brauchte also einen weiteren Deus ex machina. Und wer hätte gedacht, daß er sich in Gestalt jenes mürrischen, jähzornigen Genies Paul Cézanne präsentieren würde? Von allen modernen Künstlern besaß für mich nur Cézannes Bildgestaltung die geistige Größe, verbissene Reinheit und atemberaubende Schönheit, die ihn für immer in die Gesellschaft von Rembrandt, Tizian und Michelangelo einreihte. Nachdem ich erfahren hatte, daß sein Atelier zum Verkauf angeboten war, und in Gefahr stand, abgerissen zu werden, war ich fest entschlossen, mein Möglichstes zu tun, es der Nachwelt zu erhalten. Mit der Zustimmung des französischen Kulturattachés in New York konnte ich ein imposantes Komitee von Sponsoren gründen und Sammler und Händler um Zuschüsse bitten. Das Geld floß mir in Strömen zu. Ich brauchte nicht sehr viel, nur etwa 25000 $, 1953 allerdings noch eine ansehnliche Summe. Dies klingt zwar alles sehr problemlos, war es auch, nahm aber dennoch verhältnismäßig viel Zeit in Anspruch, denn ich mußte die Organisationsarbeit zur Beschaffung der nötigen Mittel selbst in die Hand nehmen. Mein Vater mißbilligte meine Bemühungen, weil er der Ansicht war, wenn mein Beruf Schriftsteller sein sollte, müßte ich mich ihm ausschließlich widmen, anstatt Zeit und Energie mit einem philanthropischen Unterfangen zu verschwenden, das nicht einmal meinem eigenen Land zugute käme. Ich ließ mich von meinem Vorhaben jedoch nicht abbringen, und meine Eltern, die sich dem Grundsatz der Philanthropie verpflichtet fühlten, leisteten einen großzügigen Beitrag. Sie nahmen sogar an dem Empfang teil, der zu Ehren des erfolgreichen Abschlusses des Unternehmens stattfand. Ich wurde nach Washington gebeten, um den Dank des französischen Botschafters, Henri Bonnet, entgegenzunehmen. Dort erfuhr ich, daß die französische Regierung mich nach Frankreich einlud, wo ich erster Klasse in den Süden reisen konnte, um der Vernissage einer Cézanne-Ausstellung in Aix-en-Provence beizuwohnen, der Geburtsstadt des Künstlers, die ein halbes Jahrhundert nach seinem Tod zum ersten Mal seine Bilder ausstellte. Ich war hoch erfreut. Meine Eltern konnten sich dem kaum widersetzen, zumal ich sie, als ich am 11. Juni 1953 die *Ile de France* bestieg, in dem Glauben ließ, ich würde im Herbst wieder zurückkehren. Doch dieses Mal würde es achtzehn Monate dauern, bis ich erneut auf der *Queen Mary* reiste. Bereits Anfang September schrieb ich:

Ich fürchte, es ist wieder einmal an der Zeit, über meine »Zukunft« zu sprechen. Immer wieder tauchen diese Momente auf! Und diese ersten Worte werden euch gewiß zusammenzucken lassen. Das tut mir leid. Und doch bin ich überzeugt, daß meine Arbeit höchst zufriedenstellend vorangehen wird – sowohl jetzt, als auch in Zukunft –, wenn ich diesen Winter noch in Europa bleibe, und mit »diesen Winter« meine ich eine mehr oder minder ungewisse

Zeitspanne, die mich zumindest meinen derzeitigen Roman beenden läßt. Wie
ihr wißt, fand ich das Leben in Englewood immer unerträglicher. (Das hat
natürlich nichts mit unserem persönlichen Verhältnis zu tun.) Ich weiß nicht
einmal, ob ich es überhaupt ertragen könnte, in die Staaten zurückzukehren.
Da ich im amerikanischen Sinne eine gescheiterte Existenz bin, finde ich den
Zwang zum Erfolg, das besessene Anhäufen materieller Güter und die Ver-
pflichtung, der Öffentlichkeit den eigenen Wert zu beweisen, zutiefst deprimie-
rend und entmutigend. Überdies ist das kulturelle Leben hier weit bunter und
befruchtender als zu Hause, und ich habe das unsägliche Glück, mitten im
Herzen zu leben. Das gäbe ich nur ungern auf. Zumindest im Augenblick.
Erlaube deshalb, liebe Mutter, Deiner wundervollen Geduld und seltenen
Zuneigung, meine Entscheidung in dem festen Glauben zu akzeptieren, daß
sie uns beiden eines Tages die Erfüllung bringt.

Das tat sie natürlich. Was sie damit an Nervenbelastung und Gewis-
sensbissen auf sich nahm, konnte ich nur erahnen, wenn sie mir zum
Beispiel Geld schickte mit den Worten: »Diese Summe habe ich vom
Haushaltsgeld gespart, erwähne sie also nicht in Deinen Briefen. Das
ist hinterhältig, ich weiß, vermeidet aber Spannungen.« Ich nahm das
Geld mit Freuden, auch wenn es meine Schuldgefühle beträchtlich
mehrte. Davon hatte ich ohnehin mehr als genug, nachdem ich in
meiner Pubertät unweigerlich zu der Überzeugung gelangen mußte,
Homosexualität sei etwas Schändliches und Schmutziges. Nun frage
ich mich, ob mich nicht gerade meine Homosexualität »rettete«. Wäre
ich heterosexuell gewesen und hätte natürlicherweise Frau und Familie
gewollt, dann wäre solch eine Lebensweise, wie ich sie führte, undenkbar gewesen. Im Februar schrieb Mutter:

Ich hoffe, Du tust das Richtige, indem Du Dein Schreiben fortsetzt. Nein,
ich weiß eigentlich, daß Du das Richtige tust, aber natürlich hängt das ganz
davon ab, wie ernsthaft und entschlossen Du arbeiten willst.
Was das Treibenlassen anbelangt, so lassen wir uns doch alle mehr oder min-
der die Pfade entlangtreiben, die die Umstände und unsere Natur uns als die
angenehmsten und interessantesten anpreisen, und auf denen wir uns (auch das
gibt es) nützlich fühlen dürfen. Dagegen ist nichts einzuwenden, und ich bin
nicht so puritanisch zu glauben, man sollte unangenehme Aufgaben nur der
Selbstdisziplinierung wegen erfüllen.

Ich war heute an unsere Lage erinnert, als ich einen Bericht las über Whist-
lers Mutter, die gar nicht so lieb und charmant gewesen zu sein scheint, wie er
sie in seinen Gemälden darstellte. Sie war eine äußerst resolute, selbstgerechte
und puritanische alte Frau, aber ihrem Sohn »Jemmie« innigst ergeben. Ich
hatte sofort den Eindruck, ihr ein klein wenig zu ähneln, nur frage ich mich, ob
auch mein »Jemmie«, sollte er einmal ein Porträt von mir zeichnen, versuchen
wird, »Mami so nett wie möglich aussehen zu lassen«, wie Whistler sagte.

Während ich mich nun bemühe, ein Porträt meiner »Mami« zu
schaffen, muß ich erkennen – und das überrascht mich ein wenig –, daß
es eigentlich ein Selbstporträt ist, zumal es fast ausschließlich und wirkungsvoll, hoffe ich, auf ihren eigenen Worten gründet. Und was dieses »sie so nett als möglich« darzustellen anbelangt, so soll sie für den
Leser netter wirken, als irgendein Mensch sein kann. So wirkte sie auf
mich. Ich kann mich nur an eine Gelegenheit in ihrem langen Leben
erinnern, wo sie ihre Geduld verlor. Mein jüngerer Bruder Teddy
mußte sich als Kind von drei oder vier Jahren einer Bruchoperation
unterziehen, und am selben Tag, als man ihn aus dem Krankenhaus
entlassen hatte, verabreichte unser Kindermädchen ihm eine Tracht
Prügel, die den kranken Kleinen zum Weinen brachte, woraufhin
meine Mutter ins Zimmer eilte, ihn dem Griff des Kindermädchens
entriß und zornentbrannt rief: »Packen Sie Ihre Sachen und gehen Sie.
Sie sind gefeuert!« Und dazu hatte sie allen Grund, denke ich.
Mir offenbarte sich ihre »Nettigkeit« nicht nur in der geduldigen
Toleranz für mein eigensinniges Leben – trotz gelegentlicher böser
Ahnungen und inkonsequenter Ultimaten –, sondern auch in ihrer dis-
kreten Billigung meiner persönlichen, privaten Neigungen und Verbindungen. Nicht einmal stellte sie mir peinliche Fragen. Als ich zu
Hause wohnte und häufig um drei Uhr Morgens aus New York heimkam, empfing mich stets das Licht der Eingangshalle, und am Morgen
hörte ich keine neugierigen Bemerkungen. Meine Mutter konnte nicht
vergessen haben, was Dr. Piotrowski ihr erzählt hatte, lernte drei meiner Geliebten kennen, ohne die Fassung zu verlieren, gab jedoch nie
einen Kommentar dazu ab. In späteren Jahren, besonders nach dem
Tod meines Vaters, pflegte sie hin und wieder zu bemerken, ich würde
glücklicher werden, wenn ich heiratete, aber ich erkannte, daß dies nur
als Ausdruck ihrer Angst zu werten war, ich könnte wie sie dazu ver-

ammt sein, ein einsames, krankes Alter zu erleben. Was sie im großen und ganzen so außergewöhnlich machte, war schlicht ihr liebenswürdiges Wesen, ihre Wärme, Großzügigkeit, Vernunft und sprühende Heiterkeit, ihre Vorurteilslosigkeit, geistvolle Tiefe, Bescheidenheit und unvergleichliche Höflichkeit.

II

Mein Verhältnis zu meinen Eltern und zu mir selbst änderte sich radikal und dauerhaft, als der Roman, an dem ich so lange gearbeitet, und den ich endlich im Winter 1954 fertiggestellt hatte, zugleich in England und in Frankreich veröffentlicht werden sollte, später dann auch in den USA. Dieser Beweis, daß ich nunmehr sogar offiziell eine Zukunft als Schriftsteller erwarten durfte, war allen Betroffenen eine große Erleichterung, besonders meinem Vater. Meine Mutter schrieb:

Herrlich! Ich freue mich ganz besonders für Dad, weil ich weiß, wie besorgt er um Dich war, wie sehr er fürchtete, nicht das Richtige getan zu haben, indem er es zuließ, daß Du Dich ganz dem Schreiben widmen durftest. Ich denke, einer der Hauptgründe für das Mißverständnis (oder das mangelnde Verständnis) zwischen Euch beiden war, daß er weit sensibler ist, als Du dachtest, und wenn Du scheinbar keinen Wert legtest auf seine Meinung, verletzte das seine Gefühle. Es bedeutet mir sehr viel, ihn so glücklich zu sehen.

Daß mein Vater weit sensibler war, als ich vermutet hatte, stimmte tatsächlich. Aber wir waren leider Gottes in dem klassischen, banalen aber unglückseligen Ödipuskonflikt verwickelt. Später, viel später, aber noch nicht zu spät, konnte ich seiner Empfindsamkeit Rechnung tragen, eine schwierige, aber befreiende Situation für uns beide.

Frühling und Sommer 1954 war meine Freundschaft mit Dora Maar – eine weitere außergewöhnliche Frau – am intensivsten. Ich verschwendete keinen Gedanken daran, nach Amerika zurückzukehren, obwohl ich bereits seit über einem Jahr fort war. Während dieser Zeit gab es jedoch ein paar unbedeutende Vorfälle, die meine Eltern ablenkten und freuten und ihnen das Gefühl vermittelten, ich sei doch kein absoluter Taugenichts. Das Cézanne-Atelier wurde am 8. Juli eingeweiht, und am Sonntag darauf erschien ein Artikel von Douglas Cooper in der *New York Times*, in dem er über das Ereignis selbst und über meine wesentliche Rolle darin berichtete. Dies gab den Anschein, als hätte ich etwas geleistet, das zwar nicht literarischer Natur, aber durchaus lobenswert war. Dann erschien in *The Saturday Review of Literature* eine Rezension der Anthologie Cyril Connollys mit den Glanzpunkten aus der Zeitschrift *Horizon*, wobei »The Boy Who Wrote NO« und eine Geschichte von Antonia White mit dem Titel »A Moment of Truth« lobend hervorgehoben wurden: »Sie gehören zu den derzeit sehr in Mode gekommenen Neurosegeschichten, sind jedoch keineswegs abgedroschen und erläutern ›normales‹ Verhalten, was weniger gelungene Beispiele aus diesem Genre nicht tun.« Ich hatte seit langem beschlossen, daß ich den ersten Roman meinen Eltern widmen würde. Sie freuten sich.

Es ist sehr lieb von Dir, daß Du ihn Dad und mir zu widmen gedenkst, wir sind beide hoch erfreut und gerührt. Obwohl Du ein unangenehmes* Thema behandelst, bin ich doch sentimental genug, die Vorstellung zu genießen, daß Du Deinen ersten Roman uns widmen möchtest. Dad sagt, Du müßtest ihn eigentlich mir alleine widmen, aber mir wäre es lieber, wenn er uns beiden gewidmet wäre.

Ich stimme Dir hundertprozentig zu, daß ein Leben für die Kunst sich lohnt. Und ich erkenne auch, daß es kein erstrebenswertes Ziel ist, einen »Knüller« zu landen. Ich war lediglich besorgt, Du könntest die besten Jahre Deines Lebens einer Betätigung widmen, die sich schließlich als bittere Enttäuschung erweisen würde, und für eine andere Karriere zu alt werden. Ich kann Dir gar nicht sagen, wie erleichtert ich bin, daß meine Befürchtungen offensichtlich unbegründet waren. Das Erscheinen Deines Buches, da glaube ich fest daran, ist ein echter Wendepunkt, und sei es nur aus der Sicht Deines Vaters.

Die Sicht meines Vaters wurde jedoch durch diese kleinen Erfolge nicht gänzlich verändert. Er war nach wie vor nicht glücklich über mein Tun. Ich muß jedoch bemerken, daß er vielleicht von Natur aus zu Verzagtheit und Pessimismus neigte. Er hätte doch eigentlich wissen müssen, daß ich auf lange Sicht ohne weiteres imstande sein würde, für mich zu sorgen, denn zwölf Jahre später traf er selbst die nötigen Vor-

---

* Ehebruch, Ausschweifung, Homosexualität, Verantwortungslosigkeit.

kehrungen, daß dem immer so sein würde. Trotzdem grämte er sich, was wiederum meine Mutter beunruhigte.

Ich sehe sowohl Deinen, als auch seinen Standpunkt. Ich wünschte, ich könnte Euch beiden helfen, einander besser zu verstehen. Ihr seid beide wunderbare Menschen, nur so gänzlich verschieden.

Dann kam der Herbst und mit ihm die dringende Aufforderung, ich möge doch zurückkommen. Ich sträubte mich ausnahmsweise nicht, da ich zu der Einsicht gelangt war, als Amerikaner müsse ich, ganz gleich, wie angenehm das Leben in Europa sein mochte, meinem Heimatland eine ernsthafte Chance geben. Um diesen Plan in die Tat umzusetzen, konnte ich natürlich nicht mehr länger zu Hause leben. Ich war mittlerweile zweiunddreißig Jahre alt und legte meinen Eltern nahe, ich müsse eine Wohnung in New York haben, und sei sie noch so bescheiden. Die zusätzlichen Kosten, die ich damit verursachen würde, brachten meinen Vater noch mehr gegen mich auf. Aber meine Mutter schrieb einfach: »Weißt Du schon, wo genau Du in New York leben möchtest? Ich denke, wir können genügend Möbel für Deine Wohnung auftreiben. Dann brauchst Du Dir keine zu kaufen.« Ich buchte für den 12. November eine Kabine – diesmal an Bord der *Liberté*. Am zehnten stürzte ich auf der Treppe des Café de Flore und brach mir den linken Knöchel, ein komplizierter Bruch, der chirurgisch versorgt werden mußte. So war ich gezwungen, meine Abreise um zwei Monate zu verschieben. Ich begab mich mit einem Freund zur Erholung nach Aix-en-Provence. Meine Mutter war in Sorge, sandte mir herzliche Genesungswünsche und fügte hinzu: »Ich glaube nicht, daß ich es ertragen könnte, wenn Deine Abreise noch einmal verzögert würde.« Doch dem war nicht so. Am 12. Januar 1955 erreichte ich New York. Es dauerte eine Weile, bis ich in New York ein passendes Appartement fand, doch noch vor Ende März hatte ich glücklich mein neues Quartier bezogen, in der 38. Straße 60 East, zwischen der Madison und der Park Avenue, eine ruhige Wohngegend in der Nähe des Metropolitan Museum.

Während ich mich unverzüglich an einen weiteren Roman machte, der diesmal in Amerika spielen und ein speziell amerikanisches Thema behandeln würde, wartete ich auf die Veröffentlichung meines ersten

Romans in den USA. Er war bereits in England erschienen und hatte dort ganz passable Kritiken erhalten, doch wenn ich ein amerikanischer Schriftsteller werden und in Amerika leben wollte, mußte mir die Reaktion der Amerikaner wichtig sein. Inzwischen schrieb ich fleißig jeden Tag und besuchte regelmäßig meine Eltern, mit denen es keine Zwistigkeiten gab. Merkwürdigerweise reisten sie nach Europa, während ich in Amerika war, fuhren im Auto zwei Monate durch Frankreich und Italien. Ich lernte viele Menschen kennen, darunter einige Berühmtheiten, die ich nicht aus Eigenlob erwähne, sondern um zu zeigen, daß man damals in New York, ebenso wie in Paris, interessante Männer und Frauen treffen konnte. So finde ich in meinem Tagebuch Namen wie Samuel Barber und Gian-Carlo Menotti, Glenway Wescott, Marianne Moore, Stephen Spender, Gore Vidal, Tennessee Williams, Judith Anderson, Suzanne Langer, Thornton Wilder, Aaron Copland, William Faulkner, Virgil Thomson, Dr. Alfred Kinsey, Marlon Brando und William Carlos Williams. Es gab aber auch viele andere nette Leute, die ich bestimmt häufiger sah als die berühmten. Außerdem wurde ich regelmäßig in die Wohnung von Mrs. Murray Crane in der Fifth Avenue eingeladen, die noch im hohen Alter ihren literarischen Salon führte, den letzten in Amerika, um genau zu sein, wo man mit Leuten wie Robert Graves, W. H. Auden, Padraic Colum und allen drei Sitwells plaudern konnte. Demnach war New York, vom kulturellen Standpunkt aus betrachtet, gar nicht so sehr jenes Ödland, wofür ich es immer zu halten pflegte. Dennoch war ich unzufrieden. Die unerbittliche Häßlichkeit der Stadt bedrückte mich. Außerdem war ich, was denkwürdige Leistungen anbelangte, noch immer eine Null. In Amerika war das wichtig. In Paris schien es einerlei. Und aus jener zauberhaften Stadt, aus deren Bann ich mich bis zum heutigen Tag nicht habe lösen können, erreichte mich unentwegt lockender Sirenengesang, der mich zur Rückkehr bewegen wollte. Ich beschloß, dem Lockruf zu folgen. Meine Eltern nahmen meine Entscheidung mit Fassung, meine Mutter betrübt, mein Vater verdrossen, und so segelte ich am 3. März 1956 an Bord der *Queen Elizabeth.*

In Paris erneuerte ich mühelos meine alten Freundschaften, suchte Giacometti, Cocteau, Marie-Laure de Noailles und all die übrigen auf, sogar Rebecca West – noch eine außergewöhnliche Frau –, mit der ich mich ausführlich über das Schreiben unterhielt. Sie sprach mir Mut zu und meinte, junge Schriftsteller könnten, im besten Sinne des Wortes, gar nicht anspruchsvoll genug sein, da kein Autor ein wirklich bedeutendes Werk schaffen könne, wenn er nicht stets die größten Beispiele der Vergangenheit im Gedächtnis trage.

Mein Roman war kurz vor meiner Abreise in Amerika erschienen, also hatte ich noch keine Kritiken gelesen. Meine Mutter sandte sie mir nach Frankreich; sie waren im großen und ganzen positiv. Ich muß nicht erwähnen, wie glücklich und ermutigt meine Eltern über dies – recht späte – Zeichen waren, daß der eigensinnige Entschluß ihres Sohnes offensichtlich doch nicht in eine Sackgasse mündete. Meine Mutter schrieb:

Das ist natürlich sehr ermutigend und erfreulich, und ich bin ungemein glücklich. Seit Jahren habe ich auf diesen Moment gewartet, natürlich vor allem um Deinetwillen, doch auch aus egoistischen Gründen, um eine Rechtfertigung zu haben, daß ich darauf bestand, Dich Deinen eigenen Weg gehen zu lassen (falls ich dies überhaupt von mir sagen kann). Ich bin den Rezensenten sehr dankbar.

Von meinem Vater:

All diese positiven Kritiken vermitteln mir den Eindruck, als könne ich ein gutes Buch nicht erkennen, wenn ich es lese. (Könnte es sein, daß ich soeben ein leises »Ja, ja!« über den Atlantik habe klingen hören?) Wie dem auch sei, ich gratuliere Dir jedenfalls von Herzen.

Schöpferische Menschen sind perverse, donquichotische Wesen. Ich wäre vernichtet gewesen durch negative Kritiken, wie ich noch erleben sollte, andererseits freute mich ein begeistertes Urteil nicht in dem Maße, wie ich es erhofft hatte. Meiner Mutter schrieb ich:

Danke, daß Du mir die Rezensionen gesandt hast. Merkwürdigerweise beunruhigen mich diese positiven Kritiken. Ich habe das Gefühl, als könne ich niemals wieder etwas so Gutes zuwegebringen. Meine Reaktion mag albern sein, aber so empfinde ich es eben. Ich sehnte mich nach einem gewissen »Erfolg«, um Vater und Großmutter zu beweisen, daß ich kein Taugenichts und Müßiggänger bin. Natürlich war es auch um Deinetwillen, schließlich

solltest Du nicht den Eindruck gewinnen, als habest Du mir über die Jahre
– eine wahrhaft lange Zeit! – umsonst soviel Vertrauen und Ermutigung ent-
gegengebracht.

Sie antwortete:

Es ist wirklich sehr aufregend, daß Du solch gute Kritiken erhältst, und
Deine Befürchtung, Du könnest niemals mehr etwas Vergleichbares schreiben,
ist geradezu absurd. Das Buch, an dem Du gerade schreibst, wird noch viel bes-
ser werden. Davon bin ich überzeugt.

Zur Zeit dieses Briefwechsels bewohnte ich mit einem Freund eine
äußerst komfortable Wohnung in einem riesigen Palazzo in Florenz, auf
der Pitti-Seite des Arno, der einer betagten Gräfin gehörte – noch eine
außergewöhnliche Frau –, die mit Zar Nikolaus II in St. Petersburg
getanzt hatte und fesselnde Geschichten aus einer versunkenen Welt zu
erzählen wußte. Doch im Juni war ich wieder in Paris. Von dort schrieb
ich einen langen Brief an meine Mutter, in dem ich mich wieder einmal
ausführlich über meine literarischen Ideen und Pläne äußerte. Ich setzte
jedoch hinzu:

Ich kann mir vorstellen, daß Du der wiederholten Beteuerungen meiner
künstlerischen Entschlossenheit langsam überdrüssig wirst, etc., etc. Aber ich
möchte Dir diese Dinge erzählen, da ich das Gefühl habe, sie interessieren
Dich. Außerdem, mit wem könnte ich wohl sonst darüber sprechen, wenn nicht
mit Dir? Ich scheue mich ein wenig davor, etwas so Persönliches mit jemand
anderem zu besprechen. Bei Dir kann ich wagen, eventuell anmaßend zu wir-
ken. Ich werde stets dankbar Deiner verständigen Anteilnahme gedenken.
Großmutter bezeichnet Dich oft als einen bemerkenswerten Menschen. Ich
stimme ihr von Herzen zu und halte es ihrem Scharfblick zugute, daß sie dies
bemerkt. Ich möchte Dich nicht in Verlegenheit bringen, aber wenn Du Dich,
wie Du schreibst, über die guten Kritiken zu meinem Buch freutest, weil sie
dich »rechtfertigen«, freute ich mich aus demselben Grund, weil ich weiß, daß
Du meine Arbeit nicht nur finanziell, sondern auch menschlich ermöglicht
hast. Vielleicht konnte ich einen Teil Deiner eigenen Empfindsamkeit greifbar
machen, einen Teil dessen, was Dich bemerkenswert macht. Das wäre meiner
Ansicht nach in der Tat eine ehrenwerte Leistung. Erben ist keine Einbahn-
straße!

Mutter freute sich gewiß über derartige Sympathiebekundigungen meinerseits, doch leider befiel sie auch hin und wieder die Sorge, sie könne als Mutter versagt haben und verantwortungslos gewesen sein. Am 19. Dezember 1956 schrieb sie:

Vorletzte Nacht haben Vater und ich O'Neills Long Day's Journey into Night *gesehen, und ich habe mich noch nicht gänzlich davon erholt. Abgesehen von der Tatsache, daß Vater nicht trinkt (zweifellos wichtig), und ich keine Drogen nehme, trifft das Stück dennoch irgendwie auf uns zu, nicht in den Einzelheiten, sondern in der Tatsache, daß wir – wie alle Eltern, denke ich – nicht wirklich wußten, was für uns und auch für euch Jungen wirklich zählte. Wir trösten uns mit dem Gedanken, daß wir unser »Bestes getan haben«, doch unser Bestes ist nicht gut genug. Ich denke allerdings, daß Schwermut und Gewissensbisse nun leider auch nichts mehr helfen, deshalb will ich Dich nicht länger langweilen.*

Dieser Absatz entrüstete mich, und ich schrieb:

Deine Reaktion auf das O'Neill-Stück hat mich entsetzt. Du hast gewiß keinerlei Grund, etwas zu bereuen. Natürlich gibt es die verschiedensten Arten von Eltern, und alle begehen sie Fehler. Vollkommenheit ist unmenschlich. Aber es gibt auch alle Arten von Kindern, und auch sie machen Fehler. Zwistigkeiten sind niemals einseitig. Ich denke, Eltern begehen häufig den Fehler, sich verantwortlicher für ihre Kinder zu fühlen als nötig. Und Kinder irren sich gewaltig – ich muß es wissen! – wenn sie glauben, die Verantwortung ihrer Eltern sei grenzenlos. Ich habe oft betont, wie sehr ich die gut gemeinten, selbstlosen Anstrengungen von Dir und Vater zu schätzen weiß, das Beste für uns zu tun. Ich muß ehrlich sagen, daß ich keine anderen Eltern kenne, die so viel getan haben. Also sei bitte nicht über die Maßen beunruhigt durch jemanden wie O'Neill, der seinen unseligen Fatalismus als getreues Abbild der menschlichen Situation im allgemeinen darstellen möchte.

Inzwischen hatte ich einen weiteren Roman beendet und sandte ihn zum Verleger des ersten, der ihn nach ein paar Überarbeitungen akzeptierte. Mutter fühlte sich erneut bestätigt, obwohl sie sich weniger zu freuen schien, als ich erwartet hatte.

Es tut mir leid, daß Du dachtest, ich sei nicht erfreut über die positive Reaktion auf Dein Buch. Natürlich war ich begeistert. Ich fürchte, es gelingt mir in meinen Briefen nicht immer, meine Gefühle angemessen zum Ausdruck zu bringen. Wenn ich an all die Jahre denke, in denen ich verzweifelt nach einer Lösung für Dich suchte, mich immer wieder fragte, ob es denn richtig war, Dir Deinen Willen zu lassen, oder ob Vater recht hatte, als er darauf bestand, du müßtest Dir Arbeit suchen und nur noch in Deiner Freizeit schreiben, dann ist es mir eine größere Genugtuung als Dir, wenn Dein Erfolg meine Entscheidung bestätigt. Dein Triumph ist immer ein Balsam für mein Gewissen und weckt meinen mütterlichen Stolz.

Leider muß ich sagen, daß der wirkliche Anlaß zu Genugtuung und Mutterstolz noch in ferner Zukunft lag, doch weder sie noch ich scheinen bezweifelt zu haben, daß dieser Augenblick kommen würde. Vielleicht kam er durch Zufall, aber ich glaube nicht, daß der Zufall großen Einfluß hat auf die Dynamik schöpferischen Tuns. Inzwischen hatten die Auseinandersetzungen über meine Zukunft aufgehört. Diese Würfel waren ein für allemal gefallen. Mein Unterhalt, sowie gelegentliche Zuschüsse kamen regelmäßig und ohne Vorhaltungen, und so erwähnte ich schließlich, daß ich mir eine Wohnung in Paris kaufen müsse.

Mein Bruder Peter hatte vor kurzem meine Familie verblüfft, indem er seine Heiratsabsichten verkündete. Er war fast dreißig mittlerweile und hatte seither wenig Interesse an Mädchen bekundet, auch nicht an Jungen, soweit wir wußten. Über Peter wußte allerdings niemand sehr viel, da er seine Gefühle und sein Tun vor jedermann verbarg. Er hatte mittlerweile Princeton verlassen, ohne seine Dissertation in Elektrotechnik abzuschließen, zweifellos eine bittere Enttäuschung. Stattdessen hatte er einen ausgezeichneten Posten als Forscher in einer Flugzeuggesellschaft in Baltimore erhalten, wo er sich in einer armseligen Bleibe in den Slums niederließ. Seine Verlobte war eine Frau seines Alters namens Peggy, die an einer Schule in Princeton kleine Kinder unterrichtete. Er hatte sie während seiner Universitätsjahre kennengelernt. Sie erwies sich als einfühlsame, vernünftige Frau eines ausgesprochen schwierigen, am Ende unerträglichen Gatten. Kurz vor ihrer Hochzeit schrieb meine Mutter:

Peggy ist kein albernes, liebeskrankes Mädchen und Peters Fehlern gegenüber keineswegs blind. Sie scheint ihn sehr gut zu verstehen, was künftiges

Glück gewährleisten könnte. Ob Peter sie versteht (oder irgend jemanden sonst), ist fraglich.

Wir haben beschlossen, ihnen (oder eher Peggy) einen Volkswagen zur Hochzeit zu schenken. Sie möchte ihre Lehrtätigkeit fortsetzen und wird daher ein Fahrzeug benötigen. Peter sprach davon, sich einen Lastwagen zu kaufen und Peggy sein altes Auto zu überlassen, also werden wir damit seinen törichten Plan vereiteln. Es erschien uns dumm, ihnen Möbel oder Tafelsilber zu schenken. Aus Horner's Lane ist ohnehin nichts Ordentliches zu machen, und wenn sie sich endlich eine anständige Wohnung zulegen, können wir ihnen mit der Ausstattung helfen.

Sie heirateten am 10. Juli 1957 in Princeton. Ich verbrachte jenen Sommer in Aix-en-Provence, wo ich an einem neuen Roman schrieb, und hatte versprochen, meine Familie im Herbst zu besuchen.

Diesmal reiste ich per Flugzeug und kam am 3. November in New York an. Also war ich im Lande, als man meinen zweiten Roman, *The Joys of Success,* veröffentlichte. Mein Verleger hatte törichterweise auf dem Titel bestanden. Das Buch war ein Mißerfolg. Die Rezensionen waren zurecht kritisch, da ich versucht hatte, eine kluge, spöttische Satire zu schreiben, ohne den rechten Ausdruck dafür zu finden. Wenn meine Mutter ebenso enttäuscht war wie ich, so behielt sie es einfühlsam für sich, meinte stattdessen, ich dürfe die Hoffnung nicht aufgeben, bald ein gutes Buch zu schreiben. Rebecca West hatte gesagt, junge Schriftsteller müßten hohe Ansprüche stellen, und ich hielt mich an diese Devise. Während der folgenden zwölf Jahre schrieb ich noch mehrere Romane, allesamt lang und sehr anspruchsvoll, von denen – glücklicherweise – keiner einen Verleger fand. Ich schrieb auch ein Stück, nichts Originelles, sondern eine Dramafassung von Henry James' *The Beast in the Jungle,* ein Werk, das mich seither verfolgt hatte – aus nur allzu ersichtlichen Gründen. Es brachte den Erfolg, der James gebührt, wurde zweimal inszeniert und in Paris und auf dem gesamten Kontinent bejubelt, nur nicht in England merkwürdigerweise.

Inzwischen kehrte ich nach Europa zurück – am 1. März 1958 an Bord der Queen Elizabeth – und fand schon bald ein kleines Appartement in Paris, welches in der Rue de Lille zum Verkauf angeboten war und mir passend erschien. Ohne viel Widerstand – »dein Vater hat sich ergeben«, schrieb Mutter – übermittelten meine Eltern mir das Geld für den Erwerb. Sie baten mich, ein Formular zu unterzeichnen, das die Summe als geliehen bestätigte, aber Mutter schrieb: »Du weißt sehr gut, daß wir dich wegen des Geldes nicht bedrängen werden.« Das taten sie auch nie, und am Tag nach meines Vaters Tod, als Mutter und ich die Papiere in ihrem Banksafe durchblätterten, war dieses Formular eines der ersten, das wir zerstörten, zusammen mit einem weit größeren, auf dem zu meinem Bedauern die Höhe der Schulden meines Vaters bei meiner Mutter vermerkt war.

Als ich das Appartement kaufte, wo ich heute, nach fünfunddreißig Jahren, dieses Buch verfasse, schrieb meine Mutter:

Ich bin ebenso erleichtert wie Du, daß das Wohnungsproblem endlich geklärt ist, und ich hoffe von Herzen, Deine Wahl möge Dir Glück bringen. Natürlich finde ich es schade, daß Du so weit fort wohnen willst, aber mit den modernen Düsenflugzeugen, die mit Überschallgeschwindigkeit über den Ozean sausen, dauert die Reise nicht einmal mehr so lange, wie vor hundert, oder vielleicht hundertundfünfzig Jahren, eine Fahrt von hier nach Philadelphia gedauert hätte.

Im November 1959, nachdem ich neunzehn Monate fort gewesen war, flog ich für einen viermonatigen Besuch nach Hause. Er verlief harmonisch und angenehm, ohne Zwistigkeiten oder Vorwürfe, wenngleich ich spürte, daß mein Vater meine Lebensweise noch immer für kapriziös hielt, und ihm meine »finanzielle Verantwortungslosigkeit« Kummer bereitete. Ich hatte noch immer zahlreiche Freunde in New York, die ich regelmäßig aufsuchte, und fuhr an Wochenenden sogar bis nach Philadelphia und Washington. Mein Aufenthalt daheim war so erfreulich, daß ich Weihnachten desselben Jahres noch einmal nach Hause reiste. Zu meiner Überraschung sah ich meine Großmutter damals zum ersten Mal am Stock gehen, im Alter von siebenundneunzig Jahren. Sie klagte über einen steten Schmerz im linken Oberschenkel, der sich von Tag zu Tag verschlimmerte, so daß sie sich am ersten Weihnachtsfeiertag auf Krücken durch die Zimmer schleppen mußte. Wir sahen ein, daß wir sie zum Röntgen fahren mußten. Die Untersuchung offenbarte, wovor jeder alte Mensch sich fürchtet: eine gebrochene Hüfte. Und dann erinnerte sie sich, wie sie eines Nachts gestürzt war, als sie aus dem hohen alten Bett ihrer Kindertage klettern wollte, um sich eine Tasse Kakao zu machen. Demnach hatte sie diese Fraktur bereits einen Monat lang ertragen, ohne über Schmerzen zu klagen. Sie besaß eben noch die Zähigkeit des neunzehnten Jahrhunderts. Man rief Dr. Atchley. Seine Diagnose ergab, daß ein chirurgischer Eingriff zwar ein ernsthaftes Risiko darstellte, jedoch unbedingt vonnöten war, denn würde sie in ihrem Alter für längere Zeit bettlägerig, so drohte ihr unweigerlich eine Lungenentzündung, der sie höchstwahrscheinlich erliegen würde. Sie wurde am 2. Januar operiert. Zu Anfang schien der Eingriff erfolgreich. Die alte Dame war zwar ein wenig benommen, sonst jedoch ganz munter. Aber drei Tage danach erlitt sie einen Schlaganfall. Die Ärzte meinten, es gäbe keine Hoffnung mehr. Doch sie erholte sich wieder. Als ich sie besuchte, plauderte sie ganz normal über dies und jenes und sprach zuversichtlich davon, bald wieder nach Hause zu kommen. Dann erlitt sie einen zweiten Schlaganfall, und diesmal erholte sie sich nicht mehr. Dr. Atchley meinte, es verblieben ihr nur noch wenige Stunden. Und dennoch lebte sie noch vier lange Tage, während wir auf ihr Ende warteten. Meine Mutter und ich waren zusammen im Krankenhaus, als sie starb. Die Schwester bat uns, am Ende des Gangs zu warten, bis der letzte Moment vorüber war. Nach einer halben Stunde rief sie uns. Meine Großmutter war eine winzige, leblose, graue Gestalt, die zusammengekrümmt unter den Laken lag. Meine Mutter küßte sie auf die Wange; dann verließen wir den Raum. Es war ein grauer, kühler Nachmittag. Als wir zu unserem Auto zurückgingen, weinte meine Mutter. Ich legte meinen Arm um sie, und wir weinten gemeinsam. Das Begräbnis fand in Indianapolis statt, Großmutters Geburtsort, wo sie auf dem Grundstück ihrer Holliday-Vorfahren bestattet wurde, in der Nähe des Grabes eines der Sklaven, die ihr Vater vor mehr als hundert Jahren von Virginia heraufgebracht hatte, und die immer ihrer Familie »gehört« hatten. Zwei Monate später kehrte ich in dem Bewußtsein nach Paris zurück, daß ich, sobald der Nachlaß meiner Großmutter geregelt sein würde, was ja stets eine längere Angelegenheit ist, endlich ein wenig eigenes Kapital haben würde.

Eines Tages im April 1961 traf ich zufällig einen alten Freund auf der Straße, und er lud mich zu einer Cocktailparty ein. Seine Wohnung bot einen Blick auf die Seine und besaß eine kleine Terrasse. Als ich auf jene Terrasse hinaustrat, waren noch immer die letzten Strahlen eines Tiepolo-Sonnenuntergangs auf dem Fluß zu sehen. In diesem berückenden Augenblick verliebte ich mich. Der Name des Mannes war Larry

Hager. Er war Amerikaner, in Oklahoma geboren, sechsundzwanzig Jahre alt und verkaufte in Paris Flugtickets für die Trans World Airlines. Seine eigentliche Leidenschaft galt dem Theater, er wollte wenn möglich Schauspieler werden und erreichte letztendlich sein Ziel. Wir lebten mit kurzen Unterbrechungen neun Jahre zusammen, von denen einige schwierig waren, doch dies hat nichts zu tun mit der Geschichte meiner Mutter, obwohl ich vielleicht erwähnen sollte, daß meine gesamte Familie mit Larry Bekanntschaft machte und ihn sehr mochte, weil er ungemein liebesbedürftig war.

Meine beiden Romane und einige Kurzgeschichten wurden ins Französische übersetzt und fanden in Frankreich weit mehr Leser als zu Hause, vielleicht ein weiterer Grund, warum ich das Leben in Paris so genoß. Eines Tages wurde ich jemandem vorgestellt, der mich fragte, ob ich James Lord, der Schriftsteller sei. Erfreut über dies klitzekleine Zeichen, berühmt zu sein, schrieb ich meiner Mutter, die antwortete:

Ich verstehe Deine kindische Freude darüber, daß Dich jemand fragte, ob Du »der Schriftsteller« seist. Mich würde es ja auch freuen, wenn jemand zu mir sagte: »Oh, Mrs. Lord, sind Sie zufällig mit James Lord, dem Schriftsteller, verwandt?« Aber auch wenn das niemals passieren sollte, bin ich stolz, Deine Mutter zu sein.

Ich glaube nicht, daß ihr dies auch nur einmal wiederfuhr, aber bald gab es ein paar Vorfälle, die sie in angemessener Weise dafür entschädigen sollten. Im Frühjahr 1962 beschlossen meine Eltern, eine zweite Reise durch Europa zu unternehmen, wobei sie dieses Mal Süditalien und Sizilien, dann Südfrankreich und die Dordogne besichtigen wollten. Nachdem sie Neapel, Pompeii und Paestum gesehen hatten, etwas zuviel von Kalabrien und genug von Sizilien, flogen sie nach Paris. Mein Vater hatte schon immer davon geträumt, das Matterhorn zu sehen, nicht etwa es zu erklimmen, und hatte seine Schlittschuhe mitgebracht, in der Hoffnung, in Zermatt einen hübschen Weiher oder eine Eisbahn zu finden, weil er seit seiner Kindheit – also seit über siebzig Jahren – gerne Schlittschuh gelaufen war. So fuhr er alleine in die Schweiz und ließ meine Mutter und mich in Paris zurück. Sie hatte geschrieben:»Mein Hauptgrund, warum ich nach Europa reise, bist Du.« Und wir verlebten schöne Tage in Paris, die ersten, die wir seit langer Zeit alleine zusammen verbrachten. Da wir vereinbart hatten, uns mit meinem Vater in Südfrankreich zu treffen, machten wir uns am 11. März in meinem neuen Wagen auf den Weg. Das Wetter war frühlingshaft mild, und als wir so dahinfuhren, plauderten wir über alte Zeiten, besonders über die glücklichen Sommer im »anderen« Paris. Ich wußte, daß Marie-Laure de Noailles bereits in ihrem Château in Hyères war, und dachte, es würde Mutter vielleicht amüsieren, diese exzentrische Person kennenzulernen, von der ich ihr bereits soviel erzählt hatte, und mit der ich so gut befreundet war. Ich rief Marie-Laure an und fragte sie, ob wir die Nacht des Zwölften bei ihr verbringen konnten. Sie war hocherfreut, zumal sie gerade keine weiteren Gäste hatte, und wir ihre Einsamkeit ein wenig beleben würden. Kaum hatte ich die Verabredung getroffen, beschlich mich ein mulmiges Gefühl. Womöglich würden höchst merkwürdige Begebenheiten unser harren, weil Marie-Laure mit Vorliebe Fremde in Verlegenheit zu bringen suchte, und man daher nie vorhersagen konnte, was ihr dazu einfallen würde. Ich hoffte, ein wenig zweifelnd, ihre Zuneigung zu mir möge sie von allzu skandalösem Betragen abhalten. Meine Mutter hatte mir vor langer Zeit geschrieben: »Seltsam, wie gut du mit all den Berühmtheiten zurechtkommst, die du kennst. Ich würde mich in solcher Gesellschaft sicher sehr unwohl fühlen.« Ich war also töricht genug, anzunehmen, die berüchtigte Vicomtesse könne um meinetwillen ihr bestes Benehmen an den Tag legen.

Wir erreichten das Château St.-Bernhard rechtzeitig zum Tee, eine willkommene Unterbrechung, da Mutter müde war nach der langen Fahrt. Sie litt an schlechtem Kreislauf, und wenn sie gezwungen war, lange Zeit zu sitzen, pflegten ihre Fußknöchel anzuschwellen, was zwar an sich schmerzlos war, aber eng sitzende Schuhe unbequem werden ließ. Wir fanden die Vicomtesse in der Bücherei, ihrem Lieblingszimmer. Sie sprach natürlich ausgezeichnetes Englisch und begrüßte uns herzlich, gab mir auf jede Wange einen Kuß, schlug vor, Tee zu trinken, und läutete dem Butler. Noch bevor jener ins Zimmer kam, bemerkte sie zu meiner Mutter: »Oh, Mrs. Lord, Ihre Knöchel sind ja dick angeschwollen.«

»Ach, das ist nichts«, erklärte meine Mutter. »Ich habe lediglich einen schlechten Kreislauf. Nach einer langen Fahrt sind meine Knöchel immer so geschwollen. Glücklicherweise ist das weder gefährlich noch schmerzhaft, nur unansehnlich.«

»Das ist doch nicht unansehnlich«, beharrte Marie-Laure, »nicht im geringsten. Wäre es Ihnen nicht angenehmer, Ihre Füße auf einen Schemel zu legen?«

»Oh, nein, machen Sie sich meinetwegen bitte keine Umstände«, protestierte meine Mutter, obwohl sie daheim, wie ich wußte, ihre Füße des öfteren auf einen Schemel legte.

Der Butler war mittlerweile gekommen, und Marie-Laure sagte zu ihm: »Henri, bringen Sie bitte einen Schemel für Madame Lords Füße. Ihre Knöchel sind entsetzlich geschwollen. Sie muß sie hochlagern, um sie zu entlasten.« Also brachte der Butler einen Schemel, und meine Mutter legte gehorsam ihre Füße darauf, wodurch die Schwellung ihrer Knöchel noch augenscheinlicher wurde als zuvor. »Jetzt sitzen Sie gewiß angenehmer«, sagte die Vicomtesse, »und Ihre geschwollenen Knöchel sind nicht im mindesten unansehnlich. Niemand würde sie bemerken.«

»Ich schon«, entgegnete meine Mutter.

Zu meiner Erleichterung war dieser Wortwechsel damit beendet. Henri brachte Tee und köstliche Kuchen. Wir plauderten über dies und das, bis Marie-Laure nach einer Weile beiläufig bemerkte: »Ich muß schon sagen, Madame, ich mag Ihren Sohn sehr.«

»Ich auch«, sagte meine Mutter.

»Doch ich möchte betonen«, sprach die Vicomtesse weiter, »daß wir niemals zusammen im Bett waren.«

»Freut mich zu hören«, antwortete meine Mutter, ohne auch nur einen Augenblick zu zögern.

Gott sei dank nahm das Gespräch nun eine andere Richtung, außerdem gingen wir schon bald auf unsere Zimmer, um ein Bad zu nehmen und uns zum Abendessen umzukleiden. Als wir auf einen Aperitiv in die Bibliothek hinunterkamen, strahlte Marie-Laure übers ganze Gesicht, offenbar glänzender Laune. Ich hielt es für unwahrscheinlich, daß unsere Gastgeberin die Grenzen der Peinlichkeit noch weiter auf die Probe stellen würde. Als wir jedoch an dem runden Eßtisch saßen, meine Mutter gegenüber von Marie-Laure und ich zwischen den beiden, sagte die Vicomtesse abrupt: »In Amerika soll es, wie man mir erzählte, Privatclubs geben, die nur Frauen vorbehalten sind, etwas Unerhörtes in Europa. Ist dem so?«

»Oh ja«, erwiderte meine Mutter. »Das ist nichts Außergewöhnliches.«

»Und sagen Sie mir doch, Madame«, fuhr Marie-Laure fort, »sind Sie auch Mitglied in solch einem Club?«

»Das bin ich in der Tat«, sagte Mutter, »sogar in mehreren.«

»Nun, ich habe mich immer gefragt«, sagte Marie-Laure, »und Sie können mir da gewiß weiterhelfen, ob diese Frauen sapphische Beziehungen pflegen?«

»Nicht, daß ich wüßte«, antwortete meine Mutter gelassen.

Marie-Laure lachte und sagte: »In der kurzen Zeit unserer Bekanntschaft sind Sie mir sehr ans Herz gewachsen. Ich möchte Sie gerne Louise nennen, und Sie müssen Marie-Laure zu mir sagen.«

»Mit Freuden«, sagte meine Mutter.

Der Rest des Abends war für uns alle drei sehr unterhaltsam, mit Scherzen und Geschichten und amüsanten Anekdoten, so daß wir bis spät in die Nacht in dem großen Salon mit der kubistischen Decke saßen. Als wir am nächsten Morgen Abschied nahmen, küßte Marie-Laure meine Mutter und mich auf beide Wangen und sagte: »Also, Louise, auf der Rückfahrt nach Paris muß James dich zum Lunch vorbeibringen, mitsamt dem Schlittschuhläufer.«

Als wir über die Hügel nach Nizza fuhren, um meinen Vater am Flugplatz zu treffen, wollte ich von meiner Mutter wissen, was sie von unserer schrecklichen Gastgeberin halte. »Ich mag sie«, sagte Mutter. »Sie ist wie ein kleines Mädchen, das ständig ausprobiert, was es tun kann, um Aufmerksamkeit zu erregen.« Nachdem wir meinen Vater abgeholt hatten, der den Anblick des Matterhorns sehr genossen hatte, auch das Schlittschuhlaufen auf einer Eisbahn, die so glatt gewesen war wie blankes Glas, bezogen wir das Colombe d'Or in St.-Paul.

Am nächsten Tag telefonierte ich mit Vava Chagall, weil ich vor meiner Mutter mit all meinen berühmten Bekannten prahlen wollte, und wir wurden zum Tee nach Les Collines gebeten. Vava, die eine Zeitlang in London gelebt hatte, sprach ausgezeichnet englisch, und Marc hatte sein Können noch aus den Kriegsjahren in New York bewahrt, die er dort mit seiner amerikanischen Geliebten verbracht hatte. Unser Besuch war äußerst angenehm, aber Mutter mochte den Maler nicht. Sie fand ihn weit weniger unschuldig und offen als Marie-Laure, trotz deren Perversität und Selbstsucht. Seine Manierismen waren gekünstelt, fand sie, sein kindlich schlichtes Gehabe unaufrichtig und sein Verhalten gegen seine Frau anmaßend. Wir blieben nicht sehr lange, und meine Mutter bemerkte nachher, Chagalls Bilder hätten sie weit mehr beeindruckt, wenn sie ihm niemals begegnet wäre. In späteren Jahren, wenn wir gemeinsam in die Oper in New York gingen und seine beiden abscheulichen Wandgemälde betrachten mußten, erinnerte ich sie zuweilen daran.

Auf dem Rückweg nach Paris, über Avignon, Carcassonne und Albi, gelang es mir, uns zu den Wandmalereien in Lascaux Einlaß zu verschaffen, damals längst kein einfaches Unterfangen mehr.

Wir speisten zweimal mit Marie-Laure zu Mittag. Sie nannte meinen Vater »Junge!«, und obgleich meine Eltern noch niemals in einem Palast wie diesem gewesen waren, schienen sie keinen Moment lang stumm vor Ehrfurcht, eher etwas amüsiert über den außerordentlichen Gegensatz zwischen dem prächtigen Haus und dem bohèmehaften Auftreten seiner Bewohnerin.

Ende März reisten meine Eltern nach Hause. Ich begab mich mit Larry auf eine Reise durch Westeuropa, die uns nach Spanien, Portugal, Frankreich, Belgien und Holland führte. Wir kehrten erst Mitte Mai nach Paris zurück, und dann hatte ich eine erstaunliche Neuigkeit nach Hause zu schreiben. Nach all den Spannungen und Unstimmigkeiten, die mein Entschluß, in Paris zu leben, heraufbeschworen hatte, beschloß ich, in die Staaten zurückzukehren und mir in New York eine Wohnung zu kaufen. Es würde einfach sein, mein Appartement in der Rue de Lille an jemanden weiterzuvermieten, den ich kannte. Ich konnte mein Auto verkaufen, das meiste meiner Habe zusammenpacken, und bereits Anfang Juni in Amerika sein. Elterliches Staunen war vorherzusehen. Meine Mutter schrieb:

Vater kann nicht verstehen, weshalb Du zurückkommst, und ehrlich gesagt, ich ebensowenig, aber ich freue mich sehr, Dich in der Nähe zu haben, ob ich es nun verstehe oder nicht.

Sie mußten es irgendwann verstanden haben, schon bald, um genau zu sein, vermieden es aber, auf die Ursache anzuspielen, und ließen sich auch nicht anmerken, daß sie sie ahnten. Es war ganz einfach. Mein Freund Larry hatte beschlossen, nach New York zu gehen, um Innenarchitektur zu studieren. Da ich den Gedanken haßte, getrennt von ihm zu leben, entschied ich kurzerhand, mit ihm zu gehen. Wir segelten am

1. Juni 1962 an Bord der *France,* das letzte Mal, daß ich den Ozean auf einem Schiff überquerte. Larry besaß ein Häuschen in San Diego, Californien, wo er den Sommer verbringen wollte, und versprach mir ein ruhiges Zimmer, in dem ich schreiben konnte. Meine Eltern borgten uns einen Kombiwagen, und so machten wir uns am 11. Juni auf die Reise. Unterwegs hielten wir in Oklahoma, um Larrys verwitwete Mutter zu besuchen, die in einer kleinen Ranch ein paar Meilen außerhalb einer kleinen Stadt wohnte. Am fünften Juli erhielt ich einen beunruhigenden Brief meiner Mutter:

Wir haben sehr beunruhigende Nachrichten von Peggy und Peter. Am Samstag erhielten wir einen Brief von ihm, in dem er uns mitteilte, er sei im Krankenhaus und werde dort wegen überreizter Nerven behandelt. Er habe einen Schock erlitten, über dessen Ursache er nicht zu sprechen wünsche. Wir haben gestern endlich seinen Arzt ans Telefon bekommen. Er sagte, Peter mache Fortschritte, müsse jedoch auf jeden Fall weiterhin in Behandlung bleiben, da er suizidgefährdet sei. Wir konnten Peggy telefonisch nicht erreichen und befürchteten, es habe Probleme zwischen den beiden gegeben. Aber schließlich haben wir erfahren, daß sie mit Carol* bei Freunden ist, und heute morgen ausführlich mit ihr gesprochen. Außerdem haben wir einen Brief von ihr erhalten. Unser Verdacht war gänzlich unbegründet. Sie trägt alles wunderbar, und ihre einzige Sorge gilt Peters Genesung. Der Schock, den er erwähnte, sei durch den Börsensturz verursacht worden, sagte sie, aber sein eigentliches Problem wäre, daß er zu hart arbeite. Wahrscheinlich hatte sich dies schon lange angebahnt. Was den Börsensturz anbelangt, so hat Peter lediglich ein paar Zinsen verloren, der Großteil seines Geldes ist sicher angelegt. Peggy sagte, der Arzt habe ihr Mut zugesprochen, er sei zuversichtlich, daß Peter wieder völlig genesen wird. Er wird allerdings zwei oder drei Monate im Krankenhaus bleiben müssen.

Ich antwortete sofort:

Dein Brief, den ich heute morgen erhielt, hat mich sehr beunruhigt. Ich kann jedoch nicht behaupten, daß ich überrascht bin. Peter war schon immer sehr angespannt, unfähig, sich loszulassen, sich zwanglos in eine neue Erfahrung zu wagen. Dieser »Nervenzusammenbruch« scheint mir der Beweis, daß es ihm endlich nicht mehr gelingen wollte, einen wesentlichen Zug seiner Natur zu

---

* Ihr erstes Kind.

unterdrücken. Dies alles macht mich sehr traurig. Vor allem um Peters willen,
aber auch wegen Dir und Vater. Ich fürchte, ihr werdet euch fragen, welche
Fehler euch mit Peter unterlaufen sind, und inwieweit ihr die Verantwortung
tragt für diese tragische Wendung. Ich kann nur hoffen, daß euch keine solchen
Gedanken quälen. Du und ich haben oft darüber gesprochen, daß Eltern nicht
mehr tun können, als was ihnen, gemäß der Ideen und Ideale, die ihre eigene
Entwicklung bestimmten, als das Beste erscheint; mehr kann man nicht von
ihnen erwarten. Du und Vater habt dies gewiß getan. Ich wünschte nur, ich
könnte irgendetwas für Peter tun. Ich kann mir nicht helfen, aber zuweilen
habe ich das Gefühl, als hätte ich ihn, als wir noch Kinder waren, auf eine mir
unergründliche Weise verletzt. Wie Du gewiß noch weißt, waren wir einmal
in sehr engem Kontakt, bis wir uns mit einem Mal auseinanderentwickelten.
Ich habe nie ganz verstanden, weshalb. Natürlich waren wir an unterschiedli-
chen Schulen und sahen uns folglich nur noch selten. Aber nachdem wir nicht
mehr so vertraut waren, schien er nicht mehr derselbe. Nicht, daß ich mich
schuldig fühle, es läßt mich einfach nicht los. Ich werde ihm natürlich schreiben,
frage mich jedoch, was ein Brief bewirken kann.

Ich schrieb einen langen Brief, in dem ich andeutete, daß ich vielleicht von allen Familienmitgliedern am meisten seine Angst verstehen
konnte. Ich erinnerte ihn an unsere einstige Vertrautheit vor fünfundzwanzig Jahren und bat ihn, er möge in mir doch einen Freund sehen,
dem es sehr am Herzen läge, ihm zu helfen. Außerdem schrieb ich,
meine eigene Erfahrung habe mir gezeigt, daß der sichere Halt im Leben
in einem Augenblick zerbröckeln kann, und daß ich ihm dank dieses
Bewußtseins womöglich mehr bieten könne als bloße Anteilnahme.
Er antwortete:

Vielen Dank für Deine Anteilnahme. Mein Schreiben wird nur kurz sein,
weil meine Hand wegen der nervlichen Anspannung zu zittern beginnt.
Dieses Krankenhaus ist eines der besten, und ich hoffe, daß ich nicht erneut
in diese schwere grüblerische Stimmung verfalle, obwohl auch manch weniger
schwere Stimmung die Verbesserung meines geistigen Zustandes verhindern
könnte (oder auch nicht).
Ich weiß Dein Angebot zu schätzen, aber ich glaube nicht, daß ich Deine
Hilfe benötigen werde, bei all den Ärzten und Pflegern. Nochmals vielen
Dank, und ich wünsche Dir eine angenehme Zeit in Californien.
Liebe Grüße, Peter

Anfang August erhielt ich folgenden Brief von meiner Mutter:

Danke für Deinen Brief und für die beiliegende Kopie Deines Schreibens an Peter. Briefe scheinen ihm viel zu bedeuten, und die Deinen sind ja immer sehr einfühlsam und verständnisvoll. Wir reisten letzten Donnerstag nach Baltimore, um ihn zu besuchen, flogen an einem Tag hin und zurück. Unser Besuch verlief recht angenehm. Zuerst schien er sehr verkrampft und nervös, wahrscheinlich, weil er nicht wußte, daß wir kommen würden. Peggy hatte im Krankenhaus angerufen, man möge ihm unseren Besuch ankündigen, aber die Nachricht war nicht weitergeleitet worden. Nach einer Weile wurde er dann ruhiger und sprach ganz vernünftig mit uns. Das Auge, das er sich verletzt hat, bleibt die meiste Zeit geschlossen, obwohl er es gelegentlich halb öffnen kann.* Sie werden es wahrscheinlich operieren müssen, wenn es ohne Eingriff nicht besser wird.

Wir sprachen mit seinem Psychiater, und der ist noch immer der Ansicht, daß Peter sich wieder gänzlich erholen wird. Er erklärte uns, sein Zustand sei eine Flucht aus der Wirklichkeit, er ersetze Scheinsorgen, den Börsenkrach, die Kennedy-Regierung und den Kalten Krieg mit den Dingen, die ihn wirklich belasten, die er aber nicht sehen will. Der Arzt nimmt an, Peter sorgt sich eigentlich um seine Arbeit, vor allem um sein Stipendium und die Forschungen, die er für seine Doktorarbeit durchführen müßte. Da er schon einmal gescheitert ist, hat er nun womöglich entsetzlich Angst, es dieses Mal wieder nicht zu schaffen. Aber seine »Besessenheit«, wie er es nennt, scheint aus Strategien zu bestehen, wie sich der Kalte Krieg beenden ließe. Peggy erzählte uns, er hätte einen ungefähr fünfzehn Seiten langen Aufsatz verfaßt, um ihn einer Zeitung in Baltimore anzubieten. Er habe sich in einem Maße in diese Angelegenheit verbohrt und sich so sehr erregt, daß er freiwillig einen Psychiater habe aufsuchen wollen. Dieser hätte ihm später geraten, sich stationär behandeln zu lassen. Peggy erzählte uns dies alles, als wir in Baltimore waren. Sie hat eine Kopie von dem Aufsatz, aber wir haben ihn noch nicht gelesen.

Ich glaubte natürlich zu wissen, aus welcher Wirklichkeit Peter so verzweifelt zu fliehen versuchte, und war mir sicher, daß der Krieg, der ihn quälte, nicht etwa der sogenannte kalte war, sondern der brennende

---

* Ich erfuhr später, daß er sich selbst mit einem Steakmesser ins Auge gestochen hatte, eine Verletzung mit mythischen Implikationen, die ich für höchst bedeutsam hielt. Aber ich weiß nicht, ob diese Implikationen jemals von Peter selbst, seinen Ärzten oder sonst irgend jemand so betrachtet wurden.

Konflikt in seinem Inneren. Doch ich hielt es nicht für angebracht, in einer Situation, die ohnehin bereits voller unbekannter, unergründbarer und unvorhersehbarer Risiken war, meine Mutmaßungen zu äußern.

Jedenfalls schien Peter sich tatsächlich vollkommen zu erholen, so daß sein Zustand nach seiner Krankheit besser war als je zuvor. Doch das dauerte. Er war etliche Monate im Krankenhaus. Doch ein Jahr später konnte meine Mutter mir schreiben:

Peter, Peggy und Carol fuhren am Sonntag von hier fort. Soweit wir das beurteilen können, ist Peter wieder völlig normal – für Peters Verhältnisse. Er kam mir in seinem Verhalten Peggy gegenüber sogar aufmerksamer vor als früher. Sie macht sich Sorgen, weil ihm seine Arbeit nicht besonders gefällt. Wir sprachen kurz mit ihm darüber und drängten ihn, etwas Neues anzufangen, vielleicht zu unterrichten, wenn ihm dies mehr behagte. Aber ich glaube nicht, daß er etwas unternehmen wird. Er hat Angst vor jeglicher Veränderung. Habe ich Dir geschrieben, daß sie sich ein Haus gekauft haben? Peggy scheint sehr zufrieden, und ich bin so erleichtert, daß sie endlich aus dieser entsetzlichen Umgebung fortkommen.

Mittlerweile hatten Larry und ich ein Appartement im obersten Stockwerk eines kleinen Hauses in der dreiundachtzigsten Straße East bezogen. Aber ich kehrte fast jedes Jahr nach Europa zurück, für gewöhnlich im Sommer, und der Brief, aus dem ich obigen Abschnitt zitierte, erreichte mich in Marie-Laures Château an der Riviera. Ich schrieb weiterhin, die Verleger lehnten weiterhin ab, und dieser Umstand hemmte eigenartigerweise weder meinen Schreibdrang, noch meine Überzeugung, und schien außerdem, was noch seltsamer war, meine Eltern nicht im mindesten zu beunruhigen.

Im September 1964, kurz bevor ich nach einem langen Aufenthalt bei Marie-Laure nach New York zurückkehren wollte, machte Alberto Giacometti, mit dem ich mich in all den Jahren angefreundet hatte, mir den Vorschlag, mein Porträt zu malen. Ich war natürlich einverstanden, zumal ich mich immer nach Porträts von mir gesehnt hatte – mittlerweile besitze ich mindestens zwanzig –, als würde das Überleben meines Abbildes letztendlich über den Tod seines Modells hinwegtrösten. Giacometti malte mein Porträt, widmete ihm achtzehn lange, nachmittägliche Sitzungen zwischen dem zwölften September und dem ersten Oktober. Da ich mir vom ersten Tag an bewußt war, daß dies ein denkwürdiges Erlebnis werden würde, trug ich weit ausführlichere Bemerkungen in mein Tagebuch ein als gewöhnlich, zumal ich von frühester Jugend darin geübt war, lange Gespräche wortgetreu im Gedächtnis zu behalten. Als ich wieder nach Amerika kam – ich war am Tag nach der letzten Sitzung abgereist –, schrieb ich unverzüglich meine Tagebucheintragungen ins Reine, weil ich dachte, irgendeine Zeitschrift könne sich für den fertigen Text interessieren. Aber für eine Zeitschrift war er zu lang und für ein Buch zu kurz, dachte ich. Zufällig bereitete das Museum of Modern Art gerade eine große Giacometti-Ausstellung vor, die einen Überblick über sein Werk bieten sollte. So zeigte ich den Text einem Freund, der damals im Museum arbeitete. Er gefiel ihm, also reichte er ihn an den Chef der Publikationsabteilung weiter, und das Museum beschloß, ihn im Ausstellungskatalog zu veröffentlichen, mit dem Titel *A Giacometti Portrait*. Von allen Büchern, die ich geschrieben habe, sollte sich dieses Büchlein als das beliebteste und geschätzteste von allen erweisen. Es erschien vor dreißig Jahren, wurde in mehrere Sprachen übersetzt, wird noch heute gedruckt, sowohl in Frankreich als auch in Amerika, und weiterhin, wenn auch in bescheidener Zahl, verkauft. Da ich den bedeutendsten Kunstgeschichtler unserer Zeit kannte, E. H. Gombrich, bot ich ihm eine Kopie und erhielt drei Tage später ein Lobesschreiben: »Ein packendes Buch ... ich konnte es nicht aus der Hand legen ... ein einzigartiges Dokument und überaus bewegend.« Kein anderes Lob hat mir jemals soviel bedeutet, also sandte ich es an meine Mutter weiter, die natürlich noch nie etwas von Professor Gombrich gehört hatte, und die Giacometti bislang nur sehr oberflächlich kannte. Doch jede Wertschätzung meiner beruflichen Bemühungen freute sie, ganz gleich wie esoterisch sie war oder wie ungeeignet, um damit ihren Sohn in den Augen ihrer Freunde aufzuwerten.

Peter und Peggy bekamen im Sommer 1966 eine zweite Tochter, und alles schien in Ordnung bei ihnen. Mein älterer Bruder hatte kurz nach dem Ende des Krieges geheiratet, hatte mittlerweile bereits vier Kinder, einen Sohn und drei Töchter, und auch diese Familie schien glücklich. Ich sah sie in jenen Jahren ziemlich regelmäßig, da ich damals die meiste Zeit in Amerika verbrachte. Sie waren allesamt freundlich zu

Larry, akzeptierten seine Anwesenheit in meinem Leben kommentarlos, obwohl sie das Offensichtliche gewiß vermuteten.

Am 27. November 1967 schrieb ich folgenden Brief an meine Eltern:

Fünfundvierzig liegt auf halbem Wege zwischen dem Beginn des Mannesalters und dem Ende dessen, was man vernünftigerweise als Lebenserwartung annehmen kann. Obwohl jemand wie ich, der seinen Blick so sehr nach innen kehrt, natürlich nicht bis jetzt gewartet hat, um sein Fortkommen auf der Sraße des Lebens abzuwägen, so scheint es mir doch angebracht, es nun erneut zu tun. Und da mein Denkvermögen, und erst recht mein Leben selbst mit euch beiden beginnen, scheint es mir durchaus passend, einige Gedanken mit euch zu teilen, die mir bei der Gelegenheit in den Sinn kommen.

In der Hast und in dem Drang, ihrem Bedürfnis nach Selbstverwirklichung nachzukommen, bleibt Kindern wahrscheinlich nur selten die Zeit, ihren Eltern dafür zu danken, daß sie sie zu dem gemacht haben, was sie sind, ja, daß sie sie überhaupt gemacht haben. Natürlich scheint es oft angebrachter, sie zu beschuldigen, als ihnen zu danken, weil es einfacher ist, die Verantwortung abzugeben, als sie anzunehmen. Ich jedenfalls fühle mich ganz und gar zu Dank verpflichtet, und ich hoffe, die Genugtuung darüber, daß ich euch dies sage, wird euch nicht nur für all das Geld, sondern auch für eure Fürsorge, Geduld und Aufmerksamkeit entschädigen, die ihr während dieser vergangenen fünfundvierzig Jahre so selbstlos meinem Wohlergehen gewidmet habt. Ich möchte hiermit noch einmal betonen, wie sehr ich mein Wohlergehen zu schätzen weiß, und wie dankbar ich euch für eure Selbstlosigkeit bin.

All die Schwierigkeiten, Enttäuschungen und traumatischen Erfahrungen der Jugend gehören nun der Vergangenheit an. Keiner von uns kann sie abmildern oder ändern, ihre Bedeutung ist im besten Falle eine geschichtliche. Aber ihr sollt beide folgendes wissen: Mein Betragen mag zuweilen äußerst widerspenstig und eigensinnig gewesen sein, aber dennoch erkenne ich nun klar, und weiß dies auch sehr zu schätzen, daß ihr mit euren Entscheidungen stets selbstlos mein Bestes im Auge hattet. Dies sagen zu können bedeutet einem Kind viel, und es gab mir in all den Jahren ein stetes Gefühl von emotionaler und materieller Sicherheit, die maßgebliche Quelle meines inneren Friedens und meines Entschlusses, mich noch gewissenhafter der Arbeit zu widmen, mit der ich seit so langer Zeit auf Erfüllung hoffe.

Es gibt mir eine besonders tiefe und lebhafte Befriedigung, in der Mitte meines Lebens festzustellen, daß ihr noch immer ein schöpferischer Bestandteil meines Lebens seid, und ich freue mich, euch dafür danken zu können, daß ihr dies immer ward. Ich hoffe, ihr werdet es noch lange bleiben, damit ich euch Anlaß geben kann, euch ebenso glücklich zu schätzen, mich zum Sohn zu haben, wie ich mich glücklich schätze, euer Sohn zu sein.

Sechs Wochen später schrieb meine Mutter:

Ich habe soeben den Brief noch einmal gelesen, den Du mir und Vater an Deinem fünfundvierzigsten Geburtstag geschrieben hast. Wie ich Dir schon damals sagte, war ich zutiefst gerührt und ausgesprochen dankbar, daß Du Dir darüber im klaren bist, daß wir, welche Irrtümer wir auch immer begangen haben mögen (und ich bin ganz sicher, es waren nicht wenige), stets nur das Allerbeste für Euch im Sinn hatten. Und gab es damals auch Sorgen, so waren die zufriedenen Momente doch weit wichtiger, weil wir beide Dich natürlich von Herzen lieb haben. Wir wollen daher dankbar sein, daß sich alles so glücklich entwickelt hat.

Nachdem ich, von kurzen Unterbrechungen abgesehen, etwa fünf Jahre in New York verbracht hatte, hatte ich genug von dieser Stadt, auch war mein Verhältnis zu Larry längst nicht mehr so befriedigend wie zuvor. Ich beschloß daher, aufs Land zu ziehen, wo ich in Frieden, wenn auch in Einsamkeit, schreiben konnte. Ich konnte von einem entfernten Cousin in Old Lyme, Connecticut, nicht weit entfernt von Lord Hill, ein schönes Haus mieten, erbaut im Jahre 1746. Es war purer Zufall, daß es mich in diesen Teil des Landes verschlagen hatte, der so eng mit meinen Ahnen verbunden war. Der erste Lord, der nach Amerika eingewandert war, hieß Thomas und war ein fünfzigjähriger Schmied, der am 27. April 1635 im Hafen von London ein Schiff bestieg, um nach Massachusetts zu segeln. Er war in Begleitung seiner Frau Dorothy, sechsundvierzig, und sieben Kindern im Alter von vier bis sechzehn Jahren. Im darauffolgenden Jahr schlug er sich mit Reverend Thomas Hooker durch die Wildnis, um Hartford, Connecticut zu gründen. Einer seiner Söhne, William, ließ sich in Lyme nieder. Wohl zum Teil aus nostalgischen Gründen lebte ich mehrere Jahre lang ungemein zufrieden in dem großen Haus, arbeitete an Wochentagen hart an Romanen, die keinen Verleger fanden, und begrüßte fast jedes Wochenende Gäste aus New York. In den Sommermonaten sah ich meine Eltern ziemlich häufig, da ihr Sommerhaus nicht weit entfernt stand von Lyme, nur eine Stunde Fahrt. Sie besuchten mich auch, und wir spielten Krocket auf dem Rasen unter den zweihundert Jahre alten Platanen.

Mein Vater war mittlerweile fünfundachtzig, und eines Tages, als wir alleine waren, folgte ich der Eingebung des Augenblicks, und ergriff die Gelegenheit, ihm zu sagen, wie sehr ich es zu schätzen wüßte, daß er trotz unserer verschiedenen Lebensansätze stets aufrichtig darum bemüht war, das Beste für mich zu tun. Er war so bewegt, daß er Schwierigkeiten hatte, mir zu antworten, doch seine Dankbarkeit war offenkundig, und meine Mutter erzählte mir später, er sei zutiefst gerührt gewesen. Es war für uns beide ein Glück, daß er ein so hohes Alter erreichte.

Nicht lange danach, keineswegs als Folge unseres Gesprächs, entschieden mein Vater und meine Mutter gemeinsam, Treuhandfonds für ihre Kinder anzulegen. Da ich keine eigene Familie hatte, gewährleistete mir dies eine Zukunft ohne materielle Nöte. Es war eine ungemein großzügige Tat, da meine Eltern ihr eigenes Vermögen dadurch sehr reduzierten, auch wenn sie sich genügend Mittel bewahrten, um weiterleben zu können wie bisher. Obwohl ich dankbar war, und es auch immer sein werde, mußte ich doch unweigerlich daran denken, daß all das finanzielle Getue in meinen Jugendjahren nur auf Prinzipien basiert hatte, und daß sich dieses Prinzip, auch wenn es verständlich war, nun als ungerechtfertigt erwies.

Alberto Giacometti war am 11. Januar 1966 im Alter von vierundsechzig Jahren an Herzversagen gestorben. Ich befand mich zu der Zeit in New York, hatte keine Einladung zum Begräbnis erhalten, und hielt es außerdem für fruchtlos, mitten im Winter in ein entlegenes Schweizer Dorf zu reisen. Aber ich war zutiefst traurig, den einzigen Menschen verloren zu haben, dem zeit meines Lebens meine uneingeschränkte Bewunderung galt. Niemals hatte ich auch nur den geringsten Zweifel an seiner künstlerischen Größe gehegt. Nachdem ich ihn jedoch immer besser kennengelernt hatte, gelangte ich zu der Überzeugung, daß seine Qualitäten als Mensch noch außerordentlicher waren. Ohne ihn wurde die Welt für mich unsagbar arm. Man bat mich, ihm zu Ehren ein Gedenkschreiben für die französische Zeitschrift *L'Oeil* zu verfassen, und das tat ich auch. Doch es wäre mir nie in den Sinn gekommen, daß ich einmal ausführlicher über diesen Künstler und

Menschen schreiben würde, der mein Leben bereits so ungemein bereichert hatte.

Dreieinhalb Jahre nach seinem Tod jedoch, zu einer Zeit, als ich soeben einen weiteren langen Roman beendet und irgendwie das Gefühl hatte, den Boden unter den Füßen zu verlieren, meiner Connecticut-Einsamkeit überdrüssig war und deshalb mehr trank, als mir zuträglich war, trat ein Verleger aus New York an mich heran und fragte, ob ich bereits erwogen hätte, eine Biographie von Giacometti zu schreiben. Er wisse absolut nichts über den Künstler, habe aber sein Photo gesehen und sich gedacht, ein Mann mit solch einem Gesicht müsse ein außerordentliches Leben geführt haben. Da ich noch niemals eine Biographie geschrieben hatte, hatte ich auch keine Ahnung, welch ungeheure Aufgabe damit auf mich zukam. So sagte ich ihm spontan zu. Ein zusätzliches Motiv war die Aussicht, daß diese Arbeit mich wieder nach Paris führen würde. Ich hatte nämlich genug von den Vereinigten Staaten, den turbulenten Sechzigern und unsere irrsinnige Teilnahme am Krieg in Vietnam. Hätte ich jedoch nur eine winzige Ahnung gehabt, welch gewaltige Aufgabe vor mir lag, hätte ich womöglich darauf verzichtet, da ich vollkommen unvorbereitet war, was da auf mich zukam. Aber das Schreiben all meiner langen Romane hatte mich zumindest das Durchhalten gelehrt. So flog ich also am 6. Januar 1970 nach Paris und begann die Arbeit, die mich für die folgenden fünfzehn Jahre ganz und gar in Anspruch nehmen sollte.

Meine Nachforschungen veranlaßten mich, all die Orte in Europa aufzusuchen, wo Alberto gelebt hatte, und wo ich noch Menschen treffen konnte, die ihn gekannt hatten und/oder wichtige Rollen in seinem Leben und seiner Karriere gespielt hatten. Meine Recherchen führten mich sogar nach Los Angeles, Californien, und so füllte sich ein voluminöses Tagebuch mit Interviews.

Anfang Januar 1972 war ich in Paris und lebte in dem Appartement, das mir meine Eltern vor fünfzehn Jahren gekauft hatten. Der Morgen des fünften Januar brachte mir folgenden Brief meines Vaters.

31. Dezember 1971

Ben hat soeben angerufen und uns eine traurige Nachricht übermittelt. Peter ist tot. Eine enge Freundin, eine Mrs. Flink, rief gestern spät nachts Ben an, und er ist bereits auf dem Weg, um Peggy beizustehen. Es war Selbstmord.

Was ich seit Jahren befürchtet habe. Wir werden Peggy anrufen, sobald wir uns gefaßt haben.

Wir schreiben wieder, sobald wir Näheres wissen. Vielleicht werden wir hinfahren.

Du brauchst nicht zurückzukommen.

So war also meinem unglücklichen jüngeren Bruder seine Flucht aus der Realität endlich vollends geglückt. Ich war entsetzt und schockiert. Gleichzeitig wußte ich die freundliche Rücksichtnahme meines Vaters zu würdigen, denn er wußte, wenn er mir die schrecklichen Nachrichten per Post, nicht per Telefon mitteilte, würde das Begräbnis längst vorüber sein, bis der Brief mich erreicht haben würde. Mein Beisein hätte ohnehin niemandem geholfen, mir höchstens noch mehr Kummer bereitet. Sobald der Zeitunterschied es gestattete, rief ich zu Hause an, sprach sowohl mit meinem Vater, als auch mit meiner Mutter und fand beide zu meiner großen Erleichterung verhältnismäßig gefaßt. Ich sprach auch mit meinem Bruder Ben. Er erzählte mir, was geschehen war. Am frühen Abend des 30. Dezember, während Peter und Peggy mit ihren beiden kleinen Töchtern zusammen speisten, erhob Peter sich vom Eßtisch unter dem Vorwand, er habe etwas im oberen Stockwerk zu erledigen. Er ging hinauf in den Speicher, wo er seine Pistolen und das Gewehr aufbewahrte, die er seit seiner Zeit in der Nationalgarde ins Herz geschlossen hatte, und schoß sich in den Kopf. Er hinterließ keinen Abschiedsbrief. Ich sandte unverzüglich ein langes Schreiben an meine Eltern, das ich in Auszügen zitiere:

Das Gespräch mit euch beiden vor ein paar Stunden war beruhigend, da an euren Stimmen zu hören war, daß ihr wieder verhältnismäßig wohlauf seid. Zumindest den Umständen entsprechend. Ich war auch froh, mit Ben zu sprechen. Das war ein entsetzlicher Schock für uns alle. Für euch beide natürlich noch viel mehr als für Ben und mich. Für Peggy vielleicht noch mehr als für euch. Und die zwei Mädchen! Da kann man leider nicht viel sagen. Nichts kann die grausame Wahrheit ändern.

Ich bin ein wenig getröstet, wenn ich sehe, wie klug und vernünftig ihr beide seid, wie ruhig und sicher in eurer Lebenssicht und eurem Realitätsempfinden. Dennoch befürchte ich, ihr könntet das Gefühl haben, vor langer Zeit etwas unterlassen zu haben, womit ihr Peters tragischen Tod hättet verhindern kön-

nen. Wenn ein Mensch so eine verzweifelte, endgültige Tat begeht, dann glauben die Hinterbliebenen zuweilen, daß alles anders gekommen wäre, hätten sie nur dies und nicht jenes getan, hätten sie sich nur ganz anders verhalten. Doch das stimmt nicht. Ich bin sicher, ihr seid beide zu vernünftig, um solche Gedanken zu hegen. Da jedoch sogar ich sie habe, möchte ich sie erwähnen. Keiner von uns kann besser sein, als er in seiner Fehlbarkeit zu sein versucht, oder in seiner Fehlbarkeit als das Beste erachtet.

Es ist sehr, sehr, sehr traurig, Peter so unglücklich zu wissen, daß er kein anderes Mittel fand, als seine Erfahrung und sich selbst auszulöschen. Wir werden niemals erfahren, weshalb, und es ist auch nicht mehr wichtig. Was jedoch zählt – und das zählt sogar sehr viel – ist, daß die Menschen, die ihn liebten, wissen, daß sie alles nur Erdenkliche für ihn getan haben. Ich glaube, das taten sie. Ich habe Peggy niemals gut gekannt, aber es war offenkundig, daß sie Peter aufrichtig mochte, was gewiß nicht immer einfach war, weil er ein seltsamer, schwieriger Mensch war. Was euch beide betrifft, so habe ich immer wieder versucht, euch klarzumachen, wie sehr ich der Ansicht bin, daß ihr beide, auf unterschiedliche Weise bewundernswerte, außergewöhnliche Eltern ward. Ich hoffe, daß ihr in dieser schwierigen Zeit stets daran denkt, daß eure Kinder wohl zu würdigen wissen, wie hingebungsvoll ihr stets um ihr Wohl besorgt ward. Ben empfindet das gleiche wie ich, das weiß ich, weil wir im vergangenen Jahr darüber sprachen. Was Peter betrifft, so kann ich nicht glauben, daß er nicht dasselbe dachte, zumal sein Verhalten in eurer Gegenwart mir darauf hinzuweisen schien. Ich bemerkte es, als wir letzten November zusammen waren. Aber er konnte es leider nicht zum Ausdruck bringen, da es ihm unmöglich geworden war, seine Gefühle preiszugeben.

Ich möchte euch daher raten, diesen Vorfall, was euer Leben anbelangt, als einen tragischen Unfall zu betrachten. Der seelische Determinismus, der unser aller Leben bestimmt, ist unentwirrbar komplex, und in den meisten Fällen wäre es nicht einmal dann möglich, die Umstände zu verändern, wenn man alles im voraus wüßte. Doch in Augenblicken von Belastung und Trauer mag man zu der Auffassung neigen, alles wäre anders gekommen, hätte man das Kommende nur geahnt.

Mein erster Impuls war, auf kürzestem Wege heimzukommen, um bei euch zu sein. Doch ich sehe, daß ihr in eurer weisen Voraussicht wußtet, was für uns alle das Beste ist. Meine Gegenwart hätte euch nur wieder alle daran erinnert, daß etwas gänzlich schiefgegangen ist. Ich komme jedoch, wann immer ihr mich sehen wollt. Auf jeden Fall im April. Ich werde in den nächsten Tagen

unentwegt an euch denken. Obwohl es im Moment leider höchst unpassend ist,
dies zu sagen, so sende ich euch dennoch alles Liebe.

Mein Vater antwortete:

Ich wünschte, ich könnte meine Gedanken ebenso gut zum Ausdruck brin-
gen wie Du es in dem Brief tatest, den wir soeben erhalten haben. Dein Ver-
ständnis hat uns sehr getröstet. Ich unterzog mich am Donnerstag einer Routine-
untersuchung bei Dr. Atchley, und er meinte wie Du, daß man törichterweise
glaubt, man hätte irgendetwas tun können, um dieses entsetzliche Unglück zu
verhindern.

Ich habe etwas in der Art befürchtet, seit Peter vor zehn Jahren diesen
Zusammenbruch hatte, und so lange im Krankenhaus bleiben mußte. Damals
fragte ich den Psychiater, ob es nicht besser wäre, die Pistolen und das Gewehr,
die Peter zu Hause aufbewahrte, fortzuschaffen. Er meinte jedoch, dies würde
nicht viel nützen, da ein Mensch, der den Drang verspüre, sich das Leben zu
nehmen, dies auch irgendwie bewerkstellige.

Meine Mutter schrieb zwei Wochen nach dem Vorfall:

Denke bitte nicht, ich habe nicht an Dich gedacht, nur weil ich Dir noch
nicht geschrieben habe. Es war sehr hilfreich, Deine verständnisvollen Briefe
und Anrufe zu erhalten, zu wissen, daß Du an uns denkst. Natürlich hattest
Du recht, als Du annahmst, wir würden uns fragen, was wir in der Vergangen-
heit hätten tun können, um Peter zu helfen. Natürlich ist es sinnlos, sich wegen
seiner Fehler zu quälen, aber man kommt leider nicht umhin, es trotzdem zu
tun. Wir brachten Peter gegenüber nicht genügend Verständnis auf, das war
unser Scheitern. Aber das läßt sich nun nicht mehr ändern, auch nicht durch
krankhaftes Grübeln.

Als ich im April nach Hause kam, war ich überrascht, sowohl meine
Mutter, als auch meinen Vater ganz gefaßt vorzufinden. Ich hatte nicht
das Gefühl, als hätten sie einen traumatischen Verlust erlitten, obwohl
wir natürlich mit Traurigkeit über Peter sprachen, nachdem sie mir die
Einzelheiten des Begräbnisses erzählt hatten. Mein Vater war damals
schon fast neunzig, meine Mutter bald achtzig, und ich dachte, daß der
Tod für Menschen ihres fortgeschrittenen Alters zwar tragisch, aber

leichter zu akzeptieren war als für junge Menschen. Als Teddy getötet wurde, war es anders. Ich bemerkte, daß mein Vater leichter ermüdete, als zuvor. Manchmal pflegte er nach dem Mittagessen während der Lektüre des *Wall Street Journal* einzunicken. Aber ich bemerkte auch, daß zwischen den beiden nun eine Gemütsruhe herrschte, ein Gefühl der Erfüllung, des Friedens, Vertrauens und der Hingabe, das mich zutiefst bewegte. In dem Raum, wo sie zu beiden Seiten des Kamins saßen, lesend normalerweise, schien ein Strahlen von ihnen auszugehen, das nur schwer zu beschreiben ist. Ich habe nie mehr Ähnliches erlebt. Ich nehme an, es war das, wozu die menschliche Liebe nach fünfzig Jahren Ehe im besten Falle imstande ist, und die beiden damals zu sehen, war für mich, als erlebte ich ein Wunder.

Ich kehrte nach Paris zurück und betrieb weiter meine Nachforschungen für die Biographie Giacomettis. Ich arbeitete nun schon seit zwei Jahren daran und hatte noch kein Wort Text niedergeschrieben. Meine Mutter und ich schrieben uns weiterhin regelmäßig, wobei ihre Briefe zumeist über Familienereignisse berichteten, über ihre Gärten, Parties mit Freunden, über die Gesundheit meines Vaters und ihre politischen Ansichten. Über Nixon schrieb sie: »Ich kann mich an keinen Präsidenten erinnern, den ich so unsympathisch fand, und dem ich so sehr mißtraute.« Und dies war, bevor Watergate ihn als das offenbarte, was er war, und seinen Sturz bewirkte. Ich schrieb über meine Unternehmungen und meine Arbeit. Was letzteres anbelangte, so schrieb sie: »Ich habe Deinen Brief noch einmal gelesen, werde mir aber nicht erlauben, Dein Vorhaben zu kommentieren, ›Aspekte der schöpferischen Persönlichkeit zu erforschen‹, denn ich habe offenbar nichts dazu zu sagen. Du bist ein schöpferischer Mensch (noch dazu einer, den ich ungemein mag), aber wie oder weshalb du diesen Weg gehst, weiß ich nicht.«

Im späten Winter des Jahres 1973 schrieb meine Mutter immer wieder, daß mein Vater schnell ermüdete, und ihm dies große Sorgen bereitete. Am 13. März schrieb sie:

Vater scheint sich einfach nicht zu erholen. Sein Rücken macht ihm wieder schwer zu schaffen. Er hatte große Schmerzen am Wochenende. Heute geht es ihm ein wenig besser, obwohl die Schmerzen bei weitem nicht verschwunden sind. Und er ist so kraftlos. Heute morgen mußte er sein Frühstück im Bett zu

sich nehmen, bevor er aufstand und Zeitung las. Doch sogar dies ermüdete ihn
so sehr, daß er sich nun (um zwölf Uhr) auf der Liege in seinem Büro ausruhen
muß. Es ist offenkundig, daß er mutlos ist und nicht glaubt, daß es ihm wieder
besser gehen wird. Er sagte: »Du weißt doch, daß alte Menschen sterben.« Es
ist traurig und deprimierend für mich. Ich erinnere mich an ein Gespräch, das
wir beide im letzten Herbst führten, als Du sagtest, daß es Vater sehr hart an-
käme, härter als andere Menschen, wenn er krank würde und sein Körper nicht
mehr funktionierte wie er sollte, und genau das geschieht nun.

Wir fahren in ein paar Minuten in die Bank, um unseren Safe auf meinen
Namen umschreiben zu lassen. Er will alles in Ordnung bringen.

Es tut mir leid, wenn der Brief Dich betrübt, aber vielleicht ist es am besten,
wenn Du weißt, wie die Dinge stehen.

Kaum hatte ich diesen Brief erhalten, als mein Bruder mich anrief,
um mir mitzuteilen, daß unser Vater am 18. März einen Schlaganfall
erlitten hatte, im Krankenhaus lag und sich allem Anschein nach nicht
mehr erholen würde. Sein Wunsch, »alles in Ordnung zu bringen«,
war von einer unheimlichen, traurigen Vorahnung genährt gewesen.
Ich flog am darauffolgenden Tag nach Hause, dem Zwanzigsten. Ben
holte mich vom Flughafen ab, und wir fuhren auf kürzestem Wege
zum Krankenhaus. Mein Vater war bei Bewußtsein, phantasierte
jedoch und erkannte uns nicht. Die Ärzte sagten, sein Zustand sei »sta-
bil«, doch er würde sich auf gar keinen Fall mehr erholen. Es war nur
noch eine Frage der Zeit, und wie lange es dauern würde, war nicht
vorhersehbar. Mein Bruder und ich baten die Ärzte, nur »das Mindeste«
zu veranlassen und das Ganze nicht unnötig hinauszuzögern, worauf
sie zwar keine ausdrückliche Antwort gaben, doch andeuteten, unseren
Wunsch zu respektieren. Meine Mutter war offenkundig zutiefst getroffen.
Es wäre jedoch nicht ihre Art gewesen, den Schmerz ihrer beiden
Söhne noch zu steigern, indem sie ihrer Traurigkeit Ausdruck verlieh.
Es war nötig, daß immer jemand im Krankenzimmer meines Vaters
blieb, doch wie sich herausstellte, waren nicht genügend Schwestern
verfügbar, um dies zu ermöglichen, so mußte, wenn nötig, die Familie
des Patienten am Bett des Sterbenden Wache halten. Da Ben zu seinen
Pflichten in Connecticut zurückkehren mußte, hielten meine Mutter
und ich gelegentlich Wache. Oft fiel dies in die Nachtstunden, und
die waren lang. Im gedämpften Licht des Zimmers konnte man nicht

lesen, und ich glaube ohnehin nicht, daß wir unsere Aufmerksamkeit von der welken Gestalt hätten abwenden können, die da ausgestreckt auf dem Krankenhausbett lag. Die meiste Zeit phantasierte mein Vater, und in diesem Zustand sprach er oft laut, führte unzusammenhängende Reden, deren häufigstes Thema eigenartigerweise das Fischen war. »Oh, ein großer Fisch«, murmelte er dann. »Was für ein schöner Fisch! Oh, der Fisch, der Fisch.« Meine Mutter und ich waren überrascht, weil mein Vater nie auch nur das mindeste Interesse am Fischen bekundet hatte. Sogar die Schwestern waren überrascht. Sie sagten, im Delirium würden Patienten häufig grobe Unflätigkeiten äußern, was mein Vater niemals täte, er wäre in ihren Augen ein wahrer Gentleman. Zuweilen hatte er unerwartete klare Momente. Seine Augen fixierten einen, und er sagte: »Ach Jim, du bist es. Was tust du denn hier?« Und ich pflegte zu sagen: »Ich möchte dir einen kleinen Besuch abstatten.« Einmal jedoch streckte er seine Hand nach mir aus. Ich nahm sie und spürte seinen warmen, schwachen Griff. »Ach Jim«, murmelte er, »ich habe immer versucht, mein Bestes zu tun für dich.« Ich sagte mit Mühe: »Ja, Vater, das weiß ich doch.« Was zwischen meinem sterbenden Vater und meiner Mutter gesprochen wurde, wenn sie alleine im Zimmer waren, weiß ich nicht. Am Montag, dem 26. März, legte man meinen Vater in ein geräumigeres Zimmer. Meine Mutter und ich waren beide im Krankenhaus. Das Bett wurde samt Zubehör auf seinen Gummirädern von Krankenpflegern den Korridor entlang geschoben und in das neue Zimmer neben ein Fenster gestellt. Die Pfleger zogen sich zurück. Mein Vater schien friedlich zu ruhen, seine Augen waren geschlossen, und er atmete regelmäßig. Plötzlich aber stöhnte er, hob ruckartig den Kopf und stieß mit weit geöffnetem Mund drei oder viermal ein heiseres Keuchen aus. Dann war er still. Ich begriff sofort, daß dies das Ende war. Meine Mutter rief: »Er atmet nicht mehr.« Mit meiner linken Hand zog ich das Laken über sein Gesicht, mit der anderen umfaßte ich meine Mutter. Keiner von uns sagte ein Wort. Eine Schwester trat ins Zimmer, doch ich winkte sie hinaus. Meine Mutter und ich weinten. Schon bald erschien ein Arzt und führte uns in sein Büro, wo wir uns beruhigten. Es war fünf Uhr fünfzehn am Nachmittag. Nach ein paar Formalitäten verließen wir das Krankenhaus. Der Tag war feucht und grau. Als wir nach Hause kamen, setzten wir uns in die Bibliothek neben das Telefon, und meine Mutter bat mich, die nötigen Anrufe zu tätigen, da sie sich nicht dazu imstande fühlte. Und auch für mich war es nicht einfach, meinen Bruder zu verständigen, meinen Onkel und ein oder zwei der engsten Freunde meiner Eltern. Doch bis zum Abendessen hatte meine Mutter sich wieder völlig in der Hand. Ich sah sie niemals wieder weinen.

Mein Vater hatte angeordnet, er wolle verbrannt werden und wünsche keine kirchliche Feier zu seinem Begräbnis. Er hatte bereits vor mehreren Jahren, seinem Wunsche, »alles in Ordnung zu bringen« nachkommend, in Saybrook, Connecticut, wo er aufgewachsen war, ein Grab gekauft und einen Granitstein aufstellen lassen, der seinen und meiner Mutter Namen und ihre Geburtsdaten trug, nur die Todestage fehlten. Dort bestattete man am Freitag morgen nach seinem Tod seine Asche in einer Bronzeurne. Mutter und ich kehrten noch am selben Nachmittag nach Englewood zurück, und am folgenden Tag besuchten wir ironischerweise die Oper Romeo und Julia, in einer Inszenierung von Gounod, wahrhaftig kein Meisterwerk.

Ich blieb noch vier Wochen in Englewood, um meiner Mutter Gesellschaft zu leisten und ihr in jeder Hinsicht zur Seite zu stehen. Es gab viele Kleinigkeiten zu erledigen, zum Beispiel die Beseitigung der Kleidung und persönlichen Dinge aus Vaters Schränken und Schreibtischschubläden, was ich erledigte, während meine Mutter außer Haus war. Für sie wäre diese traurige Pflicht gewiß sehr schmerzhaft gewesen. Sie dankte mir, ging jedoch nicht näher darauf ein. Nach vier Wochen schien es mir, als komme sie nun alleine zurecht, was wir beide für unvermeidlich hielten. Am Tag vor meiner Abreise gingen wir erneut in die Oper, dieses Mal in eine Aufführung von *Lucia di Lammermoor*. Meine Eltern hatten mit zunehmendem Alter eine Leidenschaft für die Oper entwickelt, besaßen deshalb seit vielen Jahren ein Abonnement, ausgezeichnete Plätze, und versäumten nur selten eine Vorstellung. Am nächsten Morgen stand das Auto, das mich zum Flughafen bringen sollte, zur vereinbarten Zeit in der Auffahrt. Ich verstaute mein Gepäck und kehrte ins Haus zurück, um Abschied zu nehmen. Wir waren ruhig, umarmten einander zärtlich; dann ging ich zum Auto. Als ich abfuhr, blickte ich in den Rückspiegel und sah meine Mutter mit wedelnden Armen in den Hof hasten, als wolle sie uns zum Anhalten bewegen oder mich ein letztes Mal zur Vorsicht mahnen. Aber ich sagte nichts, und so fuhr der Fahrer weiter. Ich konnte diesen kurzen Blick auf meine verstörte Mutter nicht mehr vergessen. Als ich am Flughafen anlangte, rief ich sie an, um mich noch einmal zu verabschieden, und sie schien mir ganz ruhig. Also kehrte ich nach Europa zu meiner Arbeit zurück, und wir nahmen unseren Briefwechsel wieder auf.

Eine Woche nach meiner Abreise schrieb sie:

Um auf Deine Frage zu antworten, ja, es geht mir gut. Natürlich bin ich zuweilen einsam und entmutigt, doch alles in allem mache ich mich ganz gut. Es war wundervoll, Dich während dieser schwierigen Zeit bei mir zu haben. Ich hätte niemals gedacht, daß ich Dich noch mehr lieben könnte, wie ich es ohnehin schon tat, doch nun ist es so.

Und ein paar Tage später:

Du fragtest mich, wie ich zurechtkomme. Ganz gut, denke ich. Natürlich vermisse ich Vater ungemein, und Dich auch, aber ich weiß mich zu beschäftigen und habe bislang noch kein ungesundes Grauen vor dem Alleinsein verspürt, wie dies bei manchen Menschen der Fall zu sein scheint. Ich denke, es tut mir gut, den Watergate-Skandal zu verfolgen, so hat diese entsetzliche Affäre wenigstens einen kleinen Nutzen.

In diesem Sommer fuhr ich nach Griechenland, wo ich auf der Insel Lesbos viele Sommer in einem idyllischen Haus zwischen Olivenhainen und hoch aufragenden Pinien verbrachte. Das Haus war von fast primitiver Schlichtheit, besaß zuerst weder Strom noch fließendes Wasser, aber ich habe wenige Orte so geliebt wie diesen und fand seine friedliche Abgeschiedenheit sehr förderlich für hartes Arbeiten. Meine Mutter sah diesen Ort leider nie, nicht einmal Griechenland. Mitte Juli fragte sie mich zu meiner Überraschung recht umständlich, ob ich meinen Entschluß, nicht geheiratet zu haben, im nachhinein nicht bereute. Sie dachte an mein Alter, hoffte, ich müsse es nicht in melancholischer Einsamkeit verbringen. Ich beantwortete ihre Frage, und sie entgegnete:

Seit ich Dir zuletzt schrieb, haben mich zwei lange Briefe von Dir erreicht. Du bist sehr gewissenhaft im Briefeschreiben, und ich freue mich ein jedes Mal, wenn ich in meinem Briefkasten einen blauen Umschlag mit Deiner Handschrift finde.

Den ersten schriebst Du in Deinem kleinen Studierzimmer »im Tal von Eftalou«. Wie poetisch das klingt! Gab es nicht ein Tal von Avalon in Tennysons Gedichten über König Arthur? Das war der Brief, in dem Du meine Frage zu beantworten versuchtest, ob Du es nicht bereust, weder Frau noch Kinder zu haben, und Du hast dies verneint. Ich freue mich, daß Du zufrieden bist mit Deinem Leben. Ihr beide, Du und Ben, habt auf recht unterschiedliche Weise Beziehungen geknüpft, die Euer Leben bereichern – er mit seiner Familie, und Du mit Freunden. Und mit mir, denke ich. Nein, das denke ich nicht nur. Da bin ich ganz sicher.

Vor dem Tod meines Vaters waren meine Besuche zu Hause unregelmäßig, hauptsächlich wegen der Verpflichtungen im Zusammenhang mit meiner Arbeit. Als meine Mutter jedoch alleine war, beschloß ich, zweimal im Jahr nach Englewood zu reisen und jeweils drei oder vier Wochen zu bleiben. Ich hatte natürlich noch immer Freunde in New York und genoß es, sie wiederzusehen, traf auch die wenigen Freunde meiner Mutter, die damals noch am Leben waren, besonders Dana und Mary Atchley. Mutter und ich verbrachten auch viel Zeit miteinander, sahen uns am Abend die Nachrichtensendungen im Fernsehen an und plauderten über das Weltgeschehen. Wir besuchten die Oper und hin und wieder eine Kinovorführung, genossen die einfache Freude, beieinander zu sein, und unternahmen Spaziergänge in den Straßen, die sich – wie durch ein Wunder – seit meiner Kindheit überhaupt nicht verändert hatten. Am Ende meines ersten Aufenthaltes zu Hause nach meines Vaters Tod schrieb ich meiner Mutter im Flugzeug nach Paris folgenden Brief:

Wie Du mittlerweile erkannt haben wirst, schreibe ich gerne Briefe zwischen Abreise und Ankunft, nutze die vorübergehende Leere mit ihrer seltsamen Aufforderung, die Dinge aus einem gewissen Abstand zu betrachten, sie klarer zu sehen, wie illusorisch dieser klare Blick auch sein mag. Und ich hoffe, Du hast mittlerweile auch erkannt – nach etwa vierzig Jahren der Einführung! –, daß es niemanden gibt, dem ich lieber schreibe als Dir. Diese Vorliebe ist gewiß im letzten halben Jahr noch klarer geworden, nicht nur wegen des augenscheinlichen Grundes, sondern auch, weil ich nun größere Befriedigung daraus ziehe, etwas tun zu können, was einen bedeutsameren Zweck erfüllt. So bist Du also fähig, meinem Leben immer noch mehr zu geben, es zu nähren und zu bereichern, wie Du es vom ersten Moment an auf wunderbare Weise getan hast.

Ich war sehr glücklich, daß Du unseren gemeinsamen Tag gestern so genos-
sen hast: die Fahrt in die Stadt, die Matisse-Ausstellung, Lunch im Stanhope,
die Akhenaten-Ausstellung, Tee mit David Morton und alles andere. Denn ich
fühlte, daß Dir dasselbe gefiel, was auch ich ungemein genieße, eine sehr viel-
versprechende Aussicht für unser beider künftiges Glück. Ich weiß, daß mein
Glück Dir immer sehr am Herzen lag, doch jetzt sollst Du erfahren, wie sehr
das Deine mir am Herzen liegt. Ich will Dir auf meine Weise zeigen (was
natürlich die einzige Weise ist, auf die ich es dir zeigen kann), wie froh ich bin,
daß Du Dich mit meinen Freunden wohl fühlst und sie magst. Und ich versi-
chere Dir, daß dies noch schöner wird, je näher Du sie kennenlernst. Schließ-
lich möchte ich noch betonen, daß ich eigentlich nur gut zu mir bin, wenn ich,
wie Du es so sanft zu nennen pflegst, »gut« bin zu Dir.

Ich war glücklich bei Dir, zumal Du offensichtlich dafür Verständnis hast,
daß ich nicht unbegrenzt bleiben kann, daß ich aber unverzüglich zur Stelle
sein werde, falls Du mich brauchst. Also ... danke für alles, und vor allem,
danke dafür, daß Du auf so schöne, schlichte Weise Du selbst bist!

Mein kleines Appartement in der Rue de Lille wirkte immer kleiner,
je mehr Bücher und Schriften zu Giacometti sich anhäuften. Folglich
beschloß ich, mir eine größere Wohnung zu suchen, allerdings weiterhin in der Umgebung, wo ich fast mein gesamtes Pariser Leben verbracht hatte. Glückliche Zufälle waren und sind noch immer der entscheidende Faktor, um in Paris eine hübsche Wohnung zu finden, und
nach einer Weile war das Glück mir hold: Ich fand ein geräumiges,
halbverfallenes Dachgeschoß in der Rue des Beaux-Arts, mit einem
separaten, aber fast angrenzenden kleineren Appartement im Stockwerk darunter. Ich erkannte sofort, daß sich das obere Stockwerk mit
einiger Mühe in einen schönen Wohnraum umgestalten ließe, und das
Appartement darunter hervorragend dazu geeignet war, meine Mutter
zu beherbergen, wenn sie mich, wie versprochen, in Paris besuchen
würde. Und sollte ich jemals einen Gefährten finden, mit dem ich den
Rest meines Lebens verbringen wollte, dann konnte die kleinere Wohnung ihm Unterkunft gewähren. Nur ein kleiner Treppenaufgang
trennte die beiden Wohnungen voneinander. Und genauso haben die
Dinge sich zu meiner großen Freude entwickelt. Ich behielt jedoch
mein Appartement in der Rue de Lille, um dort ungestört arbeiten und
meinen großen Stapel Schriften lagern zu können.

Meine Mutter kam am 16. September 1975 in Paris an. Und nur zwei Tage darauf kam Henry Moore zum Lunch, und trotz ihrer früheren Beteuerungen verstanden meine Mutter und der weltberühmte Bildhauer sich prächtig, was mich eigentlich nicht überraschte. Sie waren nahezu im selben Alter und sprachen besonders gerne über ihre Jugendjahre, die sich gänzlich voneinander unterschieden; und dennoch schien es, als hätten sie vieles gemeinsam. Das war natürlich vor allem ihrer beider gütige, zarte Empfindsamkeit. Ich stellte meine Mutter vielen meiner Freunde vor, und man bat sie zum Tee und zu Parties, die sie, auch wenn sie ein paar davon ein wenig wild fand, sehr genoß, und jeder mochte sie. Sie blieb genau einen Monat.

Dann begann erneut unser Briefwechsel. Mutter schämte sich ihrer Briefe, fürchtete, sie seien langweilig. Ich antwortete:

Mach Dir keine Gedanken über Deine Briefe. Für mich wären sie schon allein deshalb interessant, weil Du aus ihnen sprichst. Aber sie sind auch interessant, weil sie so lebhaft und detailliert schildern, was Du tust, denkst, liest, welche Menschen Du triffst, und welche Vorfälle Dich betreffen.

Ihre Lektüren umfaßten solch unterschiedliche Kost wie Proust, den sie als Mensch nicht mochte, Saint-Simon, Disraeli und Gladstone. Sie las auch Nigel Nicolsons *Portrait of a Marriage,* die Geschichte von Harold Nicolsons Ehe mit Vita Sackville-West, die beide homosexuell waren. Sie bemerkte dazu:

Das Buch war interessant, wirklich gut geschrieben, aber ich frage mich, weshalb er so intime Einzelheiten über seine Eltern preisgab. Vielleicht ist das meine viktorianische Erziehung. Würdest Du unter ähnlichen Umständen dasselbe tun? Natürlich sind die Umstände nicht ähnlich, so daß Du nicht beurteilen kannst, was Du tun würdest. Es ist schon ein Jammer, daß Du nicht auch so interessante und begabte Eltern hattest. Aber wären wir nicht wir gewesen, dann wärest auch Du, wie Du einmal richtig bemerktest, nicht Du, und das würde ich nicht wollen.

Eines Nachts träumte ich von meinem Vater und beschrieb den Traum am folgenden Tag meiner Mutter in einem Brief:

*Ich hatte letzte Nacht einen seltsamen Traum. Er handelte von Vater. Er
hatte gerade ein Buch veröffentlicht mit dem Titel* Ein Matrose, und andere
Geschichten vom Meer. *Es erhielt eine lange und sehr begeisterte Rezension
im* New Yorker, *die ich mit großer Genugtuung las, besonders, weil ich als
Albert Lords Sohn erwähnt wurde, der ebenfalls Schriftsteller sei. An dieser
Stelle erwachte ich, lag da in der Dunkelheit und fühlte mich überaus froh,
zufrieden und beruhigt. Hast Du auch zuweilen schöne Träume von Vater?
Ich bin ein wenig melancholisch, während ich diese Zeilen schreibe, denn ich
hasse die Vorstellung, Du könntest traurig sein.*

Sie entgegnete:

*Ich war gerührt wegen Deines Traumes von Vater und seinen Geschichten
über das Meer. Hätte er geschrieben, dann wären es mit Sicherheit Geschichten
über das Meer gewesen. Ich frage mich, ob er es nicht zuweilen gerne versucht
hätte. Natürlich sprach er nie darüber. Du fragtest, ob ich jemals von ihm
träume. Natürlich tue ich das, und manchmal erinnere ich mich beim
Erwachen noch an diese Träume, aber für gewöhnlich lösen sie sich auf, noch
bevor ich ganz erwache, und ich kann sie nicht mehr zurückholen. Aber Du
brauchst Dich nicht um mich zu sorgen. Ich habe im großen und ganzen doch
ein sehr glückliches Leben geführt, mit so vielen schönen Dingen, an die ich
mich erinnern kann, daß ich mich nur selten traurig fühle und gewiß niemals in
Selbstmitleid verfalle.*

Im September 1976 kam Mutter ein zweites Mal nach Paris. Ihr
Besuch war in jeder Hinsicht angenehm. Wieder traf sie viele meiner
Freunde, auch einen jungen Mann namens Gilles Roy, damals erst
achtundzwanzig Jahre alt, mit dem ich seit fast einem Jahr eine intime
Beziehung hatte, eine Beziehung, die zu unser beider tiefen Zufriedenheit bis zum heutigen Tage anhält. Mutter erkundigte sich manchmal
in ihren Briefen nach ihm, besorgt, Gilles könne mich enttäuschen.
Doch das tat er nicht, und nach ihrem Tod adoptierte ich ihn. Ich stellte
sie auch Diego Giacometti vor, einem Mann, dessen Liebenswürdig-
keit der ihren gleichkam, und sie verbrachten ein geselliges Stündchen
miteinander. Diego freute sich, ihr sein Atelier und seine bronzene
Schar von Vögeln, Fröschen, Elephanten, Pferden und Eulen zu zeigen. Und ich nahm sie mit zum Lunch mit Henri Cartier-Bresson, dem

weltberühmten Photographen, von dem sie natürlich nicht im mindesten eingeschüchtert war, und der im nachhinein noch oft bemerkte, welch liebenswürdigen Gesichtsausdruck sie habe. Eines Abends besuchten wir die Opéra Comique, um eine Aufführung von Offenbachs *Vie Parisienne* zu sehen. Sie war mittelmäßig, wurde für mich jedoch wegen eines Zwischenfalls in der Pause zum denkwürdigen Ereignis. Als wir durch das Foyer schlenderten, stöhnte meine Mutter plötzlich auf und hastete ein paar Schritte fort von mir durch die Menge. Dann kam sie wieder zurück, und ich fragte, was über sie gekommen sei. Sie entgegnete: »Ich dachte, ich hätte Vater gesehen.«

Sie vermißte ihn gewiß mehr, als sie sagen – oder vielleicht wünschen – konnte. In einem ihrer Briefe hatte sie erwähnt, mit einem Freund aus Kindertagen über die »guten alten Zeiten« geplaudert zu haben, und hinzugefügt: »Um genau zu sein, waren sie gar nicht alle so gut für mich.« Ich bat sie, mir dies zu erläutern.

Um Deine Frage zu beantworten, weshalb die »guten alten Zeiten« nicht allesamt gut waren für mich: Natürlich hatte ich eine überaus glückliche Kindheit, doch auch meine Pubertät war wie die Deine etwas schwierig, natürlich nur aufgrund meiner eigenen Dummheit. Niemand hätte aufmerksamere Eltern haben können, doch ich durchlebte eine Phase, in der ich mir einbildete, es würde mich niemand lieben, und ich sei im gesellschaftlichen Umgang eine absolute Null. Da meiner Mutter diese Dinge wichtig waren, fühlte ich mich umso schlechter. Doch dann erschien Vater auf der Bildfläche, und mit einem Mal wurde alles besser, und als ich heiratete und Indianapolis verließ, bemerkte ich zu meiner eigenen Überraschung, (im Alter von fünfundzwanzig Jahren), daß ich im Grunde gar kein so »trauriger Vogel« war, wie meine Cousine Lucy Holliday mich einmal nannte. Also durchlebte ich in meinem langen Leben von fast achtzig Jahren nur sehr wenige trübsinnige Phasen.

Jener Besuch von 1976 war der letzte, den meine Mutter mir in Paris abstattete. Im Alter von einundachtzig Jahren fand sie die Reise zu ermüdend, zog es vor, daß ich sie besuchen kam, was ich sehr gerne tat.

Im Mai 1977 gab es in der Orangerie eine große Ausstellung der Werke Henry Moores. Ich war bei der Eröffnung zugegen, inmitten von Staatsministern, Botschaftern, Mitgliedern der Künstlerszene und der Intelligenz. Der Künstler und seine Frau waren umlagert von Gra-

tulanten. Ich wollte nicht stören, wollte ihm aber dennoch mein Lob
aussprechen, da die Ausstellung schöner war, als ich es erwartet hatte,
besonders die großen Gemälde auf der Terrasse über der Seine, also
kämpfte ich mich durch die Menge, und als Moore in meine Richtung
blickte, sagte ich nur einfach: »Ausgezeichnet, Henry, wirklich ausgezeichnet.« Er reagierte mit spontaner, aber bescheidener Freude, und
als ich mich abwandte, nahm er mitten in der Menge meinen Arm und
fragte: »James, wie geht es deiner Mutter?« Ich antwortete, es gehe ihr
gut, und Henry sagte: »Das ist gut, wirklich gut. So eine liebenswerte
Dame.« Als ich ihr von dieser Frage unter solch bedrängenden
Umständen erzählte, antwortete sie: »Wie nett von Henry Moore, sich
nach mir zu erkundigen! Solltest du ihn wiedersehen, dann sage ihm
doch bitte, daß ich mich immer gerne an unsere Begegnung auf der
kleinen Party zurückerinnere.« Ich sah ihn tatsächlich wieder, ein letztes Mal, im Dezember desselben Jahres, und eine der ersten Fragen, die
er mir stellte, war: »Wie geht es deiner Mutter? Sie ist so ein lieber
Mensch.«

Mittlerweile hatte meine Mutter an die sechsundfünfzig Jahre in
Englewood gelebt. Von ihrer unmittelbaren Nachbarschaft abgesehen,
hatte die Stadt sich drastisch verändert. Was sich jedoch am meisten
verändert hatte, war Mutters Freundeskreis, von dem ein Großteil entweder tot war, im Sterben lag, oder tot zu sein wünschte. Sogar
Dr. Dana Atchley, der mitsamt seiner streitsüchtigen Ehefrau Mary ihr
engster Freund war, litt nun an der Parkinsonschen Krankheit. Er war
einer der bedeutendsten praktischen Ärzte seiner Zeit gewesen und
hatte die Berühmten und Mächtigen behandelt – Greta Garbo, Elizabeth Taylor, Katharine Hepburn, den Aga Khan, Dean Acheson, Charles Lindbergh und andere. Und es war wirklich mitleiderregend, ihn zu
kränklichem Nichtstun verdammt zu sehen. Mutter verbrachte oft
lange Nachmittage damit, ihm vorzulesen, und eines Winters verzichtete sie sogar auf ihre alljährliche Reise nach Florida, um ihm Gesellschaft zu leisten. Aber es kam der Tag, da sie mit Bedauern feststellen
mußte, daß sie in Englewood keine Freunde mehr hatte. Ihr Sommerhaus auf Mason's Island war jedoch auch im Winter bewohnbar, und
sie kannte dort eine beträchtliche Anzahl Menschen, die ihre Interessen
teilten und jünger waren als sie. Und mein Bruder, der später zwar fünf
Jahre geschäftlich in Europa verbringen sollte, wohnte ganz in der

Nähe. Also beschloß sie, Englewood zu verlassen. »Ich will umziehen, solange ich es noch kann«, sagte sie im Alter von dreiundachtzig Jahren. Ein oder zwei Jahre später wäre es bereits zu spät gewesen.

Mittlerweile verflossen die Jahre, und meine Arbeit zu Giacomettis Biographie ging nur sehr schleppend voran. Mein Ideal biographischer Kunst hatte sich an Leon Edels hervorragender fünfbändiger Biographie über Henry James geformt und an Richard Ellmanns meisterhaftem *James Joyce*. Die Lektüre dieser Werke hatte mich zu der Erkenntnis gebracht, ich müsse mich strapaziösen, schwerverständlichen Studien in Ästhetik und theoretischer Psychologie unterziehen, um Kunst wie Leben meines Helden begreifen zu können. Das nahm viel Zeit in Anspruch, und außerdem hatte das Schreiben mir schon immer große Mühe bereitet. Die Verleger, mit denen ich zu Anfang Verträge abgeschlossen hatte, wurden ungeduldig und fragten sich, ob ich überhaupt arbeitete. Ich teilte ihnen mit, daß ich ihre Ungeduld durchaus verstehen könne, und daß sie nicht verpflichtet seien zu warten. Da ich der einzige sei, dessen Geduld auf dem Spiel stehe, konnten sie die Verträge lösen, wann immer sie dies für richtig befanden. Sie nahmen mich beim Wort, folglich hatte ich mehrere Jahre überhaupt keinen Verleger für das Manuskript, das allmählich immer umfangreicher wurde. Sogar meine Mutter fragte sich hin und wieder, ob aus meinen scheinbar endlosen Mühen jemals ein fertiges Werk entstehen würde. Ich versicherte es ihr, und fügte hinzu: »Ich kann das wirklich nur dir sagen: Das Buch wird schon bald fertig sein, und wenn es erscheint, wird es all die Mühe lohnen, weil Alberto ihm mehr gibt, als ich es jemals vermocht hätte. Er wird die Welt davon überzeugen, daß die Wartezeit nicht eine Minute zu lang war. Er war ein wahrhaft bedeutender Mensch und hat ein Recht darauf, daß man sich seinetwegen die größte Mühe gibt.« Meine Mutter meinte, sie hoffe nur, lange genug zu leben, um den fertigen Band in Händen halten zu können und bemerkte, wie ärgerlich es doch sei, daß fast keiner ihrer Freunde je von Giacometti gehört hatte. Ich entgegnete, es sei meine aufrichtige Hoffnung, mit meinem Werk solch eine Bildungslücke zu füllen.

Nachdem meine Mutter im Frühling 1977 von Englewood nach Mason's Island übergesiedelt war, genoß sie es, sich in ihrem neuen »Heim« einzuleben, ließ Zimmer neu streichen, neue Vorhänge nähen, und stellte all die Möbel, die sie aus New Jersey hatte kommen lassen und seit ihrer Kindheit kannte, an ihren Platz. Der Garten hier war größer und schöner, und die Aussicht auf Long Island Sound, mit dem Leuchtturm, der nachts blinkte, einfach überwältigend. Und hier hatte sie eine Menge Freunde, mit denen sie Bridge spielen, gelegentliche Cocktail Parties veranstalten und gesellige, wenn auch nicht gerade intellektuelle Beziehungen pflegen konnte. Sie fuhr nach New York in die Oper, reiste im Winter in den Süden, lud alte Freunde zu sich ein und bereitete sich ein angenehmes, wenn auch bisweilen einsames Leben. Ihre Mutter war bis kurz vor ihrem Tod bei bester Gesundheit gewesen, und die Tochter hoffte wohl, es möge mit ihr nicht anders kommen.

Irgendwann Anfang des Jahres 1978 befiel sie eine Krankheit mit Namen Polymyalgia rheumatica. Ich verstand niemals ganz, wodurch sie ausgelöst worden war, die Ärzte wohl ebensowenig, aber die Symptome waren ähnlich wie bei Rheuma oder Arthritis und sehr schmerzhaft. Es gab kein Heilmittel dagegen, aber üblicherweise trat ungefähr nach einem Jahr von selbst eine Besserung ein. In der Zwischenzeit verschrieb man ihr ein starkes Medikament, Prednison, das die Schmerzen linderte. Am 6. Juli schrieb meine Mutter:

Meine Polymyalgia rheumatica ist mehr oder minder örtlich begrenzt. Ich komme ganz gut zurecht, wenn ich eine Pille pro Tag nehme. Aber mit weniger beginnen meine Knochen zu knirschen. Dr. Boas meinte, der Genesungsprozeß dauere normalerweise in etwa ein Jahr. Also freue ich mich schon auf den nächsten April, wenn ich wieder tanzen kann.

Doch leider sollte sie nie wieder tanzen, ausgerechnet sie, die in ihrer Jugend stets eine so anmutige und leichtfüßige Tänzerin gewesen war. Fortan enthielten die meisten ihrer Briefe neben den üblichen Neuigkeiten über die Familie, den Garten, gesellschaftliche Aktivitäten und das Wetter, auch kurze Anmerkungen zu ihrem Gesundheitszustand, der sich immer mehr verschlechterte. Vor ihrer Reise nach Florida im Januar 1979 verletzte sie sich am Rücken, dachte jedoch, die Zeit würde dies schon heilen. Als dem nicht so war, konsultierte sie einen Arzt in Sarasota, der feststellte, sie leide an Osteoporose, was bedeutete, daß ihr Rückgrat aufgrund von Kalziummangel porös geworden war, eine Nebenwirkung der starken Schmerzmittel, die sie einnehmen mußte.

Sie war gezwungen, zur Stützung ihrer Wirbelsäule ein unbequemes Korsett zu tragen und weniger Medikamente einzunehmen, aber die Polymyalgia rheumatica hatte sich, wie angekündigt, gebessert. Ihr Rücken schmerzte jedoch noch immer, und in ihren Schultern setzte sich Arthritis fest. Als Folge dieser gesundheitlichen Probleme war sie zwölf Zentimeter kleiner geworden, so daß sie nur noch einen Meter siebenundvierzig maß. »Ich bin ein ziemlicher ·Knirps geworden!« bemerkte sie. Ich verbrachte den März zu Hause und sah, daß Mutter trotz des Korsetts, das ihren Handlungsspielraum beträchtlich einschränkte – sie konnte zum Beispiel nicht mehr im Garten arbeiten –, ganz gut zurechtkam, dem Anschein nach ein relativ normales Leben führen konnte, Auto fuhr, Freunde besuchte, sie sogar gelegentlich auf einen Drink oder die übliche Bridgerunde zu sich einlud. Sie fühlte sich aber beständig unwohl, erwähnte dies jedoch nur gelegentlich, wobei sie ihrem Leiden nicht mehr Bedeutung beimaß als einer vorüberziehenden Wolke. Sie blieb trotz alledem unüberwindbar gutgelaunt. Ich kehrte im August zurück, dann noch einmal im Dezember, und Mutter schien mir unverändert. Ich war an ihrem fünfundachtzigsten Geburtstag anwesend, ein frohes Ereignis, das wir im Hause meines Bruders zusammen mit vielen Angehörigen feierten. Sie war vergnügt, trank Champagner, blies die Kerzen auf dem Kuchen aus, und es schien keinen Grund zu geben, warum sie nicht fest daran glauben sollte, wie ihre Mutter noch mindestens zehn Jahre zu leben. Es sollte nicht sein.

Am zweiten Mai, als Mutter alleine im Haus war, rutschte sie aus und stürzte auf den Küchenfußboden. Voller Sorge und Bestürzung erkannte sie, daß sie nicht mehr aufstehen konnte, kämpfte sich jedoch an Stühlen und Schubläden in die Höhe. Nachdem sie sich in die angrenzende Bibliothek geschleppt hatte, konnte sie einen Nachbarn anrufen, der sofort kam und ihr auf die Beine half. Glücklicherweise hatte der Sturz sie nicht verletzt. Aber er zerstörte ihr Selbstvertrauen, noch weiter allein im Haus leben zu können. Mein Bruder und ich hatten bereits versucht, sie dazu zu bewegen, jemanden einzustellen, der bei ihr wohnen würde, eine Angestellte oder eine Gesellschafterin. Das Haus bot genügend Platz, und in Englewood hatte sie niemals ohne Dienerschaft gelebt. Nun jedoch weigerte sie sich hartnäckig, solch ein Arrangement in Betracht zu ziehen. Als man sie nach dem Grund fragte, antwortete sie: »Ich müßte mit der Person reden.«

In der Stadt Mystic, keine zwei Meilen von ihrem Haus entfernt, gab es ein Heim mit Namen Mary Elizabeth. Einige ihrer Freunde mußten sich dort in Pflege begeben. Da sie dort oft zu Besuch war, kannte sie das Haus und hatte manchmal im Vorüberfahren bemerkt: »Ich hoffe, ich ende nicht hinter diesen Mauern.« Doch nun beschloß sie, genau dies zu tun. Unglücklicherweise war das Pflegeheim nur mit einer beschränkten Anzahl von Einzelzimmern ausgestattet, die übrigen Räume waren von jeweils zwei Patienten belegt, und das einzige verfügbare Bett stand zu der Zeit, als meine Mutter dort einzog, in einem Doppelzimmer. Um ein Einzelzimmer zu bekommen, würde sie warten müssen, bis eines verfügbar war, also jemand verstarb. Sobald ich erfahren hatte, daß Mutter ins Pflegeheim gegangen war, rief ich sie an. Sie klang vollkommen ruhig, aber alle paar Minuten hörte ich im Hintergrund ein Geräusch, das klang wie das Stöhnen oder Schreien einer Frau. Mutter erklärte, die Frau im anderen Bett, das von dem ihren nur durch einen Vorhang getrennt war, sei geistig umnachtet und stoße regelmäßig dieses zuweilen durchdringende Stöhnen oder Schreien aus. Aber da konnte man nichts machen, sie würde eben einfach Geduld haben müssen, bis man ihr ein Einzelzimmer zuwies. Ich fragte sie, warum sie nicht wieder in ihr Haus zurückkehren wolle, bis solch ein Zimmer verfügbar würde, aber sie erklärte mir, wenn sie das Pflegeheim verließe, würde sie ihr Vorrecht darauf verlieren. Sie wolle lieber abwarten, in der Zwischenzeit könne sie ja außerhalb des Zimmers umhergehen, sogar in ihr Haus zurückkehren, wenn jemand sie freundlicherweise dorthin begleitete. Sie traute sich nicht länger zu, ein Auto zu fahren. Noch am selben Tag schrieb sie mir:

Ich habe ja gerade mit Dir gesprochen und Dir deshalb auch nicht viel zu erzählen. Doch damit Du nicht denkst, es sei alles ganz fürchterlich hier, nur weil meine Zimmergenossin heute um sechs Uhr morgens anfing zu schreien, möchte ich Dir sagen, daß ich gestern einen schönen Tag hatte. Bill Crow[1] kam vorbei, mich zu besuchen. Er ist so lieb. Er bot sich an, mir zu helfen, wo er könne. Adelaide[2] war hier und wird heute Nachmittag mit mir zu meinem Haus fahren, damit ich dort ein paar Sachen holen kann, die ich vergaß, als ich hierher kam. Es ging ja alles so schnell.

1. Ein Freund und Nachbar aus Mason's Island.
2. Eine Freundin und Nachbarin von Mason's Island.

Das ist im Augenblick alles. Danke, daß Du so oft anrufst.
Alles Liebe und noch viel mehr.

Als ich im Juni nach Hause reiste, fand ich Mutter noch immer in dem Zimmer mit der schreienden Frau. Ich war vorher noch nie in einem Pflegeheim gewesen. Meine ersten Besuche waren ein außerordentlicher Schock für mich. Und noch ziemlich lange danach, sooft ich nach Hause reiste, um Mutter zu besuchen, blieb dieser Schock beunruhigend intensiv, weil man an solchen Orten durch die Ansichten, die man sieht, die Geräusche, die man hört und die Gerüche, die man wahrnimmt, ganz und gar einer höchst demoralisierenden Atmosphäre von Leiden, Verfall und bevorstehendem Tod ausgesetzt ist. Doch nach und nach gelangte ich zu der Überzeugung, daß die Vertrautheit mit solch drastischen Bedingungen des Menschseins zwar nicht erheiternd, doch sehr aufschlußreich war und mir lebhaft vor Augen führte, was letztendlich auch mich erwartete. Mutter war eine Zeitlang sogar noch fähig, zu ihrem Haus zu fahren, oder in einem Gasthaus zu speisen, wenn jemand sie begleitete. Sie konnte hie und da auch noch Freunde in ihr Haus einladen, um mit ihnen Bridge zu spielen, und ich bin mir sicher, daß sie dort weiterhin hätte wohnen können, wenn sie nur die Anwesenheit einer Angestellten oder Gesellschafterin hätte annehmen wollen. Doch nein. Sie blieb unerbittlich. Sie würde die Schreie ihrer Zimmergenossin ertragen, bis ein Einzelzimmer verfügbar war, weil man nie wissen konnte, was die Zukunft bringen würde, und sie wollte jedes Risiko vermeiden, sich und anderen zur Last zu fallen. Im Pflegeheim war gerade dies, nämlich zur Last zu fallen, der einzige Seinsgrund, und jedermann akzeptierte ihn, sogar die Insassen, wie Mutter sie nannte. Endlich erhielt sie am 10. Juli ein Einzelzimmer. Sie verbrachte darin die letzten acht Jahre ihres Lebens. Manchmal stellte sie sich vor, wieder in ihrem Haus zu wohnen, sobald Ben aus Europa heimkehren würde, weil sie das Haus dann auf ihn überschreiben würde. Aber ich bin mir ziemlich sicher, sie wußte tief in ihrem Herzen, daß sie den Ort niemals mehr verlassen würde, in dem sie nicht hatte »enden« wollen.

Fortan »korrespondierten« Mutter und ich hauptsächlich über das Telefon. Sie schrieb auch ein paar Briefe, aber nicht viele. Wir sprachen fast jede Woche mindestens einmal miteinander, und unsere Gespräche, wie viele unserer Briefe, waren nur selten von großer Bedeutung oder besonderem Interesse. Wir sprachen über unser Tun, unsere Lektüre, über die Menschen, die wir trafen, das Weltgeschehen, das Wetter usw., usw. Hin und wieder pflegte meine Mutter zu sagen: »Willst du etwas Schönes hören?« Ich bejahte, und sie zitierte einen langen Abschnitt aus Shakespeare oder Milton, aus Gedichten, die sie vor siebzig Jahren am Sweet Briar auswendig gelernt oder sich erst vor kurzem eingeprägt hatte, zumeist aber aus Shakespeare, dessen vollständiges Werk sie in ihrem Zimmer aufbewahrte, weil sie, wie sie es nannte, »einem gänzlichen Einrosten der Gedächtnismaschine vorbeugen« wollte. Da bestand jedoch keine Gefahr. Wir sprachen oft von der Vergangenheit, besonders von den Sommern in Maine und all den Dingen, die ein Kind mit seinen Eltern teilt: vom magischen Felsen, von Burgfelsen, von der Höhle, vom Bach mit seinem großen und seinem kleinen Tümpel, von den Blaubeeren auf Ryerson Hill, den Brötchen im Hotel in Poland Spring, dem Erklimmen des Streaked Mountain und dem rollenden Haus. Wenn mein Vater nicht da war, kletterten Ben und ich mit Vorliebe in das große Bett meiner Mutter, bevor sie am Morgen erwachte, und dachten uns Geschichten aus von den Abenteuern, die wir erleben könnten, wenn wir in einem rollenden Haus wohnen würden, in dem man durch die ganze Welt fahren konnte. Mutter sagte immer, ich hätte die einfallsreichsten und phantasievollsten Geschichten erfunden. Wir besaßen einen alten Nash und begaben uns auf lange, abenteuerreiche Fahrten entlang grasbewachsener Wege, um alte Damen zu besuchen, die krumme Teppiche knüpften oder außergewöhnliche Dahlien züchteten. Wir erinnerten uns wirklich oft an dieselben Dinge, wenn ich nach Amerika kam, sie zu besuchen.

Der Zustand ihrer Wirbelsäule hatte sich mittlerweile so sehr verschlechtert, daß sie außerhalb des Bettes an den Rollstuhl gefesselt war, da sie kaum noch ohne Hilfe auf den Beinen stehen konnte. Annähernd wohl fühlte sie sich nur im Liegen, und sogar dann nur annähernd. Aber niemals hörte man von ihr auch nur ein Wort der Klage. Und sogar später, als sie sich zuerst die Hüfte, dann die Ellenbogen brach, weil sie bei Nacht mehrmals stürzte, sogar dann hörte man von ihr nie, wirklich nie auch nur ein Wort der Klage. Ich fragte sie einmal, wie sie ihre Schmerzen und Behinderungen und ihre Beengtheit ertragen konnte, ohne sich jemals zu beklagen, oder auch nur ein Zeichen der

Ungeduld oder der Qual zu zeigen. Sie antwortete: »Was würde es mir helfen? Und für andere wäre ich nur eine noch größere Belastung.«

Sie vom Pflegeheim zu ihrem Haus oder an irgendeinen anderen Ort zu transportieren, wurde, nachdem sie an den Rollstuhl gefesselt war, ein recht umständliches Unterfangen, da man sie ins Auto heben, ihren Rollstuhl zusammenklappen und im Kofferraum verstauen, dann dieselbe Prozedur nach der Ankunft in umgekehrter Richtung noch einmal vornehmen mußte. Aber Ben und ich fuhren sie gerne umher, wann immer sie es wünschte, denn ihre Freude, das M. E., wie wir es bald nannten, verlassen, ihr Haus oder ein Restaurant besuchen zu können, war uns Lohn genug für den doch verhältnismäßig geringen Aufwand. Einmal jedoch war der Aufwand ein wenig größer, doch dafür auch der Lohn ihrer Freude. Mutter wollte ein letztes Mal in die Oper gehen und hatte für den 28. März 1981, während eines meiner halbjährlichen Besuche, Eintrittskarten zu *La Traviata*, einer ihrer Lieblingsopern, erstanden. Wir fuhren nach New York, wo wir in der Wohnung von Freunden nächtigen konnten, die verreist waren. Mutter in das Opernhaus zu bringen, sie auf einen Platz zu setzen, und anschließend den Rollstuhl in der Garderobe zu verstauen, war kein einfaches Unterfangen. Die Oper war natürlich hervorragend, und wir genossen beide ganz besonders die große Arie des älteren Germont im zweiten Akt. Am nächsten Tag fuhren wir nach Englewood und besuchten die Atchleys, beide in erbärmlichem Zustand, aber rührend erfreut, ihre alte Freundin wiederzusehen, die ihnen vielleicht als einzige noch geblieben war, da alle anderen längst verstorben waren. Als wir fuhren, sagte meine Mutter: »Ich werde sie niemals wiedersehen, und das wissen wir alle drei.« Sie sollte auch Englewood niemals wiedersehen und wußte dies wahrscheinlich auch.

Die Zeit verstrich, und Mutter näherte sich ihrem neunzigsten Geburtstag. Hin und wieder pflegte sie zu sagen: »Manchmal wünsche ich mir, am Abend schlafen zu gehen, und niemals mehr aufzuwachen.« Dann wieder sagte sie: »Ich wäre ziemlich belustigt, wenn ich hundert Jahre alt werden sollte.« Ihr Körper war hinfällig, aber ihr scharfer Verstand war ungebrochen, war vielleicht noch klarer als früher. Sie hatte keine Furcht vor dem Sterben, hoffte lediglich, es würde schnell gehen und nicht allzu unangenehm werden. Was das Jenseits anbelangte, so glaubte sie nicht im mindesten daran und wünschte wie mein Vater,

verbrannt zu werden. Ihre Asche sollten wir dann ohne kirchliche Feierlichkeiten bestatten lassen. Aber sofort wollte sie nicht sterben, weil
sie, wie sie mir wiederholt sagte, erst mein fertiges Buch in Händen
halten wollte. Ich versicherte ihr, es nähere sich bereits seinem Ende.
Sie würde nicht mehr lange warten müssen. Inzwischen hatte ich das
ausgesprochene Glück gehabt, einen Verleger zu finden, der sich verpflichtet hatte, die Biographie zu veröffentlichen, ohne auch nur ein
Wort davon gelesen zu haben, ein Gentleman von seltenem Vertrauen,
und – muß ich dies noch sagen? – erlesenem Geschmack, namens
Roger Straus. Er wurde mir ein enger Freund, und seine und meine
Mutter hatten einander vor langer, langer Zeit in Rosemary Hall kennengelernt. Ein unglaublicher Zufall. Und je älter Mutter wurde, desto
enger schien unsere Freundschaft zu werden. Im Sommer 1983, als ich
vorhersehen konnte, daß das Buch in wenigen Jahren veröffentlicht
werden würde, schrieb ich ihr folgende Zeilen:

Es macht mich sehr glücklich, wenn ich weiß, daß Du weißt, wie lieb ich
Dich habe. Wenn ich alleine bin, spreche ich oft mit Dir – laut. Ich sage:
»Hallo, Mama«, und beginne – natürlich nicht mehr länger laut –, irgendeinen
Vorfall oder Gedanken zu schildern, weil ich alles, was mich betrifft, viel mehr
genießen kann, wenn ich das Gefühl habe, Du bist darin verwickelt. Vielleicht
kommt das teilweise von unserer Gewohnheit, am Telefon miteinander zu
sprechen. Ich muß jedoch nicht erwähnen, daß Du immer, von Anfang an, mit
allem, was mir wichtig war, verbunden warst, und ich habe im Herzen stets
gewußt, daß ich voll und ganz auf Deine liebende und verständnisvolle Reak-
tion zählen konnte, auf jenes Gefühl der Verbundenheit. Dies ist unerläßlich
für das Selbstvertrauen eines Sohnes, seine Identität und Sicherheit, und ist
folglich eine der größten Gaben, die eine Mutter ihm schenken kann. Es gibt
noch andere, und mir scheint, Du hast sie mir alle gegeben, was mir nur umso
mehr Grund zu dankbarer Freude gibt. Und ein ganz besonderer Aspekt der
Freude ist mir mein starkes Gefühl, daß das große Abenteuer des Lebens noch
gänzlich vor mir liegt. Aber nicht mehr wie im Beast in the Jungle. *Ich bin*
sechzig Jahre alt, und doch habe ich das Gefühl, meine große Erfüllung wird
erst noch kommen. Und ich zweifle keinen Moment daran, daß sie kom-
men wird. Diese Gewißheit ist selten und kostbar, ein weiteres mütterliches
Geschenk: das Vertrauen, etwas erreichen zu können, was in dem unerschütter-
lichen Glauben an die Zuneigung seiner Mutter gründet.

Dann wurde meine Mutter neunzig Jahre alt, und wir feierten ihren Geburtstag bei meinem Bruder und seiner Familie, mit Champagner, Orchideen und Ballons. Drei Wochen später konnte ich ihr ein Modell des Umschlags für das Giacometti-Buch senden, die Titelseite und einen erläuternden Text aus dem Verlagskatalog von Farrar, Straus & Giroux, der sein Erscheinen ankündigte. Das war mein Geschenk, und ein bedeutsamer Schnitzer ließ mich den Umschlag an Mrs. Alberto C. Lord adressieren. Ich schrieb:

Ich weiß, Du hast niemals daran gezweifelt, daß ich hart an meinem Buch arbeite und es schließlich auch zu Ende bringen würde. Vielleicht waren Du und ich zuweilen die einzigen, die daran glaubten, ich, weil ich es mußte, und Du, weil Du mir von Anfang an, ja wirklich, vom ersten Augenblick an, gezeigt hast, daß Du an mich glaubtest und auch bereit warst, die Stärke Deines Glaubens durch moralische und materielle Unterstützung zu beweisen. Natürlich kann kein Dank, keine wertschätzende Geste solche Unterstützung jemals angemessen würdigen. Aber Du sollst wissen, daß die Aussicht auf Deine Freude an den Früchten dieser überaus langen Anstrengung mir half, am Ball zu bleiben, wenn mir die Arbeit gelegentlich sehr hart wurde. Und so dachte ich, es könnte Dir Freude machen, ein paar greifbare Kleinigkeiten zu sehen, die zeigen, daß der Tag der Veröffentlichung näherrückt. Im Herbst. Anfang September. Du kannst es aber auch schon vorher lesen, wenn Du möchtest, weil es bereits im Juli fertige Bände gibt. So, meine liebste Mama, nach fünf-zehn (zähle sie!) Jahren des Wartens soll die Öffentlichkeit endlich erfahren, worauf wir beide gewartet haben.

Sie wartete bis zum September. Ich fuhr am zwanzigsten, einem Freitag, nach Mystic und legte das Buch in ihre Hände. Ich hatte es dem Andenken an Alberto und Diego gewidmet, aber in den anerken-nenden Bemerkungen am Ende, nachdem ich Mitgliedern der Familie Giacometti meinen Dank ausgesprochen hatte, schrieb ich:

In all den Jahren war mir das ermutigende Vertrauen meiner Mutter, Louise B. Lord, eine wertvolle Hilfe, so möchte ich bei dieser Gelegenheit eine lebens-lange Schuld bekennen, die keine Dankbarkeit jemals angemessen begleichen kann.

Am darauffolgenden Sonntag erschien auf der ersten Seite der *New York Times Book Review* eine äußerst positive Kritik. Ein nicht minder wohlwollendes Urteil war bereits am vorhergehenden Sonntag auf der Titelseite der *Washington Post Book World* erschienen. Mutter war hoch erfreut. Schließlich hatte sie doch nicht vergebens gewartet, wie ich es ihr versprochen hatte. Sie war neunzig, ich dreiundsechzig, und das Warten war sehr sehr lang gewesen, doch umso schöner war vielleicht die Entschädigung, die immerhin mit vierzigjähriger Verzögerung kam. Denn nun schien es wirklich, als habe mein Leben in Paris, meine hartnäckige Entscheidung zu schreiben und mein Entschluß, der Herausforderung meines Themas gerecht zu werden, eine ausgezeichnete, wertvolle Arbeit hervorgebracht. Meine Mutter sagte: »Es tut mir nur leid, daß dein Vater und deine Großmutter dies nicht mehr erleben können.« Ich bedauerte es auch, aber die Befriedigung, die am meisten zählte – für uns beide –, war die meiner Mutter.

Auch die übrigen Kritiken waren fast allesamt günstig. Einer der Rezensenten schrieb, das Buch lasse an Vasaris *Vite* aus dem sechzehnten Jahrhundert denken. Ein anderer meinte, es könne sich durchaus mit Richard Ellmanns überragender Biographie von James Joyce messen, und noch ein anderer schrieb: »Lord hat die packendste Biographie eines modernen Künstlers geschrieben, die ich jemals gelesen habe.« Es gab unvermeidlich ein paar Angriffe, einer von einer fanatischen Feministin, die mir vorwarf, ich sei der Ehefrau des Künstlers nicht gerecht geworden, und die das Buch als »gefährlich« bezeichnete. Das Werk erschien in England, Deutschland und Italien, aber nicht in Frankreich, da Madame Giacometti sämtlichen in Frage kommenden Verlegern rechtliche Schritte angedroht hatte. Belanglos. Ich hatte meine Arbeit getan, viel Lob empfangen, und so nahm, zumindest in dieser Hinsicht, die Belastungsprobe meiner Mutter ein glückliches Ende.

Ich glaube, daß meine Mutter *Giacometti* dreimal gelesen hat. Sie muß sich mit ihm in einem Grade identifiziert haben, der dem meinen gleichkam. Sie las viel in jenen letzten Jahren – vor allem von Trollope, sprach über Lady Glencora, Phineas, Madame Max, den alten Herzog und all den übrigen, als hätte sie sie gekannt. Sie las auch viel Geschichtliches, besonders über England. Und nachts, wenn sie nicht schlafen konnte, las sie Kriminalgeschichten von Agatha Christie.

Als ich nach dem Erscheinen von *Giacometti* nach Paris zurückkam, wollte ich wieder zu schreiben beginnen, ganz so, als sei nichts geschehen. Doch ich konnte nicht. Etwas war geschehen, und ich wußte nicht, was es war. Ein wohlbekanntes Phänomen bei Schriftstellern ist die sogenannte postnatale Krise. Daß mir so etwas passieren könnte, schien mir stets undenkbar. Ich war immer ein beständiger Arbeiter gewesen, auch wenn mein Aufwand die Mühe nicht lohnte. Doch nun, nach fünfzehn Jahren harter Arbeit an einem Buch, stand ich mit einem Male vor einem Rätsel. Woche für Woche saß ich am Schreibtisch. Nichts tat sich. Ich schrieb ein wenig über dies, ein wenig über jenes, und warf alles in den Papierkorb, versuchte, formelle Briefe zu verfassen und wurde es leid. Ich wurde alles leid. Ich verbrachte viel Zeit im Bett, hörte Musik und las Trivialliteratur. Mein Freund Gilles sorgte sich, versuchte, mir zu helfen, aber er konnte nichts für mich tun. Ich konsultierte einen Arzt, der mir Ruhe verordnete und ein nervenberuhigendes Medikament. Der Gedanke, ich könne einen kleineren Nervenzusammenbruch erlitten haben, schien mir absurd, doch genau dies war wohl der Fall. Und als die Zeit für meinen halbjährlichen Besuch bei meiner Mutter näherrückte, fühlte ich mich außerstande, die Reise anzutreten. Ich sprach mit ihr am Telefon darüber, aber im Oktober 1986 schrieb ich ihr auch:

Mit großem Bedauern möchte ich Dir in diesem Brief, liebste Mama, meinen »Zustand« schildern. Im Laufe unserer langen Telefongespräche hatte ich den Eindruck, Du könntest vielleicht – und ich betone das ›vielleicht‹ – meinen Gemütszustand, und vor allem dessen Begleiterscheinung, daß ich nicht zu Dir kommen kann, als eine Art Laune meinerseits betrachten. Das wäre mir wirklich höchst unangenehm, wahrscheinlich nicht minder unangenehm wie Dir die Enttäuschung, mich nicht an Deiner Seite haben zu können, und würde mich noch mehr aus dem Gleichgewicht bringen. Ich weiß, daß Du klug und erfahren genug bist, um zu wissen, daß seelische Probleme ebenso beunruhigend und schwer zu ertragen sind als körperliche. Ich durchlebe in der Tat gerade eine schwierige Phase. Es ist nichts Ernstes, könnte aber ernst werden. Deshalb empfiehlt mir mein Arzt Ausgeglichenheit und Ruhe, rät mir dazu, mit dem Schreiben, wenn möglich, fortzufahren, ansonsten jedoch alles zu vermeiden, was mich seelisch oder körperlich anstrengen könnte.

Sie antwortete:

Ich weiß, ich besitze nicht Deine Begabung, und kann Dir daher meine Gedanken und Gefühle zu Deinem Zustand wahrscheinlich nicht in angemes-

sener Form übermitteln. Ich wünschte, ich könnte es. Obwohl uns viele Jahre Deines Erwachsenenlebens der tiefe Ozean voneinander trennte, habe ich doch stets gewußt, daß wir beide einander sehr zugetan sind.

Ich glaube, die seelischen Schwierigkeiten zu verstehen, die Du gerade durchlebst. Aber ich weiß auch, daß Du die nötige Standfestigkeit besitzt, sie zu überwinden. Wie Du sagst, wird das eine Weile dauern. Aber denke bitte nicht, ich würde Dich in irgendeiner Weise beschuldigen. Ich wünschte von ganzem Herzen, ich könnte etwas für Dich tun. Vielleicht hilft es Dir zu wissen, daß meine Liebe und meine Gedanken bei Dir sind.

Es tut mir leid, wenn ich Dir das Gefühl vermittelt haben sollte, ich hielte Deine Probleme nur für eine Laune. Vielleicht dachte ich das, bevor Du mir geschrieben hast. Es fällt mir einfach schwer, mir vorzustellen, daß Du Dich nach dem großen Erfolg Deines Buches (auf den ich sehr stolz bin) nicht mehr zurechtfinden kannst. Aber jetzt verstehe ich Dich. Nach Teddys Tod, vielleicht der größte Schmerz in meinem Leben, erkannte ich, daß mir nur die Arbeit helfen würde. Peters Selbstmord war auch schrecklich, aber irgendwie war ich darauf vorbereitet. Aber ich habe mich seither stets schuldig gefühlt, weil ich ihn nicht verstand.

Ich hoffe, Du kannst diese Krakelei entziffern. Das Schreiben fällt mir nicht leicht.

Deine Dich stets liebende Mutter

Als ich ihren Brief las, füllten meine Augen sich mit Tränen, mit Tränen ergebener Dankbarkeit für die geistige Hilfe, die ich so lange von ihr empfangen hatte. Ich schrieb, um ihr dies zu sagen, wobei ich noch einmal wiederholte, daß ich mich ihrem Geist und ihrer Seele stets tief verbunden gefühlt hatte. Und sie half mir wirklich, schon weil es sie gab, weil sie Interesse und liebevolle Anteilnahme bekundete. Und noch einmal beschwor ich sie, sie dürfe sich auf keinen Fall schuldig fühlen an Peters Schicksal, denn wenn irgendjemand ihn im Stich gelassen hätte, dann sei es doch Peter selbst gewesen, obwohl dies keine Anklage oder Beschuldigung sein sollte. Unsere häufigen Telefonate, sagte ich, würde ich sehr genießen, fügte jedoch hinzu, daß Briefe eine Ausdruckskraft besäßen, die ein Gespräch nicht zu bieten vermochte. Also versprach ich, öfter zu schreiben. Das tat ich auch. Sie aber konnte die meisten dieser Briefe nicht beantworten.

Im April fühlte ich mich bereits viel besser, obwohl mich noch immer unbeschriebene Seiten plagten. Die Reise nach Amerika ängstigte mich nicht mehr, außerdem wollte ich unbedingt meine Mutter wiedersehen. Wenn ich nach Mason's Island fuhr, verbrachte ich die gesamte Zeit mit ihr, in der sie wach war. Sie machte ein Nickerchen am Nachmittag und ging früh zu Bett. Für gewöhnlich saß sie in ihrem Rollstuhl, und manchmal, wenn das Wetter schön war, pflegte ich sie ins Freie zu schieben, über eine Seitenstraße hinunter an den Mystic River. Sie war stets sorgsam darauf bedacht, so gepflegt und gut gekleidet wie nur irgend möglich zu erscheinen, trug niemals das gleiche Kleid mehr als einmal in der Woche oder in zehn Tagen, und ließ sich ihr Haar stets waschen und legen. Sie hatte Blumentöpfe auf dem Fensterbrett in ihrem Zimmer, und sie gehörig zu gießen wurde eines jener Alltagsrituale, die für gewöhnlich Menschen beschäftigen, deren Leben sich auf einen sehr begrenzten Raum beschränkt. Ich saß immer im gleichen Sessel, ihr gegenüber, während wir uns unterhielten, und durch das Fenster konnte ich einen grauen Granitsoldaten der Union sehen, der mit aufgepflanzter steinerner Muskete auf dem Denkmal stand, das die Namen der Männer aus Mystic trug, die ihr letztes Maß an Opferwillen bewiesen hatten.

Während jenes Besuches sprachen wir natürlich über meine Nervenkrise, und Mutter erzählte mir etwas, das mich verblüffte. Sie sagte, mein Vater habe gegen Ende seines Lebens mit einem Mal befürchtet, den Verstand zu verlieren. Er hatte sich mehrere Bücher über Schizophrenie gekauft und sie sorgfältig gelesen, um herauszufinden, ob er bereits Symptome dieser Krankheit zeigte. Seine Befürchtung war natürlich unbegründet. Die Sorge meiner Mutter galt dagegen nicht in erster Linie seiner – oder auch meiner – möglichen Geisteskrankheit, sondern der Beeinträchtigung durch dieses Leiden. Ich weiß noch, wie mein Vater während meines letzten Besuches in Englewood vor seinem Tod ein Buch mit Reden von Macaulay las und hin und wieder einen Abschnitt, der ihm besonders wirkungsvoll erschien, laut rezitierte. Daß er sich für geistesgestört halten konnte, schien mir ganz und gar unglaublich. Ich fragte Mutter, ob sie jemals um ihren Verstand gebangt hätte, und sie sagte: »Ich fürchtete eher, so wenig Verstand zu besitzen, daß sein Verlust völlig belanglos gewesen wäre.« Und wir lachten. Wie viele sehr betagte Menschen entsann auch Mutter sich ausgesprochen lebhaft ihrer Kindheit. Sie konnte zahlreiche Abzählreime aufsagen, die sie als Kind gelernt hatte, und ganze Szenen aus *Alice im Wunderland*. Wir hatten noch schöne Tage. Am Ende eines jeden Besuches beteuerten wir uns gegenseitig, welch unverschämtes Glück wir hatten, unsere gemeinsamen Tage so sehr zu genießen.

Ich kehrte im August zurück und genoß diesen Besuch besonders, weil das Zimmer meiner Mutter eine Klimaanlage besaß, während draußen der Granitsoldat in der Hitze zu beben schien.

Am 1. Januar 1988, mehr als dreißig Jahre nach der Einweihung von Cézannes Atelier in Aix, verlieh mir die französische Regierung, die sich dennoch an das ferne Ereignis erinnerte, den Orden der Ehrenlegion. Meine Mutter war begeistert über diese offizielle Auszeichnung, also sandte ich ihr eine Photographie der Ehrenschriftrolle, die man mir überreicht hatte, und die die Unterschrift des Präsidenten der Republik trug. Als ich im April nach Hause kam, sah ich, daß sie die Kopie dieser Rolle mit Reißnägeln an die Wand ihres Zimmers geheftet hatte. Ich protestierte, es wäre mir peinlich, wenn alle Welt diese Auszeichnung sehen könnte. Außerdem, sagte ich, müsse eine Mutter etwas zurückhaltender sein und dürfe nicht allzu sehr mit den Leistungen ihrer Kinder prahlen, deshalb würde ich das Schreiben von der Wand nehmen. Das käme überhaupt nicht in Frage, sagte Mutter. Die Rolle solle gefälligst bleiben, wo sie war, und eine Mutter habe sehr wohl das Recht, in aller Öffentlichkeit auf ihre Kinder stolz zu sein. Schließlich habe sie sie unter Schmerzen geboren und sie aufgezogen, bis sie für sich selbst sorgen konnten, eine Aufgabe, fügte sie mit gutgelaunter Schärfe hinzu, die in manchen Fällen ein ganzes Leben füllen konnte. Die Schriftrolle blieb an der Wand. Wieder sagte sie, wie sehr sie es bedauerte, daß mein Vater nicht mehr sehen könne, wie mir mein Einsatz für dieses Projekt, den er für Zeitverschwendung gehalten hatte, zur Ehre gereichte. Ich wurde auf der Schriftrolle als Literat und Philanthrop bezeichnet.

Im August kam ich wieder. Wir amüsierten uns prächtig und plauderten über alles und nichts. Ich hatte noch immer große Schwierigkeiten, mein Schreiben wieder aufzunehmen, aber ich sagte ihr dies nicht, und eigentlich hatte ich auch trotz aller Probleme das Gefühl, als läge das große Abenteuer noch vor mir.

Kurz vor meinem Geburtstag im November erhielt ich eine Karte von Mutter mit einem beigelegten Scheck und der Botschaft: »Ich werde am 27. November an Dich denken (wie ich das jeden Tag tue).

Mit all meiner Liebe, Mutter.« Das war das letzte Schreiben, das ich von ihr erhielt.

Zu den vielen Freunden, denen ich sie vorgestellt hatte, zählten auch Hilton Kramer, der bedeutende Kunst- und Literaturkritiker und seine freundliche, sanfte Frau Esta. Sie fanden Mutter liebenswert, wie die meisten Menschen es taten, und besuchten sie mehrere Male, wenn sie zufällig in der Nähe von Mystic waren. Esta, eine ausgezeichnete Köchin, war so freundlich, Mutter Päckchen mit köstlichen Keksen zu senden, die sie bei ihrem rituellen Mitternachtsimbiß mit Vorliebe zu sich nahm, dazu fünf – nicht sechs! – kernlose Trauben. Und Esta schickte Mutter ihren wahrscheinlich letzten Brief.

1. Januar 1989

Liebe Esta,

ich habe mich sehr über Deinen Brief gefreut und bedaure aufrichtig, daß Ihr eine so üble Zeit hattet in Spanien. Ich hoffe, sie haben mittlerweile aufgehört zu streiken, weil mein Sohn Bennett (Jims älterer Bruder) und seine Frau den März in Spanien zu verbringen gedenken. Natürlich werden sie sich, bevor sie reisen, über die Lage dort informieren.

Am nächsten Dienstag, dem 3. Januar, werde ich vierundneunzig. Ich habe niemals erwartet, so lange zu leben. Doch trotz meines überaus hohen Alters empfinde ich mein Leben noch immer als sehr interessant. Mein Gehör ist nicht gut, aber mit einem Hörgerät höre ich ausgezeichnet. Und glücklicherweise habe ich noch immer sehr gute Augen. Also kann ich lesen, und die Bücherei schickt mir freundlicherweise Bücher. Ich lese gerade The Spoils of Poynton *von Henry James.*

Du sagtest, ihr würdet mich vielleicht in naher Zukunft besuchen. Wie sehr ich mich darauf freue, euch zu sehen! Ich bin ein wenig eingeschüchtert von Hilton, weil er so intelligent ist.

Aber er wird schon Geduld haben mit eurer alten Freundin,

Louise

Am Mittwoch, dem 8. Februar führte ich mein wöchentliches Telefongespräch mit Mutter. Sie war guter Dinge, und wir sprachen eine Zeitlang über dies und das, aber sie klang ein wenig müde und klagte über eine Erkältung. Zwei Tage später rief mein Bruder mich an und ließ mich wissen, daß Mutters Arzt ihn angerufen und gesagt hätte,

Mutters Zustand habe sich plötzlich verschlechtert. Ich sagte, ich könne am folgenden Morgen die Concorde besteigen und bereits zur Mittagszeit in Mystic sein, aber er riet mir zu warten, da der Arzt kein besonderes Leiden festgestellt hatte und meinte, Mutters Zustand könne sich ohne weiteres wieder bessern. Am nächsten Tag schien es ihr jedoch nicht besser zu gehen, aber der Arzt meinte noch immer, es müsse keine unmittelbare Gefahr bestehen. Ich beschloß, am darauffolgenden Tag auf jeden Fall heimzufliegen, am Sonntag, dem 12. Februar. Am Samstag abend rief jedoch Ben bei mir an und sagte, Mutter sei am Nachmittag um zwei Uhr gestorben. Am Morgen habe er noch zu ihr gesagt: »Jim wird morgen hier sein.« Sie habe ihm geantwortet: »Ich wünschte, er käme schon heute.« Das Ende war friedlich. Offenbar hatten all ihre normalen Körperfunktionen einfach aufgehört. Sie starb an Altersschäche.

Ich hatte schon lange daran gedacht, irgendwann eine Sammlung Memoiren zu schreiben. Keine direkte Biographie, da ich mein Leben nicht für interessant halte, aber Berichte über meine Beziehungen zu den ungemein interessanten Menschen, deren Bekanntschaft zu machen ich das Glück hatte. Ich begann damit kurz nach Mutters Tod und merkte, daß mir die Arbeit verhältnismäßig flink von der Hand ging, zumal ich, wie man unschwer erraten wird, Tagebücher, Briefe und Stichpunkte, mein Rohmaterial, jahrzehntelang aufbewahrt hatte. Und da ich von Anfang an wußte, ich würde über meine Mutter schreiben, war ich fest entschlossen zu beweisen, daß sie es verdient, in die Reihe jener außergewöhnlichen Frauen aufgenommen zu werden, die ich kennengelernt hatte. Sollte mir dies gelungen sein, so hat ihre Prüfung, mich zum Sohn zu haben, schließlich doch noch jenes gute Ende gefunden – für uns beide –, an das sie stets so mutig glaubte.

Register